COCKTAIL

Drink & Cocktail

New

음료와 칵테일

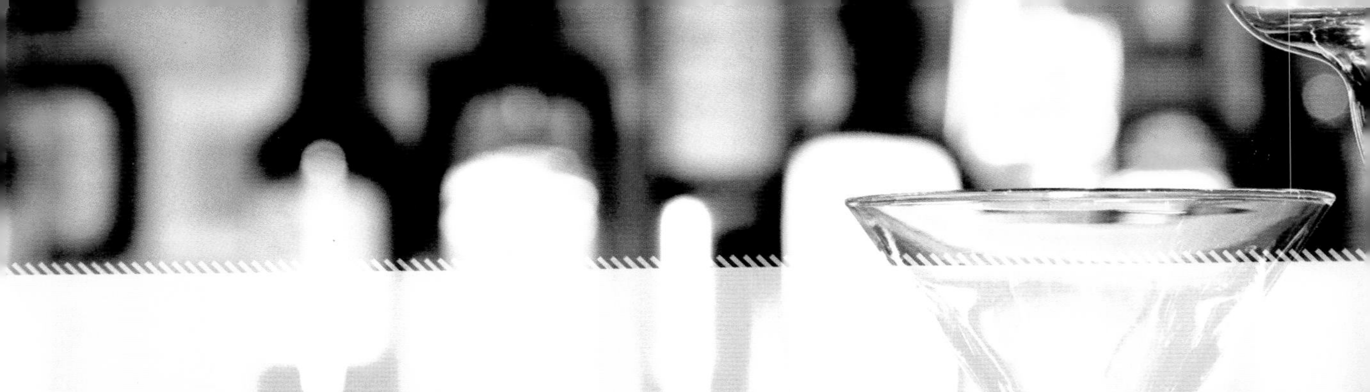

프롤로그 Prologue

술은 인류 역사와 함께 탄생하였으며 인류가 목축과 농경을 영위하기 이전인 수렵, 채취 시기에는 과실주가 있었을 것으로 추정된다. 과실이나 벌꿀과 같은 당분을 함유하는 액체에 공기 중에 효모가 들어가면 자연적으로 발효하여 알코올을 함유하는 액체가 된다. 원시시대의 술은 어느 나라를 막론하고 모두 그러한 형태의 술이었을 것이다.

최근 호스피탈리티산업 중 관광호텔 산업의 식·음료 부문 및 외식산업에 있어 음료의 중요성이 날로 깊이 인식되는 추세가 소비자의 건강·웰빙 트렌드에 힘입어 저알코올, 논알코올 주류의 성장을 이끌고 있다.

또한 레스토랑의 주 수입원을 식료와 음료로 나뉜다면 음료 부문의 매출이익의 공헌도가 식료에 비해 높다는 것은 누구나 주지하는 사실이다. 따라서 음료의 이론과 칵테일의 실무는 식·음료 산업의 미래를 이끌어 나가기 위해 준비하는 학생들에게 많은 관심 분야라고 할 수 있다.

따라서 본서에서는 조주기능사 시험에 응시하려는 수험생 및 관광관련학과 학생들을 위하여 시험에 필요한 음료 이론, 주장관리, 기초영어에 대한 전반적인 이해와 필기시험 기출문제 풀이 및 실기 기출문제를 제시하였다.

본서의 특징을 요약하면 다음과 같다.

첫째, 본서의 PART 1은 조주이론, PART 2는 실기시험 기출문제 해설, PART 3은 필기시험 기출문제 해설로 구성되었으며, PART 1의 조주이론은 음료에 대한 기본적인 이론, 칵테일에 대한 기본 이론, 비알코올성 음료에 대한 이론, 알코올성 음료인 양조주, 증류주, 혼성주에 대한 이론, 주장관리 이론, 조주와 관련된 영어표현 및 요약정리로 수험생들이 필기시험에 대비하기 위한 기초적인 자료를 제공하고자 하였다.

둘째, PART 2는 2022년부터 변경된 산업인력관리공단에서 제시한 실기시험 39문항에 대한 자세한 설명과 주의사항, 레시피 및 사진을 제시하여 실기시험에 응시하는 분들에게 도움을 주고자 하였다.

셋째, PART 3은 2017년부터 조주기능사 필기시험이 컴퓨터로 시험을 치르는 관계로 이전 필기시험 기출문제 풀이로 2014년부터 2016년까지 3년간 출제된 조주기능사 필기시험에 대한 풀이를 통하여 시험을 준비하는 준비생들에게 도움을 주고자 하였다.

끝으로 본서를 통하여 조주기능사 시험에 응시하려는 수험생들의 목적하는 바를 꼭 성취하기를 기원하며, 앞으로 내용 중 미비한 점이나 수정이 필요한 부분은 재판을 통하여 거듭하면서 알차고 성실하게 보완할 것을 약속드리고자 합니다.

그리고 이 책이 나오기까지 물심양면으로 수고하여 주진 한올출판사 임순재사장님 그리고 편집부 직원들께 깊은 감사의 말씀을 드린다.

조주기능사 필기시험 안내

1 개요

조주에 관한 숙련기능을 가지고 조주작업과 관련되는 업무를 수행할 수 있는 전문 인력을 양성하고자 자격제도 제정

2 수행직무

주류, 음료류, 다류 등에 대한 재료 및 제법의 지식을 바탕으로 칵테일을 조주하고 호텔과 외식업체의 주장관리, 고객관리, 고객서비스, 경영관리, 케이터링 등의 업무를 수행

3 시험일정

2022년 조주기능사 시험 일정

구분	필기원서접수 (인터넷) (휴일 제외)	필 기 시 험	필기합격 (예정자) 발표	실기시험 원서접수 인터넷	실기시험	최종합격자 발표일
2022년 정기 기능사 1회	2022.01.04 ~ 2022.01.07	2022.01.23 ~ 2022.01.29	2022.02.09	2022.02.15 ~ 2022.02.18	2022.03.20~2022.04.08	2022.04.15
2022년 정기 기능사 2회	2022.03.07 ~ 2022.03.11	2022.03.27 ~ 2022.04.02	2022.04.13	2022.04.26 ~ 2022.04.29	2022.05.29~2022.06.17	2022.06.24
2022년 정기 기능사	산업수요 맞춤형 고등학교 및 특성화 고등학교 필기시험 면제자 검정 ※ 일반인 필기시험 면제자 응시 불가			2022.05.10 ~ 2022.05.13	2022.06.20~2022.07.01	2022.07.22
2022년 정기 기능사 3회	2022.05.24 ~ 2022.05.27 [빈자리접수: 2022.06.06~2022.06.07]	2022.06.12 ~ 2022.06.18	2022.06.29	2022.07.11 ~ 2022.07.14 [빈자리접수: 2022.08.08~ 2022.08.09]	2022.08.14~2022.09.02.	2022.09.08
2022년 정기 기능사 4회	2022.08.02 ~ 2022.08.05	2022.08.28 ~ 2022.09.03	2022.09.21	2022.09.26 ~ 2022.09.29	2022.11.06~2022.11.23	2022.12.02

4 시험수수료

- 필기 : 14,500원
- 실기 : 28,600원

5 시행처

- 한국산업인력공단(http://www.q-net.or.kr)

6 훈련기관

- 전문계고교 관광계열, 조리계열 및 대학의 호텔관광경영학과, 호텔외식조리관련학과와 조주기능사 관련 직업훈련 교육기관 등

7 시험과목

- 필기 : ① 양주학개론 ② 주장관리개론 ③ 기초영어
- 실기 : 칵테일조주작업(예상 공개 39문제에서 칵테일을 3가지를 만들도록 시험관이 요구한다.)

8 검정방법

- 필기 : 객관식 4지 택일형, 60문항(60분)
- 실기 : 작업형(7분 내외)

9 합격기준

- 100점 만점에 60점 이상

10 시험장준비물

- 필기시험 : 주민등록증, 수검표, 컴퓨터용 싸인펜
- 실기시험 : 주민등록증, 수검표, 필기구(볼펜)

11 응시자격

- 제한 없음

PART 1
조주이론

CONTENTS

CONTENTS

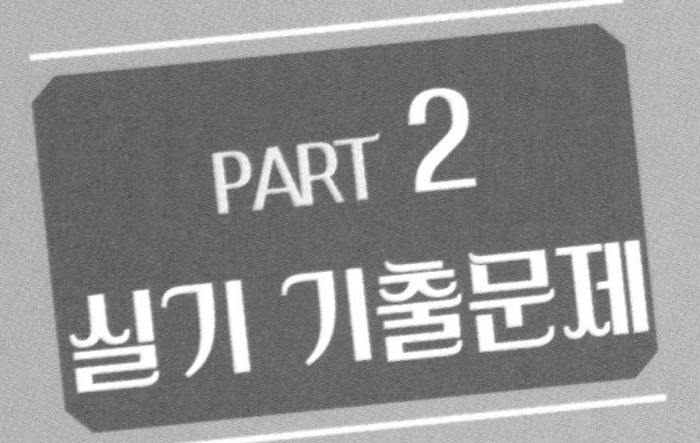

PART 3 필기 기출문제

PART 1

조주이론

1 CHAPTER 음료론

CONTENTS

음료(Beverage)의 개요

1 술의 정의

전분(곡류), 당분(과실) 등을 발효시켜 만든 1% 이상의 알코올 성분이 함유된 음료

2 비 알코올성 음료(Non-Alcoholic)

생수, 탄산수, 과즙, 유류 등과 같이 알코올 성분이 없는 음료

3 Beverage 정의

Alcoholic, Non-Alcoholic의 전체를 말한다.

Alcoholic이란 식용 불가능한 메틸(Methyl)알코올과 화학적 합성의 에틸 알코올(Ethyl Alcoholic)을 제외한 순수 미생물 발효의 에틸알코올《에탄올 : Ethanol ⇒ 각종 알코올음료 속에 함유되어 있어 주정(酒精), 또는 에틸알코올이라고 함》

> 78℃에서 끓고 비중은 0.795(15℃에서)로 물보다 가볍다.
>
> 전분 →(당화효소) 당분 →(효모) (에틸알코올) + 물 + 이산화탄소

농도표시

- ㎖ : 술 100㎖에 들어 있는 알코올 부피
- % : 15℃에서의 에틸알코올 농도
- 도(酒精度) : 주세법상 표현으로 %와 같은 의미
- Proof : 미국산 버번위스키 단위로서 2 Proof가 1%

4 술의 알코올 도수 표시방법

Gay Lussac식 용량분율 방법

Gay Lussac은 프랑스 사람으로 『***알코올 분은 온도 15도에서 원용량 100분 중에 함유한 Ethyl Alcohol의 용량을 말한다.***』 물은 0%, 순수 알코올은 100%로 나눈 것으로, 여기에 Percent의 숫자에 『도』를 붙여 위스키의 알코올 분은 40도 혹은 43도로 표현한다. 43도 혹은 43%라고 하는 것을 알코올 분이 점하고 있는 용적이 43/100이라는 것. 우리나라에서도 이 Percent by Volume을 채택하고 있다.

프랑스, 벨 지움에서 이 방식의 알코올 도수를 채택하고 있으며, **이태리, 오스트리아, 소련**도 이 방식으로 채택하고는 있으나 기준을 측정할 때에 온도를 화씨 60도로 하고 있다.

Windich식 중량 분율 방법

Windich는 독일 사람으로 『*100그램의 액체 중에 몇 그램의 순 Ethyl Alcohol분이 함유되어 있는가를 표시하고 있다.*』 술 100그램 중에 순 Ethyl Alcohol 30그램이 함유되어 있다면 30%가 술이라고 하는 것

맥주만이 이 중량 Percent에 의하여 알코올 도수를 표시하고 있다.

Proof

미국이나 영국에서 술의 강도를 표시하는 데에 Proof라고 하는 단위를 사용

American Proof

미국식 Proof는 온도 60°F(15.6℃)에서의 순수한 물을 0, Ethyl Alcohol을 200Proof로 하고 있다. 우리나라에서 이행하고 있는 Percent의 2배가 American Proof에 맞는 것이다.

ex 1Proof는 0.5도, 86Proof는 43도

British Proof

Syke가 고안한 알코올 비중계에 의한 것으로 Syke's Proof라고 한다.

영국법률에 의하면 『화씨 51도에서 같은 용적의 증류수의 12/13의 무게가 있는 Spirit』을 알코올 함유 음료의 표준강도로서 이 강도를 갖고 있는 술을 Proof Spirit라고 한다.

이 Proof Spirit을 100으로 하고 물을 0, 순 Ethyl Alcohol을 175로 하여 눈금을 175 등분한다. 실제의 표시는 Proof Spirit의 100을 0으로 하여 이것을 넘는 강도의 술을 Proof Spirit에 따라 Over Spirit로 약하여 O · P 몇 도로 표시하여 순 Ethyl Alcohol을 O · P 75℃로 표시함. 또한 Proof Spirit 보다 약한 술을 Under Proof로 약하여 U · P 몇 도로 표시. 물은 U · P 100℃로 하고 있다.

각 국 알코올 분 표시법의 비교표

Percent By Volume %	0	10	20	30	40	50	60	70	80	90	100
Percent By Weight %	0	8.2	16.4	24.8	33.5	42.7	52.2	62.8	73.8	85.7	100
American Proof	0	20	40	60	80	100	120	140	160	180	200
British Proof	UP 100	UP 82.5	UP 65.0	UP 47.5	UP 29.9	UP 12.4	OP 5.1	OP 22.6	OP 40.1	OP 58.5	OP 75.0

X(O.P) = 57.1 × (100 + X)/ 100　　　X(U.P) = 57.1 × (100 - X)/ 100

02 음료(Beverage)의 분류

음료 Beverage	비 알코올성 음료 [Non-Alcoholic Beverage]	청량음료 [Soft Drink]	탄산음료[Carbonated]	
			무탄산음료[None-Carbonated]	
		영양 음료 [Nutritious]	주스류[Juice]	
			우유류[Milk]	
		기호음료 [Fancy Taste]	커피[Coffee]	
			홍차[Tea]	
	알코올성 음료 [Alcoholic Beverage]	양조주 [Fermented] (과일이나 곡류 및 기타 원료에 들어 있는 당분이나 전분을 곰팡이와 효모의 작용에 의해 발효시켜 만든 술)	맥주[Beer]	
			포도주[Wine]	
			과실주[Fruit Wine]	
			곡주[Grain Wine]	
		증류주 [Distilled] (각종 재료를 이용하여 발효시킨 술을 다시 증류시켜 만든 술)	위스키 [Whisky]	스카치위스키 [Scotch Whisky]
				아이리시 위스키 [Irish Whisky]
				아메리칸 위스키 [American Whiskey]
				캐나디언 위스키 [Canadian Whiskey]
			브랜디 [Brandy]	Grape - Cognac, Armagnac 기타 여러 명산지
				Apple - Calvados, Apple Jack
				Cherry - Kirsch
				Plum - Slivovitz, Mirabelle
			진[Gin]	홀란드[Holland]
				잉글랜드[England]
				아메리칸[American]
			보드카[Vodka]	
			럼[Rum]	
			데킬라[Tequila]	
			아쿠아비트[Aquavit]	
			소주	
			중국술, 기타	
		혼성주 [Compounded] (증류주에 과일, 향료, 감미료, 약초 등을 첨가하여 침출하거나 증류하여 만든 술)	약초·향초류[Herbs & Spices]	
			과실류[Fruits]	
			종자류[Beans & Kernels]	
			크림류[Creme]	

03 요약 정리

- 알코올성음료는 양조주(Fermented liquor), 증류주(Distilled liquor), 혼성주(Compounded liquor)
- 알코올 량을 측정하는 방법 : 음주량(㎖, cc) × 알코올 도수/100
- 술의 알코올 함유도 표시로 독일은 술 100g 중 순 에틸알코올이 몇 %가 함유되고 있는가의 표시, 미국은 1프루프의 0.5도, 온도 60°F의 물 0에 에틸알코올 200을 프루프로 계산, 영국은 물 0에 순 에틸알코올 175로 표시
- 마신 알코올 용량(cc) = 술의 농도(%) × 마신 양(cc) ÷ 100
- 마신 알코올 중량(g) = 술의 농도(%) × 마신 양(cc) × 0.8 ÷ 100
- 알코올 1% = 당 1.8% 정도 필요(약 1리터 당 17.8g), (당분*0.475)/0.8 = 알코올도, 효모가 당분을 먹이로 하여 알코올을 생성
- 알코올 도수 계산방법(X)

$$X = \frac{(A \times a)+(B \times b)+(C \times c)+(D \times d)}{Y}$$

Y : 칵테일 사용 재료의 총량
A, B, C : 각 재료의 알코올 도수(%)
a, b, c : 각 재료의 사용량(㎖)

- 식품 등의 표시기준에 의한 알코올 1g당 열량은 알코올은 7kcal, 지방은 9kcal, 탄수화물은 4kcal
- 우리나라에서는 술 100㎖에 들어 있는 순수 알코올의 ㎖를 '도(度)'로 표시하고, 이를 '주정도(酒精度)'라고 한다. 그러니까 25도짜리 소주라면 소주 100㎖에 알코올이 25㎖ 들어 있는 셈이다. 또 이 주정도를 %로 나타내기도 하는데, 이때는 부피를 기준으로 측정했다는 표시로 vol% 혹은 v/v%라는 단위가 들어간다. 왜냐면 무게를 기준으로 하면 그 수치가 상당히 달라지기 때문이다. 즉, 알코올 100㎖는 80g밖에 안 된다.

- 혈중 알코올 농도(%) = 알코올 농도(%) × 음주량(㎖) × 0.8/체중(kg) × 100 × 0.6

$$C = A / (P \times r)$$

C : 혈중알코올농도

P : 음주자의 체중

r : 성별계수(남자 : 0.7, 여자 : 0.6)

A : 섭취한 알코올의 양(음주량㎖×술의 농도(%)×0.7894)

- 알코올 분 「주세법」 제3조에서 규정하는 원용량에 포함되어 있는 에틸알코올(섭씨 15도에서 0.7947의 비중을 가진 것을 말한다)
- 음식점영업 기타 공중위생에 주는 영향이 현저한 것으로 특히 지정되어 있는 영업을 하고자 하는 자는 식품 위생법 제22조에 의해 식품의약품안전청장, 시 · 도지사, 시장, 군수 또는 구청장의 허가가 필요. 이 경우 각각 업종별로 영업의 시설에 대하여 보건복지부령이 규정하는 기준에 맞는 것만이 허가된다. 다른 한편 시도지사는, 영업의 시설이 그 기준에 맞으면 인정하고 그 허가를 하지 않으면 안 되는 의무가 있다. 단, 이 허가를 할 때에 필요한 조건을 붙일 수 있다.
- 위해요소중점관리기준(Hazard Analysis and Critical Control Points) 또는 HACCP은 생산 - 제조 - 유통의 전 과정에서 식품의 위생에 해로운 영향을 미칠 수 있는 위해요소를 분석하고, 이러한 위해 요소를 제거하거나 안전성을 확보할 수 있는 단계에 중요관리점을 설정하여 과학적이고 체계적으로 식품의 안전을 관리하는 제도
- 주세법 시행령 제1조 2항 주류에 대하여는 최종제품의 알코올 분 표시도수의 0.5도까지 그 증감(增減)을 허용. 다만, 살균하지 아니한 탁주 및 약주의 경우에는 추가로 0.5도의 증가를 허용.
- 술을 만드는 발효방식

첫째, 단발효법(와인 방식)

둘째, 단행복발효(맥주방식), 병행복발효(약주방식)

- 발효주

첫째, 단발효주 : 포도주, 사과주, 기타 과실주(당분을 그대로 발효시킨 주류)

둘째, 복발효주 : 전분질을 효소로 당화시켜 발효시킨 주류(단행복발효주: 맥주, 병행복발효주: 청주, 탁주, 막걸리)

- 우리가 보통 먹어서 취하는 술이라 일컫는 알코올은 에탄올을 말하며 술을 마신 다음날 머리가 아픈 것은 체내에서 에탄올이 산화되어 아세트알데하이드라는 물질이 생성되기 때문
- 소주는 고려 말에 도입되어 약용으로 활용되었고 증류식과 희석식으로 대별되는데, 첫째, 증류식 소주(흑국소주)는 단식증류, 소수생산, 둘째, 희석식 소주는 연속 증류, 맛의 조화를 위한 물질 첨가
- 사카린나트륨(Sodium Saccharin) : 식품의 가공·조리에 있어서 단맛을 주기 위해 사용되는 식품첨가물. 김치·절임류, 음료류, 어육가공품, 영양보충용 식품·환자용 식품·식사대용 식품, 뻥튀기 등에 사용

CHAPTER 1

정리노트

2
CHAPTER
칵테일(Cocktail)
COCKTAILS
COCKTAILS

CONTENTS

칵테일(Cocktail)이란 일반적으로 알코올음료에 또 다른 술을 섞거나 혹은 과즙류나 탄산음료 또는 향료 등의 부 재료를 혼합하여 맛, 향기, 색채의 조화를 살린 음료

우리가 마시고 있는 음료는 크게 알코올음료와 비 알코올음료로 나눌 수 있는데 이러한 음료는 여러 가지로 마시는 방법이 있지만 마시는 방법에 따라 크게 두 가지로 나눌 수 있다. 첫째, 음료 그 자체만을 마시는 방법(Strait Drink)이고 둘째, 여러 가지를 섞어서 마시는 방법(Mixed Drink)이다. 넓은 의미에서의 칵테일이란 바로 이 Mixed Drink를 가리킨다. 즉 칵테일이란 술과 술을 혼합하고 청량음료나 과일즙, 각종 향을 배합해서 여러 가지 과일로 장식을 하고 맛과 향을 음미하며 마실 수 있도록 만든 것을 말한다. 물론 알코올을 전혀 함유하고 있지 않은 청량음료나 과일즙 또는 주스와 주스를 섞어 마시는 것도 칵테일이라 할 수 있다.

칵테일의 필요성

- 부재료를 통하여 알코올 섭취로 인해 파괴되는 영양보완
  (비타민, 단백질 등)
- 알코올 도수를 낮추게 하여 위와 간의 부담을 적게 한다.

칵테일의 효과

- 미각적 : 달콤한 맛, 새콤한 맛, 쓴맛, 매운맛, 신맛 등
- 시각적 : Shaker가 흔들리는 모양, 글라스에 부어 비치는 빛에 의해 반짝이는 얼음조각 등
- 칼로리 보강 : 다양한 부재료를 통하여 칼로리를 보강

1 어원

『칵테일』이라는 말에 대한 어원의 유래는 여러 가지가 전해지고 있지만, 언제부터 시작되었는지 정확하지는 않다. 대략 18세기 중엽 즈음 미국으로부터 전해지지 않았나, 추측하고 있는데 그중 전해오는 몇 가지를 소개하면 다음과 같다.

첫째, 오랜 옛날 멕시코의 유카탄 반도에 있는 캄페체란 항구 도시에 영국배가 기항했을 때 상륙한 선원들이 어떤 바에 들어서니 카운터 안에서 한 소년이 껍질을 벗긴 나뭇가지를 사용하여 혼합주를 만들고 있었다. 당시 영국인들은 술을 스트레이트로만 마셨기 때문에 그 소년에게 그 혼합주에 대해 물었는데, 그 소년은 『Cora De Gallo』라고 대답했다고 한다.

『Cora De Gallo』는 스페인어로서 수탉의 꼬리를 의미하며 당시 그 소년은 자기가 들고 있는 나뭇가지의 모양이 수탉꼬리처럼 생겼다고 생각되어 말했으나 영국 선원들은 이때의 혼합주를 『Tail of Cock』이라 부르며 즐겼고, 이 말이 『Cocktail』로 줄여 불리어지게 되었다고 한다.

둘째, 19세기 중엽 미국의 허드슨 강 부근에 윌리엄 클리포드라는 사람이 선술집을 경영하고 있었는데, 그에게는 세 가지의 자랑거리가 있다. 첫 번째는 강하고 늠름한 선수권을 갖고 있는 수탉이고, 두 번째는 그의 술 창고에 세계의 명주를 가득히 가지고 있다는 것, 세 번째는 마을에서 가장 아름다운 외동딸『에밀리』였다. 그 당시 허드슨 강을 왕래하는 화물선의 선원이며 에밀리와는 연인사이였던『애푸루운』이라는 젊은 사나이가 이 선술집에 매일 밤 드나들었다. 윌리엄은 항상 애푸루운을 보고『자네가 선장이 되면 에밀리와 결혼시킬 것이니 반드시 훌륭한 선장이 되어 다오.』라고 하였고, 몇 년이 흘러 마침내 애푸루운은 선장이 되어 에밀리와 결혼을 하게 되었다. 윌리엄은 너무 기뻐서 가지고 있는 고급술을 여러 가지와 혼합하여 수탉의 아름다운 꼬리털로 저어서 "코크테일(수탉의 꼬리) 만세" 라고 외쳤던 것이 그 후부터 Cocktail이라고 불리게 되었다고 한다.

셋째, 1975년 서인도 제도의 하나인 아이티(Haiti)섬 동부의 공화국 산토도밍고(Santo Domingo)에 반란이 일어났을 때, 미국 중남부 루지애나(Louisiana)주의 수도 뉴올리언즈(New Orleans)에 이주해온 Antoan Amedis Peychaud라는 사람이 로얄가(Royal Street) 437번지에 약방을 개업했다. Peychaud가 만든 계란이 혼합된 음료를 불어를 사용하는 뉴올리언즈 사람들은『Codquetier』(불어로 범주라는 뜻)라고 불렀다. 그 후 약용으로서의 의미는 잊어버렸고 그 명칭도 Cocktail로 부르게 되어 전해졌다고 한다.

넷째, 1776년 미국 텍사스주의『요오크 타운』이란 마을의 텍사스 주립군 Party석상에서 술이 얼큰하게 취한 한 장교가 닭고기 요리를 만든 뒤 그 꼬리를 빈 병에 꽂아둔 것을 보고 『Hey! Madam Cocktail 한잔만 더!』라고 했던 말이 지금까지 Cocktail이라 전래되었다고 전해진다.

다섯째, 옛날 Spain이 뉴멕시코 지방을 정복했을 때 그 지방에는 아즈테크족이 살고 있었으며, Cocktail은 그들이 사용하는 하나의 언어였다. 그런데 아즈테크족 이전에는 그 지방을 돌대크족이 지배하고 있었으며, 그 귀족의 하나가 진귀한 혼성주를 만들어 어여쁜 자기 딸 『콕톨』과 함께 왕에게 바치자 왕은 크게 만족하여 즉시 그 혼성주를 어여쁜 귀족의 딸 이름을 따서 『콕톨』이라 명명하였으며 그 후부터 Cocktail이라고 불리기 시작하였다고 한다.

여섯째, 18세기 초 미국 남부의 군대와 아솔로토 8세가 거느리는 멕시코군 사이에 소규모의 충돌이 끊임없이 계속 되었는데 서로 간에 손실만 커서 결국 휴전을 맺기로 합의하고 멕시코 왕궁에서 그 조인식을 갖게 되었다. 아솔로토왕과 미국군을 대표하는 장군의 회견은 온화한 분위기에서의 주연으로 이루어졌고 회견이 절정에 이르렀을 때 왕의 외동딸인 공주가 조용히 그 자리에 나타났다. 공주는 자기 솜씨를 발휘하여 혼합한 술을 장군 앞으로 들고 가서 권하자, 한 모금 마신 장군은 너무나 좋은 맛에 놀랐으나, 그 보다도 눈앞에 서 있는 공주의 아름다움에 더 한층 넋을 잃어 자기도 모르게 공주의 이름을 물었다. 공주는 수줍어하면서 『콕틸(Cocktail)』하고 대답했는데, 장군은 순간적 착상으로 『지금 마시는 이 술은 앞으로 콕틸이라고 부르자』고 사람들에게 큰 소리로 말했다고 한다. 그 콕틸이 세월이 흐름에 따라 Cocktail로 변하여 오늘에 이르게 된 것이라고 전한다.

일곱째, 미국 독립전쟁 당시 버지니아 기병대에 『파트릭 후래나간』이라는 한 아일랜드 인이 입대하게 되었다. 그러나 그 사람은 입대한지 얼마 되지 않아서 전장에서 죽어버렸다. 따라서 그의 부인이었던 벳치라는 여자는 별안간 과부가 되고 말았다. 그리하여 남편을 잊지 못하는 그녀는 죽은 남편의 부대에 종군할 것을 희망하였다. 부대에서는 하는 수 없이 그녀에게 부대 술집의 경영을 담당하게 하였다. 그녀는 특히, 브레이사라고 부르는 혼합주를 만드는데 소질이 있어, 군인들의 호평을 받았다. 그러던 어느 날 그녀는 한 반미 영국인 지주의 닭을 훔쳐다가 장교들을 위로하였는데 그 닭의 꼬리 즉, 콕스 테일(Cocktail)을 주장의 브레이사 병에 꽂아서 장식하여 두었다고 한다. 장교들은 닭의 꼬리와 브레이사로 밤을 새워 춤을 추며 즐겼다. 그런 장교들이 모두 술에 만취되어 있는 가운데, 어느 한 장교가 병에 꽂힌 콕스 테일을 보고 『야! 그 콕스 테일 멋있군!』하고 감탄을 하니 역시 술 취한 다른 한 사람이(자기들이 지금 마신 혼합주의 이름이 콕스 테일인 줄 알고) 그 말을 받아서 말하기를 『응 정말 멋있는 술이야!』하고 응수했다 한다. 그 이후부터 이 혼합주인 브레이사를 Cocktail이라 부르게 되었다고 한다.

여덟째, 칵테일이라는 말이 처음으로 쓰인 시기는 영국의 엘리자베스 여왕시절에 남아메리카 카리브해안을 따라 여러 지역을 탐방한 바 있는 모험가들에 의해 나왔다는 설도 있다. 모험가들은 방문한 지역에서 원시적으로 토속적인 방법으로 증류된 여러 가지 술을 혼합해서 새의 깃과 비슷한 나무뿌리로 젓던 것이 발전된 것이라고 하는데, 모험가들이 그들의 고향으로 돌아왔을 때 여행 중에 맛보았던 Mixed Drink를 소개하였고 이 아이디어는 곧 인기를 끌게 되었다고 한다.

아홉째, 미국의 유명한 술의 고장 "켄터키"에서는 투계가 유행되었다. 이때 돈을 걸고 싸움을 시키던 한 사람이 돈을 잃게 되자 화가 난 끝에 마시던 여러 종류의 술을 섞어 마시며 그 싸움에 진 닭의 꼬리를 빼어 술잔에 넣었을 때 옆의 있던 사람들이 『콕스 테일』 하며 크게 웃었으며 그것을 보았던 주위 사람들이 모든 술을 섞은 다음 닭의 꼬리를 장식하고 투계 싸움의 희비를 나누었다 한다.

2 칵테일의 기주

칵테일은 여러 가지의 재료를 섞어 마시는 술이지만 그중 주재료로 쓰이는 술이 있는데, 이것을 기본 주라고도 하고 베이스(Base Liquor)라고 하는데 베이스로 사용한 술의 종류에 따라 진 베이스, 위스키 베이스, 럼 베이스, 보드카 베이스, 브랜디 베이스 등으로 나눈다. 베이스의 알코올 함량이 높은 것일수록 칵테일의 끈기가 강하고 감칠맛이 더하다. 기본 주는 크게 조제법에 따라 증류주, 혼성주, 양조주 등으로 나뉘고 그 각각에 여러 가지 종류의 술이 있다.

양조주

효모의 작용으로 곡물이나 당질의 원료를 당화하여 발효시킨 술. 알코올 함유량이 3~18%로 낮아서 부담 없이 마실 수 있으며, 포도주, 맥주, 막걸리 등이 여기에 속한다.

증류주

양조주를 다시 증류시켜 알코올 도수를 높인 술로 알코올 함유량은 36~60% 정도. 위스키, 브랜디, 진, 보드카, 럼, 데킬라 등이 있다.

혼성주

증류주나 양조주에 여러 가지로 향료, 약초, 과일 등을 넣어 만든 술로 리큐르라고 부른다. 베르무트(Vermouth), 비터즈(Bitters) 등이 있다.

01 칵테일 도구 및 계량법

1 칵테일 도구

셰이커(Shaker) 혼합하기 힘든 재료들을 잘 섞는 동시에 냉각시키는 도구로 뚜껑(Cap, Top), 몸통(Body), 여과기(Strainer) 세 부분으로 구성

스트레이너(Strainer) 믹싱 글라스에서 만든 칵테일을 글라스로 옮길 때 얼음이나 고형물이 잔에 들어가지 않도록 하는 기구로서, 믹싱 글라스 가장자리에 대고 안에 든 얼음이 흐르는 것을 막는다. 철사 망으로 구성

블렌더(Blender) 믹서(Mixer). 혼합하기 어려운 재료들을 섞거나 프로즌 스타일의 칵테일을 만들 때 사용한다. 미국에서는 블렌더(Blender)라 부르며, 믹서라고 하면 전동식 셰이커, 스핀들 믹서(Spindle Mixer)를 지칭

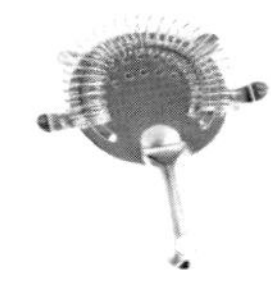

스핀들 믹서(Spindle Mixer) 미국에서 개발된 전동식 셰이커. 큰 메탈 컵에 재료와 얼음을 넣고 스핀들 믹서에 장착하면 소형 프로펠러가 컵 속에서 자동적으로 급속히 회전하고 재료를 얼음과 재빨리 혼합

믹싱글라스(Mixing Glass) 혼합용 글라스 용기로 셰이커를 사용하지 않아도 잘 혼합되는 재료를 섞을 때나 칵테일을 투명하게 만들 때 사용바 글라스(Bar Glass).

지거(Jigger) 장구모양으로 두개의 컵이 마주 붙어 있는데 보통 윗부분은 1온스(약 30㎖)와 아랫부분은 1½온스(약 40㎖)이다.(1지거 = 1½온스) (참고 : 온스의 용량은 미국식과 영국식이 차이가 있는데 미국은 1온스가 29.6㎖, 영국은 28.4㎖이다.)

스퀴저(Squeezer) 레몬이나 오렌지, 라임 등 과일류의 즙을 짜기 위한 도구로서 가운데가 돌출된 용기이다. 유리제, 스텐인리스제, 도자기제, 플라스틱제 등이 있으며 큰 것이 좋고 플라스틱제가 취급하기 쉽다.

머들러(Maddler) 칵테일을 휘저어 혼합시키거나 잔속에 있는 설탕과 과육을 부수는 데 쓰인다. 유리, 스테인리스, 플라스틱 등 재질은 여러 가지가 있으나 학 타입의 칵테일에는 플라스틱이나 나무제품은 사용하지 않는다.

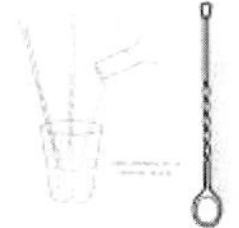

바 스푼(Bar Spoon) 믹싱스푼 또는 롱 스푼이라고도 하며 재료를 혼합시키기 위해 사용하는 스푼이다. 보통 스푼보다 자루가 길고 한쪽 끝 부분은 작은 스푼으로 되어 있고, 다른 한쪽은 포크 형태로 과일을 잡는데 사용한다. 손으로 잡는 부분은 물에 젖었을 때 미끄러지지 않게 나선형으로 되어 있다. 주로 믹싱글라스 재료를 섞거나 소량을 잴 때 사용한다.

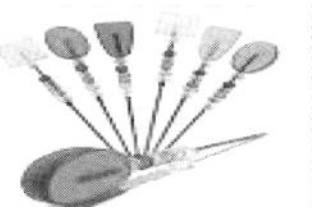

칵테일 픽(Cocktail Pick) 장식인 올리브나 체리 등을 꽂을 때 사용하는 핀으로 칵테일 픽(Cocktail Pick)또는 가니시 스틱(Garnish Stick)이라고도 한다. 칵테일의 분위기에 맞는 모양이나 색깔, 재질의 것을 택하면 된다.

스트로(Straw) 장식으로 쓰는 것은 Drinking Straw라고 부르며, 짧고 가느다란 것은 칵테일을 혼합시키기 위한 것으로 Stirring Straw라고 부른다. Crushed Ice를 사용한 칵테일이나 열대산의 드링크 등 마시기 힘든 칵테일에 곁들이는데, 장식 효과도 있다.

코르크 스크류(Cork Screw) 와인 등의 코르크 마개를 따는 도구로서, 와인 오프너(Wine Opener)라고도 부른다. 끝 부분이 나선형 모양으로 손잡이가 부착되어 있다. 여러 가지 형식이 있는데 접었다 폈다 할 수 있는 Bar Knife와 보틀 오프너가 세트되어 있는 Bartender's Knife 또는 Sommelier's Knife

샴페인 스토퍼(Champagne Stopper) 샴페인의 뚜껑을 연 후 그 탄산가스가 빠지지 않도록 병을 막아 두는 기구

오프너(Opener) 병마개를 따는 도구, 캔 오프너와 같이 붙어 있는 것도 있으나, 병마개를 딸 때 통조림 따개의 칼날에 손을 다치는 경우가 있으므로 따로 있는 것

아이스 텅(Ice Tong) 얼음을 집기 쉽도록 끝이 톱니 모양으로 된 집게이다. 아이스 패일과 세트로 파는 것이 많으나, 가능하면 별도로 사는 것이 좋다.

아이스 패일(Ice Pail) 아이스 비스킷(Ice Basket)이라고도 하며, 얼음을 넣어 두는 용기이다. 모양, 재질에 여러 가지가 있으며, 기호와 용도에 따라 선택하면 된다.

아이스 사벨(Ice Shovel) 아이스 스쿠퍼(Ice Scooper)라고도 하며, 얼음을 떠내기 위한 도구로 스테인리스 제품과 플라스틱 제품 등이 있다. 대형과 소형 두 가지를 다 준비하는 것이 좋다.

아이스 픽(Ice Pick) : 얼음을 잘게 부술 때 사용하는 도구로 끝이 송곳처럼 뾰족하다. 얼음의 두께보다 짧게 잡아야 손을 다치지 않는다.

펀치 볼(Punch Bowl) 펀치 종류의 칵테일을 만들 때 사용하는 큰 그릇

아이스 크루셔(Ice Crusher) Crushed Ice(잘게 갈아낸 얼음)를 만들기 위한 얼음 분쇄기로 수동형, 전동형이 있으며 자동 팥빙수 기계를 사용해도 좋다.

페링 나이프(Paring Knife) 레몬이나 오렌지 등의 과일을 자르거나 조리할 때 속을 보호하기 위해 사용하는 칼

푸어링 립(Pouring Lip) 주류를 따를 때 흘리지 않도록 병 주둥이 부분에 끼워 사용

코스터(Coaster) 글라스의 받침, 금속제나 유리제는 좋지 않다.

캔 오프너(Can Opener) 통조림 류의 깡통을 딸 때 사용하는 도구

더스터(Duster) Glass Towel(글라스 타월)이라고도 하며, 글라스를 닦을 때 쓰는 마직류의 천으로 목면과 혼방인 것도 있다.

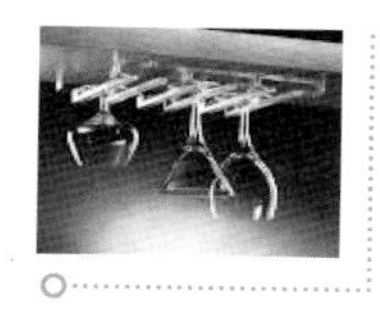

글라스 홀더(Glass Holder) 뜨거운 종류의 칵테일을 마실 때에 글라스를 담을 수 있도록 만든 기구

2 계량법

- Ounce(온스, oz) : 30㎖(칵테일을 만들 때 사용되는 기본 용량으로 약 30㎖를 나타낸다) 특히, 1oz는 Pony라고도 한다.
- Tea Spoon(티스푼, tsp) : ⅛oz.≒3.7㎖(설탕이나 약간의 레몬주스 같은 것을 잴 때 쓰는 단위이며 양은 1/8온스)
- Table Spoon(테이블스푼, Tbs) : ⅜oz.≒11.1㎖(티스푼보다 많은 ⅜oz이며 칵테일을 여러 잔 만들 때나 많은 양을 만들 때 사용)
- Dash(대시, d) : Dash/Splash = 5~6drops = ⅙tsp = 1/32oz ≒0.9㎖
  식초같이 액체로 된 향신료를 사용할 때 쓰는 양의 표시로 대개 용기를 거꾸로 들고 가볍게 한번 톡 쳐서 뿌려지는 대여섯 방울을 1 대시라고 한다.
- 핀치(Pinch) : 후추, 조미료처럼 분말로 된 향신료를 한 번 뿌려 주는 것
- drop(드롭, dr) : ⅕㎖(Bitters 종류에 사용하는 단위. 1 방울 정도)
- Jigger(지거, jgr) : 1.5oz≒45㎖(Base의 기준 용량을 표시할 때 쓰며 1.5 온스(45 밀리리터)
- Cup(컵, C) : 8oz≒247㎖ = ½Pint(칵테일을 많이 만들 때 계량하기 편리)
- Split(스플릿, splt) : 6oz.≒177㎖

3 병(Bottle)의 용량

칵테일에서 Base로 사용하는 크고 작은 증류주 병의 용량

- Tenth : 360㎖ 짜리 작은 양주(= ⅘Pint = 12oz = ⅒Gallon)
- Pint[1] : 국산 양주 윈저나 캔 맥주 큰 것의 사이즈로 500㎖(= ½Quart = 16oz)
- Fifth : 양주병의 표준 사이즈로 750㎖(= ⅕Gallon = 25.6oz)
- Quart : 양주병 큰 사이즈로 960㎖에서 1ℓ짜리(= ¼Gallon= .32oz)
- Gallon : 보통 시장 통에서 파는 대형 캘리포니아산 와인 병, 손잡이 달린 양주병 대형(Half Gallon) 사이즈의 두 배(=128oz)

1) 야드-파운드법의 부피단위. 기호 pt. 14세기경부터 사용된 단위로서 ⅛gal(갤런)을 1pt로 한다. 영국 갤런과 미국 갤런은 서로 크기가 다르기 때문에 현재는 영국 파인트를 0.57L, 미국 파인트를 0.47L로 하고 있다.

계량 단위 비교

- 1oz = 29.573mℓ
- 1oz = 1Pony = 32Dash = 1Shot = 8tsp
- 1tablespoon(tbsp) = 3teaspoon(tsp) = $\frac{3}{8}$oz
- 1jigger/bar glass = 1.5oz
- 1ℓ = 34oz
- 1split = 6oz
- 1cup = 8oz
- 1gallon(gal) = 4quart(qt) = 5fifth = 8pint(pt) =128oz = 3.785ℓ
- 1tenth = 12oz = $\frac{4}{5}$pint
- 1bottle(보틀) = 2$\frac{1}{4}$쿼터

Bottle
750ml

Magnum
1.5Liters = 2bottles

Double Magnum
3Liters = 4bottles

Imperial
6Liters = 8bottles

Balthazar
12Liters = 16bottles

Melchior
18Liters = 24bottles

칵테일글라스(Cocktail Glass)

1. Old Fashioned Glass

- 현재의 텀블러의 원형이라는 고풍스런 글라스
- 록 글라스(Rock Glass)
- 현재 위스키나 Spirits나 칵테일 등을 온더록스 칵테일(On the Rocks) 스타일로 마실 때에 널리 사용
- 용량은 120~180㎖ 정도

2. Highball Glass = Tumbler

- 롱 드링크나 비 알코올의 칵테일, 과일주스 등에 사용되는 글라스
- 일반적으로 컵이라고 부르기도 하고, 또 하이볼에도 많이 사용되기 때문에 하이볼 글라스(High-ball Glass)라고도 부른다.
- 용량은 6온스(180㎖)~10온스(300㎖)
- 표준적으로 사용하는 것은 8온스(240㎖)

3. Liqueur Glass

- 코디얼 글라스(Cordial Glass)
- 용량은 1온스(30㎖) 정도로 계량컵 대신 사용 가능
- 리큐르나 위스키, Spirits 등을 스트레이트로 마실 때 사용
- 엔젤스 키스(Angel's Kiss), 푸스카페(Pousse Cafe) 등의 칵테일에 사용

4. Cocktail Glass

- 기본적인 형태는 역삼각형에 다리가 달린 것이지만 우아한 곡선이 있는 것 등 여러 가지 변형적인 형태도 있다.
- 글라스를 많이 기울이지 않아도 칵테일을 마실 수 있도록 디자인된 것이다.
- 용량은 90㎖(3온스)가 표준이며, 2온스에서 4온스까지 다양
- 120㎖~150㎖인 대형 칵테일글라스는 계란을 이용하는 칵테일에 사용

5. Champagne Glass

1) Saucer Champagne Glass(샴페인글라스-소서형)
   - 입구부분이 넓어 건배용으로 사용
   - 이 글라스를 사용하면 샴페인의 가스가 빨리 달아난다.
   - 오히려 계량을 사용하여 양이 많아진 칵테일이나 프라페(Frappe)
   - 프로즌(Frozen) 스타일의 칵테일 등에 쓰면 편리하다.
   - 용량은 120㎖가 표준
   - 알렉산더, 그래스하퍼, 핑크 레이디 등의 칵테일에 사용

2) Flute Champagne Glass(샴페인글라스-플루트형)
   - 몸이 가늘고 기다랗게 생겼다.
   - 탄산가스가 잘 빠져나가지 않으므로 식사용으로 천천히 마실 수 있다.
   - 용량은 120㎖ 가 표준

6. Sour Glass

- 위스키 사우어, 진 사우어 같은 사워 칵테일을 마실 때 사용하는 글라스
- 용량은 4온스(120㎖)~6온스(180㎖)까지 있으며 4온스를 보통 사용
- 다리가 달린 글라스가 대부분이지만 평평한 타입도 사용되고 있다.

7. Sherry Glass

- 스페인 특산의 포티파이드 와인(Fortified wine), Sherry를 마실 쓰는 글라스
- 리큐르 글라스와 와인글라스 중간 크기
- 용량은 60㎖~75㎖ 정도(표준은60㎖이다)
- 위스키나 Spirits를 스트레이트로 마실 때 이용

8. Wine Glass

- 와인을 마시기 위한 글라스
- 와인의 종류(적백포도주)에 따라서 각 국 지방에 따라 다양한 디자인의 글라스가 있다.
- 용량은 150~200㎖ 정도

※ 가장 이상적인 와인글라스의 조건

- 와인의 색, 향기, 맛을 마음껏 즐기기 위해 무 바탕, 무색 투명
- 유리의 두께가 되도록 얇아야 한다.
- 글라스의 테두리가 약간 안쪽으로 휘어 들어가서 향기가 글라스의 안에 머물게 하는 디자인이어야 한다.
- 지름이 6.5㎝ 이상이어야 이상적이라 한다.

9. Goblet Glass

- 대용량의 다리가 달린 글라스
- 얼음을 넘칠 정도로 많이 놓은 Long Drink, 맥주, 비 알코올성 칵테일을 마실 때에 사용.
- 용량은 300㎖정도가 표준이지만 더 큰 용량의 것도 있다.

10. Brandy Glass

- 몸통 부분이 넓고 입구가 좋은 튤립형의 글라스로 *스니프터(Snifter), 나폴레옹 글라스(Napoleon Glass)*라고도 부른다.
- 브랜디를 스트레이트를 마실 때 사용되며, 고급을 마실수록 입구가 좁은 것을 사용
- 용량은 240~300㎖
- 따르는 양은 글라스의 크기에 상관없이 1온스(30㎖) 정도 따르는 것이 일반적이다.
- 와인이나 향기가 좋은 리큐르를 마실 때 사용하기도 한다.

11. Collins Glass

- 원통형의 키가 큰 글라스로 침니 글라스(Chimney Glass, 굴뚝), 톨 글라스(Tall Glass, 키가 큰)라고도 불린다.
- 탐 칼린스나 탄산음료, 발포성 와인 등을 사용한 탄산 가스가 함유된 칵테일에 사용
- 텀블러에 비해 키가 크고 입구의 직경이 작으므로 탄산 가스가 오래간다.
- 용량은 300~360㎖ 정도

12. Whiskey Glass

- 샷 글라스(Shot Glass), 스트레이트 글라스(Straight Glass)라고도 하는데, 'Shot'이란 '1잔'이라는 뜻
- 위스키를 스트레이트로 마실 때 사용
- 크기는 싱글(Single, 30㎖), 더블(Double, 60㎖)의 두 가지가 있다.

13. Pilsner Glass

14. Irish Coffee Glass

15. Margarita Glass

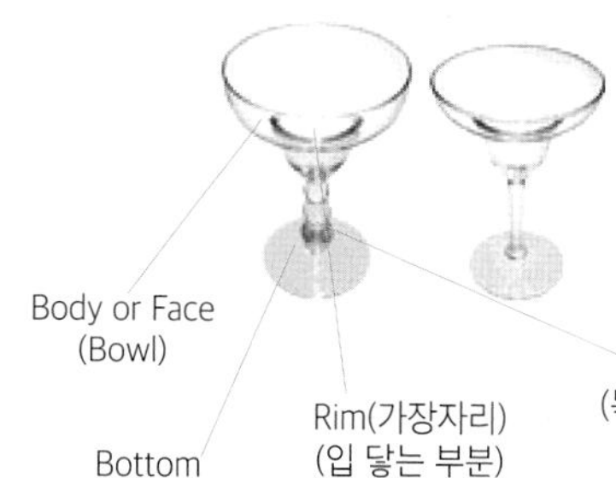

- Cylindrical Glass : 원통형으로 된 받침이 따로 없는 글라스를 말하며, Stemless(아래 손잡이가 없는) Glass
- Stemmed Glass : 몸통과 아래 손잡이, 받침이 있는 글라스로 Footed(아래 손잡이가 있는) 글라스

03 시럽(SYRUP)류

1 시럽이란

각종 과즙 · 향료 · 커피 · 아라비아고무 등을 녹인 설탕에 첨가하여 가공한 농당액(濃糖液)인데, 종류가 많으며, 과자 · 음료 등에 사용된다. 보통 시럽이라면 각종 과실즙에 설탕을 가한 Fruits Syrup)을 말하지만, 화학약품을 배합해서 인공

적으로 과실의 향미를 낸 것도 있다. 물이나 소다수(水)와 혼합해 청량음료로 만들기도 하고, 생과실 대용으로 칵테일 · 푸딩 · 젤리 · 과자 등의 착향(着香) · 착미(着味) · 착색(着色)에도 쓰인다.

① 당밀(糖蜜)에 타르타르산(Tartaric Acid)[2], 시트르산(Citric Acid)[3] 등을 넣어 신맛과 단맛이 있게 향료와 색소를 넣은 음료

② 녹인 설탕에 여러 가지 과즙、향료 따위를 타서 가공한 진한 액체. 청량음료나 아이스크림 따위를 만드는 데 쓰인다.

③ 설탕이나 여러 가지 과즙을 넣어 걸쭉한 액체로 만든 약제

2 시럽의 기원

고대 그리스나 로마 시대까지 거슬러 올라가며 그 당시에는 과일의 계절이 끝난 이후에도 좋아하는 향의 음료를 만들 수 있도록 벌꿀로 보존하기 시작하면서 시럽은 탄생 되었으며, Summer Drink와 아이스 디저트는 루이 15세 시대인 18C에 프랑스에서 유행하였다.

셔벗 파르페는 아이스박스의 원조라 할 수 있는 깊은 샘이나 창고에서 저장해 온 얼음, 눈과 과일주스, 시럽으로 만들어졌다.

프랑스인의 독특한 맛을 찾는 유행은 특히 이태리나 유럽의 부유층을 통하여 곧 번져나갔으나 19C 후반에서야 그레나딘, 민트, 오렌지, 레몬, 아몬드 향을 지닌 소다 또는 레모네이드 같은 과일시럽이 프랑스에서 유행의 최고조에 달했다.

3 시럽의 종류

Gum Syrup(검 시럽)

- 플레인 시럽을 오래 두면 설탕 덩어리가 바닥에 가라앉는데 이것을 방지하기 하여 아라비아(Arabia)의 검 분말을 섞어서 만든 시럽

---

2) Tartaric Acid : 포도주를 만들 때 침전하는 주석(酒石)에 함유되어 있어 주석산이라고도 하며, 디옥시숙신산이라고도 함. 화학식 $C_4H_6O_6$.

3) Citric Acid : 구연산(枸櫞酸)이라고도 함. 화학식 $C_6H_8O_7$. 많은 식물의 씨나 과즙 속에 유리상태의 산으로 함유되어 있음. 구연이란 시트론 Citron의 한자명이며, 시트론을 비롯하여 레몬이나 덜 익은 광귤 등 감귤류의 과일에 특히 많이 함유되어 있는 데에서 연유

Grenadine Syrup(그레나딘시럽)

- 당밀에다 석류를 주원료로 해서 만든 붉은 색의 달콤한 시럽
- 칵테일에서 주로 색깔을 내기 위해서 사용한다.
- 시럽 중 가장 많이 쓰이는 것

Maple Syrup(메이플 시럽)

- 사탕 단풍나무의 수액을 짜서 만든 것
- 칵테일에는 잘 사용하지 않는다.
- 주로 핫케이크 위에 뿌려먹는 시럽

Plain Syrup(플레인 시럽)

- 설탕시럽(가루설탕이 칵테일에 잘 녹지 않으므로 사용)
- 조주 작업시간을 단축시키기 위해 물과 설탕을 1:1이나 1:3으로 완전히 끓인 후 약한 불에 놓고 서서히 끓이면서 물기를 적당히 제거 한 후 사용
- 투명하게 하려면 계란 흰자위 하나의 분량을 풀어서 시럽에 넣은 뒤 앙금을 걷어내면 된다.

Blackberry Syrup(블랙베리 시럽)

- 당밀에 검은 딸기의 풍미를 가한 시럽

Raspberry Syrup(라즈베리 시럽)

- 당밀에 나무딸기의 풍미를 가한 시럽

- Block of Ice : 1kg 이상의 큰 얼음 덩어리
- Lump of Ice : Lock Ice, 온더락스(On the Rock)에 이용
- Cracked Ice : 큰 얼음 덩어리를 아이스 픽으로 깨서 만든다. 직경 3~4cm
- Cubed Ice : 냉장고나 제빙기로 만들 수 있는 정육면체 얼음
- Crushed Ice : 잘게 부순 알갱이 모양의 얼음 덩어리를 타월에 싸서 아이스 픽으로 두들겨 깨서 만든다.
- Shaved Ice : 빙수용으로 쓰이는 얼음, 크러쉬드 얼음보다 더 잘게 부수면 된다.

04 칵테일 장식 방법

1 레몬, 라임, 오렌지

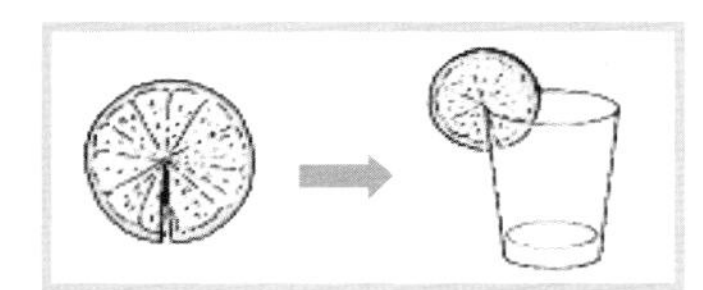

홀 슬라이스(Whole Slice)를 반지름만큼 칼집을 낸다.

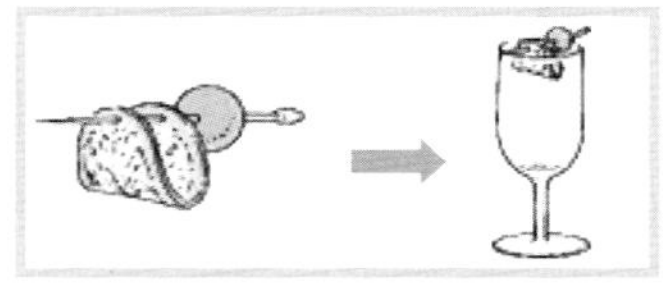

홀 슬라이스(Whole Slice)를 체리와 함께 칵테일 픽에 꽂아서 끼운 것을 글라스 위에 올려놓는다.

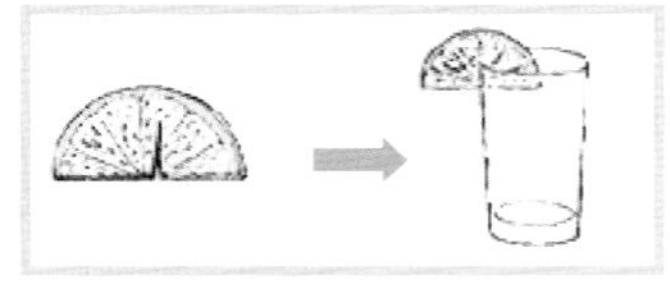

하프 슬라이스(Half Slice)에 칼집을 내어 글라스 가장자리에 끼운다

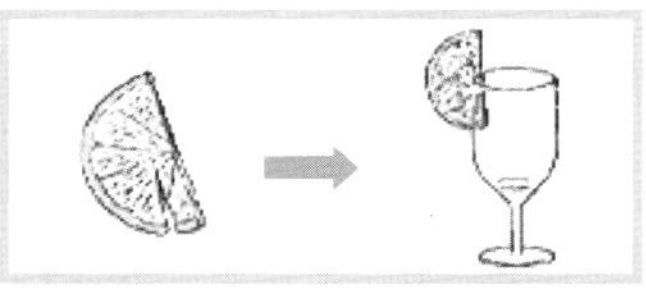

하프 슬라이스(Half Slice)를 세로로 칼집을 내어 가장자리에 끼운다.

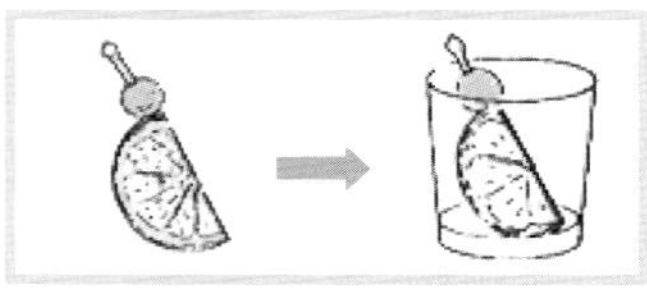

체리와 함께 칵테일 픽에 꽂아서 글라스 안에 넣는다.

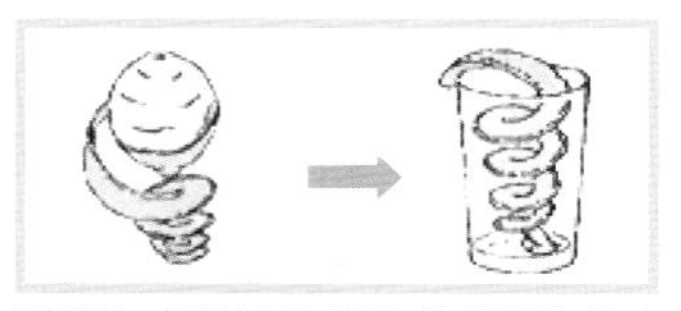

껍질을 나선형으로 벗긴 후 위쪽을 글라스 가장자리에 걸치고 다른 쪽을 글라스 안에 넣는다.

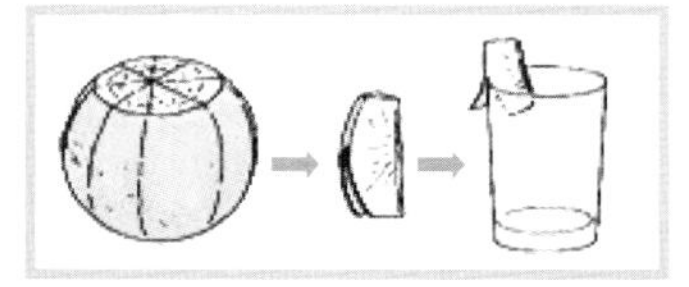

세워서 8조각을 낸 뒤(Wedge) 껍질과 과육 사이에 칼집을 내어 글라스 가장자리에 끼운다.

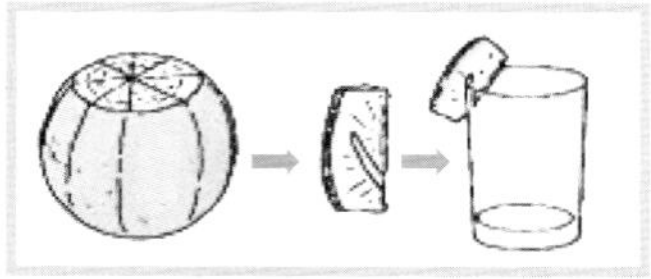

웨지(Wedge)의 과육에 칼집을 내어 글라스 가장자리에 끼운다.

2 올리브, 체리, 펄 오니언

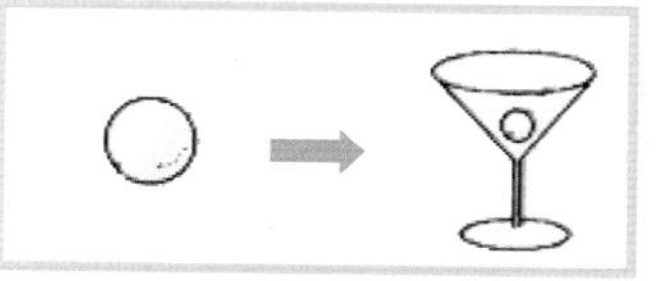
한 알을 글라스에 넣는다.

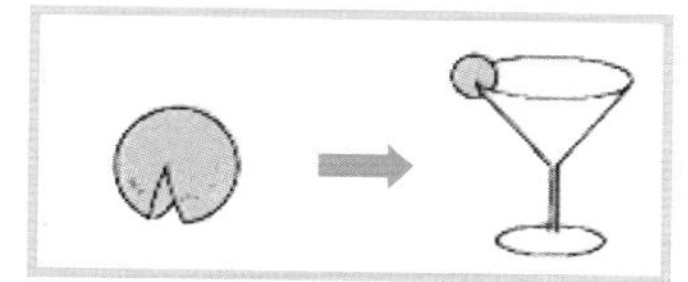
칼집을 내어 잔에 끼운다.

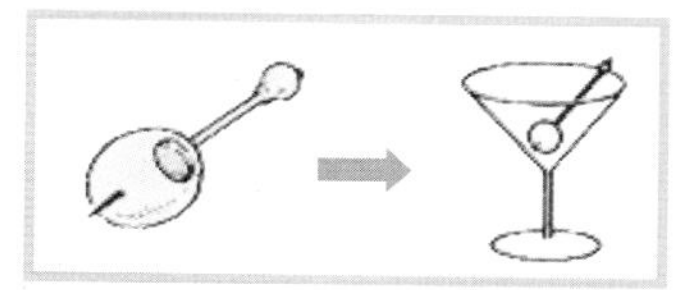
칵테일 픽에 끼워서 글라스 안에 넣는다.

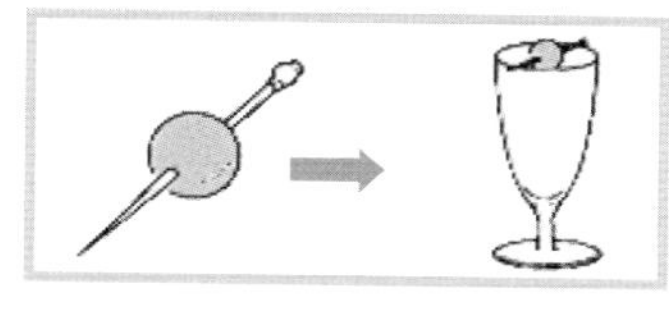
칵테일 픽에 끼워서 글라스
위에 올려놓는다

3 파인애플, 샐러리

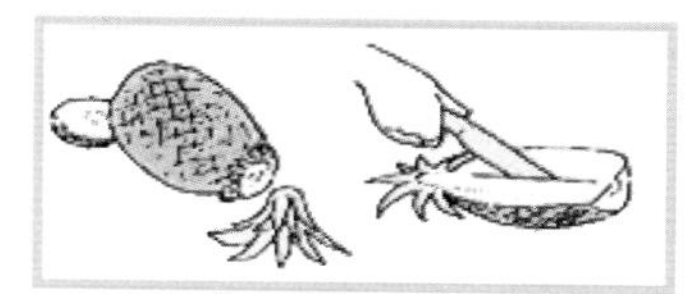
머리와 끝을 잘라내고 길이 방향으로 4 등분한다.

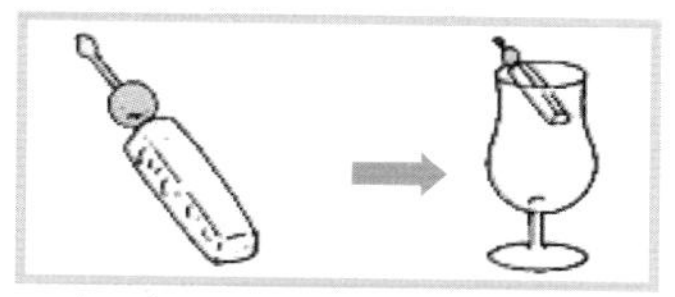
스틱모양으로 자르거나 샐러리를 그대로 글라스에 넣는다.

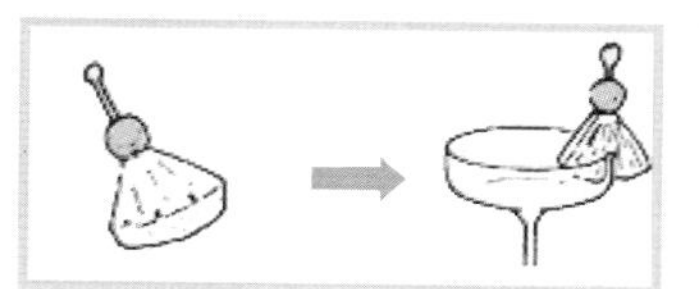
¼ 슬라이스로 잘라서 체리와 함께 칵테일 픽에 끼운 것을 글라스의 가장자리에 끼운다.

4 프로스팅(Frosting)

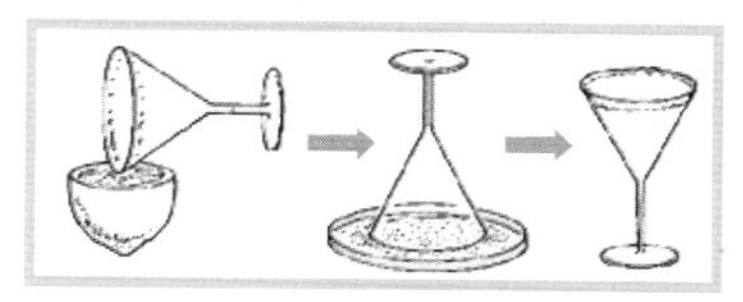

프로스팅(Frosting : 설탕을 입힘)이란 칵테일 잔의 가장자리에 눈이 내린 것과 같이 설탕이나 소금을 묻혀 장식을 하는 것을 말하며 Rimming(가장자리, 언저리, 둘러싸다.)이라고도 한다. 프로스팅 된 잔으로 음료를 마시면 서로 다른 맛이 입안에서 섞이는데 매우 재미있다. 다양한 재료를 이용하여 테두리를 프로스팅 할 수 있는데 일반적으로 소금을 이용할 때는 레몬이나 라임주스로 테두리를 적시고 좀 더 달콤한 프로스팅을 원하면 으깬 달걀흰자를 사용한다.

우선 레몬이나 라임의 즙을 글라스 가장자리에 바르고 글라스 밑 부분이 위로 가게 하여 아래에 놓여 있는 설탕이나 소금을 묻혀서 바로 세운다. 글라스의 맨 위 부분에만 묻혀야 하며 옆 부분에는 묻히면 안 되므로 즙을 바를 때 옆 부분에 묻지 않게 조심해야 된다.

칵테일을 글라스에 따를 때는 프로스트 한 설탕이나 소금이 안쪽으로 흘러내리지 않게 조심해야 된다.

설탕과 코코넛을 착색하려면 분말 식용 색소를 재료에 묻힌다. 또는 인스턴트커피, 분말 초콜릿 또는 계피를 설탕과 혼합하여 프로스팅 한다. 솔티 도그 또는 마가리타와 같이 향이 나며 소금으로 프로스팅 한 경우에는 프로스팅과 같이 음료를 마시고 좀 더 단맛이 나는 프로스팅은 장식용으로 주로 사용되므로 빨대와 함께 서빙 한다.

05 칵테일 전문용어

Cobbler[4]	1tsp : 가루설탕 ½tsp : 오렌지 큐라소 1oz : 원하는 술(주문하는 술)	Old Fashioned Glass에 얼음과 함께 넣어 잘 저어준 후 Orange나 Lemon으로 장식. 원하는 술이 와인일 때는 2oz를 넣어서 만든다.
Collins[5]	1oz 원하는 술	Highball Glass에 얼음을 넣고 원하는 술과 Collins Mix로 잔을 채워준 다음 Lemon과 Cherry로 장식
Cooler	½oz : 레몬주스 1tsp : 그레나딘시럽 1oz : 원하는 술	Highball Glass에 얼음을 넣고 소다수와 함께 잔을 채운다.
Eggnog[6]	1개의 계란 1tsp : 가루설탕 4oz : 우유 1oz : 원하는 술	Shake에 얼음과 함께 넣고 잘 흔들어서 Highball에 걸러서 따른 다음 육두구(Nutmeg)를 위에 뿌려준다.
Fix	½oz : 레몬주스 1tsp : 가루설탕 1oz : 원하는 술 ½oz : 소다수	Highball Glass에 먼저 설탕과 소다수를 넣고 용해시켜준 다음 가루 얼음으로 잔을 채우고 Juice와 술을 넣고 몇 번 저어준 후 Lemon 한쪽을 장식으로 넣어준다.
Fizz[7]	½oz : 레몬주스 1tsp : 가루설탕 1oz : 원하는 술	Shake에 얼음과 함께 넣고 잘 흔들어서 Highball에 얼음을 넣고 걸러서 따른 다음 소다수로 잔을 채워준다.

4) 포도주에 레몬·설탕 등과 얼음 조각을 넣은 음료; 흔히 셰리주를 쓰는 데서 Sherry Cobbler라고도 함.
5) 고안자인 Tom Collins의 이름에서 나온 말로 진을 탄 음료
6) 우유·달걀에 브랜디·럼주(酒)를 섞은 칵테일 음료. 달걀노른자 또는 전란(全卵)에 백설탕을 잘 저어 풀고 여기에 크림·탈지유·셰리주(酒)를 혼합하고 다시 위스키나 브랜디 또는 양질의 럼주와 Nutmeg 분말을 섞어서 마심. 거꾸로 들어도 쏟아지지 않을 만큼 잘 저어 거품을 낸 달걀흰자를 별도로 혼합하여 저어서 만들어도 됨. 미국에서는 달걀·설탕·크림·탈지유·콘 시럽·인공향료를 혼합하여 만든 통조림 제품이 시판되고 있어 여기에 양주·시너먼·크림을 식성대로 섞어서 음용하는 것이 일반화되어 있음. 피로 회복에 효과가 있으며, 미국 남부지방에서는 크리스마스 음료로 사용하는 풍습이 있음
7) Fizz라는 이름이 붙게 된 이유는 탄산음료를 개봉할 때 또는 따를 때 피-하는 소리가 난데서 비롯됐는데, 진, 리큐르 등을 베이스로 설탕, 라임(또는 레몬)주스, 소다수를 넣고 과일로 장식(진 피즈, 슬로진피즈, 카카오 피즈)

Flip[8]	1개의 계란 1tsp : 가루설탕 1oz : 원하는 술	Shake에 얼음과 함께 넣고 잘 흔들어서 Glass에 따른 후 육두구(Nutmeg)를 뿌려준다. 손님이 원하면 Cream을 2tsp 정도 넣어서 만들어 준다.
Frappe[9] & Glace	3oz짜리 Cocktail Glass에 가루얼음으로 잔을 채운 후 원하는 술을 부어 줌. 짧은 빨대를 끼워주며 Cordial 종류는 모두 해당됨. Frappe 『아주 차갑다』란 뜻 Glace 『얼음』이란 뜻	
High Ball[10]	이 술은 가장 만들기 간단하며 제일 많이 마시는 종류. High Ball Glass에 얼음을 넣고 원하는 술 1oz에 청량음료 종류나 물로 잔을 채운 후 저어준다.	
Punch[11]	1tsp : 가루설탕 4oz : 목장 우유 1oz : 원하는 술	이 술은 몇 가지를 제외하고는 일정한 처방이 없다. 주로 큰 Party에서 많이 이용하게 되며 지역과 계절의 특성을 최대한으로 살려서 큰 그릇에 큰 덩어리 얼음을 넣고 두 가지 이상의 Juice나 청량음료와 두 가지 이상의 술을 넣고 만드는데 지역에 따라 특성 있는 과일을 작게 썰어서 띄운 후 국자를 그릇에 넣어 두고 손님들이 마음대로 직접 따라서 마시게 하는 것이 보통 Bar에서 만들기 쉬운 Milk Punch는 다음과 같이 만든다. ※ Shake에 얼음과 함께 넣고 잘 흔들어서 Highball Glass에 따른 다음 육두구(Nutmeg)를 뿌려준다.

8) 맥주·브랜디에 달걀·향료·설탕 등을 넣고 따뜻하게 한 음료
9) 프랑스어로 『얼음으로 차게 한』, 『살짝 얼린 과일즙』이란 뜻
10) 위스키에 소다수를 타서 8온스짜리 텀블러에 담아내는 음료. 어원은 미국의 속어(俗語)로서 기차를 발차시키기 위해서 내는 신호를 가리켰으나, 그것이 술집에서 하는 게임(다이스)의 호칭이 되었고, 다시 바뀌어 음료의 호칭이 되었다는 설과, 골프의 클럽하우스에서 술을 마시고 있는 손님 술잔에 공이 날아들어 이 이름이 붙었다는 설이 있는데, 어느 것이나 다 속설일 뿐임. 그러나 본래는 반드시 위스키에 한하지 않고, 스피리츠(독한 술)를 소다수(진저에일도 포함됨)로 희석한 음료의 통칭이었음
11) 레몬주스·설탕·포도주 등 5가지 이상을 혼합한 알코올성 음료. 어원으로 보는 인도어인 『폰추』는 5가지란 뜻으로, 아락주(酒)·차·설탕·물·레몬주스 등 5가지 물품으로 만든 것을 말함. 펀치에는 찬 것과 더운 것이 있으나 찬 것이 더 많다. 원래 이 음료는 인도로부터 고아(Goa)를 거쳐 유럽으로 전해진 것으로 알려져 있음. 영국의 클라렛 펀치는 적포도주를 넣은 것으로, 맛과 빛깔이 좋은 것으로 유명하며 가든파티·연회 등에 사용됨. 일반적인 제법으로는 레몬주스 1개분, 시럽 2½큰 술, 적포도주 5큰 술에 얼음과 레모네이드를 적당히 가하여 펀치볼에 담고 펀치글라스에 떠준다. 프랑스요리에서는 소르베(Sorbe : 아이스크림의 일종)라고 하여 백포도주 또는 샴페인으로 만든 것을 앙트레 다음에 서브하는 경우가 많음. 미국에서는 칵테일의 한 부문으로서 여러 가지 술에 의한 펀치가 100종이나 만들어 짐. 또 일반적인 과일 펀치는 계절에 따른 과일 2~3종류를 적당한 크기로 잘라 백포도주·시럽·탄산수·레몬주스·얼음 등을 가하고 펀치글라스에 담아 가루설탕을 탄 생크림을 거품을 내어 위에 부어서 서브함.

Rickey[12]	½oz : 라임주스 1oz : 원하는 술	High Ball Glass에 얼음과 함께 소다수로 잔을 채운 후 Lemon 조각을 넣어 줌. 이 술은 설탕이 안 들어가며 체중조절을 하는 사람이나 당뇨병 환자가 주로 마신다.
Sangaree[13]	½tsp : 가루설탕 ½oz : 소다수 1oz : 원하는 술	Old Fashion Glass에 설탕과 소다수를 먼저 넣어 용해시킨 다음 가루얼음으로 잔을 채우고 위에 술을 따른 후 서너 번 저어준 다음 육두구(Nutmeg)를 뿌려준다. ※ Highball Glass에 소다수로 잔을 채우고 위에 Port Wine을 약간 뿌려 주기도 한다.
Sling[14]	1tsp : 가루설탕 ½oz : 레몬주스 ½oz : 소다수 1oz : 원하는 술	Old Fashion Glass나 또는 작은 Highball Glass에 먼저 설탕과 소다수를 넣고 용해시킨 다음 얼음과 술과 Juice를 넣어 몇 번 저어준 다음 Lemon 조각을 장식으로 넣어 준다. Hot Sling은 얼음 대신에 뜨거운 물을 넣어 주며 육두구(Nutmeg)를 뿌려준다. ※ Sling 종류 중에서 Singapore Sling은 제일 많이 찾는 술인데 이것은 Footed Pilsner Glass에 Cherry Brandy를 ½oz 정도 더 넣어서 만든다.
Sour	½oz : 레몬주스 1tsp : 가루설탕 1oz : 원하는 술	Shake에 얼음과 함께 넣고 잘 흔든 후 Sour Glass에 여과하여 따른 다음 Sliced Lemon과 Cherry를 장식으로 넣어 준다.
Toddy[15]	½tsp : 가루설탕 ½oz : 소다수 1oz : 원하는 술	Old Fashioned Glass에 설탕과 소다수를 먼저 넣고 용해시킨 다음 얼음과 술을 넣어 몇 번 저어주고 Lemon 조각과 장식으로 넣어 준다. ※ 핫타디(Hot Toddy)는 얼음 대신 뜨거운 물을 넣어 만들어 육두구(Nutmeg)를 뿌려준다.
Smash[16]	Mint를 향미의 재료로 사용하는 음료로서 얼음을 Glass에 많이 넣어 Mint의 향미와 찬 맛으로 시원하게 마시는 칵테일	
Twist	과일의 안쪽 부분을 제거하고 껍데기만 짜 넣는다.	

12) Gin과 탄산수에 Lime Juice를 탄 음료
13) 포도주에 물을 타고 설탕·향료를 가미한 음료
14) 진·브랜디·위스키 등에 과즙·설탕물·향료 등을 가미한 음료
15) 인도를 비롯한 남방 여러 나라에서 코코스야자의 수액으로 양조하는 술. 코코스야자는 꽃이 붙은 자리에서 새콤달콤한 물을 내는데, 대체로 1줄기에서 1주야에 1.3~1.4ℓ 정도의 수액을 냄. 이것을 채취하여 통에 넣어두면 열대지방의 고온으로 자연 발효하여 1주일이 채 안 되어 알코올 5% 정도의 술이 됨. 현지에서는 이것을 토디라고 하며, 그대로 두면 곧 부패하므로 고추나 방부제를 섞음. 이 토디를 증류한 술이 아라크(Arrack)임.
16)브랜디 등에 박하 · 설탕 · 얼음을 넣은 음료

Crusta[17]	Glass의 테두리를 레몬즙으로 적시고 분말설탕이나 가루소금을 테두리에 묻히고 Shaker에서 잘 섞어진 술을 걸러 따라서 내는 칵테일
Pousse Cafe	주로 Cordial 종류를 많이 사용하게 되는데 가늘고 작은 코디얼 잔에 두 가지 이상의 술을 무게에 따라 무거운 것부터 차례로 잔에 따르며 술의 가지 수에 따라 똑같은 양으로 서로가 섞이지 않게 조심스럽게 따라서 색이 완전히 구분되어야 한다.
Swizzle[18]	Shaker를 사용하지 않고 Stir로 저어서 내는 칵테일
On the Rocks	술에 얼음을 부어 마시는 형태로서 Glass에 먼저 얼음을 넣어 다음에 술을 부어내는 형태
Daisy	2oz 술, Grenadine Syrup, Ice, Lemon Juice.
Julep[19]	1tsp : Sugar ½oz : 물 6잎의 박하 잎(그 중 3개는 으깸) 4oz : 술 물과 Sugar로 Syrup을 만들어 붓고 Mint를 으깨서 넣고, 아이스를 Snow로 만들어 넣고, 술을 따른다.
Plain	본래의 것만을 의미하여 마시거나 먹기에 순한 것
Dry	술 자체의 맛을 의미하는 것이며 당분이 없이 독한 맛을 표현하는 말
Drop	칵테일에서 사용하는 강한 향료를 떨어트릴 때 사용하는 말로 방울을 의미
Dash	Bitter병에 넣어서 칵테일에 뿌리거나 끼얹는 것으로 4~6Drop 정도를 말한다.
Double	칵테일에서 2oz를 말한다.
Single	칵테일에서 1oz를 말한다.
Float	본래는 띄운다는 의미이며, 술의 비중을 이용하여 한 가지의 술에 다른 술을 혼합하지 않고 위에 붓는 경우거나 또는 만들어진 칵테일에 크림 등을 띄워낼 때 사용하는 말이다.
Recipe	요리나 음료의 양 목표를 뜻함. 기준이 되는 처방전으로 이것은 곧 규정
Citrus[20]	Bar에서 레몬이나 오렌지 등을 지칭할 때 사용하는 용어
Bottle Trolley	병을 운반하는 장비

17) 술에 레몬주스, 약간의 리큐르(또는 비터)를 넣은 것으로 레몬껍질이나 오렌지 껍질을 넣은 칵테일
18) 휘젓다, 혼합주, 칵테일
19) Whisky에 설탕 · 박하 등을 넣은 청량음료
20) 감귤나무아과 중에서 감귤속 · 금감속 · 탱자나무속에 속하는 각종 및 이들 3속에서 파생되어 온 품종의 총칭. 과수로는 감귤속에 따른 귤 종류만 재배됨. 귤 종류는 모두 상록관목 또는 소 교목으로 가지에 가시가 있음.

Grog[21]	Rum에 설탕, 레몬, 뜨거운 물 따위를 탄 음료
Carafe[22]	식탁에서 사용하는 Decanter로 60oz 용은 Water Pitcher로 사용, Wine용 24oz, 12oz, 50oz 등이 있다.
Bucks	진저엘, 레몬 Twist, 레몬 Slice, 레몬 Juice 사용
Corkage	① 코르크 마개를 끼움[뺌] ② (손님이 가져온 술에 대하여 호텔 등에서 받는) 마개 뽑는 봉사료 ③ 고객이 갖고 온 음료에 대해서 부과시키는 요금
Corky, Corked	코르크 마개의 냄새.
Decanter	① 음료 서비스용, 모양 있는 Carafe로 High Ball이 나갈 때 Soft Drink를 별도로 담아준다. ② 술을 옮겨 담는 장식용 병
Draught	생맥주
Flat Beer	거품이 없는 맥주 Glass
Tug & Mug	손잡이 있는 큰 Glass
Overspill	맥주가 넘치는 것(Glass에 부을 때)
Pewter	사용하기 위하여 준비되어 있는 기물류(Glass)
Pilsener	길고 좁은 Glass(Pilsener Beer)
Pressure	CO_2System(생맥주기 등)
Cash Bar	음료 주문자가 개별 지불하는 Bar

21) Rum과 물을 절반씩 섞은 술. 이 술을 『그로그』라고 부르는 연유는 배 아래에서 일하는 화부(火夫)가 무더위를 이겨내기 위해 번갈아 갑판 위에 올라와 럼을 마셨는데, 항상 그로그럼[絹毛混織]의 조잡한 외투를 입던 선장 바논이 물과 럼을 반반씩 섞어 주도록 명한 데서 비롯되었음. 그로그를 마시고 취한 것을 그로기라고 하며, 복싱에서 비틀거리는 것을 그로기라고 하는 것도 여기서 유래되었음.

22) 유리 물병(식탁 · 침실 · 연단용), 포도주병(식탁용)

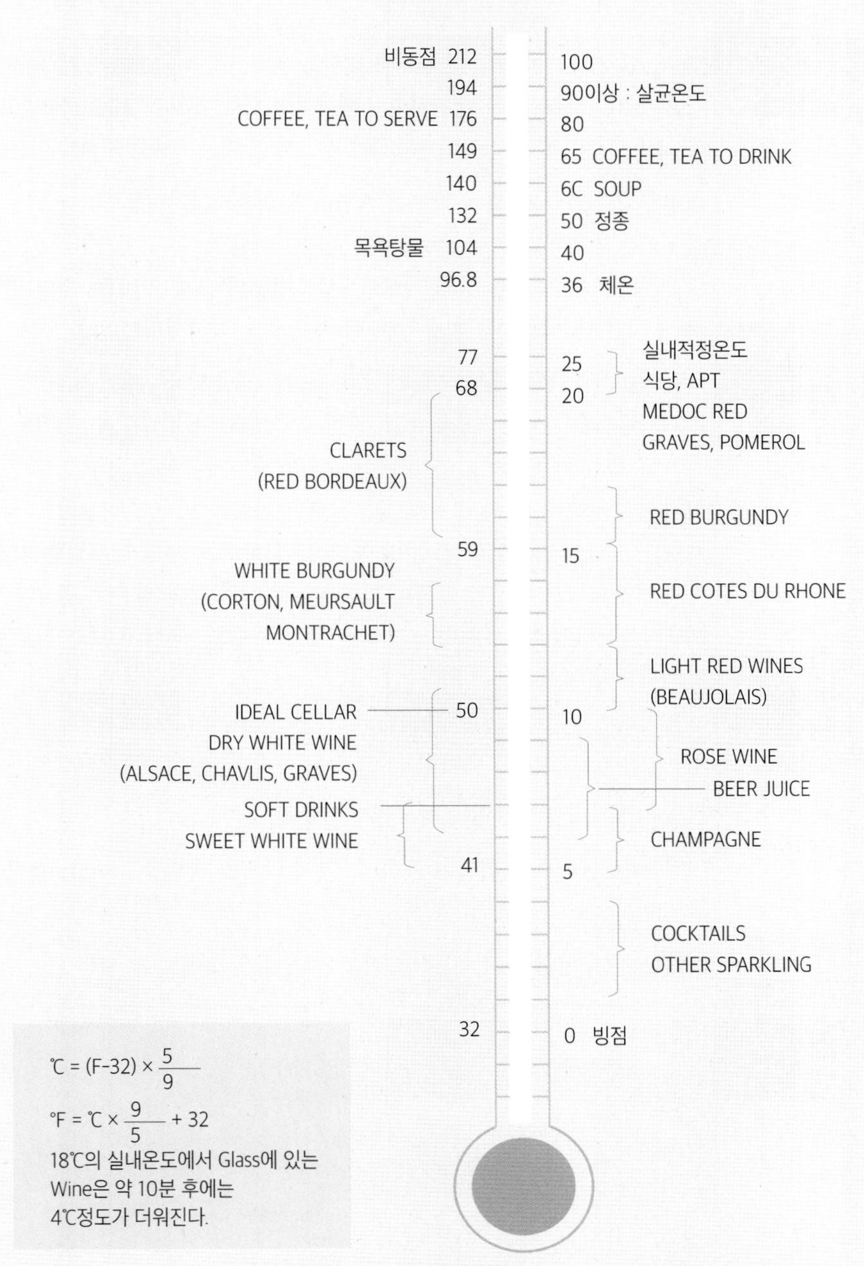

BEVERAGE IS ALWAYS BETTER AT THE RIGHT TEMPERATURE

06 칵테일 기본 기법

쉐이크 (Shake)	흔들기	Shaker를 사용하여, 비중이 무거워 혼합하기가 어려운 재료나 크림, 계란, 설탕과 같은 재료를 용해, 혼합, 냉각시키기 위한 기법으로, 재료를 Shaker에 넣고 흔들어(Shaking) 주면 된다. 작업의 신속하게 하고자 할 때는 스핀들 믹서를 이용
스터 (Stir)	젓기	믹싱 글라스를 사용하여 비교적 혼합하기 쉬운 재료를 섞으면서 냉각시킬 때 사용하는 방법이다. 믹싱 글라스에 얼음과 함께 재료를 담고, 바 스푼으로 여러 번 저어 얼음을 걸러 낸 다음 내용물만 따라낸다. 이 때 젓는 것을 스터링(Stiring)
빌드 (Build)	직접 만들기	글라스에 직접 재료를 넣어 만드는 방법으로 칵테일을 만드는 가장 기본적인 방법 High Ball 종류나 주스류등과 두 가지 술을 얼음과 제공하는 칵테일, 핫 드링크 등을 만들 때 이용
브랜드 (Blend)		믹서이용 브랜디, 즉 일반적으로 우리가 생각하는 믹서를 이용하는 방법으로, 프로즌 스타일 칵테일이나 밀크, 계란 등 혼합하기 어려운 재료를 사용할 때, 그리고 드링크의 특성상 거품이 많이 필요한 펀치류와 같은 드링크를 만들 때 브랜디를 사용한다. 브랜디에 재료를 넣고 뚜껑을 꼭 닫고 브랜딩. 끝나면 글라스에 따른다.
띄우기 (Floating)		술의 비중을 이용해 섞이지 않도록 띄우는 방법
묻히기 (Rimming)		잔의 가장자리에 설탕이나 소금을 묻히는 방법
머들링 (Muddling)		직접 제공 글라스에 휘저어 즐길 수 있게 만드는 방법을 Muddling이라고 하기도 한다.
푸어링 (Pouring)		칵테일이 On the Rock Glass에 제공될 때 얼음 위에 술을 붓는 것

Temperature of Beverage(음료의 서비스 온도)

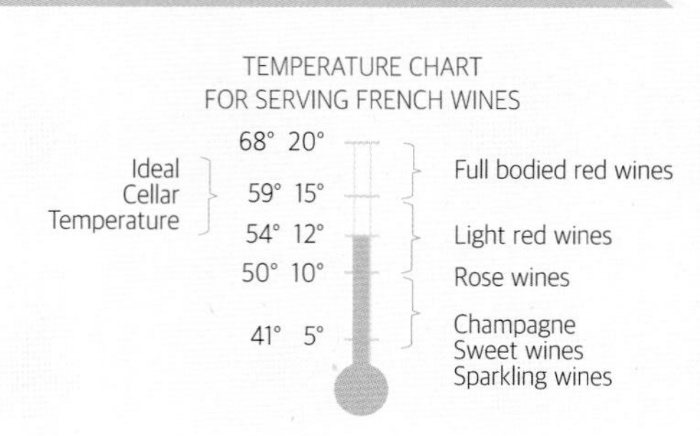

07 요약 정리

- 레시피(Recipe)는 표준량의 목표
- Bar에서 사용되는 글라스는 Stem Glass, Non-Stem Glass(Footed Glass), Tumbler (Highball) Glass로 분류
- Stemmed Glass는 다리가 있는 글라스를 말하며, Non-Stemmed Glass는 Highball Glass, Tumbler와 같이 다리가 없고 평평한 바닥을 지닌 글라스 즉, 실린더형(Cylindric Style)글라스
- 칵테일글라스의 용량은 90mℓ
- Quart : 양주병 큰 사이즈로 960mℓ에서 1ℓ짜리(= ¼Gallon= .32oz)
- Pint : 국산 양주 윈저나 캔 맥주 큰 것의 사이즈로 500mℓ(= ½Quart = 16oz)
- 1gallon(gal) = 4quart(qt) = 5fifth = 8pint(pt) =128oz = 3.785ℓ
- Frosting 하는 칵테일에는 Salt → Margarita, Sugar → Kiss of Fire
- Dash/Splash = 5~6drops = ⅙tsp = 1/32oz ≒0.9mℓ
- Alaska Cocktail : Gin 1½oz, Orange Bitters 2Dash, Chartreuse(yellow) 3¼oz
- Flamingo Cocktail : Gin 1½oz, Apricot Flavored Brandy ½oz, Lime Juice ½oz, Grenadine Syrup 1tsp
- Salty Dog : Vodka 1oz, Grapefruit Juice Fill(Highball Glass, Build, Rim Frosted With Salty)
- Snifter : 몸통부분이 넓고 입구가 좋은 튤립형의 글라스로 Napoleon Glass 라고도 부름(Brandy Glass)
- Blue Bird는 Gin 1½oz, Triple Sec ½oz, Bitters 1dash(C.K.T., Stir) Mixing Glass에 얼음과 재료를 넣고 잘 저은 후 잔에 따르며, 레몬(나선형)과 체리를 넣어 장식
- Julep : 위스키나 브랜디에 설탕이나 박하 따위를 넣은 청량음료
- Fizz라는 이름이 붙게 된 이유는 탄산음료를 개봉할 때 또는 따를 때 피- 하는 소리가 난데서 비롯됐는데, 진, 리큐르 등을 베이스로 설탕, 라임(또는 레몬) 주스, 소다수를 넣고 과일로 장식(진피즈, 슬로진피즈, 카카오 피즈)

- Sherry Glass의 표준은 2oz(60㎖), Highball Glass의 표준은 8oz(240㎖), Cocktail Glass & Liqueur Glass의 표준은 3oz(90㎖), Champagne Glass의 표준은 4oz(120㎖)
- 상그리아(Sangria)는 붉은 포도주에 탄산수를 넣고 희석해 만든 스페인의 대중적인 술. 레드 와인에 과일을 곁들여 달콤한 맛을 가진 술로, 그리 독하지 않고 맛있는 칵테일임. 매운 음식이나 지중해풍 해물 요리, 치킨 등의 요리와 잘 어울림. 재료는 드라이 레드 와인 1병, 설탕 1컵, 오렌지 1개, 레몬 1개, 계절 과일, 오렌지 주스 1컵, 탄산수, 진이나 브랜디 또는 럼(생략 가능). 럼 또는 오렌지 주스와 설탕을 물병이나 큰 그릇에 담아서 설탕을 녹인 후 슬라이스한 오렌지, 레몬을 넣음. 그 외에 원하는 과일을 첨가한다.
- "되"는 승(升)이라고도 하며, 보통 1되는 10홉(合), 1/10말, 약 1.8ℓ이다.
- Zester란 Lemon이나 Orange를 조각내는 집기
- **칵테일의 기본 5대 요소** : 맛(Taste), 향(Flavor), 색(Color), 장식(Decoration), 글라스(Glass)
- **식전주** : 셰리와인(Sherry Wine), 드라이 베르뭇(Dry Vermouth), 듀보네(Dubonnet), 캄파리비터즈(Campari Bitters), 마데이라(Madeira), 마르살라 와인(Marsala Wine)
- **식후주** : 포트와인(Port Wine), 스위트와인(Sweet Wine), 크림쉐리(Cream Sherry), 마르살라(Marsala) 등
- 듀보네는 여러 가지 방향성 재료를 사용하여 만든 프랑스산 식전용 포도주(Aperitif Wine)로 약간의 키니네 맛을 가지고 있음
- 믹솔로지스트는 Mix(혼합하다)와 Ologist(학자)라는 두 단어의 합성어로 새로운 칵테일을 만드는 칵테일 분야의 예술가
- **Pousse cafe** : ① Grenadine ⅙ of glass, Chartreuse(Yellow) ⅙ of glass, Creme de Cassis ⅙ of glass, Creme de Menthe(White) ⅙ of glass, Chartreuse(Green) ⅙ of glass, Five Star Brandy ⅙ of glass(Pusse-Cafe Cup : Float)

CHAPTER 2

정리노트

3 CHAPTER

비 알코올성 음료

CONTENTS

청량 음료

탄산음료(Carbonated)

정의

순수한 물 또는 천연과즙에 단 맛, 탄산수를 배합하여 만든 음료

제조 방법

첫째, 탄산가스가 함유된 천연광천수로 제조
둘째, 순수한 물에 탄산가스를 함유
셋째, 청량감을 주는 탄산가스가 함유된 음료
넷째, 음료수에 천연 또는 인공의 감미료를 함유시키는 것과 천연 과즙에 탄산가스를 함유시키는 것들이 있다.

종류

- 콜라(Cola) : 탄산수에 열대지방에서 재배되고 있는 콜라열매와 갖가지 과일의 에센스 등 14가지의 성분을 넣어 만들어진 음료로 콜라에는 커피의 두 배의 카페인과 콜라인이 함유되어 있다.

- 탄산수(Sparkling Water) : 향기와 맛이 들어있지 않은 순수한 탄산수. 탄산가스와 무기 염료를 함유한 천연광천수와 양질의 물에 인공적으로 탄산을 혼합시킨 인공수(Club Soda)가 있다. 소화제로도 많이 음용하고 있고 위스키소다 등의 칵테일에 사용되기도 한다.

- 소다수(Soda Water)
  - 탄산가스와 무기염류를 함유한 음료
  - 위스키와 잘 어울림
  - 독한 술을 마실 때 체이서(Chaser)로 많이 사용

- 플레인소다(Plain Soda), 에리이터워터(Aerated Water), 클럽소다(Club Soda)
- 소다워터(Soda Water), 카보네이터 소다(Carbonated Water)와 동일

• 사이다(Cider) : 탄산수에 단맛과 신맛, 과일의 맛을 더한 음료. 구미에서 사이다란 사과를 발효하여 만든 알코올함량1~6%의 청량음료로 프랑스어로 사이다를 뜻하는 시더(Cider)도 사과술을 말하며 우리나라나 일본의 사이다는 주로 구연산과 감미료 및 탄산가스를 함유시켜 만든다.

• 토닉워터(Tonic Water) : 영국에서 처음으로 개발한 약간 쌉쌀하고 상쾌한 맛을 지닌 무색투명한 탄산음료. 인도에 주둔하던 영국군에게 말라리아 예방제로 지급하던 키니네를 탄산음료로 희석하여 마시던 것을 인도 토닉워터라 불렀는데 여기에 키니네의 성분을 미량 함유시킨 것을 토닉워터라고 한다. 식욕증진과 원기를 회복해 주는 음료로 보드카, 진, 데킬라 등과 잘 어울린다.

• 진저엘(Ginger Ale) : 탄산수에 생강의 향을 함유한 것으로 식욕증진이나 소화제로 효과가 있어 많이 마시고 있으나, 대개의 경우 진이나 브랜디와 혼합하여 마시기도 한다. Ale이란 원래 맥주의 일종인 음료를 말하지만, 진저에일에는 알코올 성분이 함유되어 있지 않다.

• 칼린스 믹스(Collins Mixer) : 물에 레몬, 라임, 설탕, 탄산가스를 혼합.
- 카카오(Cacao)나 리큐르(Liqueur) 등 대부분의 술과 잘 어울린다.
- 소다수(Soda Water)+레몬주스(Lemon Juice)+슈거 시럽(Sugar Syrup)

• 7-up, Sprite : 과즙에 당분, 탄산수를 배합
- 액상과당, 설탕, 탄산가스, 구연산, 구연산나트륨, 레몬·라임 향 등을 원료로 만든 무색투명한 청량음료

• 진저비어(Ginger Beer) : 강한 생강 향이 나고, 맛은 진저에일과 비슷한 탄산음료

- 과라나(Guarana[1]) : 과라나의 열매에서 얻은 과라나 엑기스를 원료로 한 탄산음료

2 무 탄산음료(None-Carbonated)

정의

탄산가스가 함유되어 있지 않은 음료

종류

물(Pure Water), 광천수(Mineral Water)

물

- 무색, 무취의 물질로 우리가 흔히 마시는 깨끗한 물
- 체내의 수분의 구성 : 2/3을 차지
  (체내에 수분이 1~2% 감소 → 갈증, 5%감소 → 환각현상, 15%감소 → 빈사상태)
- 분류 :
  경수 - 칼륨, 칼슘, 인과 같은 무기물을 함유 → 양주제공 시 체이서(Chaser : 독한 술을 마신 후 입가심으로 마시는 물이나 탄산수)로 적합
  연수 - 무기물을 적게 함유 → 음료의 용도, 커피를 끓일 때

1) Guarana의 효능 ① 몸의 피곤을 풀어주며 정력에 좋음, ② Guarania 성분이 심장과 혈액순환, 뇌 활동을 촉진시켜 줌, ③ Metil-Xantinas 성분이 뇌세포의 기능을 활발히 해주고, 장과 위를 편안하게 해주는 작용을 함, ④ 커피의 약 3배(4.3%)에 달하는 카페인 함유, ⑤ 브라질 : 강장, 최음 효과/ 남미 : 강장, 흥분성 음료로 사용, ⑥ 정신적인 스트레스 해소, 머리를 맑게 해줌, ⑦ 배뇨촉진, 이뇨제, 해열제, 비만예방, 노화방지, 전염병 예방, ⑧ 변비, 설사에 좋음, ⑨ 소화불량과 위에 가스가 차는 증상에 도움이 됨, ⑩ 매일 먹게 되면 몸 안의 노폐물을 제거

광천수

- 광천수에는 천연수와 인공수가 있다.
- 광천수는 칼슘, 인, 칼륨, 라듐, 염소, 마그네슘, 철 등의 무기질이 함유되어 있는 인공광천수를 말한다.
- 유럽에서는 지하수의 질이 좋지 않아 이러한 광천수를 음료로 사용

- 비키(Vicky)워터 : 프랑스 중부의 아리(Allier)에 지방의 Vicky市에서 용출되는 광천으로 로마시대부터 이용되어 왔다. 비키는 중탄산소다, 중탄산석회, 황산소다, 이온(Ion) 등이 함유되어 있다.

- 에비앙(Evian)워터 : 프랑스와 스위스 국경지대인 『래만』호반이 있는 에비앙시 근처에서 나는 천연 광천수로 탄산가스가 없는 양질의 것으로 세계적 청량음료

- 셀쳐(Seltzer)워터 : 1820년경 독일의 위스바데 지방에서 용출되는 천연광천수로서 위장병 등에 약효가 좋다고 한다.

02 영양 음료

1 주스류(Juice)

과즙을 사용하고, 알코올 성분은 함유되어있지 않은 음료. 일반적으로 주스란 천연 100%인 것을 지칭하며, 50%이상 100% 미만인 것은 과즙 음료라 부름. 칵테일에는 만들 때마다 과일을 짜서 쓰는 신선 한 주스가 가장 적당하지만, 당분이 첨가되어 있지 않은 과즙 100%의 주스로 대신할 수 있다.

- Cranberry Juice : Cranberry Kiss(Cocktail)

  Cranberry Juice 6oz, Orange Juice 1oz , Soda Water Fill, Orange(장식)

- Lemon Juice : 칵테일에 제일 많이 사용하는 주스로 생즙 또는 병조림 제품을 많이 사용하는데 특히 병조림은 유통기한을 반드시 확인
- Lime Juice : 레몬보다 약간 작은 과일로 신맛이 강하다.

- Orange Juice
- 토마토주스
- 파인애플주스
- 사과주스
- 야채주스
- 그레이프 주스

 유성음료(Milk)

- 유지방분이 많이 함유된 우유류
- 우유 : 생유, 양유, 탈지유, 가공유 등
- 유제품 : 크림, 버터, 치즈, 전분유, 탈지분유, 발효유 등
- 크림 : 우유에서 유지방분 18%이상인 것
- 생크림(Fresh Cream 또는 Light Cream)은 18~25%
- 휘핑크림(Whipping Cream)은 45%이상으로 구분
- 버터 : 유지방 75%이상을 함유한 고체로 된 것
- 발효유 : 우유를 소화가 쉬운 상태로 발효한 요구르트(Yoghurt)

 기타 영양음료

- 두유, 감주(식혜), 이온음료, 식이성음료 등

기호 음료

커피(Coffee)

- 기원전 6세기경 에티오피아(Ethiopia)에서 발견
- 국내에는 1896년에 도입
- 원산지 : 북아프리카 에티오피아의 남서부 지방인 카파(Kaffa)
- 종류 : 리베리카종(Liberica), 로브스타종(Robusta, 전 세계 산출량의 30%), 아라비카종(Arabica, 전 세계 산출량의 70%를 차지)
- 나라별 커피의 이름을 살펴보면, 프랑스 카페(Cafe), 미국 커피(Coffee), 러시아 코페(Kophe), 영국 커피(Coffee), 이태리 카페(Caffe), 체코 카바(Kava), 일본 고히

Coffee를 맛있게 먹는 방법

① 생산지 ② Roasting 기술 ③ Grinding(분쇄)
④ Dripping(추출) - 85℃ ◆ Service - (61~65℃) ⑤ Time - (5분~10분)

원두 - Roasting(배전두) - 배합 - Roasted Coffee
원두 - Roasting(배전두) - 배합 - Grinding(분쇄) - Grinding Coffee(Regular
원두 - Roasting(배전두) - 배합 - Grinding(분쇄) - Dripping(추출) - 액상 Coffee - 캔
원두 -Roasting(배전두) - 배합 -Grinding(분쇄) - Dripping(추출) - 건조 - Instant Coffee

- 커피의 산지별 분류
  1. 브라질 : 적당한 쓴맛과 신맛, 소프트하고 향미가 짙다.
  2. 콜롬비아 : 감미로운 향기와 원만한 신맛 및 완숙한 감칠맛
  3. 과테말라 : 품격 있는 신맛과 감미로운 향, 순한 맛이 특징
  4. 블루 마운틴 : 자메이카, 신맛과 감미로운 향기 및 달콤한 맛이 잘 조화, 최상품 커피
  5. 킬리만자로 : 탄자니아, 신맛이 강하고 감미로운 향기를 가진 커피

⑥ 모카 : 예멘, 우아한 향기와 부드러운 맛, 매끄러운 감칠맛

⑦ 하와이 코나 : 산뜻한 신맛과 풍부한 감칠 맛, 감미로운 향이 매력적

⑧ 베네수엘라 : 마일드 커피의 우수품

⑨ 코스타리카 : 대서양과 태평양 양측에 걸쳐진 중앙고원지대에서 재배, 영국으로 수출

• 커피 벨트(커피산지)

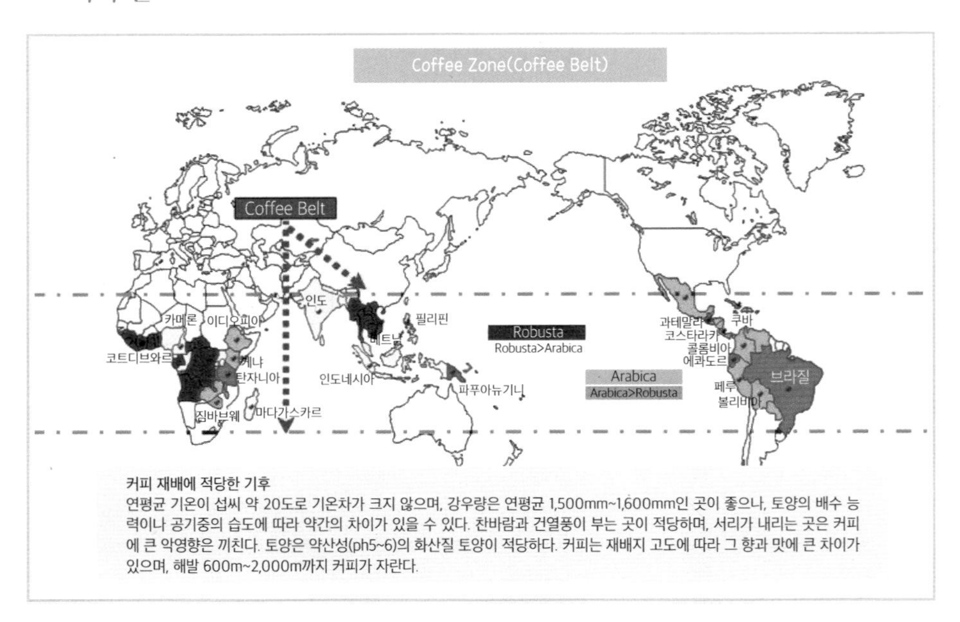

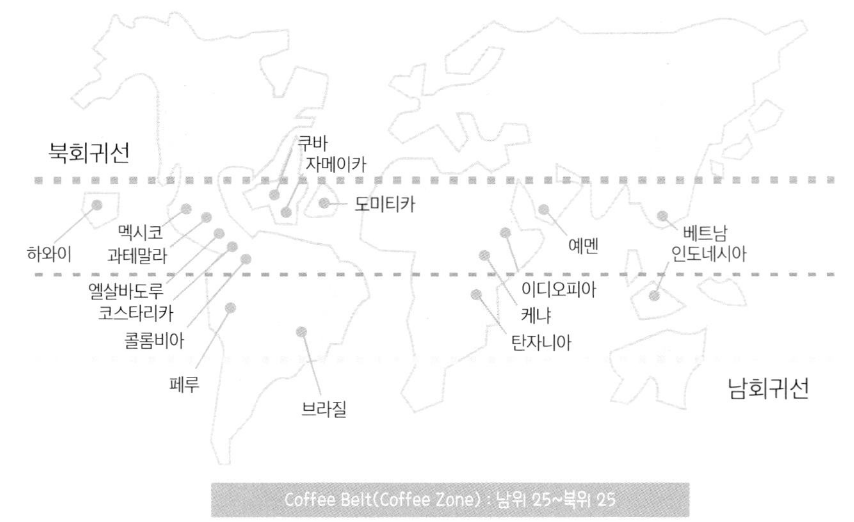

Coffee Belt(Coffee Zone) : 남위 25~북위 25

	아라비카(Arabia)	로부스타(Robusta)
재배고도	해발 600~2,000m	해발 200~900m
재배조건	병충해 및 냉해에 약함	병충해 및 냉해에 강함
카페인 함유량	1~1.7%	2~2.5%
생산량/ 용도	75%/ 원두커피용	25%/ 인스턴트 커피용
위치	커피의 원산지인 적도지방	
평균기온	15~25℃, 절대로 12℃이하로 내려가면 안 된다.	
기후	우기와 건기가 교차되는 지역 중	

커피의 맛을 결정하는 6가지 조건

- 생두의 양부(Green Coffee) : 산출지, 성장과정 등의 상태
- 배전 볶음(Roast) : 좋은 생두의 적절한 볶음
- 배합(Blend) : 개성에 맞는 조화
- 분쇄(Grind) : 일정하고 적합한 입자의 크기
- 액체(Liquid) : 정확한 액체로 만들어 내는 기술
- 부재료 : 양질의 부재료를 포함

좋은 커피를 만들기 위해서는 커피 원두가 신선해야 하고, 적당하게 갈아져야 하며, 신선하게 뽑아져야 한다. 간 커피는 시간이 오래되면 가스가 빠져 나가 본래의 향을 잃게 된다. 간 커피는 밀봉이 잘 되어 있지 않은 상태에서 두게 되면 향기를 잃게 된다. 일반적으로 커피의 맛은 수질과 원두의 배합비 그리고 끓이는 온도와 추출시간 등에 의해서 결정된다.

❶ 커피의 맛

커피의 맛은 흔히 **단맛, 쓴맛, 신맛**을 3대 요소라 하며, 이 세 가지 맛이 적당한 조화를 이룰 때 고급커피라 할 수 있다. 우리나라에서는 로브스타종인 인스턴트커피만을 주로 이용해 왔기 때문에 커피의 맛에 관해서는 무지한 편이다. 여기서 단맛이라 하는 것은 설탕과 같은 단맛이 아닌 달콤한 느낌을 주는 맛을 말하는데, 고메이 커피(Gourmet Coffee)2)에서 느낄 수 있다. 신맛은 커피에 따라서

2) Gourmet는 『음식에 밝은 사람, 미식가』란 뜻이며, Gourmet Coffee는 고급커피, 최고의 커피

조금씩 다른데 신맛이야 말로 커피의 진수라고 할 수 있는 커피 맛의 요소이다. 우리가 알고 있는 커피의 맛은 주로 쓴맛인데, 이것은 인스턴트커피나 주로 저급한 원두커피의 경우이고 고급커피의 쓴맛은 『쌉쌀한 맛』이다.

❷ 커피를 보관할 때의 주의 점

공기와 습기를 피하는 것이 좋다. 볶아 놓은 원두가 공기에 한번 닿을 때마다 풍미와 향기가 담긴 휘발성 기름이 날아가므로 건조한 진공 상태를 유지해 주어야 커피의 제 맛을 즐길 수 있다. 공기를 밀폐시킨 커피 보관용 Canister[3]에 원두를 담아두면 1주일 이상 풍미가 그대로 유지된다. Canister는 도지기로 된 것이 좋으며, 플라스틱으로 된 것은 향과 기름을 흡수하기 때문에 시간이 지나면 나쁜 냄새가 난다. 원두를 담아 파는 알루미늄 라미네이팅(Laminating)[4]봉지 그대로 냉장고에 넣어두는 경우도 있는데 이렇게 하면 습기 찬 공기가 원두에 스며든다. 원두를 오래 보관해야 한다면 지퍼 팩에 담아 냉동실에 넣어둔다. 이렇게 하면 3개월 정도는 보관할 수 있으나 그 이상은 두지 않는 것이 좋다. 냉동실 문은 자주 여닫지 않아야 하며 원두는 냉동된 상태로 분쇄하면 된다.

❸ 원두에 관하여

커피원두라 하면 갈색의 커피 원두를 생각나게 하는데 원래 커피원두는 엷은 녹색을 띠고 있으며 이러한 것이 최고등급의 원두이다. 커피원두는 빨간 열매 중에 있는 종자에서 외피를 벗겨 내면 과육이 있고 그 속에 내과피와 은피에 싸여져 2개의 종자가 마주보며 들어 있다. 이 종자를 탈곡과 건조 등을 한 것이 커피원두이다. 커피원두는 보존의 방법과 시간에 따라 엷은 황색으로 변화한다. 둥근 원두를 환두(換頭)라하고 통상의 원두는 평두(Flat Beans)라고 한다. 환두(換頭)는 맛에 그리 큰 손색이 없다. 하지만 발효원두, 흑원두, 곰팡이원두, 부서진 원두, 벌레 먹은 원두 등은 맛에 큰 영향이 있다. 그래서 커피를 건조할 때 이러한 원두를 잘 걸러내야 한다.

❹ 원두 가는 방법

모든 커피 메이커는 각각 그에 알맞은 커피 굵기가 있다. 일반적으로 에스프레소처럼 커피가 빨리 내려오는 기계일수록 원두를 곱게 가는 것이 좋고, 4분정

3) (차, 커피, 담배 등을 넣는) 깡통
4) Laminate : 얇은 판으로 만들다(씌우다), (열, 압력을 가한 재료를)알루미늄으로 만들다.

도 우려내는 금속망 주전자처럼 느리게 내려오는 기구는 굵게 가는 것이 좋다.

⑤ 커피를 끓이는 데 좋은 물

커피는 깨끗한 연수로 끓이는 것이 좋으며, 한 잔의 커피는 99%의 물로 이루어진다. 그러므로 물은 커피 맛에 중요한 영향을 끼친다. 물에는 경수와 연수가 있다. 칼슘, 마그네슘, 철, 망간 등이 많이 녹아 있는 물이 경수인데, 이런 물질들은 커피에 함유된 단백질, 지방, 유기산 등과 반응해 향기와 맛을 손상시키며 혼탁의 원인이 된다. 또한 카페인과 타닌의 추출이 되지 않아 맛이 없는 커피가 된다.

수돗물은 연수에 속한다. 그렇지만 소독을 위해 넣는 염소에는 강한 냄새가 나기 때문에 언제나 끓여서 사용해야 한다. 염소는 색과 향기를 나쁘게 한다. 아파트처럼 물탱크에 저장된 물을 공급받는 경우에는 금속이 부식되어 찌꺼기가 물에 섞어 나오는 수가 있으므로 정수기를 설치하거나 침전시켜 윗물만 사용하는 것이 좋다.

⑥ 온도

섭씨 85도~95℃가 최적이다. 100℃가 넘으면 카페인이 변질되어 이상한 쓴맛이 발생되며 70℃ 이하에서는 타닌의 떫은맛이 남게 되기 때문이다. 끓인 커피를 잔에 따랐을 때의 온도는 80℃이며 설탕이나 크림을 넣어 마시기에 적당한 온도는 65℃ 내외이다.

⑦ 배합비

레귤러인 경우 10g 내외의 커피를 130~150cc의 물을 사용하여 100cc를 추출하는 것이 적당하다. 3인분 정도면 커피 25g 정도를 물 400cc에 넣어 300cc를 추출한다.

⑧ 원두커피 추출법

커피는 1인분 기준 약5g(Tea Spoon 2개)를 넣는 것이 적당하며, 가정용 전기 커피메이커를 이용 하거나 끓는 물을 부어서 수동으로 내리는 드립퍼 방식이 제일 커피를 맛있게, 또 손쉽게 먹을 수 있는 방법이다. 이 때 전기 커피메이커의 경우 10인용을 드립할 경우 커피를 50g이 아닌 35~40g 정도만 넣으면 된다. 그러나 수동식 드립퍼를 이용하여 1인분씩 커피를 끓일 경우는 필터에 커피가 붙어 제대로 우려나지 못하기 때문에 7g정도를 넣는 것이 좋다. 커피 잔을 미리 데워두면 커피를 다 마실 때까지 온기가 지속되어 더욱 풍부한 맛을 즐길 수 있다.

⑨ 커피를 맛있게 먹는 방법

커피를 막 추출해 냈을 때의 온도는 73~88℃ 정도이며, 따뜻한 커피 잔에 커피를 따라서 마실 때는 대체로 70℃ 이하가 된다. 이 정도의 온도일 때 여유를 가지고 음미하면서 마실 수 있는데, 설탕이나 크림을 추가했을 경우에는 온도는 좀 더 낮아진다. 커피 맛을 가장 잘 느낄 수 있는 온도는 대략 60~65℃ 정도가 가장 적당하다고 할 수 있다. 커피를 필요이상으로 많이 추출하여 다시 데워먹는 경우는 가능한 삼가 해야 한다. 일단 추출된 커피는 그 순간부터 물리적, 화학적 변화가 시작되어 추출된 지 오래되었거나 다시 끓인 커피는 좋은 맛을 유지하지 못하기 때문이다. 또한 좋은 커피는 그 자체만으로도 완벽한 맛과 향을 가지고 있으므로, 되도록 크림이나 설탕을 타지 않은 순수한 커피를 즐기는 것이 좋다.

⑩ 커피메이커를 깨끗하게 유지하는 방법

계속 뜨겁게 켜놓고 커피를 졸이는 경우가 없도록 한다. 가끔씩 커피 없이 물을 걸러내 세척을 해주고 최소한 두세 달에 한번은 물 때 세척용 세제 ¾컵과 물 6컵을 섞어 물통에 30분쯤 놓아둔 뒤 충분히 끓이고 다시 맑은 물로 두 차례이상 끓여 충분히 헹궈주어야 물때가 제거된다.

2 차 류(Tea)

Camellia sinensis의 어린잎을 음료용으로 가공한 건조제품. 제법에 따라 ***비발효차**(녹차)*, ***반발효차**(우롱차)*, ***발효차**(홍차)*로 구분된다. 차의 품질은 잎의 색, 맛, 향기의 3가지로 평가한다.

- 차나무(Camellia Sinensis)의 어린잎으로 만든 음료
- 원산지 : 중국의 동남부와 인도의 아샘(Assam)지방
- 국내 공식기록에는 신라 흥덕왕 3년(828년)에 소개

- 종류

① 발효정도에 따라 - 비발효, 반발효, 발효, 후발효

- 녹차(Green Tea) : 녹차 전혀 산화되지 않아 녹색이 도는 차. ***우리나라나 일본에서 주로 마시는 녹차***가 이에 해당한다.
- 반발효차(Semi-Fermented Tea) : ***반발효차 10~70% 정도 산화된 차. 청록색 또는 그보다 진한 색을 띤다.*** 발효정도가 녹차와 홍차의 중간적인 중국차로 우롱차, 포종차를 가리킨다. 차 잎을 일광위조 한 후 손으로 가볍게 교반함으로써 차입 중의 산화효소의 작용으로 발효시켜 만든다. 반발효차의 발효는 홍차의 경우와 마찬가지이고 양조공업으로 쓰이고 있는 의미의 발효가 아니다. 종류로는 ***반고차(半苦茶), 자스민차, 치자꽃차, 계화차, 우롱차(烏龍茶)*** 등이 있다.
- 발효차(Fermented Tea) : 찻잎 중의 폴리페놀 성분이 85% 이상이 되도록 발효시켜 만든 차로 ***홍차가 대표적***이다.
- 후발효차(Post-Fermented Tea) : 차 잎을 찌든지 삶든지 또는 솥에서 볶아서 효소활성을 없앤 뒤 퇴적하여 미생물 발효시켜 만든 차. ***중국의 보이차, 태국의 미엔, 일본의 아파만차, 바둑돌차*** 등이 있다. 홍차 등의 발효차는 차 잎 중의 효소를 이용하여 산화시킨 것으로 양조공학에서 말하는 미생물에 의한 발효가 아니지만, 후발효차는 곰팡이(Aspergillus), 젖산균(Lactobacillus) 등 미생물에 의한 발효로 제조한 차로 독특한 풍미를 자아낸다.

② 채엽 시기에 따라 : 첫물차(4~5월), 두물차(6월), 세물차(8월), 네물차(9-10월)

③ 색상에 따라 : 백차, 녹차, 황차, 우롱차, 홍차, 흑차 등

- 백차(白茶) : 중국차의 6대 분류로 가장 경도의 발효차 차 잎을 일광위조(직사 일광에서 시들게 하는 것) 또는 샐내 위조하고 나서 건조한다. 매우 간단한 제법이다. 건조에는 일건, 풍건, 불로 가볍게 볶는 방법이 있다. 새싹으로 만들어지기 때문에 백모(白毛 또는 白毫)가 많고 차 추출액의 색은 부초차보다 약간 오렌지색에 가깝다. 복건성의 백호은침, 백모란이 명차이다.
- 녹차(綠茶, Green tea) : 전혀 산화되지 않아 녹색이 도는 차. 우리나라나 일본에서 주로 마시는 녹차가 이에 해당한다.

- 황차(黃茶) : 한국 녹차를 발효시킨 것을 일컬음
- 우롱차(Oolong Tea) : 대표적인 중국차로 일본의 녹차와 홍차의 중간인 반발효차의 일종. 원료가 되는 차의 품종과 제조법에 따라 여러 가지 상표로 구별된다.
- 홍차(紅茶, Black tea) : 85% 이상 발효되어 검은빛이 도는 차. 차를 우리면 찻물 색은 붉은빛을 띤다. 중국의 기문이 잘 알려져 있는 홍차다.
- 흑차(黑茶) = 보이차 : 긴 시간을 거쳐 발효가 많이 진행된 차. 찻잎을 익힌 다음 적절한 수분과 온도를 유지해 먼저 발효시킨 다음 차 모양을 만들어 더 숙성시킨다. 이를 악퇴발효라고도 한다.

  ※ 세계 3대 홍차 : 다르질링(다질링), 기문차, 우바

  ※ 녹차 : 발효차, 작설차

3 코코아(Cocoa)

- 코코아 열매(Cocoa Bean)로 만든 가루
- 원산지 : 멕시코를 중심으로 한 중남미
- 제조과정 : 코코아빈 → 세척→ 볶기→ 파쇄 → 코코아 매스 → 미세화 → 정련→ 템퍼링 → 성형

04 Tea Manner

동 · 서양의 음식문화와 차 문화는 같이 발달되어 왔다.

예로부터 차 문화는 그 나라의 생활 예절이나 음식문화가 조화를 이루어 전해 내려오고 있어, 우리나라의 차는 부드럽고 구수한 향과 맛을 지니고 있으며, 중국의 차는 기름진 음식문화에 알맞게 체내의 지방분을 분해해주는 종류가 많고, 지금은 세계적으로 널리 보급되어 우리나라에서도 대중화 되어있는 커피는 소화를 촉진시키는 작용을 하므로 차 문화는 바로 음식의 문화와 직결된다고 할 수 있다.

차를 마시는 방법이 다르다.

대체적으로 동양의 차는 식전, 식 중, 식후와 평상시 등 아무 때나 마실 수 있으나 차를 마시는 별도의 예절이 있어 『다도(茶道)』라고 하며 지금도 그 다도 문화를 즐기는 분들이 많이 있다.

서양으로부터 주로 보급된 커피와 홍차는 식후에 마시는 차로서 식전이나 식 중에는 마시지를 않다. 근래에는 식전에 커피나 냉커피, 냉 홍차 등을 마시는 경우를 자주 접하게 되는데 올바른 식사의 방법이 아니므로 피하는 것이 좋다.

커피를 선택해서 마실 수 있다.

일반적으로 커피라고 하면 레귤러커피(Regular Coffee)가 있으며, 설탕과 크림을 적당히 섞어 마시는 커피의 향과 맛을 그대로 즐기기 위해서는 커피의 농도를 약하게 하여 크림과 설탕을 넣지 않고 마시는 블랙커피(Black coffee)가 있다. 또한 뜨거운 우유 반을 섞고 거품 낸 우유를 얹어 설탕을 넣어 마시는 카푸치노(Capuccino), 커피의 농도를 강하게 하여 레몬 껍질을 곁들여 씹으며 마시는 에스프레소(Espresso)등이 있는데, 에스프레소의 경우 드미따스(Demi-tasse)라고 하여 작은 컵으로 마시는 것이 일반화된 방식이다.

Demi-tasse[드미따스]
드미따스는 『반잔』이라는 뜻으로 아침에 마시는 커피와는 달리 농도(濃度)가 진한 커피를 『작은 잔』에 마시는 데서 유래되어, 통상 『드미따스(반잔)』이라고 부른다.

Capuccino Coffee

BREAKFAST[아침食事]는 커피부터 시작된다.

서양의 아침 식사의 경우 식전부터 커피를 시작하여 식사중이나 식사 후에까지 줄곧 커피를 마셔, 서너 잔의 커피를 아침 식사와 함께 마시게 된다. 커피는 소화를 촉진시키기도 하지만 식욕을 감퇴시키는 요소가 포함되어 있어 아침 식사를 간단히 하는 습관을 갖고 있는 서양인들에게 알맞은 차의 종류라 할 수 있다.

커피 잔의 손잡이에 손가락을 끼우지 않다.

자주 접하게 되는 커피이지만 아직도 커피를 마시는 문화가 우리에게는 익숙하지가 않다. 커피 잔 모양도 다양하지만 커피 잔의 손잡이 구멍에 손가락을 끼우지 않고 양옆을 엄지와 검지로 잡아들고 마시며 우리의 차 문화와 다른 것은 커피 잔 받침을 들고 마시지 않는 것이다.

그러나 Tea Party와 같이 서서 마시며 대화를 하는 자리에서는 커피 잔에 받침을 하여 들고 다니며 마시도록 되어 있다.

커피는 과자류에 바르는 소스가 아니다.

커피를 마실 때는 초콜릿이나 쿠키 류 등의 곁들여지는 과자류가 있다. 이것은 커피를 마시며 사이사이 조금씩 먹도록 만들어져 서브되는 것이며 과자류를 커피에 찍어 먹는 것은 예절에 어긋나는 방법이므로 시선의 집중을 받지 않도록 주의하자.

커피는 식후 주[食後 酒]와 함께 마시기도 한다.

서양식에서는 식전, 식 중, 식후에 마시는 술이 각각 다르게 구분되어 있다. 식사 후에 마시는 술은 커피를 마실 때 번갈아 가며 마시기도 한다.

커피에 식후 주를 섞어 마시는 방법도 있다.

식사 후에 커피와 식후 주를 같이 마시는 것에 착안하여 두 가지를 간단히 즐길 수 있도록 고안해낸 것이 바로 커피에 식후 주를 타서 함께 마시는 것이며 그 이름도 다양하다.

- Cafe Royal : 브랜디를 섞은 커피(카페 로열)이라는 것은 '왕족의 커피'라는 의미로 나폴레옹이 자주 마셨다는 칵테일이다. 특징은 카페 로열용 스푼을 컵에 걸치고, 각설탕을 올린 후 그 위에 브랜디를 붓고 불을 붙이는 것. 푸른 불빛이 올라오며 흔들리기 시작할 때 주변의 불빛을 없애면 환상적인 분위기가 연출된다. ***브랜디 1티스푼, 각설탕 1개, 핫 커피 적당량이 필요***. 따뜻한 커피 잔에 뜨거운 커피를 따르고, 카페 로열용 티스푼을 컵에 걸친 다음 스푼 위에 각설탕 1개를 올려놓는다. 각설탕 위에 브랜디 1티스푼을 붓고 불을 붙인다.

- Irish Coffee : 아이리시 위스키와 Whipped Cream(생크림)을 넣은 커피(아이리시 커피)는 아일랜드 더블린공항 로비라운지에서 고객서비스 차원에서 추운 승객들에게 제공해 주던 칵테일이다. 먼저 글라스 테두리에 황설탕(Brown

Sugar)을 묻히고 아이리시 위스키 1온스를 붓고, 글라스를 알코올램프에 데워 불이 붙으면 커피를 부어서 생크림을 씌운 후 계핏가루를 약간 뿌려준다. 베이스가 브랜디이면 로열 커피가 되고, 아이리시 위스키 대신에 베일리스를 쓰면 베일리스 커피가 된다.

- Galiano Coffee : 갈리아노를 넣은 커피
- Bailey's Coffee : 1½oz Bailey's, ¼oz Cream, Coffee, Cinnamon
- Mexican Coffee : Coffee, ¾oz Kahlua, ¾oz Tequila, Cream(Cherry)
- Spanish Coffee : Coffee, ½oz Tia Maria, ½oz Rum, Cream(Cherry)
- Cafe Don Juan : ¾oz Dark Rum, 1oz Kahlua, 5oz Coffee, Cream, 1tsp Sugar
- Kahlua Coffee : 깔루아를 넣은 커피

이 외에도 Brandy와 Liqueur를 커피에 넣어 여러 가지의 이름으로 즐길 수 있다.

Decaffeinated Coffee[디 카페인 커피]

커피가 널리 보급되어 날로 그 소비가 증가하고 있으나 체질상의 이유 또 의사의 진단에 의해 커피를 피해야만 되는 분들도 있으며 이외에도 저녁 식후에 커피를 마시면 잠을 이루지 못하는 분들도 많이 있다. 바로 커피에 포함되어 있는 Cafein(카페인)의 영향이므로 요즈음 우리나라에서는 카페인을 97% 정도 제거한 샹카 커피를 권유하고 있다.

TEA[紅茶]

홍차는 유럽과 동남아에서 주로 소비되고 있으며 홍차를 마실 때에는 설탕을 넣지 않고 레몬이나 크림 또는 우유를 넣어 마시는데 레몬을 넣을 때는 크림을 넣지 않다. 레몬과 크림을 함께 넣으면 두 성분이 엉켜 마실 수가 없게 되므로 유럽인들은 우유만을 넣어 마시는 방법을 많이 택하고 있으며 크림만을 넣어 마실 때는 English Tea(잉글리시 티)라고 한다.

차는 음미하듯 천천히 마신다.

잔을 두 손으로 들고 마시거나 물마시듯 단숨에 마셔 버리고는 아쉬운 듯 빈

잔을 들고 만지작거리며 대화를 계속하는 사람들이 있다.

최근에는 자동판매기의 종이컵을 사용한 커피 서비스가 흔한데, 이 경우에는 종이컵을 구긴다든지 담배 재를 떤 다든지 하는 행위를 해서는 안된다.

차를 마실 때에는 소리를 내지 않다.

금방 제공된 커피나 홍차는 뜨겁기 때문에 마시려면 소리가 나기 마련인데 서양 사람들의 식탁예절에는 음식을 먹거나 마실 때 소리 내는 것을 터부시하므로 소리를 내지 않고 마실 수 있는 안전온도(60℃~70℃)까지 식도록 기다려서 마시는 것이 소리를 내지 않고 마실 수 있는 품위 있는 방법이다.

05 요약 정리

- 탄산음료(Carbonated Drink) : 탄산가스가 함유된 천연광천수로 제조, 순수한 물에 탄산가스를 함유, 청량감을 주는 탄산가스가 함유된 음료, 음료수에 천연 또는 인공의 감미료를 함유시키는 것과 천연 과즙에 탄산가스를 함유시키는 것
- Short Drink : (작은 잔으로 마시는) 독한 술, 즉 시간적인 개념으로 짧은 시간에 마시는 칵테일 음료
- Cola : 콜라나무의 종자와 코카의 잎을 주원료로 사용하여 만드는 청량음료로 카페인 성분을 많이 지니고 있으며 독특한 맛을 냄
- 청량음료의 냉장보관은 6~8℃
- 커피 : 아라비카종, 로부스타종, 리베리카종으로 크게 구분되고, 이 중 아라비카종은 성장은 느리나 원두의 향미가 풍부하고 카페인 함유량이 로부스타보다 적다는 특색이 있다. 반면 로부스타는 성장이 빠른 정글식물이며 자극적이고 거친 향을 내며 경제적인 이점으로 인스턴트커피에 많이 사용된다.
- Coffee Belt : **적도를 중심으로 남위 25도에서 북위 25도 사이의 열대, 아열대 지역**에 속하는 나라에서 생산되는데 생산 지역이 하나의 벨트를 이루고 있어 이를 커피벨트 또는 커피 존이라고 함
- 커피 맛을 결정하는 요소 : 신선도, 품종, 로스팅, 브랜딩, 보관법
- 퍼콜레이터식(Percolator) : 가운데 있는 관으로 끓는 물이 올라가서 위에 있는 커피 가루 속으로 들어가 커피가 삼출되게 하는 방식의 커피 끓이는 기구
- 커피의 향미 평가

  첫째, 후각(Olfaction), 즉 자연적으로 생성되었거나 커피콩을 볶을 때 생성되는 휘발성, 유기화합물을 관능적으로 느끼고 평가

  둘째, 미각(Gustation)

  셋째, 촉각(Mouthfeel)

- 아라비카종 커피의 특징 : 원산지는 에디오피아로 고도 1,000~2,000mdlau, 강수량 1,500~2,000미리 주요생산지 브라질, 콜롬비아, 코스타리카
- 녹차의 성분 : 카페인이 3~4%, 비타민 C는 150~250㎎, 비타민 E는 25~70㎎, 카테킨류 10~18%, 사포닌이 0.1%, 무기질 3~4%, 단백질(글루텔린) 24%
- Syphon : 1840년경 스코틀랜드 해양학자인 로버트 네이피어 (Robert Napier)가 진공식 추출 기구를 개발한 후, 일본 고노사에서 '사이폰'이라는 이름을 붙여 상품화 한데서 이 기구가 유래
- 세계 3대 홍차 : 인도 다즐링, 스리랑카 우바, 중국 기문
- 세계 3대 커피 : 예멘 모카(Mocha), 자메이카 블루 마운틴(Jamaica Blue Mountain), 하와이언 코나(Hawaiian Kona)
- Coffee Urn : 커피를 데우기 위해 쓰이는 전열기구
- Siphon : 대기의 압력을 이용하여 액체를 하나의 용기에서 다른 용기로 옮기는 데 쓰는 관(=Syphon)
- Dripper : 간이 커피 끓이개, 여과 주머니에 커피 가루를 넣고 뜨거운 물을 부어 커피 물을 우려내는 구조로 된 기구
- French Press : 프레스 포트(커피포트의 일종)
- 크레마 : 커피의 숙성, 신선도, 커피의 양, 분쇄 정도, 탬핑, 물의 양, 온도, 추출시간, 추출압력, 블렌딩, 로스팅에 따라 차이가 남
- 카카오 : 초콜릿의 원료가 되는 카카오 페이스트를 압착하여 많은 카카오기름을 제거하고 분쇄한 것
- 카페 로얄(Cafe Royale) : 브랜디의 알코올성분을 후람베(Flamb)하여 오렌지 껍질의 향을 즐기며 마시는 커피
- 비엔나 커피(Vienna Coffee) : 생크림을 띄운 커피
- 데미따세 커피(Demi Tasse Coffee) : Demi(반)와 Tasse(잔)을 뜻하는 합성어로서 보통 사용하는 커피 잔(4oz, 120㎖)의 반으로 에스프레소(Espresso)나 터키쉬 커피(Turkish Coffee)를 담는 잔
- 카페 오레(Cafe au Lait) : 커피에 밀크를 넣은 것

- 작설차(雀舌茶) : 차나무의 어린 잎이 연자 색을 띠고 참새혀끝 만큼 자랐을 때의 차 잎으로 만든 차
- 우전차(곡우전차) : 곡우(4월 20일경) 전의 어린잎으로 만든 최고급 차
- 곡우차 : 곡우 무렵에 딴 찻잎으로 만든 차
- 입하차 : 입하(5월 5일경) 무렵에 딴 찻잎으로 만든 차
- 하차(여름차) : 여름에 딴 찻잎으로 만든 차
- 추차(가을차) : 가을에 딴 찻잎으로 만든 차
- 불발효차 : 녹차, 발효차는 홍차로 구분되며, 반발효차는 우롱차. 중국에서는 '6대차'라고 해서 불발효차인 녹차 · 황차 · 흑차와, 발효차인 청차 · 백차 · 홍차로 나눈다. 그 중 청차는 거의 반발효차에 해당되고, 황차 · 흑차 · 백차는 중국 고유의 차이다. 또 녹차는 증기를 사용하는 증제차와 볶아서 만든 볶음차로 나누어진다.
- 비 알코올성 음료 : 청량음료, 영양음료, 기호음료로 분류

정리노트

CHAPTER 3

정리노트

4
CHAPTER
양조주(Wine)

CONTENTS

01 포도주(Wine)

와인 한 병에는 포도가 1,000~1,200g이 들어간다. 발효 과정을 거치면서 포도와는 전혀 다른 맛을 지니게 되지만 유기산, 무기질, 비타민 등 포도가 가진 영양분은 그대로 살아있다. 또 와인은 다른 술과는 달리 제조 과정에서 물이 전혀 첨가되지 않은 천연 과일 음료이다. 와인의 구성성분을 살펴보면 12%정도의 알코올과 85%수분, 나머지 3%내외의 당분, 비타민, 유기산, 각종 미네랄 등이 와인의 맛을 좌우하며 건강에 도움을 준다.

1 어원

와인의 어원은 라틴어의 『비넘(Vinum)』으로 '포도나무'로부터 만든 술이라는 의미로서, 세계 여러 나라에서 와인을 뜻하는 말로는 **이태리의 비노**(Vino), **포루투칼의 비뇨**(Vinho), **독일의 바인**(Wein), **프랑스의 뱅**(Vin), **미국과 영국의 와인**(Wine) 등이 있다.

2 역사

포도주는 역사가 매우 오래된 술로서, 언제부터 시작되었는지 정확한 연대는 알 수 없지만 B.C 4000년경 포도재배가 이루어졌으리라 추정한다.

B.C.2000년경 그리스에서 포도주를 생산하였고 그 후 로마, 메소포타미아 고대 이집트, 바빌로니아, 등지로 퍼지게 되었다. B.C 1700년경 바빌론의 함무라비법정에도 포도주에 관한 규정이 성문화되어 있고 B.C 1000년경 유럽 전역에 전파되었다.

3 제조방법

와인은 포도를 원료로 그 과즙을 발효, 숙성시켜서 만든다.

❶ 레드 와인(Red Wine) : 먹 포도의 과즙과 껍질, 과육, 씨까지 모두 발효시키고

그 후에 껍질과 과육, 씨를 걸러서 다시 발효한 후 통 속에서 숙성시킨 뒤에 병에 넣어서 숙성을 완성

수확 - 파쇄 - 발효(껍질, 씨) - 압착 - 숙성 - 저장 - 여과 - 병입

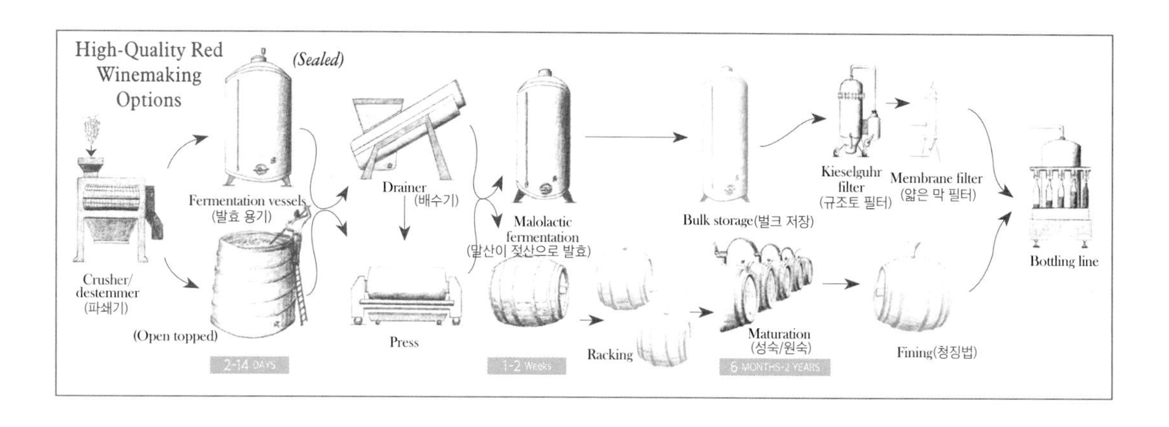

② 화이트 와인(White Wine) : 녹색의 청포도를 사용해서 껍질과 씨를 처음부터 제거해 발효, 숙성시키는데 숙성기간은 적포도주보다 짧다.

수확 - 파쇄 - 압착 - 발효 - 숙성 - 저장 - 여과 - 병입

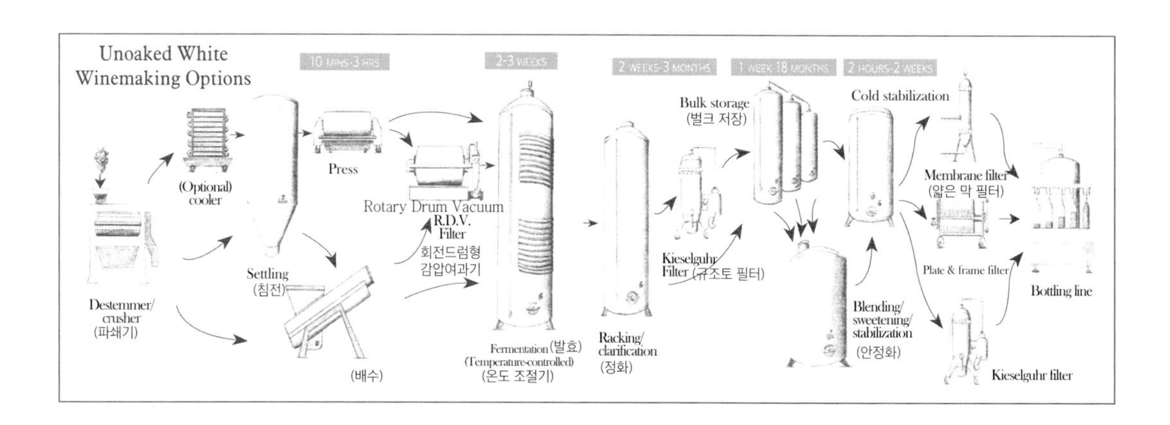

③ 로제 와인(Rose Wine) : 적포도주와 같은 방법으로 발효시키는데 색깔이 날 때 껍질과 씨를 제거

수확 - 파쇄 - 발효(껍질제거) - 압착 - 숙성 - 저장 - 여과 - 병입

④ 스파클링 와인(Sparking Wine) : 탄산가스를 와인 속에 밀폐시켜 병 속에서 발효시키는 방법과 밀폐탱크 안에서 같은 방식으로 2차 발효를 일으키는 방법이 있다.

수확 - 파쇄 - 압착 - 1차 발효 - 숙성 - 병입(당분첨가) - 2차 발효(리큐르첨가) - 저장 - 앙금제거 - 숙성

Sparkling Wine은 프랑스 : Champagne, Cremant(크레망), Vin Mousseux(뱅 무쉐), Petillant(뻬띠앙), 독일 : Sekt(젝트), Schaumwein(샤움바인), Perlwein(페를바인), 이탈리아 : Supmante(스푸만테), Frizzante(프리잔테), 스페인 : Cava(까바), Espumoso(에스뿌모쏘)

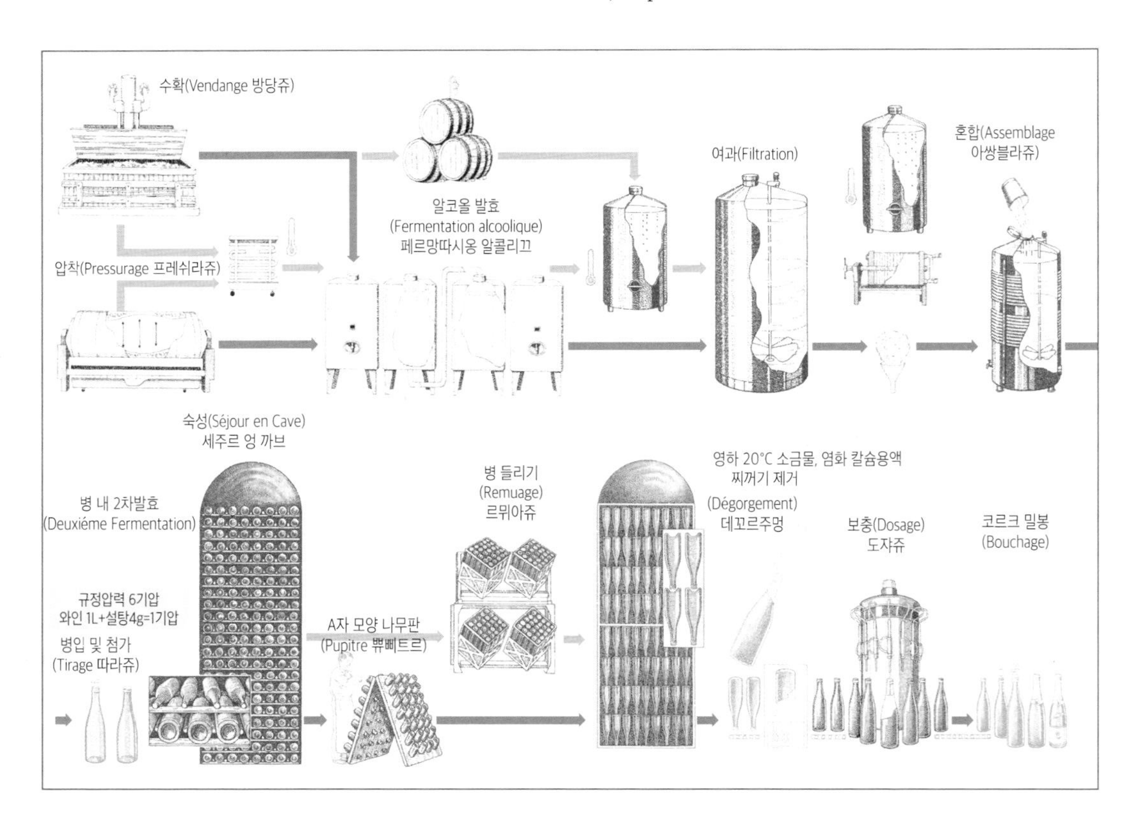

⑤ 강화 와인(Fortified Wine) : 발효도중이나 발효 후에 브랜디 등을 첨가해서 숙성시킴

수확 - 파쇄 - 압착 - 발효 - 숙성 - 알코올 첨가 - 저장 - 여과 - 블랜딩 - 저장 - 병입

4 와인의 분류

색에 따라

① Red Wine(적포도주 : Vin Rouge) : 붉은 벽돌색, 자주색, 루비색, 적갈색을 띤다. 적포도로 만드는 레드와인은 포도껍질에 있는 붉은 색소를 추출하는 과정에서 씨와 껍질을 그대로 함께 넣어 발효하므로 떫은맛이 난다. 일반적인 알코올 농도는 12~14% 정도이며, 화이트 와인과는 달리 상온(섭씨 18~20℃)에서 제 맛이 난다. 무거운 음식이나 육류요리에 적당하다.

② White Wine(백포도주 : Vin Blanc) : 물처럼 투명한 것에서부터 엷은 노란색, 연초록색, 볏짚 색, 황금색, 호박색을 띤다. 잘 익은 청포도는 물론이고 일부 적 포도를 이용하여 만드는데, 포도를 으깬 뒤 바로 압착하여 나온 주스를 발효시킨다. 일반적인 알코올 농도는 10~13% 정도이며, 8℃ 정도로 반드시 차게 해서 마셔야 제 맛이 난다. 맛이 순하고 상큼하며 가벼운 음식이나 생선요리에 적당하다.

③ Rose Wine(핑크색 포도주, 로제 : Vin Rose) : 엷은 붉은색이나 분홍색을 띤다. Red Wine과 같이 껍질을 같이 넣고 발효시키다가 어느 정도 우러나오면 껍질을 제거한 채 과즙만을 가지고 와인을 만든다. 보존기간이 짧고 오래 숙성하지 않고 마시게 되는 Rose Wine은 색깔로는 White Wine과 Red Wine의 중간이라 하지만 맛으로 보면 White Wine에 가깝다.

④ Yellow Wine (황색포도주)

당분 함유량에 따라

① Sweet Wine : 단맛　② Medium Dry Wine : 보통　③ Dry Wine : 신맛, 달지 않음

발포성 유무에 따라

① Sparking Wine : 발포성와인이라 부르는데, 이것은 발효가 끝나 탄산가스가 없는 일반와인에 다시 설탕을 추가해서 인위적으로 다시 발효를 유도해서

와인 속에 기포가 있는 와인을 가리킨다. 특히 프랑스 샹파뉴 지방에서 생산되는 것만을 샴페인이라고 부르는데, 이 샴페인과 이탈리아의 스푸만테(Spumanta)가 대표적 와인이다. 알코올 도수는 대체로 9~14℃이다.

❷ None Sparking Wine : 백포도의 껍질을 제거한 후 포도즙만을 발효. 맑고 부드러우며 가벼운 음식이나 생선요리에 적당

알코올 함량에 따라

❶ Fortified Wine(강화 포도주) : Brandy를 첨가한 알코올 도수 16~20℃의 포도주(Sherry, Port, Madeira)

❷ Unfortified Wine(비 강화 포도주) : 일반적인 와인으로 도수 15℃ 이하의 포도주

용도에 따라

❶ 식전용 와인(Aperitif Wine) : 본격적인 식사를 하기 전에 식욕을 돋우기 위해서 마신다. 한두 잔정도 가볍게 마실 수 있게 산뜻한 맛이 나는 White Wine, 샴페인, Sherry Wine, Port Wine 등을 마시면 좋다

❷ 식사 중 와인(Table Wine) : 보통 『와인』이라고 하면 식사 중 와인을 의미한다. Table Wine은 식욕을 증진시키고 분위기를 좋게 하는 역할 외에도 입안을 헹궈내어 다음에 나오는 음식들의 맛을 잘 볼 수 있게 해준다.

❸ 식후용 와인(Desert Wine) : 식사 후에 입안을 개운하게 하기 위해 마시는 와인이다. 약간 달콤하고 알코올 도수가 약간 높은 디저트와인을 마신다. 포트나 Sherry가 대표적인 Dessert Wine에 속한다.

❹ 축하용 : 샴페인

가향 유무에 따라

❶ Flavored Wine : 와인 발효 전후에 과실즙이나 쑥 등 천연향을 첨가하여 향을 좋게 한 것. Vermouth가 가향와인의 대표적인 예로 칵테일용으로 많이 쓰인다.

❷ Natural Wine

저장 기간에 따라

❶ Young Wine : 오래 숙성하지 않은 1~2년 이내의 와인(5년 이내의 와인)

❷ Aged Wine : 장기간 숙성시킨 와인(Old Wine)(5~15년 이내의 와인)

❸ Great Wine : 아주 오랜 기간 숙성시킨 와인(15~50년 그 이상의 와인)

포도 수확 년도에 따라

❶ Vintage Wine : 풍년이 들어 수확이 좋은 해의 포도로 만든 포도주이며 라벨에 수확 년도를 표시한 포도주

❷ None Vintage Wine : 포도의 수확 년도를 표시하지 않은 포도주

산지에 따라

주로 French, German, Spanish, Portuguese, Italian, American 그 외에 오스트리아, 스위스, 그리스, 유고슬라비아, 루마니아 산 Wine

5 와인의 재배지(Wine Belt, Wine Zone)

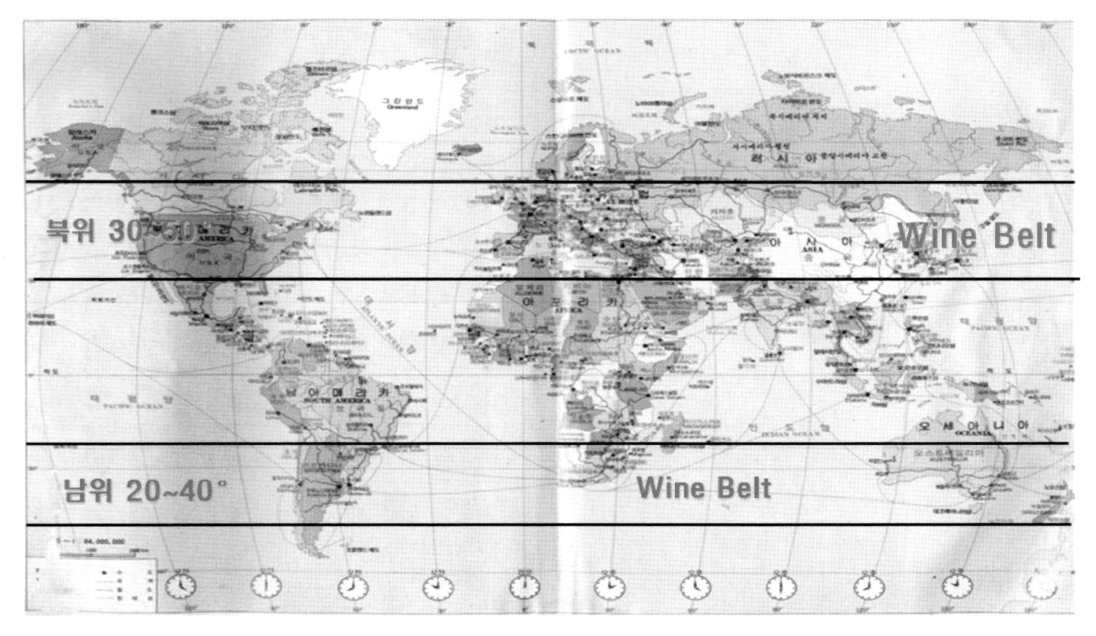

6 테르와(Terroir)

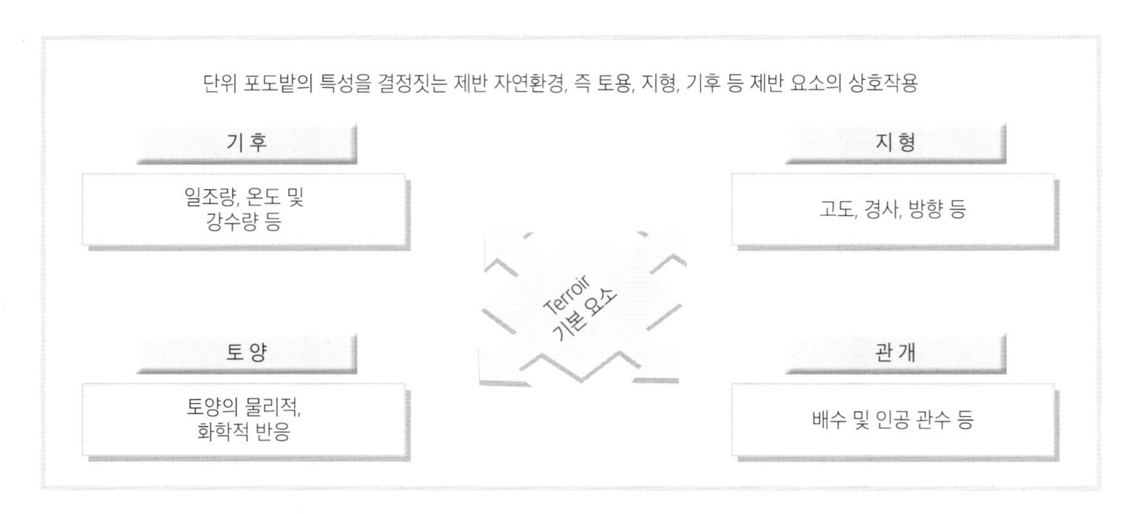

기후

기후	대륙도	강수량	성장기 기온	성장기 햇볕
대륙성	높음	대체로 낮음	서늘, 온화, 따듯 또는 무더움	대체로 매우 맑음
해양성	낮음에서 중간	대체로 중간에서 높음, 1년 동안 골고루 내림	대체로 서늘 또는 온화	대체로 흐림
지중해성	낮음에서 중간	낮음에서 중간 대부분이 중간이며, 대체로 겨울에 많이 내림	대체로 온화 또는 따듯	대체로 맑음(안개와 같은 지역 특성이 없을 경우)

① 대륙성 기후 : 가장 덥고, 가장 추운 달의 기온차가 제일 많은 기후, 여름이 짧고 겨울에 큰 차이로 기온이 떨어진다. 독일과 샹파뉴와 같은 기후는 봄서리의 위험이 있으며, 성장기 동안 낮은 기온은 개화, 결과의 숙성에 영향

② 해양성기후 : 서늘하거나 온화한 기온을 가졌으며, 가장 덥고, 가장 추운 달 사이의 기온차가 적다.

③ 지중해성 기후 : 가장 덥고 가장 추운 달의 기온차가 적지만, 여름이 온난건조하다. 즉, 지중해 연안과 캘리포니아 해안지역, 칠레, 남동부 호주와 케이프

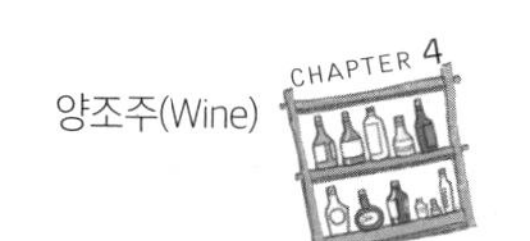

와인산지(남아프리카공화국)에서 볼 수 있듯이 해양성기후에 비해 더 따듯하고 햇볕이 많아 와인의 바디가 더 무겁고, 더 잘 익은 타닌과 더 높은 알코올을 가지며, 산도가 비교적 낮다.

온도	서늘 : 성장기의 평균기온이 16.5℃ 이하인 지역 온화 : 성장기의 평균기온이 16.5℃~18.5℃인 지역 따듯/온난 : 성장기의 평균기온이 18.5℃~21℃인 지역 무더운/뜨거운 : 성장기의 평균기온이 21℃를 초과하는 지역 ◆ 포도 생육 기간에는 20~25℃의 낮 온도가 유지 ◆ 미기후 : 보통 지면에서 위로 1.5m까지의 기후로서 해당 포도밭이나 포도나무의 기후 ◆ 적산온도(Degree day's) : 4월부터 10월까지 일 평균 기온50℉(10℃)을 초과한 온도를 합한 수치
일조량	기온이 너무 올라가지 않는 한 일조량은 많으면 많을수록 좋다. 연간 최소 1,250~1,500시간이 필요하며, 와인의 빛깔과 당분에 영향을 준다. 일조량이 적으면 당도(Sweetness)가 떨어지고 산도(Acid)가 높고, 일조량이 많으면 당도가 높고 산도가 낮다. 일조량은 광합성에 직접 영향을 미친다. 햇빛이 부족하면 당분 형성이 감소되며, 주석산보다 사과산의 함량이 많아진다. 특히 색깔과 떫은맛에 영향을 주는 폴리페놀 성분, 즉 타닌이나 안토시아닌이 감소한다. 와인에 향을 부여하는 성분도 감소되며 풋내가 증가한다. 그러므로 포도 재배에서 그늘은 품질을 저하시키는 가장 큰 원인이다. 햇빛은 와인의 빛깔을 결정한다. 포도의 당분을 형성시키고 붉은 색소가 합성되기 위해서는 보다 많은 태양 에너지가 필요하다. 이러한 이유로 알자스, 샤블리, 샹파뉴 등 북쪽 지역에서는 화이트 와인을 많이 생산하며, 남쪽에서는 색깔이 짙고 짜임새 있는 레드와인을 생산하는 것이다. 북반구에서는 동쪽에서 남쪽방향으로 향한 위치에 포도밭을 만들어 많은 일조량을 받게 하고 있다.
강우량	강우량이 많으면 포도의 산도(Acid)는 높아지고 당도(Sweetness)는 낮아진다. 강우 때는 포도의 당도가 떨어지며, 일조량 부족으로 광합성을 감소시켜 품질이 저하된다. 반대로 강우량이 적으면 산도는 낮아지고 당도는 높아져서 좋은 와인을 만들 수 있다. 연간 500~800mm의 강우량이 적당하며 포도 수확의 양과 질에 영향을 미친다. 수확기에 비가 오면 포도알이 묽어져 좋은 와인을 기대할 수 없다.

기후	
더운 기후	더 높은 알코올 도수, 더 풍부한 바디, 더 높은 타닌, 더 낮은 산도의 와인 생산
온화한 기후	더운 기후와 추운 기후대 특징의 중간 정도
추운 기후	더 낮은 알코올 도수, 더 낮은 바디, 더 낮은 타닌, 더 높은 산도

지형

고도	포도밭은 적당한 고도에 자리 잡아야 한다. 고도가 100m 높아지면 기온은 0.5~1℃ 내려간다. 밭이 저지대에 있는지 고지대에 있는지에 따라 포도의 생육 조건은 달라진다. 일반적으로 고지대의 포도는 산도가 강하고 거칠고, 저지대는 가볍고 빈약하다.
경사도	포도밭의 경사도는 일조량과 배수에 영향을 미친다. 위도가 높은 독일에서는 햇빛을 충분히 이용하기 위해 급경사 지역에 밭을 일구는 일이 많다. 경사면에 밭을 만든 경우 일반적으로 높은 위치에 있는 것이 배수도 잘 되어 포도 재배에 적합하지만, 고도가 지나치게 높으면 기온이 너무 내려가는 문제가 생기기도 한다. 북반구에서는 당연히 동쪽에서 남쪽 방향을 향한 경사면, 즉 동남향으로 향한 경사면에 포도밭을 만드는 것이 가장 좋다.
방향	포도밭의 방향은 남향, 남동향이 이상적이다. 이는 포도나무에 아주 중요한 일조량에 크게 영향을 주기 때문이다. 부르고뉴 포도원은 동향인데 그 이유는 아침 해를 받아 토양이 서서히 달궈지고 서쪽으로부터 부는 바람과 비를 피할 수 있기 때문이다.

토양

토양은 물과 영양분을 공급하므로 포도나무 재배에는 자갈밭처럼 영양분이 충분하지 못하고 배수가 잘 되는 토양이 적합하다. 포도는 척박한 토양에서 재배된 것일수록 좋은 와인을 만든다. 포도나무가 비옥한 땅에서 자라면 줄기와 잎이 너무 무성해져서 포도알이 빈약해져 와인 양조용으로서 가치를 잃어버리게 된다.

세계 최고의 포도밭은 대부분 땅이 비옥하지 않으며, 대다수가 다른 식물은 거의 자라지 못하는 척박한 땅에 자리 잡고 있다. 오늘날 포도 재배자들은 대부분 토양의 가장 중요한 요소가 토양의 구조, 특히 물을 배수하는 기능에 있다고 믿는다. 원활한 배수야말로 포도재배에는 필수적이며, 포도나무가 뿌리를 땅속으로 깊이 뻗어 수분과 영양소의 안정적인 공급원을 확보할 수 있게 한다. 토양의 지질 형태는 배수에서 또 하나의 중요한 요소다.

석회암과 편암에는 갈라진 틈 때문에 생긴 쪼개진 거대한 세로 면이 있는데, 이는 포도나무 뿌리가 물을 찾아 길을 뚫는데 완벽한 기능을 한다. 이와 반대로 촘촘한 심토나 침투가 불가능하고 균일한 토양층은 폭우가 쏟아지면 뿌리가 지면 가까이 올라올 수 있다. 토양의 양상 가운데 가장 중요한 것은 색깔과 햇빛을 반사하는 능력이다. 날씨가 추운 북부지역 샹파뉴에서는 포도나무 가지를 낮게 손질해 익어 가는 포도가 하얀 백악질 토양에서 반사되는 따뜻한 햇볕을 받을 수 있게 한다. 실제로 샹파뉴 사람들은 재활용이 안 되는 하얀색 플라스틱 쓰레기 파편들을 햇빛에 반사되는 백악질 토양처럼 포도밭에 흩어놓는 식으로 이런 현상을 일찍부터 활용했다.

관계

물 부족	가뭄, 포도가 잘 익지 않고 포도나무가 죽게 된다.
물 과다	과잉 성장, 그늘을 키우고 포도가 익는 것을 방해, 곰팡이 감염, 꽃이 피는 것과 열매가 열리는 것을 방해한다.

7 와인의 성분

성분	알코올 (10~17%)	산 (0.4~1%)	당분 (0.1~10%)	무기염류 (0.2~0.4%)
	물 (80~85%)	색과 맛을 내는 요소(0.01~0.5%)	향을 내는 요소	아황산염
	과 육	포도껍질	씨	꽃자루
수분	●●●			●●
당분	●●●			
유기산물 주석산, 능금산, 구연산	●●●			
광물질	●●			●●●
타닌 붉은 색소		●●● ●●●	●	●●●
유지성분 지방			●●●	

8 Wine의 분류

	English	French	Italian	Portugal	Spanish
색에 의한 분류	White Wine	Vin Blance	Vino Bianco	Vinho Branco	Vino Blanco
	Red Wine	Vin Rouge	Rosso	Tinto	Tinto
	Rose Wine	Vin Rose	Rosta	Rosado	Rosado
맛에 따른 분류	Sweet Wine	Vin doux	Dolce	Doce	Dulce
	Dry Wine	Vin Sec	Secco	Seco	Seco

알코올 첨가 유무에 따른 분류	Fortified Wine(강화주)
	Unfortified Wine(비 강화주)
탄산가스 유무에 따른 분류	Sparkling Wine(발포성와인)
	Still Wine(비발포성 와인)
식사에 따른 분류	Aperitif Wine(Fortified or Aromatized Wine) - Sherry Wine, Madeira Wine, Campari, Vermouth, Bitters, Anisette
	Table Wine(Full Boiled or Heavy Boiled Wine)
	Dessert Wine(Sweet or Port Wine)
저장기간에 따른 분류	Young Wine : 5년 이하
	Aged or Old Wine : 5년~15년
	Great Wine : 15년 이상
수확년도에 따른 분류	Vintage Wine
	None Vintage Wine
지역별 분류	France Vin : Bordeaux, Bourgogne, Cots Du Rhone, Alsace, Champagine
	German Vein : Rhine, Moselle, Steinwein
	Spain Vino : Sherry
	Portugal Vino : Rose
	Italy Vino : Vermouth, Chianti
	America Wine : California Wine

9 와인 용어

	영 어	프랑스	독 일	이탈리아	스페인	포르투갈
수확 년도	Vintage	Vendange(방당주), Millesime(밀레짐)	Jahrgang (야어강)	Vendemmia (벤뎀미아), Annata(아나타)	Cosecha(꼬세차), Vendimia(벤디미아)	Colheira (꼴레이따)
와인	Wine	Vin(뱅)	Wein (바인)	Vino(비노)	Vino(비노)	Vinho (비뉴)
화이트	White	Blanc(블랑)	Weiss (바이스)	Bianco(비앙꼬)	Blanco(블랑코)	Branco (브랑꾸)
레드	Red	Rouge(루주)	Rot (로트)	Rosso(로쏘)	Tinto(띤또)	Tinto (띤뚜)
로제	Rose	Rose(로제)	Schiller(쉘러)	Rosato (로사토)	Rosado(로사도)	Rosado (호자도)
드라이	Dry	Brut(브뤼), Sec(섹)	Trocken (트록켄)	Secco(세코)	Seco(세꼬)	Seco (세쿠)
스위트	Sweet	Doux(두)	Suss(쥐스)	Dolce(돌체)	Dulce(둘세)	Doce(도스), Adamado(아다마두)
양조장 와인 저장고	Cellar	Cave(지하: 카브), Chai(지상 : 섀)	Keller(켈러)	Cantina(깐티나)	Bodega(보데가)	Adega (아데가)
포도원	Winery	Vignoble(비뇨블), Clos(클로)	Lage(라게)	Azienda Vinicola (아치엔다 비티비니콜라)	Vina, Vinedo (비냐, 비네도)	Vinha (비냐)
포도 품종	Variety	Cepage(세파주)		Vitigno(비티뇨)	Cepa(세빠)	Casta (가스따)
발포성	Sparkling	Champagne Crement, Vin Mousseux	Sekt(젝트)	Spumante (스푸만테)	Espumoso, Cava (에스뿌모소, 까바)	Espumante (에스뿌만뜨)
성	Castle	Chateau	Schloss (쉴로스)	Castello (카스텔로)	Castillo	Quinta (낀타)
재배한 곳에서 병입	Estate bottled	Mis en bouteile au domaine (미즈 아 부테이 오 도멘느)	Gutsabfullung (구츠압퓔룽)	Azienda Agri-cola (아치엔다 아그리콜라)	Criado y em-botellado por(끄리아도 이 엠보떼야도 뽀르)	Enarrafado na Origem(엥가라파도 나 오리젱)
코르크	Cork	Bouchon(부숑)			Roble(로블레)	
병	Bottle	Boutrille (부테이유)		Bottiglia (보틸랴)		Garrafa (가하파)

10 와인 병으로 구별

보르도형

어깨부분에 각이 져 있음

키안티형

토스카나 지방 볏짚 꾸러미로 둘러싼 둥근 모양

부르고뉴형

매끄러운 곡선미의 녹색 병

상빠뉴형

병 속의 탄산가스 압력에 견딜 수 있도록

아이스와인형

양이 절반

프랑켄형

복스보이텔형 포르투갈 마데우스

알자스형

어깨부분이 날씬하게 처진 타입

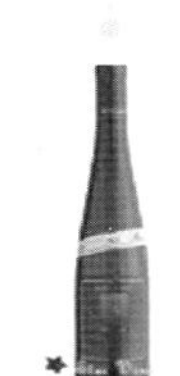

라인모젤형

라인은 갈색, 모젤은 녹색

02 와인등급, 포도품종

1 PDO(Protected Designations of Origin)

유럽연합에서 특정 농산식품의 원산지명을 법규로 보호하는 제도로 PDO는 어떤 지역의 명칭으로 첫째, 특정 농산식품이 그곳을 원산지로 하고 생산, 가공 또는 합성이 그곳에서 이루어지며, 둘째, 빼어난 품질과 차별적인 특성이 자연적 인적 요인과 함께 본질적으로 또는 배타적으로 그곳의 지리적 환경에 기인한다는 점을 드러내기 위하여 법규의 보호 하에 사용되는 명칭을 뜻한다. 농식품보다 일찍 지리적표시의 보호가 시작된 와인에 대해서는, ***유럽연합***(EU)***은 별도의 규칙으로 특정의 지역에서 생산된 퀄리티와인***(quality wines)***과 테이블와인***(table wines)***으로 구분하여 전자는 더 엄격한 요건으로 회원국들의 지리적 표시를 보호하는 정책을 펴고 있다.***

국가	원산지명칭보호 Protected Designations of Origin(PDO)	PDO에 해당하는 전통적 와인용어	보호된 지리적 표시 (Protected Geographical Indication(PGI)	PGI와인에 해당하는 전통적 와인용어
프랑스	Appellation d'Origine Protegee(APO) (원산지명칭보호)	Appellation d'Origine Controlee(AOC : 아뺄라시옹 도리진 꽁뜨롤레)	Indication Geographique Protegee(IGP) 지리적 보호표시	Vin de Pays (뱅 드 페이)
이탈리아	Denominazione di Origine Protetta(DOP: 데노미나치오네 디 오리지네 프로데타)	Deominazione di Origine Controllata(DOC : 데노미나찌오네 디 오리지네 콘트롤라타) Deominazione di Origine Controllata e Garantita(DOCG : 데노미나찌오네 디 오리지네 콘트롤라타 에 가란티타)	Indicazione Geografica Protetta(IGP: 인디카치오네 제오그라피카 프로테타)	Indicazione Geografica Tipica (IGT: 인디카치오네 제오그라피카 티피카)
스페인	Denominacion de Origen Protegida(POP : 데노미나시온 데 오리헨 프로데히다)	Denominacion de Origen(DO : 데노미나시온 데 오리헨) Denominacion de Origen Calificada(DOCa : 데노미사시온 데 오리헨 칼리피카다)	Indicacion Geografica Protegida(IGP: 인디키시온 헤오그라피카 프로테히다)	Vino dw la Tierra (비노 델 라 티에라)
독일	Geschützte Ursprungsbezeichnung (g.U.) 게슛스터 울슈프룽스베자이휘눙	Prädikatswein(프레디카츠바인) Qualitätswein(크발리데이츠바인)	GeschÜtzte Geografische Angabe(g.g.A) 게슛스터 게오그라피셔 안가베	Landwein 란트바인

2 기존 와인 등급

국가	등급
프랑스	① Appellation d'Origine Controlee(AOC : 아뺄라시옹 도리진 꽁뜨롤레) ② VDQS(Vins Delimites de Qualite Superieure : 뱅 델리미테 드 쿠알리트 쉬페리에) ③ Vin de Pays(뱅 드 페이) ④ Vin de Table(뱅 드 따블)
이탈리아	① Deominazione di Origine Controllata(DOC : 데노미나찌오네 디 오리지네 콘트롤라타) ② Deominazione di Origine Controllata e Garantita(DOCG : 데노미나찌오네 디 오리지네 콘트롤라타 에 가란티타) ③ Indicazione Geografica Tipica(IGT: 인디카치오네 제오그라피카 티피카) ④ Vino da tavola(비노다 따보라)
스페인	① Denominacion de Origen(DO : 데노미나시온 데 오리헨) ② Denominacion de Origen Calificada(DOCa : 데노미사시온 데 오리헨 칼리피카다) ③ Vino dw la Tierra(비노 델 라 티에라)
독일	① Q.M.P(Qualitaswein Mit Pradikat : 쿠발리테츠바인 미트 프래디카트) ◆ 까비네트(Kabinett) ◆ 스패트레제(Spatlese) ◆ 아우스레제(Auslese) ◆ 베른 아우슬레제(Beern Auslesse) ◆ 아이스바인 ◆ 트로켄베른 아우슬레제(Trokenbeern Auslese) ② QbA(Qualitatswein bestimmter Anbaugebiete: 쿠발리태츠바인 베스팀터 인바우게비테) ③ Landwein(란트바인) ④ Deutscher Tafelwein(도이쳐 타펠바인)

3 포도 품종

White Wine 포도품종

❶ Chardonnay(샤르도네)

서늘한 기후	녹색과일, 높은 천연 산도, 드라이
온화한 기후	감귤류, 핵과류 풍미, 중간/높은 산도, 드라이
더운 기후	열대과일, 중간 산도, 드라이
기타 풍미	오크, 버터, 헤이즐럿, 광물성
전통적 산지	프랑스: 부르고뉴, 샤블리, 풸리니-몽랏P, 뫼르소, 마콩, 푸이-퓌세
프리미엄 산지	호주: 야라밸리, 애들레이드 힐스, 마가렛 강 뉴질랜드 : 호크스 베이, 기스번, 말버러 캘리포니아 : 해안지역, 소노마, 카네로스 칠레 : 카사블랑카 아르헨티나 : 멘도사 남아프리카공화국 : 해안 지역

❷ Sauvignon Blanc(소비뇽 블랑)

서늘한 기후	강한/자극적인 허브나 녹색과일 풍미, 높은 산도, 드라이와인
온화한 기후	강한 자극적인 풍미가 덜함, 핵과류, 중간/높은 산도, 드라이
기타 풍미	녹색과일, 딱총나무 꽃, 광물 풍미
전통적 산지	프랑스: 상세르, 푸이 푸메 보르도
프리미엄 산지	뉴질랜드 : 말버러 캘리포니아 : 나파 남아프리카공화국 : 해안 지역 칠레 : 카사블랑카

❸ Riesling(리슬링)

서늘한 기후	녹색과일, 감귤류 풍미, 높은 산도, 드라이, 중간 정도의 당도 또는 스위트와인
온화한 기후	감귤/핵과 풍미, 높은 산도, 보통 드라이 와인
기타 풍미	스모키, 꿀, 열대과일, 광물, 보트리티스
전통적 산지	독일 : 모젤, 라인가우, 팔츠
프리미엄 산지	프랑스 : 알자스 호주 : 클레어 밸리, 에덴 밸리

Red Wine 포도품종

❶ Cabernet Sauvignon(카베르네 소비뇽)

온화한 기후	검은 과일, 높은 산도, 높은 타닌
더운 기후	검은 과일, 중간 산도, 높은 타닌
기타 풍미	오크, 피망, 개잎갈나무
전통적 산지	프랑스: 보르도, 매독, 포이약, 마고, 그라브
프리미엄 산지	호주: 쿠나와라, 마가렛 강 뉴질랜드 : 호크스 베이 캘리포니아 : 나파 밸리 칠레 : 센트럴 밸리 아르헨티나 : 멘도사 남아프리카공화국 : 스텔렌보스

❷ Merlot(메를로)

온화한 기후	검은 과일, 중간 산도, 타닌은 가볍거나 중간 정도
더운 기후	검은 과일, 낮은 산도, 중간 타닌
기타 풍미	오크, 과일 케이크, 초콜릿
전통적 산지	프랑스: 보르도, 생테밀리옹, 포므롤
프리미엄 산지	호주: 마가렛 강 뉴질랜드 : 호크스 베이 캘리포니아 : 나파 밸리 칠레 : 센트럴 밸리 아르헨티나 : 멘도사 남아프리카공화국 : 스텔렌보스

❸ Pinot Noir(피노 누아)

서늘한 기후	야채 풍미, 높은 산도, 낮은 타닌
온화한 기후	붉은 과일, 중간에서 높은 정도의 산도, 낮건나 중간 정도 타닌
기타 풍미	야채 및 동물성 풍미
전통적 산지	프랑스: 부르고뉴, 제브레 샹베르탱, 본, 포마르
프리미엄 산지	호주: 야라밸리, 모닝턴 반도 뉴질랜드 : 마틴버러, 말버러, 센트럴 오타고 캘리포니아 : 산타 바바라, 소노마, 카네로스 칠레 : 카사블랑카 독일 : 팔츠, 바덴 남아프리카공화국 : 해안 지역

❸ Syrah(시라)

온화한 기후	후추, 검은 과일, 중간정도의 산도, 높은 타닌
더운 기후	향신료, 검은 과일, 중간산도, 높은 타닌
기타 풍미	오크, 야채, 동물성, 초콜릿
전통적 산지	프랑스: 론 북부, 론 남부
프리미엄 산지	호주: 온화한 기후 : 호주 서부, 히스코트 더운 기후 : 헌터 밸리, 바로사, 맥라렌 베일

4 와인 관련 용어

Noble Rot

① 이곳의 포도수확은 다른 지구보다 훨씬 늦다. 이는 과숙하여 완전히 익을 때까지 기다리기 때문인데 결과적으로 포도의 당도가 높아져 천연의 단맛과 향기가 높은 와인이 된다.

② 이곳 Chateau에서는 포도를 수확할 때 8~9번을 정선하는데, 포도수확은 9월에 시작해서 12월말까지 Noble Rot(귀부)가 생긴 포도 알만을 따는 것이다. 이렇게 Noble Rot가 생긴 포도 알만을 골라 와인을 담그면 아무리 많은 면적이라도 적은 양의 와인밖에 낼 수 없게 되므로 특수한 Sweet Wine이 되는 것이다.

③ 3~5년에 한번 씩 수확

④ 주 재배지역 - 소테른 : 프랑스 보르도 지역 내의 AC, 토카이 : 헝가리 북동부, 독일 및 오스트리아, 호주 등

Champagne

① 병속에 거품을 보존하는 방법을 발견한 사람은 베네딕틴 수도원의 동 뻬리뇽(Dom-Perignon)

② 2차 발효 후 병속의 침전물을 제거하는 방법을 알아낸 사람은 뵈브 끌리꼬네 뽕사뎅(Veuve Clicquot Nee Ponsardin)

③ 포도품종은 피노누아, 피노뫼니에, 사르도네

④ 라벨에 Blanc de Blancs라고 표기된 것은 백포도주로만 만들어진 것

⑤ 샹빠뉴 지방 이외에서 만든 발포성 와인은 뱅무스(Vin Mousseux)라고 한다.

⑥ 끄레망(Cremant)은 거품이 적게 나는 타입의 샴페인을 말한다.

⑦ 당도에 따라

- 브뤼(Brut) : 1%미만
- 엑스트라 섹(Eetra Sec) : 1~3%
- 섹(Sec) : 4~6%
- 드미 섹(Demi-Sec) : 6~8%
- 두(Doux) : 12% 이상

⑧ Sparkling Wine의 이름

프랑스	독일	이탈리아	스페인	미국
Champagne Cremart Vin Mousseux Petillant	Sekt Schaumwein Perlwein	Supmante Frizzante	Cava Espumoso	Sparkling

용어

- Cru(크뤼) : 단일 재배에 해당되며, 일반적으로 품질이 좋은 와인을 재배
- Classe(끄라세) : 등급
- Vignoble(비뇨블) : 포도농장
- Chateau(샤또) : 특정포도원, 보르도의 포도밭을 의미
- Lees(앙금) : 발효가 끝나고 나면 탱크나 통 아래에 남아있는 죽은 효모 찌꺼기 침전물
- 네고시앙(Negociant) : 자체 포도원 없이 다른 와인 공장에서 와인을 구입하여 병에 담아서 파는 회사
- Terrior(테루와) : 와인의 품질을 결정하는 핵심적인 요소로 토양의 성질이나 구조, 포도밭의 경사도와 방향, 일조량, 강수량 등의 중요성을 나타내는 포괄적인 개념
- 이탈리아 3대 Red Wine 생산지 : 피에몬테(Piemonte), 베네토(Veneto), 토스카나(Toscana)

03 와인 시음하기

와인을 감상하기 위해서는 시각, 후각, 미각의 3가지 센스를 적절하게 이용하는 방법과 지식 그리고 경험의 조화가 와인 감상에서 가장 필수적인 선결조건이다. 이러한 능력은 관련 지식을 터득하고, 연습을 많이 할수록 향상된다. 또한 이를 통해 와인의 이해도가 깊어지게 되어, 풍부한 와인 특유의 맛을 즐길 수 있다.

시음의 조건

와인을 감상할 때는 자연스러운 조건에서 시음을 하는 것이 바람직하며, 최적의 조건은 적절한 밝기, 북쪽을 향한 창문, 청결한 하얀 탁자, 분별력을 저지하는 냄새가 없는 장소, 이 중에서 마지막 조건, 즉 정신을 산란하게 만드는 냄새가 없어야 한다는 것이 가장 중요한 조건이다. 실례로 향수나 Aftershave의 향이 와인 향기에 영향을 미치므로 따라서 연기나 부엌의 냄새도 피해야 한다.

시음 방법

적절한 시음을 위해서는 와인글라스에 약 ⅓정도 따른다. 글라스의 ⅓이상을 따르게 되면 시음과정에 장애가 될 수 있고 와인 향을 모으기가 어렵다.

모든 종류의 와인은 다음과 같은 동일한 특질을 가지고 있다.

단맛/쌉쌀한 맛(Sweet/ Dry), 신맛, 떫은맛, 과일 향, 알코올 농도

다음의 관점에서 와인을 관찰하는데,

첫째, 시각,

투명성 : 와인의 색깔이 맑아 보이는가, 아니면 흐리고 탁해 보이는가?

명암 : 색감이 깊은가 아니면 흐린가?

색깔 : 하얀색을 배경으로 하여 글라스를 비스듬히 들고 잔의 모서리나 가장자리의 색깔을 평가

Red Wine의 경우, 처음에는 자줏빛으로 시작해 시간이 지남에 따라 루비나 마호가니 빛이 되며 점차 갈색이 돈다.

둘째, 후각,

글라스를 둥글게 흔들면(스와링 : Swirling) 와인의 다양한 향이 와인글라스 안에 피어오를 때 어색하지만 코를 글라스 가까이 대고 깊게 들이마셔 향기를 맡아본다. 주변을 환기를 시켰을 때가 와인의 향기를 맡을 수 깊은숨을 부드럽게 들이쉬면서 다음 사항에 주의하며 향기를 맡도록 한다.

조건 : 와인의 향기가 깨끗하고 맑은가 아니면 케케묵은 냄새, 흙냄새, 또는 달걀 상한 냄새가 나지는 않는가?

밀도 : 코에 너무 약하거나 또는 너무 강한가?

특징 : 과일의 실질적인 특징을 처음에는 말하기가 어렵다. 지속적인 연습을

통해 여러 가지 과일의 특징을 구별해 낼 수 있게 된다. 예를 들자면, 포도, 까치밥나무, 나무딸기, 제비꽃, 사과, 배, 살구, 벌꿀, 땅콩, 휘발유, 떡갈나무, 바닐라, 향 시료, 빵, 이스트, 연기 등등

셋째, 미각,

와인의 맛은 그 자체의 본성을 드러내는 것이다. 와인을 약간 마시고 입안에서 빙빙 돌림으로써 입, 혀, 잇몸, 입천장 등 모든 부분에 닿도록 한다. 이 이유는 예민한 맛이 입안 위치에 따라 달라지기 때문이다. 약간 이상한 방법 같지만, 와인이 치아에 닿도록 하고 입술을 오므려 입안으로 공기를 들이마신다. 와인 향과 공기가 만나 더욱 미묘한 맛을 내며 와인을 마신 후에도 와인 특유의 감미로운 향이 입 안 가득 남게 된다.

이상의 시음법으로 여러 가지 와인의 맛을 평가할 수 있다.

단 맛 : 단맛은 혀의 앞부분에서 가장 빨리 감지할 수 있는 맛이다. 단맛이 없는 와인을 『드라이 와인』이라 한다.

신 맛 : 레몬주스의 산성은 입안에 침이 고이게 하는데, 떫은맛의 효과와는 전혀 다른 것이다. 신맛은 와인에 있어서 아주 중요한 맛으로, 맛의 "균형"을 이룰 수 있도록 한다. 신맛이 너무 강하면 와인이 시큼하고, 너무 약하면 무기력한 맛이 난다.

떫은맛 : 덜 숙성한 레드와인에서는 깔깔한 맛이 난다. 치아, 잇몸, 혀에서 느낄 수 있으며, 입안을 마르게 한다. 레드와인은 숙성되면서, 떫은맛이 나와 약간의 침전물 을 만들어 내기도 하는데, 이것으로 와인 맛의 균형이 이루어진다.

농 도 : 와인이 입안에 있을 때 느낄 수 있는 일반적인 『느낌』이다. 보졸레 와인은 매우 가벼운 느낌이 나며, 론느지방 와인은 보다 무거운 느낌이 든다.

과일 맛 : 입안전체에서 느낄 수 있는 과일 맛으로, 일반적으로 와인이 좋을수록 과일 맛을 많이 느낄 수 있다.

시 간 : 이것은 와인을 마신 후에도 와인이 입안에 남아있는 듯한 느낌이 지속되는 시간을 의미하는 것이다. 이 시간이 길면 길수록 좋은 와인라고 할 수 있다.

Wine Tasting (평가서)

Name of Wine		
Sight(색)	Clarity(선명도)	
	Depth of Colour(색도)	
	Color(색)	
	Viscosity(색감)	
Small(향)	General Appeal(전반적인 향)	
	Fruit Aroma(과일 향)	
	Bouquet(방향)	
Taste(맛)	Sweetness(당도)	
	Tannin(타닌)	
	Acidity(산도)	
	Body(밀도)	
	Length(뒷맛)	
	Balance(균형)	
Overall Quality (총체적인 맛)		

Wine Tasting Guide

- 와인 명(Name of Wine) :
- 빈테이지(Vintage) :
- 지역/ 타입(District/ Type) :
- 가격(Price) :
- 주상(Shipper) :

색(Sight)

– 선명도(Clarity)

탁한(Cloudy), 조금 탁한(Buty), 흐린(Dull), 맑음(Clear), 아주 맑음(Brilliant)

– 색도(Depth of Colour)

묽은(Watery), 엷은(Pale), 중간(Medium), 진한(Deep), 아주 진한(Dark)

– 색(Color)

White Wine : 초록빛을 띤(Green Tinge), 담황색(Pale Yellow), 황금색(Gold Brown)

Red Wine : 자주빛(Purple), 자주빛 적색(Purple/Red), 적색(Red), 진한 적색(Red/Brown)

– 색감(Viscosity)

약간 발포성(Slight Sparkle), 묽음(Watery), 보통(Normal), 진한(Heavy), 유질(Oily)

선명한(Starbright), 짚색(Straw), 호박색(Amber), 황갈색(Tawny), 진홍색(Ruby), 검붉은색(Garnet), 흐릿한(Hazy), 불투명한(Opaque)

향(Small) – 전반적인 향(General Appeal) 천연 향(Natural), 맑은 향(Clean), 매력적인 향(Attractive), 특출한 향(Outstanding) – 과일 향(Fruit Aroma) 전혀 없음(None), 미미한(Slight), 긍정적인(Positive), 뚜렷함(Identifiable) – 방향(Bouquet) 전혀 없음(None), 기분 좋은 향(Pleasant), 복잡 미묘한 향(Complex), 강렬한 향(Powerful)	삼목 향(Cedarwood), 코르크 향(Corky), 나무향(Woody), 결여된(Dumb), 꽃향(Flowery), 탄내(Smoky), 꿀향(Honeyed), 레몬향(Lemony), 풍미(Spicy), 곰팡이 냄새(Mouldy), 유황향(Surphury)
맛(Taste) – 당도(Sweetness) White Wine : 아주 드라이(Bone Dry), 드라이(Dry), 미디엄 드라이(Medium Dry), 미디엄 스위트(Medium Sweet), 매우 단(Very Sweet) – 타닌(Tannin) Red Wine : 떫은(Astringent), 하드(Hard), 드라이(Dry), 소프트(Soft) – 산도(Acidity) 산도가 없음(Fiat), 상쾌한(Refreshing), 좋은(Marked), 시큼한(Tart) – 밀도(Body) 가볍고 엷은(Very Light and Thin), 가벼운(Light), 미디엄(Medium), 진한(Full Bodied), 아주 진한(Heavy) – 뒷맛(Length) 짧은(Short), 괜찮은(Acceptable), 오래가는(Extended), 아주 오래 남는(Lingering) – 균형(Balance) 불균형(Unbalanced), 좋음(Good), 잘 균형 잡힌(Very Well Balanced), 완전한(Perfect)	능금 맛(Appley), 강렬한 맛(Burning), 산딸기 맛(Blackcurrants), 카라멜 맛(Caramel), 밋밋함(Dumb), 싱싱한(Green), 달콤한 맛(Mellow), 금속성 맛(Metallic), 곰팡이 내 나는(Mouldy), 나무열매의 맛(Nutty), 짠맛(Salty), 매끄러운 맛(Silky), 풍미 있는(Spicy), 싱거운 맛(Watery), 쓴맛(Bitter), 흙 맛(Earthy), 연약한 맛(Flabby)
총체적인 맛(Overall Quality) 조약함(Coarse), 열등함(Poor), 괜찮음(Acceptable), 좋음(Fine), 뛰어남(Outstanding)	연한(Supple), 미묘한(Finesse), 우아한(Elegance), 조화로운(Harmonious), 풍요한(Rich), 섬세한(Delicate)

04 Wine Manner

포도주는 성인병의 예방에도 효과가 있다고 한다.

포도주는 체내 혈관보호 작용과 함께 항균작용 및 현대인의 식생활로 인한 체질의 산성화(酸性化)를 방지하여 알칼리성화 하는 작용을 하므로 성인병 예방에 효과가 있는 것으로 학계에서 발표된 바 있다.

포도주를 따를 때는 잔의 ⅖정도만 채운다.

포도주를 마실 때 사용되는 잔은 적포도주와 백포도주 잔의 크기가 다르다. 적포도주의 잔은 크고 백포도주의 잔은 적포도주의 잔 보다 작은 것이 일반적.

포도주 잔의 크기와 형태는 다양하여 경우에 따라서는 몸체가 상당히 큰 것이 있으나 포도주를 따를 때는 잔을 가득 채우는 것이 아니라 ⅖정도만 따르게 된다.

어떠한 글라스에 와인을 마시느냐에 따라 본래의 향기, 맛, 균형이 달라진다.

글라스의 형태에 따라 와인이 입 속으로 흘러 들어가 처음 닿는 부분이 달라지므로 처음 느끼는 맛도 달라질 수밖에 없다. 혀는 4가지 특별한 맛을 구분할 수 있는데 글라스의 모양은 혀의 어느 부분에 먼저 닿는가를 판가름해 준다. 이에 따라 와인의 참 맛이 결정된다. 혀의 가장 앞쪽 부분은 단맛을 느끼고, 중간부분은 신맛을 양옆은 짠맛을 그리고 가장 끝 쪽에 쓴맛을 가장 잘 느낄 수 있다. 그러므로 입안으로 들어간 와인의 참 맛이 달라진다.

포도주는 온도의 변화에 민감한 술이다.

백포도주는 찬 온도에서 그 향과 맛을 충분히 즐길 수 있으며 가장 적당한 온도는 섭씨 6℃에서 섭씨 8℃이다. 대체적으로 포도주 잔의 목이 긴 것은 잔을 손으로 잡을 때 체온이 전달되어 포도주의 온도와 맛을 해치는 것을 방지하기 위한 목적이 있다.

백포도주[White Wine]는 주로 생선이나 흰 살 육류를 먹을 때 마신다.

백포도주는 주로 생선이나 돼지고기, 송아지 고기, 닭고기, 가금류(家禽類) 등의 흰 살 육류에 잘 어울리므로 음식의 맛에 따라 백포도주의 종류를 선택하여 마시는 것이 좋다.

음식의 맛에 따라 포도주의 선택도 달라진다.

포도주의 선택은 신중해야 하는데 강한 음식에는 맛이 강한 포도주를, 약한 음식에는 맛이 약한 포도주를 선택하여야 음식의 맛을 유지하고 포도주를 즐길 수 있는 방법이다. 포도주 선택에 대한 도움이 필요할 때는 "소믈리에[Sommelier]"라고 하는 포도주 전문판매인에게 도움을 요청하는 것도 좋은 방법의 하나이다.

WINE 선택에 중요한 네 가지를 확인해 보자.

Wine을 선택 할 때는 네 가지의 중요한 사항을 견주어 가장 적합한 Wine을 결정해야 되는데 ① 생산지, ② 수확연도, ③ 생산자명 그리고 ④ 주문한 음식과의 조화성이다. 세계적으로 유명한 Wine은 많이 있으나 대표적인 것으로 프랑스의 보르도(Bordeaux) 지방과 버어건디(Burgundy) 지방에서 생산되는 Wine을 꼽을 수 있다.

보르도 지방의 백포도주는 흰 살 생선에 잘 어울리며, 버어건디 지방의 백포도주는 투명(透明)한 황록색을 띄고 있으며 香味(향미)가 짙고 떫은맛이 포함되어 있어 조패류와 붉은 생선을 먹을 때 잘 어울리는 Wine이다.

WINE은 수확연도[VINTAGE] 또한 중요하다.

Vintage는 Wine을 선택하는 중요한 기준의 하나이다. Wine은 주로 유럽 지역에서 생산되고 있으나 유럽의 불규칙한 기후변화로 인하여 Wine 주조에 중요한 포도의 품질이 많은 영향을 받기 때문이다. 포도를 수확할 때까지의 기후조건이 좋았던 해에 생산된 포도로 만들어진 Wine은 그 Wine병의 표면에 수확연도를 표기하여 Wine의 품질을 보증하고 있다.

WINE은 식중주[食中酒] 이다.

Wine은 식사와 함께 시작하여 식사와 함께 끝나는 술로서 식중주(食中酒)라고 한다. Wine을 식사 도중에 마시는 것은 서양음식에 많이 포함되어있는 지방분을 씻어내어 음식의 정확한 맛을 느끼게 하는 목적이 있으며 Wine에 포함되어 있는 신맛으로 하여금 위(胃)를 자극하여 식욕을 유지하기 위한 것이다.

주문한 포도주의 이름과 수확연도를 보고 확인한다.

포도주를 선택하여 주문하면 "소믈리에" 또는 웨이터에 의해 주문한 포도주의 병이 보여 진다. Host는 포도주 병에 붙은 라벨의 이름과 수확연도 등이 주문한 포도주와 동일한 것인지를 확인하는 것이며 확인이 되었을 때는 고개를 한두 번 끄떡여 서브(Serve)되어도 좋다는 표시를 하면 된다.

CORK[코르크] 마개로 포도주의 상태를 알 수 있다.

포도주는 오랜 시간 공기와 접촉(接觸)하면 그 맛이 변하게 된다. 그러므로 병을 뉘어서 보관하여 항상 코르크 마개가 젖어있는 상태를 유지하는 것이 포도주를 오래 보관할 수 있는 일반적인 상식이다.

포도주를 주문하였을 때 "소믈리에"나 웨이터는 포도주 병을 Open하여 코르크 마개를 Host 앞에 내어놓는다. 냄새를 맡아보고 눌러 보아 코르크의 상태를 점검하도록 하는 것이다. 보관 상태가 좋지 않을 경우 코르크는 단단하게 굳어지고 변질(變質)된 포도주의 냄새를 맡아 볼 수 있다.

WINE은 세 가지 방법으로 검사한다.

소믈리에는 놓여있는 Host의 White Wine Glass에 한 모금 정도의 Wine을 따르게 되는데 따르는 동안 Glass에 손을 대지 말아야 한다.

Host는 Wine잔에 따라진 Wine을 테이블 위에서 흔들어 냄새를 맡아보고 Test를 하는 것이며, Wine의 색깔과 빛 (視覺檢查法), Wine의 향 (嗅覺檢查法)과 Wine의 맛 (味覺檢查法)을 음미(吟味)해 보아 시큼한 식초의 맛이 나면 변질된 Wine이므로 다른 것으로 교환하도록 한다. 단, Wine이 입맛에 맞지 않는다고 다른 품종의 Wine으로 교환하는 것은 매너에 어긋나며 허용되지 않으므로 주문할 때의 선택을 신중히 하여야 한다.

WINE TEST는 남성이 한다.

예로부터 와인을 테스트할 때는 남성이 하는 전통이 있다. 만약 여성이 주최자일 때에는 남성중에서 Wine Test를 해 달라고 부탁을 하도록 하고 있다. 근래에 와서는 이러한 방법이 무시되기도 하지만 식사 문화는 고집스럽게 전통을 주장하기도 한다.

WINE을 마실 때는 냅킨으로 입술을 닦아내고 마신다.

시음(試飮)이 끝난 Wine은 여성, 남성, Host의 순서로 서브(Serve)되며 서브되는 동안 먼저 서브되었다고 하여 잔을 들고 먼저 마시는 것은 어긋난 예의이다.

Wine을 마실 때는 먼저 입술에 묻은 음식물의 기름기 등을 냅킨으로 가볍게 두드리듯이 닦아내고 마셔야 한다.

WINE이 서브[Serve]될 때 글라스[Glass]를 손으로 잡지 말아야 한다.

우리의 문화에서는 남이 술을 따를 때 잔을 받쳐 들고 예의를 표하는 전통이 있다.

그러나 서양의 문화는 다르게 지켜지고 있으며 더욱이 포도주를 따를 때 글라스에 손을 대면 포도주가 잔 밖으로 따라질 수도 있으므로 서양 식사문화도 지키며 식탁에서의 안전을 위해서라도 포도주가 따라지는 동안 잔에 손을 대지 말아야 한다.

WINE 잔은 긴 목의 ⅓부분을 잡도록 한다.

잔에 따라진 와인은 다 마실 때까지 온도의 변화를 최소화하기 위하여 와인이 담겨진 부분을 잡지 않는다. 와인 잔을 잡을 때는 글라스의 긴 목 부분을 3등분하여 위에서 ⅓부분을 엄지와 검지, 중지의 세 손가락으로 가볍게 잡으며, 건배하여 잔을 부딪칠 때는 와인이 담겨진 볼록한 부분을 가볍게 부딪쳤다 떼면 된다. 너무 강하게 부딪칠 경우 글라스가 파손되어 신체의 손상과 함께 쏟아진 와인이 옷을 더럽히게 되며 와인이 묻은 옷은 세탁해도 지워지지 않는다.

WINE은 공기와 결합시켜 마신다.

Red Wine은 산소와 접촉(接觸)하게 되면 한층 더 맛에 활기를 넣어 준다고 한다. 이 때문에 Red Wine을 마시기 30분내지 1시간 정도 병마개를 뽑아 놓으면 최상의 컨디션이 된다. 레스토랑에서 Red Wine을 즐기고 싶으면 미리 주문할 수도 있다.

WINE은 입안을 적시듯이 한 모금씩 마시는 것이다.

포도주는 식사를 하는 동안 계속 마시는 술이다. 단숨에 마시면 포도주의 맛은 물론 음식의 맛까지도 감지하지 못하게 되어 맛있는 음식을 즐기지 못하게 된다.

또한 포도주를 마실 때는 한 모금씩 입안을 적시듯이 마시므로 입안에 있는 음식의 지방분을 씻어내어 음식의 맛을 정확히 느낄 수 있도록 해 준다. 포도주를 마실 때는 입안의 음식물을 삼키고 나서 마시는 것이며, 마실 때 소리가 나지 않도록 주의해야 된다.

WINE을 스마트하게 마시기 위해서는 3단계의 매너가 있다.

첫째 : 와인을 잔에 따른 후 가볍게 흔든다. 와인과 산소가 결합하면 맛이 더욱 좋아지기 때문이다.

둘째 : 코를 잔 가까이 대고 향기(香氣)를 맡는다.

셋째 : 한 모금 마신 후 입안에서 와인을 혀로 굴려 맛을 음미한다.

WINE은 별도의 주문[注文] 없이 보충이 되어진다.

각자의 와인 잔에 따라진 와인은 개인의 취향(趣向)에 따라 마시는 속도가 달라진다. ⅔ 정도를 마시면 보충(Refill) 서비스가 되므로 자연스럽게 놓고 기다리면 된다. 더 이상 마시지 않을 경우 보충 서비스가 될 때 검지손가락 끝을 글라스의 가장자리 부분에 가볍게 올려놓으면 더 이상 따르지 말라는 신호가 되므로 말로써 표현하여 주위의 시선을 모으지 않도록 주의 한다.

적포도주[Red Wine]는 육류를 먹을 때 적합한 술이다.

주 요리를 먹을 때는 대체적으로 적포도주를 많이 선택하게 되는데 주 요리는 주로 육류로 구성되는 까닭이다. 백포도주는 생선이나 야채 또는 흰 살 육류에 적합한 술이며 육류에서도 붉은 빛깔의 육류에는 적포도주가 잘 어울리기 때문이다.

적포도주[Red Wine]는 떫은맛이 강할수록 고급 포도주에 속한다.

포도주를 만드는 포도의 껍질에는 타닌(Tannin)이라고 하는 물질이 많이 포함되어 있어 적포도주를 마실 때 입안에서 떫은맛을 느낄 수가 있다.

이 떫은맛이 강할수록 고급 품종이 많이 있으며 값 또한 비례한다고 볼 수 있다.

적포도주[Red Wine]는 1시간 또는 그 이전에 따 놓는다.

다른 음료와는 달리 적포도주는 그 특성에 따라, 주문이 되어지면 곧 개봉을 하며 마실 때까지 코르크 마개를 막아 놓지 않는다. 적포도주는 될 수 있으면 충분한 시간적 여유를 갖고 주문하는 것이 적포도주의 향과 맛을 충분히 즐길 수 있는 방법이다.

적포도주[Red Wine] 잔은 백포도주[White Wine] 잔보다 크다.

적포도주를 마실 때 사용하는 잔은 백포도주 잔보다 큰 것을 보게 된다. 그 이유는 백포도주보다 많은 적포도주의 향을 잔 안에 가득 담아 향(香)과 함께 마시는 것이며 포도주는 공기와 접촉하여 진한 맛을 느낄 수 있는 술이므로 포도주의 표면을 넓게 공기와 접촉시키기 위한 목적이 있다.

적포도주[Red Wine]는 차게 마시지 않는다.

적포도주를 마시는 온도는 백포도주와는 달리 낮은 실내 온도 상태로 마실 때 포도주의 향과 맛이 살아나게 된다. 간혹 차게 하여 마시는 사람들도 있으나 적포도주의 제 맛을 느끼지 못하게 될 것이며 가장 적당한 온도는 섭씨 16도에서 섭씨 18도 사이의 온도이다.

영 와인[Young Wine]은 차갑게 마신다.

일반적인 포도주와는 달리 포도주의 숙성기간(夙成期間)이 짧은 포도주를 영 와인이라고 하며 마실 때 풋풋한 포도의 향이 강하게 남아 있는 포도주로 마실 때에는 백포도주(White Wine)와 같이 차게 하여 마시므로 포도주의 맛과 향을 유지할 수 있다.

포도주[Wine]는 단숨에 마시는 술이 아니다.

포도주는 식사를 하는 동안 음식의 제 맛을 느낄 수 있도록 입안을 정리해 주는 술이다. 식사의 사이사이 한 모금씩 마시므로 입안의 음식 지방분을 제거하여 가며 음식을 먹도록 하십시오. 만약 다른 음료를 마시듯이 단숨에 마시게 되면 포도주의 맛은 물론 음식의 맛까지도 잃어버려 음식을 즐길 수 없게 된다.

포도주 병[Wine Bottle]을 뉘어 놓는 이유가 있다.

포도주는 병을 세워서 보관하면 코르크 마개가 수축하여 틈이 생기기 때문에 바깥 공기를 흡수하여 내용 량을 산화시키고, 간혹 부패시키는 일까지 있다.

그러나 포도주를 뉘어 놓으면 그 공기의 교류를 1/30이상 막아주므로 술맛이 산화하는 것을 방지할 수 있다.

포도주 병[Wine Bottle] 밑바닥에 산 모양에도 이유가 있다.

와인(Wine)은 병에 내장되어 있는 동안에 타닌산(Tannin)과 주석이 발생하는데, 산모양은 글라스에 따를 때 이것들이 함께 나오지 않게 하기 위해서이다.

샴페인[Champagne]은 스파클링 와인[Sparkling Wine]이다.

샴페인은 포도를 주원료로 하여 만들어진 포도주의 일종이다.

단, 다른 포도주와는 달리 포도주에 Gas가 포함되어 있어 일반 포도주와 구분되며 여러 국가의 여러 지역에서 수많은 스파클링 와인이 생산되고 있으나 유독 프랑스의 "샹빠뉴" 지방에서 생산되는 스파클링 와인만이 "샴페인"이라 호칭되고 있다.

샴페인[Champagne]은 차게 마시는 것이 좋다.

샴페인은 백포도주와 같이 차게 하여 마실 때 그 향과 맛 그리고 Gas를 적당히 조화시켜 즐길 수 있으며 마시기 전 Champagne Cooler라고 하는 얼음 통에 담가두어 섭씨 6℃~ 8℃ 정도 되었을 때 마시는 것이다.

샴페인[Champagne]의 마개는 조심스럽게 열어야 된다.

흔히들 샴페인을 터뜨린다고들 하는데 샴페인에 포함되어있는 Gas를 이용하여 마개를 쉽게 열 수 있기 때문이다. 그러나 마개를 열기 전(前) 병을 심하게 흔들게 되면 마개가 강한 힘으로 튀어나가 사람에게 상처를 입힐 수 있으며 천장의 전등이 파손되기도 한다. 아울러 샴페인은 반 이상이 거품으로 쏟아져 나와 분위기를 어수선하게 만들기도 하므로 샴페인의 마개는 병을 흔들지 말고 45℃ 정도 기울인 상태에서 조심스럽게 열어야 된다.

샴페인[Champagne]은 축하주[祝賀酒]로 많이 사용되고 있다.

샴페인은 식전, 식중, 식후 아무 때나 마실 수 있으며 주로 축하의 자리나 호화로움을 더하기 위한 자리에서 많이 사용되는 사치스러운 포도주라고 할 수 있다. 일반적인 식사에서는 주로 샴페인이 생략(省略)되고 있으며 식사에 꼭 필요한 포도주는 아니다.

샴페인은 많이 마시는 와인이 아니다.

다른 와인처럼 산소가 많이 공급되지 않아 충분히 성숙되어 있지 않고 미숙한 성분이 많이 남아 있어, 다른 술과 달리 조금이라도 과음을 하게 되면 취기가 심해진다.

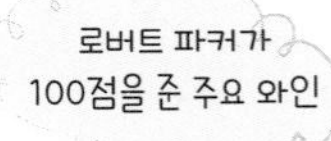

와인	빈티지(포도 수확 연도)
샤토 마고	1990, 2000, 2003
도멘 드 라 로마네 콩티	1985
샤토 오 브리옹	1945, 1961, 1989
샤토 라피트 로실드	1953, 1982, 1986, 1996, 2000, 2003
샤토 라투르	1961, 1982, 2003
샤토 무통 로실드	1945, 1959, 1982, 1986, 1996
엠 샤푸티에 에르미타주 르 파비옹	1989, 1990, 1991, 2003
마르셀 기갈 코트 라 랑돈(이상 프랑스)	1985, 1988, 1998, 1999, 2003
로엔펠트 로드 시라즈(호주)	1995, 1996
할란 에스테이트 프로프라이어테리 레드 와인(미국)	1994, 1997, 2001, 2002

자료 : 로버트 파커의 『The Greatest Wine』

샤토 마고

샤토 오 브리옹

샤토 라피트 로실드

샤토 리투르

샤토 무통 로실드

할란 에스테이트

요약 정리

- 포도주의 처음 생산은 B.C 2000년 경 그리스
- Claret : 프랑스 보르도산 적포도주
- Red Wine 병의 밑이 요철로 된 것은 Red Wine에 남아 있는 찌꺼기가 이동하는 것을 방지하기 위함
- 샴페인의 병속에 거품을 보존하는 방법을 발견한 사람은 베네딕틴 수도원의 동 빼리뇽(Dom-Perignon)이며, 2차 발효 후 병속의 침전물을 제거하는 방법을 알아낸 사람은 뵈브 끌리꼬네 뽕사뎅(Veuve Clicquot Nee Ponsardin)이다. 또한 샴페인의 포도품종은 피노누아, 피노뫼니에, 사르도네, 라벨에 Blanc de Blancs 라고 표기된 것은 백포도주로만 만들어진 것이며, 샹빠뉴 지방 이외에서 만든 발포성 와인은 뱅무스(Vin Mousseux)라고 함. 끄레망(Cremant)은 거품이 적게 나는 타입의 샴페인을 말하며, 샴페인은 당도에 따라 브뤼(Brut) : 1%미만, 엑스트라 섹(Eetra Sec) : 1~3%, 섹(Sec) : 4~6%, 드미 섹(Demi- Sec) : 6~7%, 두(Doux) : 12% 이상으로 구분
- 이탈리아 와인 당도 순서 : 셋코(Secco) → 아보카드(Abboccate) → 아마빌레(Amabile) → 돌체(Dolce) 순으로 높아진다.
- 와인 저장방법 : Wine은 눕혀서 저장을 하는데, 세워서 보관을 할 경우 Cork가 말라버려 Wine이 상하기 쉽기 때문임, 또한 Wine은 공기 통풍이 잘 되고, 직사광선이 쬐이지 않고, 온도변화가 적은 곳에 보관하는 것이 좋음. 약 11~13℃ 정도로 보관한다면 Wine의 숙성은 일단 정지되고 변질되지 않기 때문이다.
- Bordeaux(보르도) 지방 : 메독, 포므롤, 생때밀리옹, 그라브, 소테른
- Bourgogne(브르고뉴) 지방 : 샤블리, 코트도르, 코트 드 뉘, 코트 드 본, 코트 로네, 코트 마꼬네, 보졸레
- Hock : 독일와인의 영국식 이름
- White Wine 포도품종 : 샤르도네(Chardonnay), 알사스(Riesling), 쇼비뇽 블랑(Sau-

vignon Blanc), 세미용(Semillon), 게브르츠트라미너(Gewurztraminer), 슈냉 블랑(Chenin Blanc), 무스카트(Muscat), 뮐러 트루가우(Muller-Thurgau), 무스까데(Muscadet, 피노 블랑(Pinot Blanc), 피노 그리지오(Pinot Grigio : Pinot Gris)

- **Red Wine 포도품종** : 카베르네 쇼비뇽(Cabernet Sauvignon), 메를로(Merlot), 피노 누아(Pinot Noir), 진판델(Zinfandel), 쉬라(Shiraz or Syrah), 뗌쁘라니요(Tempranillo), 가메(Gamay), 네비올로(Nebbiolo), 피노타지(Pinotage), 카베르네 프랑(Cabernet Franc), 카르메너르(Carmenere), 산지오베제(Sangiovese), 피노 뫼니에(Pinot Meunier), 까리냥(Carignan)
- **White Wine 제조과정** : 포도수확(포도원) → 제경파쇄(줄기를 골라내고 포도를 으깸) → 압착 → 주스 → 발효 → 앙금 분리(걸러내기) → 숙성 → 여과 → 병입 → 코르크 마개 → 병 저장 → 출하
- **Red Wine 제조과정** : 포도수확(포도원) → 제경파쇄(줄기를 골라내고 포도를 으깸) → 전발효 → 압착 → 후 발효 → 앙금분리(걸러내기) → 숙성 → 여과 → 병 입(수확-분쇄-발효-압착-숙성-여과-병 입)
- 와인 정화(Fining)를 위해 사용하는 것은 벤토나이트(Bentonite), 활성탄(Active Cabon), 젤라틴(Gelatine), 계란흰자, PVPP, 카제인, 탈지유, 규조토 등이다.
- 보르도지역은 북위45도 대서양 연안의 대양성기후대로 프랑스에서 가장 온화한 지방 매년 다양한 기후 형성 → 빈티지별 특징, 연 평균기온 12도 이상, 연 평균 강우량 950mm, 일조량이 높은 여름과 청명한 가을 서리가 늦게 내리는 겨울과 비교적 습한 봄이다.
- **패니어**(Pannier) : 와인용 바구니
- 와인에 0.2%를 차지하는 페놀 화합물 성분 때문으로 레스베라트롤(Resveratrol : 항암 및 강력한 항산화 작용을 하며 혈청 콜레스테롤을 낮춰 주는 역할), 폴리페놀(Polyphenols:산화를 방지하는 작용, 즉 항산화 기능 및 생체 내에서도 항산화제로 작용함으로써 건강유지와 질병예방) 등이 거론되었다. 특히 레스베라트롤은 포도가 곰팡이로부터 자신을 보호하기 위해 생성하는 물질로 강력한 황산화 작용으로 세포의 손상과 노화를 막는 역할을 하는 것으로 알려짐
- **와인 제조 시 이산화황**(SO_2)**첨가 이유** : 산화방지, 살균작용(잡균 오염방지), 갈변방지, 와인 맛을 개선, 신선도, 아로마 유지

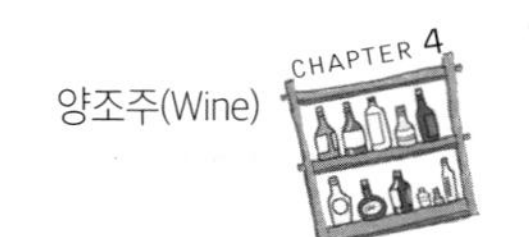

- 와인 제조 과정 중 말로라틱 발효(Malolactic Fermentation) : 유산발효, 즉 사과산을 보다 부드러운 젖산으로 바꾸는 발효과정(젖산 발효)이다.
- Trebbiano(트레비아노) : 이탈리아에서 가장 널리 재배되는 청포도품종으로 Orvieto(오르비에토), Soave(소아베) 등 드라이 White Wine을 주로 만든다. 높은 산도, 중간 정도의 알코올, 중성적인 향을 가지고 있으며, Light Body하면서 평범한 특성 때문에 주로 다른 품종과 Blending이다. 프랑스에서는 Ugni Blanc(유니 블랑)으로 부르며, 브랜디의 재료가 된다.
- 보졸레 누보는 절대로 "공장에서 만드는" 혹은 "기술적인" 와인이 아닌 순수한 수작업을 통해 만들어진 와인이다. 한 종류의 포도만을 이용해 만드는 유일무이한 "보졸레만의 양조법" 풍부한 아로마 향과 과일 향, 또한 '레드와인'이지만 '화이트 와인'의 특성을 지니기 때문에 10~14도 정도로 차게 마시는 것이 좋다. 둘째, 독특한 양조방식인 마세라시옹 까르보니끄(Maceration Carbonique, 탄산가스 침용법)로 양조한다.
- 이탈리아를 대표하는 4대 명품와인 : 바롤로(Barolo), 바르바레스코(Barbaresco), 키안티 클라시코(Chianti Classico)와 브루넬로 디 몬탈치노(Brunello di Motalcino)
- 라가르(Lagar) : 포도를 발로 밟아서 으깰 때 쓰이는 돌로 만든 용기를 가리키는 스페인어, 마세라씨옹(Maceration) 발효 전후와 도중에 포도 껍질과 포도즙을 일정시간 함께 담가 색깔과 향기, 맛을 추출해 내는 과정, 참탈리제이션(Chaptalisation) Chaptalisation(샤프따리자씨옹)-「포도즙에 설탕을 넣기」라는 뜻의 불어로써 와인용어로「양조시기에 하는 작업」을 말함, 캐스크(Cask) Cask-술이나 와인 등을 담아 보관할 수 있는 술통
- 샴페인의 잔여 당분의 정도 Extra Brut : 6g/ℓ, Brut : 15g/ℓ, Extra Dry : 12~20g/ℓ, Sec : 17~35/ℓ, Demi-Sec : 33~50/ℓ
- 부케(Bouquet) : 발효와 숙성 과정에서 일어나는 와인의 화학적 변화에 의해 형성된 향기를 말한다. 이에 반해 아로마는 와인의 원료로 사용된 포도 자체에서 나오는 향기
- 보르도지역의 포도품종 : 메를로, 카베르네 소비뇽, 카베르네 프랑, 세미용, 소비뇽 블랑

- 부르고뉴 포도품종 : 피노 누아와 샤르도네
- 네고시앙(Negociant) : 큰 의미로 와인상인이라고 이해할 수 있는데, 더 상세하게는 포도재배자나 와인을 양조한 생산자로부터 벌크, 배럴로 사들여 자신의 와인양조장에서 양조하거나 블렌딩, 숙성, 병입의 과정을 거쳐 자신의 이름으로 와인을 유통시켜 세계시장으로 진출한 업체이다.
- 부숀네(Bouchonne) : 불어로 "마개 냄새가 나는 포도주"이며, 와인용어로 "불량 코르크로 인해 변질된 와인을 일컫는 용어이다.
- 귀부병(Noble Rot) : 보트리티스 시네리아(Botrytis Cinerea : 회색 곰팡이균)라고 하는데 극소량의 훌륭한 디저트 와인(Dessert Wine)을 만드는 유익한 곰팡균. 즉 이 현상을 영어로 Noble Not(노블 롯), 독일어로 Edelfäule(에델포일레), 불어로 Pourriture Noble(푸리튀르 노블레), 일본어로 귀부(貴腐)라고 부르며, 이런 타입 와인을 살펴보면, 프랑스의 소테른(Sauternes), 독일의 베렌아우스레제(Beerenauslese), 트로켄베렌아우스레제(Trockenbeerenauslese), 헝가리의 토카이(Tokay) 등이다.
- 부케(Bouquet) : 불어로 "다발 또는 묶음"이라는 뜻이며, 와인용어로 "와인이 나무통이나 병 안에서 숙성하면서 자연스럽게 주변 환경에서 와인에 스며드는 향이다.
- 이탈리아의 중서부에 위치한 토스카나에서 생산되는 와인 : 비노 노빌레 디 몬테풀치아노(Vino Nobile di Montepulciano), 브루넬로 디 몬탈치노(Brunello di Montalcino), 키안티(Chianti), 키안티 클라시코(Chianti Classico), 카르미냐노(Carmignano), 베르나차 산 지미냐노(Vernaccia San Gimignano) 등 6개의 D.O.C.G.급 와인을 생산
- 이탈리아 와인 : 토스카나, 피에몬테, 베네토
- 3대 샴페인 포도품종 : 피노 누아(Pinot Noir), 피노 뫼니에(Pinot Meunier), 샤르도네(Chardonnay)
- 독일의 와인 등급 : Q.m.P > Q.b.A > Landwein > Tafelwein
- 아로마의 1차향은 포도가 지니고 있는 자연 향기로 레드 체리, 장미, 딸기, 화이트 사과, 복숭아, 청포도 등 과일 향, 2차는 화학적 변화로, 잼, 허브, 토스트, 바닐라, 이스트, 오크 향, 3차 부케로 와인의 숙성에서 생겨난 향으로 화학적 물질, 향신료, 가죽, 사향, 버섯, 시가 등 복합적인 향이다.

- 와인의 경우 포도과즙을 발효시켜 알코올을 얻게 되는데, 17g/ℓ의 당분이 발효되면 1%의 알코올 도수가 얻어진다.
- 솔레라(Solera) 시스템 : 스페인에서 셰리 · 브랜디가 익는 동안 넣어두는 3~6단으로 쌓아올린 술통
- 보데가(Bodega) : Bodega(스페인어로 양조장 또는 와인 저장소)=Cave(불어로 와인 저장소)=Wine Cellar(영어로 와인 저장소),
- 프로(Flor) : 발효가 일어나는 동안 포도주 표면을 덮는 효소이다. 박테리아 또는 미생물의 덮개이다.
- A.O.C(Appellation d'Origine Controlee : 아뺄라시옹 도리진 콩트롤레) : 프랑스 와인의 최상급, 원산지 통제 호칭의 규정과 기준에 따라 포도의 품종, 단위당 생산량, 알코올 최저 도수 등에 관하여 설정된 기준에 적합한지 여부를 확인하고 지역의 호칭을 붙일 수 있도록 허용한다.
- V.D.Q.S(Vins Delimites de Qualite Superieure : 뱅 델리미테 드 쿠알리트 쉬페리에) : 아뺄라시옹 와인 보다는 한 등급 낮게 매겨지지만 우수한 품질의 포도주이다.
- Vin De Pays(뱅드빼이) : "시골의 포도주"라는 뜻으로, 그 지방의 특색 있는 포도주로 지정된 지방 와인이다. 1973년에 공포되었으며 그 지방의 특색을 나타낸 와인이다.
- Vin De Table(뱅드따블) : 보통의 포도주로 테이블 와인
- QmP : 특별 품질 표기의 고급 와인(Qualitätswein mit Prädikat)으로 독일와인 중 최고의 품질. 라벨에 이러한 성숙도와 품질에 따라 6가지 등급. 케비넷(Kabinett), 슈페트레제(Spatlese), 아우스레제(Auslese), 베렌아우스레제(Beerenauslese : BA), 아이스바인(Eiswein), 트로켄 베렌 아우스레제(Troken Beerenauslese : TBA)
- 앙뜨레(Entree) : 정식요리 중에서 육류요리(Meat)에 해당되므로 Red Wine이 적합하다.
- Split → equivalent to 187mℓ or ¼ of a standard wine bottle, Half Bottle → 375mℓ, Magnum → 1.5ℓ/2 standard bottles, Double Magnum → 3L/4 standard bottles(in bordeaux), Jeroboam → 3L/4 standard bottles(in cham-

pagne) or 4.5ℓ/6 standard bottles(in Bordeaux), Rehoboam → 4.5ℓ/6 standard bottles(in Champagne), Methuselah → 6ℓ/8 standard bottles(in Champagne), Imperial → 6ℓ/8 standard bottles(in Bordeaux), Salmanazar → 9ℓ/12 standard bottles, Balthazar → 12ℓ/16 standard Bottles, Nebuchadnezzar → 15ℓ/20 standard bottles

Wine 예상 문제

풀이 해설

1. 좋은 맛을 유지하기 위한 와인 적정온도 설명 중 틀린 것은?
㉮ 레드와인은 화이트와인보다 차갑게 마신다.
㉯ 자기가 맛있다고 느끼는 온도로 마시는 것이 가장 좋다.
㉰ 화이트와인은 10-12℃로 조금 차갑게 해서 마시는 것이 좋다.
㉱ 스위트 와인은 좀 더 차갑게 하는 것이 좋다.

2. 와인의 빈티이지(Vintage)이란?
㉮ 숙성기간 ㉯ 발효기간
㉰ 포도의 수확년도 ㉱ 효모의 배합

3. 발포성 와인(Sparkling Wine)과 거리가 먼 것은?
㉮ sparkling burgundy ㉯ cold duck
㉰ dry sherry ㉱ champagne

4. 클라렛(Claret)이란 말은 다음 중 어느 것과 같은가?
㉮ 적포도주(Red Wine) ㉯ 백포도주(White Wine)
㉰ 담색포도주(Rose Wine) ㉱ 황색포도주(Yellow Wine)

5. 다음 중 포트와인(Port wine)을 가장 잘 설명한 사항은?
㉮ 붉은 포도주를 총칭한다.
㉯ 포르투갈의 도우루(Douro)지방산 포도주를 말한다.
㉰ 항구에서 노역을 일삼는 서민들의 포도주를 일컫는다.
㉱ 백포도주로서 식사 전에 흔히 마신다.

6. 차게 냉각하여 제공하는 포도주(Wine)의 적당한 서브 온도는?
㉮ 0 ~ 3℃ ㉯ 4 ~ 7℃
㉰ 8 ~ 11℃ ㉱ 12 ~ 15℃

3. ㉰ : Dry Sherry는 스페인산 주정강화와인(Fortified Wine)으로 식전주(Aperitif)로 많이 마심, ㉯ : Burgundy & Champagne을 같은 비율로 탄 술, 백포도주 · 샴페인 · 레몬주스 · 설탕을 섞은 음료수

4. Claret : 프랑스 보르도산 적포도주

5. 포트와인은 포르투갈 북부에 위치한 도우루(Douro) 지역에서 생산되는 세계적인 주정강화와인으로 식후주로 많이 애음

7. 다음 Wine 저장 중 적절하지 않는 것은?

㉮ White Wine은 냉장고에 보관하되 그 품목에 맞는 온도를 유지해 준다.

㉯ Red Wine은 상온 Cellar에 보관하되 그 품목에 맞는 적정온도를 유지해 준다.

㉰ Wine을 보관하면서 정기적으로 이동 보관한다.

㉱ Wine 보관 장소는 햇볕이 잘 들지 않고 통풍이 잘 되는 곳에 보관하는 것이 좋다.

8. 스페인 헤레스(Jerez)지방에서 생산되는 세계적인 식전음료 Aperitif Wine은?

㉮ Dry Martini　　㉯ Medium dry Sherry

㉰ Dry Sherry　　㉱ Cream Sherry

9. 포도주 저장(Aging of wines)을 처음 시도한 나라는?

㉮ 프랑스(France)　　㉯ 포르투갈(Portugal)

㉰ 스페인(Spain)　　㉱ 그리스(Greece)

10. 샴페인 제조 시 당분의 첨가량 표시를 설명한 것 중 틀린 것은?

㉮ 도우(Doux) : 12%이상　　㉯ 데미 섹(Demi Sec) : 9-10%

㉰ 섹(Sec) : 8%　　㉱ 엑스트라 섹(Extra Sec) : 1-2%

11. 다음 중 천연 발포성 포도주는 어느 것인가?

㉮ 셰리(Sherry)　　㉯ 적포도주(Red wine)

㉰ 샴페인(Champagne)　　㉱ 사이다(Cider)

12. 그레이트 와인(Great Wine)은 몇 년간 저장하여 숙성시킨 것인가?

㉮ 5년 이하　　㉯ 10년 이하　　㉰ 5년~15년　　㉱ 15년 이상

13. 적색 포도주(Red Wine)병의 바닥이 요철로 된 이유는?

㉮ 보기가 좋게 하려고

㉯ 안전하게 세우기 위하여

㉰ 용량표시를 쉽게 하기 위하여

㉱ 찌꺼기가 이동하는 것을 방지하기 위하여

풀이 해설

7. Wine Cellar는 실내온도 10~12℃선을 지속적으로 유지하며, 습도가 75% 정도로 환기가 잘 되는 곳이 양호함. 또한 와인의 코르크 마개를 충분히 젖어 있도록 눕혀서 보관. 와인 저장방법은 Wine은 눕혀서 저장을 하는데, 세워서 보관을 할 경우 Cork가 말라버려 Wine이 상하기 쉽기 때문임, 또한 Wine은 공기 통풍이 잘 되고, 직사광선이 쬐이지 않고, 온도변화가 적은 곳에 보관하는 것이 좋음

8. Dry Sherry는 스페인의 대표적인 White Wine에 Brandy를 첨가한 강화와인으로 식전주로 균일한 품질을 유지(Solera System)

10. ㉰ Sec : 4~6%, Brut : 1%미만

13. Red Wine 병의 밑이 요철로 된 것은 Red Wine에 남아 있는 찌꺼기가 이동하는 것을 방지하기 위함

14. 와인 스트워드(Wine Steward)의 주된 임무는?
㉮ 와인 구매 ㉯ 와인 저장
㉰ 와인 판매 ㉱ 와인 검수

15. 레드와인을 서브 할 때의 가장 적정한 온도는?
㉮ 5℃ - 10℃ ㉯ 12℃ - 15℃ ㉰ 17℃ - 19℃ ㉱ 20℃ - 25℃

16. Sparking Wine의 감도 중 맞지 않는 것은?
㉮ Drut ½~1% ㉯ Demi Sec 7~8%
㉰ Doux 8~10% ㉱ Sec 2~4%

17. 샴페인 주에 관한 설명 중 틀린 것은?
㉮ 샴페인은 포말성(Sparking)와인의 일종이다.
㉯ 원래 샴페인 원료는 피노(Pinot)산 흑포도이며, 이 포도에서 황금색의 우수한 제품이 생산된다.
㉰ 17세기 말경 동 페리뇬(Dom Perignon)에 의해 만들어졌다.
㉱ 샴페인 산지인 상파뉴 지방은 이태리 북부에 위치하고 있다.

18. 와인저장소(Wine Storage Area Cellar)의 최적온도는?
㉮ 12℃(55˚F) ㉯ 24℃(75˚F) ㉰ 7℃(45˚F) ㉱ 3℃(38˚F)

19. 발포성포도주(Sparkling Wine)의 감도(甘度)를 표시하는 말 중 "데미섹(Demi-sec)" 은 몇%의 감도를 말하는가?
㉮ 1~2% ㉯ 6~7% ㉰ 8~12 % ㉱ 15~19 %

20. 특별히 잘된 해의 포도로 만든 와인은 그 연호를 상표 라벨에 표시한다. 그 명칭은?
㉮ 에이지드 와인(Aged Wine) ㉯ 클라렛(Claret)
㉰ 빈티지 와인(Vintage Wine) ㉱ Dry Wine

21. 스파클링 와인(Sparking Wine)으로 어울리지 않는 것은?
㉮ 샴페인(Champagne) ㉯ 젝트(Seket)
㉰ 카바(Cava) ㉱ 아르마냑(Armagnac)

풀이 해설

14. Wine Steward = Sommelier(와인 판매)

16. Demi Sec : 6 ~ 7%

17. 샴페인의 병속에 거품을 보존하는 방법을 발견한 사람은 베네딕틴 수도원의 동 뻬리뇽(Dom- Perignon)이며, 2차 발효 후 병속의 침전물을 제거하는 방법을 알아낸 사람은 뵈브 끌리꼬네 뽕사뎅(Veuve Clicquot Nee Ponsardin)이다. 또한 샴페인의 포도품종은 피노누아, 피노블랑, 사르도네, 라벨에 Blanc de Blancs라고 표기된 것은 백포도주로만 만들어진 것이며, 샹빠뉴 지방 이외에서 만든 발포성 와인은 뱅무스(Vin Mousseux)라고 함. 끄레망(Cremant)은 거품이 적게 나는 타입의 샴페인을 말하며, 샴페인은 당도에 따라 브뤼(Brut) : 1%미만, 엑스트라 섹(Eetra Sec) : 1~3%, 섹(Sec) : 4~6%, 드미 섹(Demi- Sec) : 6~7%, 두(Doux) : 12% 이상으로 구분

19. Drut : 1%미만, Extra Sec :1~2%
Sec: 4~6% Demi -Sec : 6~7%
Doux: 8%이상

20. ㉮ : 장기간 숙성시킨 와인(5 ~15년), ㉯ : 프랑스 보르도 산 적포도주, ㉰ : 풍년이 들어 수확이 좋은 해의 포도로 만든 포도주이며, 라벨에 수확연도를 표시한 포도주

풀이 해설

22. Wine Cellar는 실내온도 13℃선이지만 10~18℃, 습도 75%선을 유지하는 환기가 잘 되는 곳

23. Red Wine은 육류요리(Meat)에 적당하며, 서브온도는 17~20℃이며, Decanter가 필요, White Wine은 생선요리(Fish)에 적당하며, 서브온도는 5~10℃이며, Wine Cooler가 필요

24. Sherry Wine은 스페인 남부 헤레즈(Jerez) 지역의 강화와인으로 식전주(Aperitif)로 애음

25. ㉮ : 발포성 와인, ㉯ : 강화 포도주, ㉱ : Non Sparking Wine

26. ㉮는 White Wine, ㉯는 Red Wine

27. ㉮ D.O.C는 Deominazione di Origine Controllata(데노미나죠네 디 오리지네 꼰뜨롤라따)의 약자(이탈리아), ㉯ A.O.C는 Appellation d'Origine Controlee(아뺄라시옹 도리진 콩트롤레)의 약자로 프랑스 와인의 최상급 ㉰ V.D.Q.S는 Vins Delimites de Qualite Superieure(뱅 델리미테 드 쿠알리트 쉬페리에)의 약자로 아뺄라시옹 와인 보다는 한 등급 낮게 매겨지지만 우수한 품질의 포도주. Q.M.P는 Qualitaswein Mit Pradikat(쿠발리테츠바인 미트 프래디카트)의 약자로 '우수한 질 좋은 포도주'라는 뜻으로 독일 포도주 등급 중에서 최상급의 와인이다. 설탕이나 다른 첨가물에 의한 샵타리자숑은 일체 허용되지 않으며 품질에 따라 6개의 등급 즉 까비네트(Kabinett), 스패트레제(Spatlese), 아우스레제(Auslese), 베른 아우슬레제(Beern Auslesse), 트로켄베른 아우슬레제(Trokenbeern Auslese), 아이스바인으로 구분.

28. Wine Cellar는 실내온도 10~ 12℃선을 지속적으로 유지하며, 습도가 75% 정도로 환기가 잘 되는 곳이 양호하기 때문에 지하실 같은 곳이 적합함

29. Young Wine: 5년 이상, Aged Wine:10년 ~15년, Great Wine : 15년 이상

22. 와인(Wine)의 장기저장 장소로 합당치 않은 것은?

㉮ 시원한 장소(12-15℃) ㉯ 진동이 없는 조용한 장소
㉰ 직사광선이 들어오는 밝은 장소 ㉱ 환기가 잘 되는 건조한 장소

23. 적포도주는 몇 도로 보관해서 마시는 것이 가장 좋은가?

㉮ 8 - 10℃ ㉯ 12 - 14℃
㉰ 17 - 19℃ ㉱ 22 - 25℃

24. 다음 중 쉐리(Sherry)에 대하여 맞게 쓴 것은?

㉮ 스페인산 백포도주 ㉯ 불란서산 백포도주
㉰ 이태리산 백포도주 ㉱ 독일산 백포도주

25. 순수한 자연 그대로의 포도만으로 양조한 비포말성 와인으로 알코올 함유량이 14°이하인 것은?

㉮ Sparkling wine ㉯ Fortified wine
㉰ Aromatized wine ㉱ Natural still wine

26. 레드 와인 제조 과정이 가장 알맞게 연결된 것은?

㉮ 수확-분쇄-압착-발효-숙성-여과-병입
㉯ 수확-분쇄-발효-압착-숙성-여과-병입
㉰ 수확-분쇄-압착-숙성-발효-여과-병입
㉱ 수확-압착-분쇄-발효-숙성-여과-병입

27. 프랑스 와인의 원산지 통제 증명법의 약어는?

㉮ D.O.C ㉯ A.O.C ㉰ V.D.Q.S ㉱ Q.M.P

28. 포도주 저장 창고 위치로서 가장 적당한 곳은?

㉮ 될 수 있는 한 지하실 ㉯ 구매접수가 용이한 장소
㉰ 바(Bar)와 가까운 곳 ㉱ 주방창고와 가까운 곳

29. 에이지 와인(Aged Wine)은 몇 년간 저장하여 숙성시킨 것인가?

㉮ 3년 이하 ㉯ 5년 이하
㉰ 5년~15년 ㉱ 15년 이상

30. 샴페인이나 와인을 보관할 때의 유의사항 중 틀린 것은?

㉮ 12-15℃의 서늘한 장소가 좋다.
㉯ 진동이 없는 조용한 장소(quiet place)가 좋다.
㉰ 공기유통이 잘되는 건조한 장소를 택한다.
㉱ 곰팡이가 나지 않도록 병을 닦아 세워 놓는다.

31. 포말주는 어느 것인가?

㉮ Champagne ㉯ Cola ㉰ Cognac ㉱ Red Wine

32. 다음 프랑스 Wine의 품질을 나타내는 표시 중 최고의 품질을 나타내는 것은?

㉮ A.O.C ㉯ Vin de Pays ㉰ V.D.Q.S ㉱ Vin de Table

33. 그레이트 와인(Great Wine)이란 보존 년도가 몇 년 되는 것을 뜻하는가?

㉮ 5년 이하 ㉯ 5년 이상 ㉰ 10년 이상 ㉱ 15년 이상

34. 빈티지(Vintage)란 무엇을 뜻하는가?

㉮ 포도주의 이름 ㉯ 포도주의 양조년도
㉰ 포도주의 원산지명 ㉱ 포도의 품종

35. 포도주를 저장 할 때 주의 할 사항은?

㉮ 찌꺼기 제거를 위해 거꾸로 보관한다.
㉯ 적포도주는 백포도주보다 차갑게 보관한다.
㉰ 포도주는 종류에 관계없이 늘 냉장 보관한다.
㉱ 코르크 마개가 마르지 않도록 눕혀서 보관한다.

36. 다음 중 연결이 잘못된 것은?

㉮ Still wine - Table wine ㉯ Sparkling wine - Dessert wine
㉰ Fortified wine - Champagne ㉱ Aromatized wine - Vermouth

37. 다음 중 천연 발포성 포도주는 어느 것인가?

㉮ 쉐리(Sherry) ㉯ 적포도주(Red wine)
㉰ 샴페인(Champagne) ㉱ 사이다(Cider)

풀이 해설

30. 와인은 산화방지를 위해 반드시 코르크 마개가 젖어 있도록 눕혀서 보관

31. 포말주란 Sparkling Wine (발포성 와인)과 같은 뜻으로 탄산가스가 함유된 것으로 샴페인, 무스, 섹트, 스프만테, 카바 등

35. 포도주는 산화방지를 위해 코르크마개가 젖어 있도록 눕혀서 보관

36. Fortified wine : 쉐리와인, 포트와인, 마데이라

37. Sparkling Wine(발포성 포도주)는 Champagne, 적정음용온도는 4~8℃

풀이 해설

38. V.D.Q.S : (Vins Delimites de Qualite Superieure : 뱅 델리미테 드 쿠알리트 쉬페리에) 아뻴라시옹 와인 보다는 한 등급 낮게 매겨지지만 우수한 품질의 포도주(품질검사 합격증명)

39. Sommelier는 고객들에게 음식과 어울리는 와인을 추천해주고 Serving해 주는 사람을 말함. 이밖에도 와인리스트를 작성하고, 와인의 구매와 저장을 담당한다. 또한 Serving하기 전 와인의 맛을 시음, 평가를 할 수 있음

40. Wine Cellar는 실내온도 10~12℃선, 습도 75%선을 유지하는 환기 잘 되는 곳이 바람직함

41. 와인 저장방법은 Wine은 눕혀서 저장을 하는데, 세워서 보관을 할 경우 Cork가 말라버려 Wine이 상하기 쉽기 때문임, 또한 Wine은 공기 통풍이 잘 되고, 직사광선이 쬐이지 않고, 온도변화가 적은 곳에 보관하는 것이 좋음. 약 11~13℃정도로 보관한다면 Wine의 숙성은 일단 정지되고 변질되지 않기 때문

43. Port Wine은 포르투갈의 도오루(Douro) 지방산의 와인으로 포도즙이 발효되는 동안 브랜디를 첨가하여 달고 강한 와인으로 대표적인 식후주

44. Red Wine의 Service 온도는 Room Temperature(18~22℃)이지만 예외로 Beaujolais 산 Red Wine은 차게 더 좋음

38. 다음의 V. D. Q. S 표시는 무엇을 뜻하는가?

㉮ 원산지의 관리 증명이다. ㉯ 품질검사 합격 증명이다.
㉰ 포도주의 성숙도를 뜻한다. ㉱ 가장 좋은 와인을 표시한 것이다.

39. 소멜리어(Sommelier)의 주된 임무는?

㉮ 주장 기물관리 ㉯ 주류 저장관리
㉰ 칵테일 조주봉사 ㉱ 와인 판매봉사

40. Wine Cellar 에 관한 설명 중 옳지 않은 것은?

㉮ 와인을 저장하는 창고이다. ㉯ 적정온도는 10 - 13선이다.
㉰ 습도는 75% 정도로 유지한다. ㉱ 햇볕을 잘 쪼이게 해야 한다.

41. .White wine과 Red wine의 보관 방법 중 가장 알맞은 방법은?

㉮ 가급적 통풍이 잘되고 습한 곳에 보관하여 숙성을 돕는다.
㉯ 병을 똑바로 세워서 침전물이 바닥으로 모이도록 보관한다.
㉰ 따뜻하고 건조한 장소에 뉘여서 보관한다.
㉱ 통풍이 잘 되는 장소에 보관 적정온도에 맞추어서 병을 뉘여서 보관한다.

42. 발포성 와인(Sparkling Wine)과 거리가 먼 것은?

㉮ sparkling burgundy ㉯ cold duck
㉰ dry sherry ㉱ champagne

43. 다음 중 포트와인(Port wine)을 가장 잘 설명한 사항은?

㉮ 붉은 포도주를 총칭한다.
㉯ 포르투갈의 도우루(Douro)지방산 포도주를 말한다.
㉰ 항구에서 노역을 일삼는 서민들의 포도주를 일컫는다.
㉱ 백포도주로서 식사 전에 흔히 마신다.

44. 적포도주(red wine)의 서브 온도로 가장 알맞은 것은?

㉮ 22℃ - 24℃ ㉯ 18℃ - 20℃
㉰ 12℃ - 14℃ ㉱ 10℃ - 12℃

45. 다음 중 프랑스의 와인 생산지 중 보르도(Bordeaux)지방이라 할 수 없는 것은?

㉮ 보졸레(Beaujolais)　　㉯ 메독(Medoc)
㉰ 포므롤(Pomerol)　　㉱ 쌩테 밀리옹(Saint Emilion)

46. 포도주(wine)의 저장관리방법에 관한 설명 중 부적당한 것은?

㉮ 포도주병을 경사지게 눕혀서 보관한다.
㉯ 직사광선을 피해 보관한다.
㉰ 적당한 습기가 있는 곳에 보관한다.
㉱ 온도차와 진동이 심한 장소는 피한다.

47. 와인너리(Winery)란?

㉮ 포도주 양조장　　㉯ 포도주 저장소
㉰ 포도주의 통칭　　㉱ 포도주용 용기

48. 빈티지(Vintage)란 무엇인가?

㉮ 포도의 생산 지역을 말한다.
㉯ 포도의 수확년도를 말한다.
㉰ 포도주의 등급을 표시하는 것이다.
㉱ 와인의 맛을 표시한 말이다.

49. 샴페인의 취급절차 설명 중 틀린 것은?

㉮ 얼음을 채운 바스킷에 칠링(chilling)한다.
㉯ 호스트(Host)에게 상표를 확인시킨다.
㉰ "펑"소리를 크게 하며 거품을 최대한 많이 내야한다.
㉱ 서브는 여자 손님부터 시계방향으로 한다.

50. 클라렛(Claret)이란?

㉮ 독일산의 유명한 백포도주(White Wine)
㉯ 불란서산 적포도주(Red Wine)
㉰ 스페인산 포트와인(Port Wine)
㉱ 이태리산 스위트 버머스(Sweet Vermouth)

풀이 해설

45. ※ Bordeaux(보르도) 지방 : 메독, 포므롤, 쎈떼 밀리옹, 그라브, 쏘떼르느
※ Bourgogne(브르고뉴)지방 : 샤블리, 꼬뜨도르, 꼬뜨 드 뉘, 꼬뜨 드 본, 꼬뜨 로네, 꼬뜨 마꼬네, 보졸레

46. 저장장소는 청결하여야 하고 약간은 습기가 있어도 좋으나 너무 높으면 라벨과 상자가 변색되고, 코르크 바구미가 생겨 코르크가 상하게 된다.

49. Sparking Wine은 발포성 와인이며, Non Sparking Wine(Still Wine)은 비발포성와인임

풀이 해설

51. 샴페인은 무엇으로 만들어지는가?

㉮ 옥수수 ㉯ 포도 ㉰ 보리 ㉱ 밀 또는 감자

52. 스틸와인을 바르게 설명한 것은?

㉮ 발포성 와인 ㉯ 식사 전 와인

㉰ 비발포성 와인 ㉱ 식사 후 와인

53. 이태리와인의 주요생산지가 아닌 것은?

㉮ Toscana ㉯ Rioja ㉰ Veneto ㉱ Piemonte

54. Wine Cellar : 포도주의 저장실, 포도주의 저장, ㉮ Wine retailer, ㉯ Wine wholesaler

54. 와인셀라(Wine Cellar)란?

㉮ 포도주 소매업자 ㉯ 포도주 도매업자

㉰ 포도주 저장실 ㉱ 포도주를 주재로 한 칵테일 명칭

55. Wine을 세워 놓으면 코르크가 마르게 되면 갈라져서 공기와 박테리아가 병 안으로 들어가 와인을 상하게 만들 수도 있기 때문

55. 와인의 보관방법 중 틀린 것은?

㉮ 보관온도를 일정하게 유지한다.

㉯ 병을 세워서 보관한다.

㉰ 병을 눕혀 보관한다.

㉱ 장시간 빛에 노출되지 않도록 한다.

56. 와인(Wine)서비스 방법 중 틀린 것은?

㉮ 손님의 오른쪽에서 정중히 서브한다.

㉯ 소멜리어(Sommelier)가 주문을 받는다.

㉰ 와인라벨을 손님에게 설명한다.

㉱ 바텐더(Bartender)가 주문과 서브를 담당한다.

57. Sherry Wine의 생산지는 헤레즈(Jerez)

57. 셰리와인(Sherry Wine)의 원산지는?

㉮ Bordeaux 지방 ㉯ Xeres 지방

㉰ Rhine 지방 ㉱ Hockheim 지방

58. Cock Screw : 와인 병을 딸 때 사용하는 도구

58. 와인(Wine)을 오픈(Open)할 때 사용하는 기물로 적당한 것은?

㉮ Cock Screw ㉯ White Napkin

㉰ Ice Tong ㉱ Wine Basket

59. 와인(Wine)을 바르게 설명한 것은?
㉮ 포도의 당분에 효모를 첨가하여 발효시킨 것이다.
㉯ 보리를 발효, 여과하여 만든 것이다.
㉰ 호밀을 증류해서 만든 술이다.
㉱ 곡식을 양조, 증류해서 만든 술이다.

60. 포도주의 색깔 분류에서 잘못 분류된 것은?
㉮ White Wine ㉯ Rose Wine
㉰ Red Wine ㉱ Still Wine

61. 키안티(Chianti)는 어느 나라 포도주인가?
㉮ 블란서 ㉯ 이태리 ㉰ 미국 ㉱ 독일

62. 독일의 와인 생산지가 아닌 것은?
㉮ Ahr(아르지역) ㉯ Mose(모젤지역)
㉰ Rheingau(라인가우 지역) ㉱ Penedes(페네데스 지역)

63. 포도주(Wine) 저장 관리방법 중 잘못된 설명은?
㉮ 적당한 온도와 습기가 많이 있는 장소라야 한다.
㉯ 직사광선을 피해 저장한다.
㉰ 진동이 심한 장소는 피한다.
㉱ 와인 병을 눕혀서 코르크 마개는 항상 젖어 있도록 보관한다.

64. 프랑스의 포도주 생산지가 아닌 것은?
㉮ 보르도 지방 ㉯ 보르고뉴지방
㉰ 보졸레지방 ㉱ 끼안티지방

65. Still Wine 이란?
㉮ 발포성와인 ㉯ 비발포성와인 ㉰ 식전 와인 ㉱ 식후 와인

66. 코르크 마개로 된 “와인”의 올바른 저장 방법은?
㉮ 세워 두어야 한다. ㉯ 거꾸로 놓아두어야 한다.
㉰ 옆으로 뉘어 놓아야 한다. ㉱ 비스듬히 놓아두어야 한다.

풀이 해설

60. ㉱ : 비발포성 와인, Sparkling Wine : 발포성(포말성) 와인 - Champagne, Mousseux, 이탈리아의 Spumante, 독일의 Pradikat Sekt, Sekt 등

61. 키안티(Chianti)는 이탈리아 Red Wine 중 세계적으로 유명, 스페인의 Sherry Wine(Dry), 포르투갈의 Port Wine

62. ㉱는 스페인 와인 생산지역(참고로 헤레즈, 리호하, 카탈로니아 등이 있음)

63. Wine Caller는 실내온도 10~ 12℃선을 지속적으로 유지하며, 습도가 75% 정도로 환기가 잘 되는 곳, 또한 Wine의 코르크마개가 충분히 젖어 있도록 눕혀서 보관함

64. 이탈리아와인 중 가장 유명한 레드와인은 투스카나(Tuscany)지역에서 생산되는 키안티(Chianti) → 밀짚으로 둘러싼 병 모양이 특징

65. Sparking Wine : 발포성와인, None Sparking Wine(Still Wine) : 비발포성와인

66. 와인은 산화방지를 위해 반드시 코르크 마개를 젖어 있도록 눕혀서 보관하여야 함

풀이 해설

67. Champagne 서브 방법으로 올바른 것은?

㉮ 병을 흔들어서 준비한다.

㉯ 따기 전에 충분히 흔들어서 최대로 거품이 많이 나도록 한다.

㉰ 샴페인 쿨러에 얼음과 함께 담아서 흔들리지 않도록 조심하며 운반한다.

㉱ 가능한 코르크를 열 때 소리가 많이 나도록 한다.

67. 샴페인을 마시는 온도는 너무 차서는 안 되고 6~8도가 적당. 샴페인을 알맞은 온도로 맞추기 위해서는 마시기 두 세 시간 전 냉장고에 넣어 두거나(냉동실은 금물), 가장 이상적인 방법은 물과 얼음을 채운 Wine Bucket에 샴페인 병을 30분 정도 담구어 두는 것이다. 병을 열 때는 한 손으로 병을 잡고, 다른 손으로 병마개를 감은 철사를 벗긴다. 마개를 고정시킨 채로 조심스럽게 병을 돌리면 마개가 저절로 빠져 나온다. 잔에 샴페인을 ⅔만 따르고 이제 시각, 후각, 미각을 동원하여 샴페안을 시음해 보십시오. 축하용으로 인기를 누리는 샴페인은 대부분 맑고 섬세함을 주는 Chardonnay 백포도, Body와 향기를 더하는 Pinot Noir 적포도주를 섞어서 만든다. 샴페인은 오드불부터 디저트까지 전 코스에 마실 수 있는 발포성 와인으로 서브온도는 6~8도

68. 포도주의 침전물을 분리하기 위해 사용하는 포도주 담는 용기는?

㉮ Goblet ㉯ Tumbler ㉰ Mixing Glass ㉱ Decanter

69. 와인의 보관에서 주의할 사항이 아닌 것은?

㉮ 와인은 묵힐수록 좋기 때문에 먼저 들어온 것은 오래 묵혀서 판매한다.

㉯ 보관 온도가 일정해야 한다.

㉰ 와인을 눕혀서 보관해야 한다.

㉱ 환기가 잘 되고 빛이 차단되어야 한다.

70. 소믈리에(Sommelier)의 역할이 아닌 것은?

㉮ 와인을 진열, 점검, 관리한다.

㉯ 와인의 라벨 설명을 고객에게 한다.

㉰ 와인을 주문 받고 정중하게 서브한다.

㉱ 칵테일 조주를 주 업무로 한다.

71. 샴페인에 대한 설명 중 맞는 것은?

㉮ 불란서 샹파뉴산 포도주 ㉯ 독일의 샹파뉴산 포도주

㉰ 이탈리아 샹파뉴산 포도주 ㉱ 스페인 샹파뉴산 포도주

71. 프랑스 샹파뉴 지방에서 생산된 포도주에 대해서만 샴페인이라 칭하고, 라벨에 Blanc de Blancs라고 표기된 것은 백포도주로만 만들어진 것임, 또한 샹파뉴 지방 이외에서 만든 발포성 와인은 뱅무스(Vin Mousseux)라고 함, 그리고 끄레망(Cremant)은 거품이 적게 나는 타입의 샴페인을 말함

72. 다음 중 식욕촉진 와인(Aperitif Drink)으로 가장 적당한 것은?

㉮ Dry Sherry Wine ㉯ White Wine

㉰ Red Wine ㉱ Port Wine

72. ㉮ : 식전주, ㉯ : 식사 중(Fish), ㉰ : 식사 중(Meat), ㉱ : 식후주

73. 다음 와인 중 맛에 따른 분류는?

㉮ Fortified Wine ㉯ Aperitif Wine

㉰ Medium Dry Wine ㉱ Aromatized Wine

73. ㉮ : 알코올 함량에 따라, ㉯ : 용도에 따라, ㉰ : 당분 함유량에 따라, ㉱ : 가향유무에 따라

74. 독일와인의 분류 중 가장 고급와인의 등급표시는?
㉮ Q.b.A ㉯ Tafelwein ㉰ Landwein ㉱ Q.m.P

75. 육류와 함께 마실 수 있는 것 중 가장 적당한 것은?
㉮ 백포도주(White Wine) ㉯ 적포도주(Red Wine)
㉰ 로제와인(Rose Wine) ㉱ 포트와인(Port Wine)

76. 호크(Hock)와인이란?
㉮ 독일 라인 지역산 백포도주
㉯ 불란서 버건디 지방산
㉰ 스페인 호크하임엘(Hockheimerle)지방산 백포도주
㉱ 이탈리아 피에몬테 지방산 백포도주

77. 다음 보기는 와인에 관한 법률이다. 어느 나라 법률인가?

AOC, VDQS, Vins De Pays, Vins De Table

㉮ 이태리 ㉯ 스페인 ㉰ 독일 ㉱ 불란서

78. 적색 포도주(Red Wine)병의 바닥이 요철로 된 이유는?
㉮ 보기 좋게 하기 위하여
㉯ 안전하게 세우기 위하여
㉰ 용량표시를 쉽게 하기 위하여
㉱ 찌꺼기가 이동하는 것을 방지하기 위하여

79. 포도주(Wine)의 분류 중 색에 따른 분류에 포함되지 않는 것은?
㉮ 레드 와인(Red Wine) ㉯ 화이트 와인(White Wine)
㉰ 블루 와인(Blue Wine) ㉱ 로제 와인(Rose Wine)

80. 와인을 선택할 때 집중적으로 고려해야 할 사항으로 가장 적당한 것은?
㉮ 가격, 종류, 숙성년도, 병의 크기
㉯ 산지, 수확년도, 브랜드명, 요리와의 조화
㉰ 제조회사, 가격, 장소, 발효기간
㉱ 브랜드명, 병의 색깔, 가격, 와인 색깔

풀이 해설

74. 독일의 와인 등급은 Q.m.P>Q.b.A>Landwein > Tafelwein

76. Hock: 독일와인의 영국식 이름

78. Red Wine 병의 밑이 요철로 된 것은 Wine에 남아 있는 찌꺼기가 이동하는 것을 방지하기 위함

풀이 해설

82. ㉮ A.O.C : (Appellation d'Origine Controlee :아뺄라시옹 도리진 콩트롤레) AOC 제도에 있어 프랑스 와인의 최상급을 가리킨다. 원산지 통제 호칭의 규정과 기준에 따라 포도의 품종, 단위당 생산량, 알코올 최저 도수 등에 관하여 설정된 기준에 적합한지 여부를 확인하고 지역의 호칭을 붙일 수 있도록 허용, ㉯ V.D.Q.S : (Vins Delimites de Qualite Superieure : 뱅 델리미테 드 쿠알리트 쉬페리에) 아뺄라시옹 와인 보다는 한 등급 낮게 매겨지지만 우수한 품질의 포도주, ㉰ 고급와인, ㉱ Q.M.P(Qualitaswein Mit Pradikat : 쿠발리테츠바인 미트 프래디카트) : 『우수한 질 좋은 포도주』라는 뜻으로 독일 포도주 등급 중에서 최상급의 와인

87. 화이트 와인은 10~15℃, 레드 와인은 15~20℃, 샴페인은 10℃ 정도로 마신다고 이야기하지만 정해진 법칙은 아니다. 경우에 따라 보졸레나 루아르 같은 가벼운 레드 와인을 차게 하여 마실 수 있으며, 더운 여름에는 화이트, 레드 모두 차게 마실 수도 있다. 와인을 감정하기 위한 테이스팅 Tasting을 할 때 온도가 너무 낮으면 향을 느끼지 못하므로, 화이트 와인도 차게 해서 맛을 보지는 않는다.

81. 샴페인에 관한 설명 중 틀린 것은?

㉮ 샴페인은 포말성(Sparkling)와인의 일종이다.
㉯ 샴페인 원료는 피노 느와, 피노 뫼니에, 샤르도네이다.
㉰ 동 페리뇽(Dom Peringon)에 의해 만들어졌다.
㉱ 샴페인 산지인 샹파뉴 지방은 이탈리아 북부에 위치하고 있다.

82. 독일 포도주의 최상급 표시는?

㉮ AOC　　㉯ VDQS
㉰ Varietal Wine　　㉱ Qmp

83. 백포도주는 주로 어느 식사에 많이 제공되는가?

㉮ 육류　　㉯ 생선류　　㉰ 과일류　　㉱ 후식류

84. Port Wine을 옳게 표현한 것은?

㉮ 항구에서 막노동을 하는 선원들이 즐겨 찾는 적포도주
㉯ 적포도주의 총칭
㉰ 스페인에서 생산 되는 식탁용 드라이(Dry)포도주
㉱ 포르투갈에서 생산되는 감미(Sweet)포도주

85. 효과적인 와인 보관요령 중 틀린 것은?

㉮ 햇볕을 피해 어두운 곳에 보관한다.
㉯ 코르크 마개는 촉촉한 상태로 보관한다.
㉰ 외부의 공기가 병 속에 들어오는 것을 막는다.
㉱ 장기간 보관할 때는 세워서 보관한다.

86. 부르고뉴(Bregogne)지방과 함께 세계 2대 포도주산지로서 Medoc, Graves 등이 유명한 지방은?

㉮ Pilsner　　㉯ Bordeaux
㉰ Staut　　㉱ Mousseux

87. 다음 중 실내온도에 맞추어 제공하는 술은?

㉮ 백포도주　　㉯ 샴페인
㉰ 적포도주　　㉱ 맥주

88. 발포성 와인의 보관 방법으로 옳지 않은 것은?
㉮ 6~8℃ 정도의 서늘한 곳에 보관한다.
㉯ 비교적 충격이 적은 곳에 보관한다.
㉰ 항상 바르게 세워서 보관한다.
㉱ 햇볕이나 형광등 불빛을 피해서 보관한다.

89. dry wine이 당분이 거의 남아있지 않은 상태가 되는 주된 이유는?
㉮ 발효 중에 생성되는 호박산, 젖산 등의 산 성분 때문
㉯ 포도속의 천연 포도당을 거의 완전 발효시키기 때문
㉰ 페노릭 성분의 함량이 많기 때문
㉱ 가당 공정을 거치기 때문

90. 샴페인의 당분이 6g/L이하 일 때 당도의 표기 방법은?
㉮ Extra Brut ㉯ Doux ㉰ Demi Sec ㉱ Brut

91. 「V. D. Q. S」 표시의 의미로 가장 적합한 것은?
㉮ 위스키 등급 중 가장 좋은 등급이다.
㉯ 와인의 품질검사 합격 증명이다.
㉰ 숙성년도가 2년 이상인 보드카이다.
㉱ 알코올 함유량 9% 이상의 브랜디이다.

92. 발포성 와인의 서비스 방법으로 옳은 것은?
㉮ 병을 수직으로 세운 후 병 안쪽의 압축가스를 신속하게 빼낸다.
㉯ 병을 45도로 시울인 후 세게 흔들어 거품이 충분히 나도록 한 후 철사 열 개를 푼다.
㉰ 거품이 충분히 일어나도록 잔의 가운데에 한꺼번에 많은 양을 넣어 잔을 채운다.
㉱ 거품이 너무 나지 않게 잔의 내측 벽으로 흘리면서 잔을 채운다.

93. 요리와 와인의 조화에 대한 일반적인 설명으로 틀린 것은?
㉮ 단맛이 나는 요리는 타닌(tannin)성분이 많은 와인이 어울린다.
㉯ 신선한 흰살생선 요리는 레드와인이 어울린다.
㉰ 양념을 많이 사용한 흰색육류 요리는 레드와인이 어울린다.
㉱ 새콤한 소스를 사용한 요리는 화이트와인이 어울린다.

풀이 해설

88. 와인은 뉘어서 보관

89. 와인의 단맛을 기준으로 분류하는 것으로 리터당 남은 포도당이 10g 미만이면 드라이 와인(Dry Wine), 10~18g 미만이면 미디엄 드라이 와인(Midium Dry Wine), 18g 이상이면 스위트 와인(Sweet Wine)으로 나뉜다. 포도를 으깨어 적정한 온도에 두면 포도껍질의 천연 이스트에 의해 포도당이 알코올과 이산화탄소, 열로 변하게 되고 당분이 서서히 감소하게 된다. 이러한 과정을 발효과정이라고 하며, 여기서 알코올로 변하지 못한 잔여 당(RS: Residual Sugar)이 발생하게 되는 것이다. 드라이 와인(Dry Wine)이라 함은 단맛이 거의 남지 않은 와인으로 잔여 당 함량이 1% 미만인 것을 말한다. 프랑스 와인의 경우는 와인의 당도를 6단계로 구분하고 있는데, 가장 드라이 한 순으로 Brut(브뤼) → Sec(세크) → Demi-Sec(데미 세크) → Doux(두스) → Moelleux(므왈레) → Liquoureux(리퀘르)이다. 이탈리아 와인의 경우는 와인의 당도를 네 단계로 구분 짓고 있으며, 가장 드라이한 맛을 Secco(세코) Abbocato(아보카토), Amabile(아마빌레), Dolce(돌체)라고 한다. 따라서 드라이 와인은 프랑스 와인의 Sec(세크) 범주에 속한다고 볼 수 있으며, 이를 이탈리아 어로 Secco(세코), 독어로는 Trockea(트로켄)이라고 표현. 포도 품종 중 본 드라이(Bone Dry) 하다고 볼 수 있는 것이 화이트 와인 품종인 소비뇽 블랑(Sauvignon Blanc), 피노 그리(Pinot Gris)이고, 카베르네 소비뇽(Cabernet Sauvignon)은 본 드라이~드라이 수준, 세미용(Semillion), 피노 누아(Pinot Noir)는 드라이~미디엄 드라이, 샤르도네(Chardonnay), 쉬라즈(Shiraz), 진판델(Zinfandel)은 본 드라이부터 스위트까지 영역이 넓지만 예외적인 것도 있다.

90. 당도에 따라 브뤼(Brut): 1%미만, 엑스트라 섹(Eetra Sec): 1~3%, 섹(Sec): 4~6%, 드미 섹(Demi-Sec): 6~8%, 두(Doux): 12% 이상

91. V.D.Q.S : (Vins Delimites de Qualite Superieure : 뱅 델리미테 드 쿠알리트 쉬페리에) 아뺄라시옹 와인 보다는 한 등급 낮게 매겨지지만 우수한 품질의 포도주(품질검사 합격증명)

풀이 해설

94. 다음 중 Dry sherry의 용도로 가장 적합한 것은?
㉮ Aperitif wine　　㉯ Dessert wine
㉰ Entree wine　　㉱ Table wine

95. Champagne 서브 방법으로 옳은 것은?
㉮ 병을 미리 흔들어서 거품이 많이 나도록 한다.
㉯ 0~4oC 정도의 냉장온도로 서브한다.
㉰ 쿨러에 얼음과 함께 담아서 운반한다.
㉱ 가능한 코르크를 열 때 소리가 크게 나도록 한다.

96. 로제와인에 대한 설명으로 틀린 것은?
㉮ 대체로 붉은 포도로 만든다.
㉯ 제조 시 포도껍질을 같이 넣고 발효시킨다.
㉰ 오래 숙성시키지 않고 마시는 것이 좋다.
㉱ 일반적으로 상온(17-18℃)정도로 해서 마신다.

97. 프랑스에서 스파클링 와인 명칭은?
㉮ Vin Mousseux　　㉯ Sekt
㉰ Spumante　　㉱ Perlwein

98. ㉮ 담장이 있는 포도원을 가리키는 프랑스어. 프랑스와 미국 등 여러 나라에서 포도원을 가리키기도 한다. 이 단어는 특히 부르고뉴 지방의 담장이 있는 포도원을 의미하는데, 중세 시대 시토 수도회와 베네딕토 수도회가 토질, 재배환경 등의 차이에 근거하여 경계를 구분, 담장을 쌓았다.

98. 용어의 설명이 틀린 것은?
㉮ Clos : 최상급의 원산지 관리 증명 와인
㉯ Vintage : 원료 포도의 수확 년도
㉰ Fortified Wine : 브랜디를 첨가하여 알코올 농도를 강화한 와인
㉱ Riserva : 최저 숙성기간을 초과한 이태리 와인

99. 프랑스 와인제조에 대한 설명 중 틀린 것은?
㉮ 프로방스에서는 주로 로제와인을 많이 생산한다.
㉯ 포도당이 에틸알코올과 탄산가스로 변한다.
㉰ 포도 발효 상태에서 브랜디를 첨가한다.
㉱ 포도 껍질에 있는 천연효모의 작용으로 발효가 된다.

100. 와인의 testing 방법으로 옳은 것은?

㉮ 와인을 오픈한 후 공기와 접촉되는 시간을 최소화하여 바로 따른 후 마신다.

㉯ 와인에 얼음을 넣어 냉각시킨 후 마신다.

㉰ 와인 잔을 흔든 뒤 아로마나 부케의 향을 맡는다.

㉱ 검은 종이를 테이블에 깔아 투명도 및 색을 확인한다.

101. Wine Master의 의미로 가장 적합한 것은?

㉮ 와인의 제조 및 저장관리를 책임지는 사람

㉯ 포도나무를 가꾸고, 재배하는 사람

㉰ 와인을 판매 및 관리하는 사람

㉱ 와인을 구매하는 사람

102. white wine을 차게 마시는 이유는?

㉮ 유산은 온도가 낮으면 단맛이 더 강해지기 때문이다.

㉯ 사과산은 온도가 차가울 때 더욱 fruity하기 때문이다.

㉰ tannin의 맛은 차가울수록 부드러워지기 때문이다.

㉱ polyphenol은 차가울 때 인체에 더욱 이롭기 때문이다.

103. dry wine이 당분이 거의 남아 있지 않은 상태가 되는 주된 이유는?

㉮ 발효 중에 생성되는 호박산, 젖산 등의 산 성분 때문

㉯ 포도 속의 천연 포도당을 거의 완전히 발효시키기 때문

㉰ 페노릭 성분의 함량이 많기 때문

㉱ 설탕을 넣는 가당 공정을 거치지 않기 때문

104. 발포성 와인의 서비스 방법으로 옳은 것은?

㉮ 병을 수직으로 세운 후 병 안쪽의 압축가스를 신속하게 빼낸다.

㉯ 병을 45°로 기울인 후 세게 흔들어 거품이 충분히 나도록 한 후 철사 열 개를 푼다.

㉰ 거품이 충분이 일어나도록 잔의 가운데에 한꺼번에 많은 양을 넣어 잔을 채운다.

㉱ 거품이 너무 나지 않게 잔의 내측 벽으로 흘리면서 잔을 채운다.

풀이 해설

103. Dry Wine은 와인의 단맛을 기준으로 분류하는 것으로 리터당 남은 포도당이 10g 미만인 와인을 의미하며, 포도품종, 수확시기, 날씨, 숙성 정도에 영향을 받는다. 프랑스 와인의 경우는 와인의 당도를 6단계로 구분하고 있는데, 가장 드라이 한 순으로 Brut(브뤼) → Sec(세크) → Demi-Sec(데미 세크) → Doux(두스) → Moelleux(므왈레) → Liquoureux(리퀘르)이다. 이탈리아 와인의 경우는 와인의 당도를 네 단계로 구분 짓고 있으며, 가장 드라이한 맛을 Secco(세코)라고 하고, 그보다 조금 덜 드라이 한 와인을 Abbocato(아보카토), 여기서 조금 더 스위트해지면 Amabile(아마빌레), 그리고 가장 달콤한 맛을 Dolce(돌체).

104. 샴페인을 마시는 온도는 너무 차서는 안 되고 6~8도가 적당. 샴페인을 알맞은 온도로 맞추기 위해서는 마시기 두 세 시간 전 냉장고에 넣어 두거나(냉동실은 금물), 가장 이상적인 방법은 물과 얼음을 채운 Wine Bucket에 샴페인 병을 30분 정도 담구어 두는 것이다. 병을 열 때는 한 손으로 병을 잡고, 다른 손으로 병마개를 감은 철사를 벗긴다. 마개를 고정시킨 채로 조심스럽게 병을 돌리면 마개가 저절로 빠져 나온다. 잔에 샴페인을 ⅔만 따르고 이제 시각, 후각, 미각을 동원하여 샴페인을 시음해 보십시오. 축하용으로 인기를 누리는 샴페인은 대부분 맑고 섬세함을 주는 Chardonnay 백포도, Body와 향기를 더하는 Pinot Noir 적포도주를 섞어서 만든다. 샴페인은 오드불부터 디저트까지 전 코스에 마실 수 있는 발포성 와인으로 서브온도는 6~8도

풀이 해설

105. ㉯ Claret wine 보르도지방의 레드와인

106. Fining: 벤토나이트(Bentonite), 활성탄(Active Cabon), 젤라틴(Gelatine), 계란 흰자, PVPP, 카제인, 탈지유, 규조토 등

107. Sommelier는 고객들에게 음식과 어울리는 와인을 추천해주고 Serving해 주는 사람을 말함. 이밖에도 와인리스트를 작성하고, 와인의 구매와 저장을 담당한다. 또한 Serving하기 전 와인의 맛을 시음, 평가를 할 수 있음

108. 포도주 저장실, 각종 포도주를 저장·보관하는 시설이나 장소

105. 와인의 산지별 특징에 대한 설명으로 틀린 것은?

㉮ 프랑스 Provence : 프랑스에서 가장 오래된 포도 재배지로 주로 rose wine을 많이 생산한다.

㉯ 프랑스 Bourgogne : 프랑스 동부지역으로 Claret wine으로 알려져 있다.

㉰ 독일 Mosel-Saar-Ruwer : 세계에서 가장 북쪽에 위치한 포도주 생산지역이다.

㉱ 이탈리아 Toscana : white wine과 red wine을 섞어 양조한 chianti가 생산된다.

106. 다음 중 와인의 정화(fining)에 사용되지 않는 것은?

㉮ 규조토　　㉯ 계란의 흰자

㉰ 카제인　　㉱ 아황산용액

107. 소믈리에(sommelier)에게 필요한 자질과 거리가 먼 것은?

㉮ 와인의 보관과 저장, 서비스에 대한 지식을 알고 있어야 한다.

㉯ 고객의 취향을 파악할 수 있어야 한다.

㉰ 와인 서비스에 필요한 기물이나 장비를 사용할 수 있어야 한다.

㉱ 판매자나 경영자의 업무와는 별개로 고객 서비스를 최우선으로 한다.

108. "Wine cellar"란?

㉮ 와인 판매업자　　㉯ 와인을 재로로 한 칵테일

㉰ 와인 생산실　　㉱ 와인 저장실

109. Wine serving 방법으로 적합하지 않는 것은?

㉮ wine serve가 끝날 때까지 고객 glass에 항상 같은 양을 유지하는 것이 원칙이다.

㉯ 은은한 향과 색깔을 위해 와인을 따른 후 한두 방울이 테이블에 떨어지도록 한다.

㉰ 서비스 적정온도를 유지하고, 상표를 고객에게 확인 시킨다.

㉱ 와인을 따른 후 병 입구에 맺힌 와인이 흘러내리지 않도록 병목을 돌려서 자연스럽게 들어 올린다.

110. 다음 중 decanter와 가장 관계있는 것은?

㉮ Red Wine ㉯ White Wine

㉰ Champagne ㉱ Sherry Wine

111. 보르도에서 재배되는 레드 와인용 포도 품종이 아닌 것은?

㉮ 메를로 ㉯ 뮈스까델

㉰ 까베르네 소비뇽 ㉱ 까베르네 프랑

112. 매년 보졸레 누보의 출시일은?

㉮ 11월 1째주 목요일 ㉯ 11월 3째주 목요일

㉰ 11월 1째주 금요일 ㉱ 11월 3째주 금요일

113. 세계 10대 와인 생산국이 아닌 국가는?

㉮ 영국 ㉯ 아르헨티나 ㉰ 미국 ㉱ 프랑스

114. 개봉한 뒤 다 마시지 못한 와인의 보관방법으로 적절하지 않은 것은?

㉮ 마개가 없는 디캔터에 넣어 상온에 둔다.

㉯ 코르크로 막아 즉시 냉장고에 넣는다.

㉰ vacua-in으로 병 속의 공기를 빼낸다.

㉱ 병속에 불활성 기체를 넣어 산소의 침입을 막는다.

115. 화이트와인용 포도품종이 아닌 것은?

㉮ 샤르도네 ㉯ 시라 ㉰ 소비뇽 블랑 ㉱ 삐노 블랑

116. 프랑스의 와인등급에 해당되지 않는 것은?

㉮ DOCG ㉯ VOQS ㉰ Vins de pays ㉱ Vins de Table

117. 와인을 만들고 난 포도의 찌꺼기를 원료로 만드는 것으로 이탈리아에서 제조하는 것은?

㉮ Aquavit ㉯ Calvados ㉰ Grappa ㉱ Eau De Vie

118. Sparkling Wine과 관련이 없는 것은?

㉮ Champagne ㉯ Seket ㉰ Cremant ㉱ Armagnac

풀이 해설

111. Bordeaux 레드 와인 포도품종에는 까베르네 소비뇽, 메를로, 까베르네 프랑, 쁘띠 베르도 등이고, 화이트 와인 포도품종에는 세미용, 소비뇽 블랑, 뮈스까델 등

112. 프랑스 부르고뉴주의 보졸레 지방에서 매년 그해 9월에 수확한 포도를 11월 말까지 저장했다가 숙성시킨 뒤, 11월 셋째 주 목요일부터 출시하는 포도주(와인)의 상품명이다. 원료는 이 지역에서 재배하는 포도인 "가메(Gamey)"로, 온화하고 따뜻한 기후와 화강암·석회질 등으로 이루어진 토양으로 인해 약간 산성을 띠면서도 과일 향이 풍부하다.

115. 화이트와인 포도품종 : 샤도네이(Chardonnay),쇼비뇽블랑(Sauvignon Blanc),리슬링(Riesling),쎄미용(Sèmillon), 쉐닝블랑(Chenin Blanc), 게브르츠트라미너(Grwürztraminer), 뮈스까(Muscat),피노그리(Pinot Gris), 비오니에(Viognier), ㉯ Red Wine

풀이 해설

119. 포도품종에 대한 설명으로 틀린 것은?

㉮ Syrah : 최근 호주의 대표품종으로 자리 잡고 있으며, 호주에서는 Shiraz라고 불린다.

㉯ Gamay : 주로 레드 와인으로 사용되며, 과일 향이 풍부한 와인이 된다.

㉰ Merlot : 보르도, 캘리포니아, 칠레 등에서 재배되며, 부드러운 맛이 난다.

㉱ Pinot Noir : 보졸레에서 이 품종으로 정상급 레드와인을 만들고 있으며, 보졸레 누보에 사용한다.

120. 프랑스 와인에 대한 설명으로 틀린 것은?

㉮ 풍부하고 다양한 식생활 문화의 발달과 더불어 와인이 성장하게 되었다.

㉯ 상빠뉴 지역은 연중기온이 높아 포도가 빨리 시어진다는 점을 이용하여 샴페인을 만든다.

㉰ 일찍부터 품질관리체제를 확립하여 와인을 생산해오고 있다.

㉱ 보르도지역은 토양이 비옥하지 않지만, 거칠고 돌이 많아 배수가 잘 된다.

121. 샴페인의 서비스에 관련된 설명 중 틀린 것은?

㉮ 얼음을 채운 비스킷에 칠링(Chilling)한다.

㉯ 호스트(Host)에게 상표를 확인시킨다.

㉰ "펑"소리를 크게 하며 거품을 최대한 많이 내야 한다.

㉱ 서브는 여자 손님부터 시계방향으로 한다.

122. 와인의 서비스에 대한 설명으로 틀린 것은?

㉮ 레드와인은 온도가 너무 낮으면 Tannin의 떫은맛이 강해진다.

㉯ 화이트와인은 실온과 비슷해야 신맛이 억제된다.

㉰ 레드와인은 고온에서 Fruity한 맛이 없어진다.

㉱ 화이트와인은 차갑게 해야 신선한 맛이 강해진다.

123. Dessert Wine은?

㉮ Dry Sherry ㉯ Cream Sherry

㉰ Dry Vermouth ㉱ Claret

123. ㉱ 클라레(특히 프랑스 보르도 산 적포도주)

124. 와인 보관 시 눕혀서 보관하는 이유와 거리가 먼 것은?
㉮ 와인 보관을 편하게 하고 상표를 손님에게 쉽게 볼 수 있도록 하기 위해
㉯ 코르크의 틈으로 향이 배출되는 것을 방지하기 위해
㉰ 와인이 공기와 접촉하여 산화되는 것을 방지하기 위해
㉱ 와인의 숙성과 코르크가 건조해 지는 것을 방지하기 위해

풀이 해설

125. 다음 중 식욕촉진 와인으로 가장 적합한 것은?
㉮ Dry Sherry Wine ㉯ White Wine
㉰ Red Wine ㉱ Port Wine

126. 론, 프로방스 지방의 기후 특성은?
㉮ 서늘한 내륙성 기후이다.
㉯ 온화한 지중해성 기후이다.
㉰ 강우가 연중 고른 대서양 기후이다.
㉱ 습윤 대륙성 기후이다.

126. ㉮ 대륙성 기후라 서늘한 지역에서 잘 자라는 품종들을 재배(브르고뉴), ㉰ 보르도지방

127. Dessert Wine과 거리가 먼 것은?
㉮ Port Wine ㉯ Cream Sherry
㉰ Vermouth ㉱ Barsac

127. ㉱ 가볍고 상쾌한 감미를 즐길 수 있는 특징

128. 프랑스인들이 고지방 식이를 하고도 심장병에 덜 걸리는 현상인 French Paradox의 원인물질로 알려진 것은?
㉮ Red Wine - tannin, chlorophyll
㉯ Red Wine - resveratrol, polyphenols
㉰ White Wine - Vit. A, Vit. C
㉱ White Wine - folic acid, niacin

128. 와인에 0.2%를 차지하는 페놀 화합물 성분 때문으로 레스베라트롤(Resveratrol : 항암 및 강력한 항산화 작용을 하며 혈청 콜레스테롤을 낮춰 주는 역할), 폴리페놀(Polyphenols:산화를 방지하는 작용, 즉 항산화 기능 및 생체 내에서도 항산화제로 작용함으로써 건강유지와 질병예방) 등이 거론되었다. 특히 레스베라트롤은 포도가 곰팡이로부터 자신을 보호하기 위해 생성하는 물질로 강력한 황산화 작용으로 세포의 손상과 노화를 막는 역할을 하는 것으로 알려짐

129. 와인의 보관에서 주의할 사항이 아닌 것은?
㉮ 와인은 종류에 관계없이 묵힐수록 좋기 때문에 장기보관 후 판매한다.
㉯ 한번 개봉한 와인은 산소에 의한 변하므로 재 보관하지 않도록 한다.
㉰ 와인은 눕혀서 보관해야 한다.
㉱ 코르크 마개가 건조해지지 않도록 한다.

130. White Wine을 차게 제공하는 주된 이유는?
㉮ 타닌의 맛이 강하게 느껴진다. ㉯ 차가울수록 색이 하얗다.
㉰ 유산은 차가울 때 맛이 좋다. ㉱ 차가울 때 더 Fruity한 맛을 준다.

131. 와인의 마개로 사용되는 코르크 마개의 특성이 아닌 것은?
㉮ 온도변화에 민감하다. ㉯ 코르크 참나무의 외피로 만든다.
㉰ 신축성이 뛰어나다. ㉱ 밀폐성이 있다.

132. 독일의 와인 생산지가 아닌 것은?
㉮ Ahr ㉯ Mosel 지역 ㉰ Rheingu 지역 ㉱ Penedes 지역

133. 이탈리아 와인 중 지명이 아닌 것은?
㉮ 키안티 ㉯ 바르바레스크 ㉰ 바롤로 ㉱ 바르베라

134. 와인 제조 시 이산화황(SO_2)을 사용하는 이유가 아닌 것은?
㉮ 황산화제 역할 ㉯ 부패균 생성 방지
㉰ 갈변 방지 ㉱ 효모 분리

135. 부르고뉴지역의 주요 포도품종은?
㉮ 샤르도네와 메를로 ㉯ 샤르도네와 삐노 느와르
㉰ 슈냉블랑과 삐노 느와르 ㉱ 삐노 블랑과 까베르네소비뇽

136. 와인의 병에 침전물이 가라앉아 있다. 이 침전물이 글라스에 같이 따라지는 것을 방지하기 위해 도구를 사용하는데 이 도구의 이름은 무엇인가?
㉮ 와인 바스켓 ㉯ 와인 디켄터
㉰ 와인 버켓 ㉱ 코르크 스크류

137. 와인(Wine)의 빈티지(Vintage)설명을 올바르게 한 것은?
㉮ 포도의 수확년도를 가리키는 것으로 병의 라벨에 표기되어 있다.
㉯ 와인 숙성시키는 기간을 의미하고 병의 라벨에 표기되어 있다.
㉰ 와인을 발효시키는 기간과 첨가물을 의미한다.
㉱ 와인의 향과 맛을 나타내는 것으로 병의 라벨에 표기되어 있다.

풀이 해설

130. 화이트 와인은 7~10도의 온도가 좋다. 와인에 함유되어 있는 사과산 때문에 온도가 차가울 때 더 신선하고 천연 과일의 풍미를 느낄 수 있다. 레드 와인은 18~20도가 적당하다. 와인에 함유된 유산 때문에 상온에서 약간 단맛이 나고 좋은 느낌을 주며, 복합적인 향을 감별하기 좋다. 온도가 낮으면 떫은맛(타닌 성분)이 강해지며, 온도가 높으면 쓴맛이 나기도 한다.

132. 페네데스(Penedes)지역은 스페인 스파클링 와인의 85%를 생산

133. ㉱ 이탈리아에서 널리 재배되는 적포도 품종의 하나

134. 이산화황(SO_2)첨가 : 산화방지, 살균작용(잡균 오염방지), 갈변방지, 와인 맛을 개선, 신선도, 아로마 유지

135. 부르고뉴 지역의 주요 포도품종 : 레드-삐노누아(Pinot Noir), 가메(Gamay), 화이트-샤르도네(Chardonnay),알리고떼(Aligote)

138. 다음 중 발표성포도주가 아닌 것은?

㉮ Vin Mousseux ㉯ Vin Rouge

㉰ Sekt ㉱ Spumante

139. 와인 제조용 포도 재배 시 일조량이 부족한 경우의 해결책은?

㉮ 알코올분 제거 ㉯ 황산구리 살포

㉰ 물 첨가하기 ㉱ 발효 시 포도즙에 설탕을 첨가

140. 포도주(wine)의 용도별 분류가 바르게 된 것은?

㉮ 백(white)포도주, 적(red)포도주, 녹색(green)포도주

㉯ 감미(sweet)포도주, 산미(dry)포도주

㉰ 식전포도주(aperitif wine), 식탁포도주(table wine), 식후포도주(dessert wine)

㉱ 발포성 포도주(sparkling wine), 비발포성포도주(still wine)

141. 와인의 코르크가 건조해져서 와인이 산화되거나 스파클링 와인일 경우 기포가 빠져나가는 것을 막기 위한 방법은?

㉮ 와인을 서늘한 곳에 보관한다.

㉯ 와인의 보관위치를 자주 바꿔준다.

㉰ 와인을 눕혀서 보관한다.

㉱ 냉장고에 세워서 보관한다.

142. 다음 중 포트와인(Port Wine)을 가장 잘 설명한 사람은?

㉮ 붉은 포도주를 총칭한다.

㉯ 포르투갈의 도우루(Douro) 지방산 포도주를 말한다.

㉰ 항구에서 노역을 일삼는 서민들의 포도주를 말한다.

㉱ 백포도주로서 식사 전에 마신다.

143. 각 나라의 발포성와인(Sparkling Wine)의 명칭이 잘못 연결된 것은?

㉮ 프랑스 - Cremant ㉯ 스페인 - Vin Mousseux

㉰ 독일 - Sekt ㉱ 이탈리아 - Spumante

풀이 해설

139. 포도재배 시 일조량이 부족하면 발효 시 설탕을 첨가

144. 주정강화와인(Fortified Wine)의 종류가 아닌 것은?

㉮ 이태리의 아마로네(Amarone)
㉯ 프랑스의 뱅 드 리퀘르(Vin doux Liquere)
㉰ 포르투갈의 포트와인(Port Wine)
㉱ 스페인의 셰리와인(Sherry Wine)

145. 다음은 어떤 포도 품종에 관하여 설명한 것인가?

작은 포도알, 깊은 적갈색, 두꺼운 껍질, 많은 씨앗이 특징이며, 씨앗은 타닌 함량을 풍부하게 하고, 두꺼운 껍질은 색깔을 깊이 있게 나타낸다. 블랙커런트, 체리, 자두 향을 지니고 있으며, 대표적인 생산지역은 프랑스 보르도 지방이다.

㉮ 메를로(Merlot)
㉯ 피노 누아(Pinot Noir)
㉰ 까베르네 쇼비뇽(Carbernet Sauvignon)
㉱ 샤르도네(Chardonnay)

146. Dry Wine의 당분이 거의 남아 있지 않은 상태가 되는 주된 이유는?

㉮ 발효 중에 생성되는 호박산, 젖산 등의 산 성분 때문
㉯ 포도 속의 천연 포도당을 거의 완전히 발효시키기 때문
㉰ 페노릭 성분의 함량이 많기 때문
㉱ 설탕을 넣은 가당 공정을 거치지 않기 때문

147. 와인 제조 과정 중 말로라틱 발효(Malolactic Fermentation)란?

㉮ 알코올 발효 ㉯ 1차 발효 ㉰ 젖산발효 ㉱ 타닌발효

148. 프랑스의 위니 블랑을 이탈리아에서는 무엇이라고 일컫는가?

㉮ 트레비아노 ㉯ 산조베제 ㉰ 바르베라 ㉱ 네비올로

149. 와인의 Tasting 방법으로 옳은 것은?

㉮ 와인을 오픈 한 후 공기와 접촉되는 시간을 최소화하여 바로 따른 후 마신다.
㉯ 와인에 얼음을 넣어 냉각시킨 후 마신다.
㉰ 와인 잔을 흔든 뒤 아로마나 부케의 향을 맡는다.
㉱ 검은 종이를 테이블에 깔아 투명도 및 색을 확인한다.

풀이 해설

147. 유산발효, 즉 사과산을 보다 부드러운 젖산으로 바꾸는 발효과정(젖산 발효)

148. ㉮ Trebbiano(트레비아노)는 이탈리아에서 가장 널리 재배되는 청포도품종으로 Orvieto(오르비에토), Soave(소아베) 등 드라이 White Wine을 주로 만든다. 높은 산도, 중간 정도의 알코올, 중성적인 향을 가지고 있으며, Light Body하면서 평범한 특성 때문에 주로 다른 품종과 Blending. 프랑스에서는 Ugni Blanc(유니 블랑)으로 부르며, 브랜디의 재료가 된다.

150. 디켄터(Decanter)를 필요로 하는 것은?

㉮ White Wine ㉯ Rose Wine ㉰ Brandy ㉱ Red Wine

151. White Wine과 Red Wine의 보관 방법 중 가장 알맞은 방법은?

㉮ 가급적 통풍이 잘 되고, 습한 곳에 보관하여 숙성을 돕는다.
㉯ 병을 똑바로 세워서 침전물이 바닥으로 모이도록 보관한다.
㉰ 따뜻하고 건조한 장소에 뉘여서 보관한다.
㉱ 통풍이 잘 되는 장소에 보관 적정온도에 맞추어서 병을 뉘어서 보관한다.

152. 샴페인에 관한 설명 중 틀린 것은?

㉮ 샴페인은 포말성(Sparkling) 와인의 일종이다.
㉯ 샴페인의 원료는 피노 노아, 피노 뫼니에, 샤르도네이다.
㉰ 동 페리뇽(Dom perignon)에 의해 만들어졌다.
㉱ 샴페인 산지인 샹파뉴 지방은 이탈리아 북부에 위치하고 있다.

153. 로제와인(rose wine)에 대한 설명으로 틀린 것은?

㉮ 대체로 붉은 포도로 만든다.
㉯ 제조 시 포도껍질을 갈아 넣고 발효시킨다.
㉰ 오래 숙성시키지 않고 마시는 것이 좋다.
㉱ 일반적으로 상온(17~18℃) 정도로 해서 마신다.

154. 와인의 블랜딩은 언제 하게 되나?

㉮ 마시기 전 소믈리에가 한다.
㉯ 양조 과정 중 다른 포도 품종을 섞는다.
㉰ 젖산 발효를 갖기에 앞서 한다.
㉱ 오크통 숙성을 마친 후 한다.

155. 포도주의 저장온도로 틀린 것은?

㉮ 5℃ ㉯ 15℃ ㉰ 18℃ ㉱ 20℃

156. 이탈리아 I.G.T 등급은 프랑스의 어느 등급에 해당되는가?

㉮ V.D.Q.S ㉯ Vin de Pays ㉰ Vin de Table ㉱ A.O.C

풀이 해설

152. 샹파뉴지방은 프랑스에 위치

154. 블렌딩은 와인제조공정 중 여러 단계에서 이루어지며, 포도밭에서 시작하는 경우는 몇 가지 품종을 같은 밭에 심어서 같이 수확하여 파쇄하여 발효를 시키거나, 따로 수확하여 파쇄하고 착즙한 다음에 머스트를 블렌딩하여 한꺼번에 발효시킬 수도 있다. 또, 품종별로 따로 발효시킨 다음에 숙성시킬 때 블렌딩하는 방법도 있으며, 청징, 안정화, 숙성까지 한 거의 완성된 와인을 병에 넣기 전에 블렌딩하는 방법도 있다. 샴페인의 경우 재배지역과 품종, 수확연도가 다른 것을 혼합하여 퀴베를 만들기도 한다.

155. 포도주의 저장 온도는 10도 사이. 현실적으로는 12도 정도가 적합하고 실제로는 20도만 넘지 않으면 크게 변질될 염려는 없다.

풀이 해설

159. 당도에 따라 브뤼(Brut): 1%미만, 엑스트라 섹(Eetra Sec): 1~ 3%, 섹(Sec): 4~6%, 드미 섹(Demi-Sec): 6~8%, 두(Doux): 12% 이상

160. ㉮ 이산화탄소 거품을 얻기 위한 목적으로 2차 발효를 시킴. 일단 양조된 베이스 와인에 설탕과 효모를 추가로 투입하여 병내 발효를 시켜서 이산화탄소 거품을 얻는다. ㉰ 불어로 Degorger는 "토하다, 세척하다, 흘러 나가다."의 뜻이며, 와인용어에서 찌꺼기가 병 입구에 모이면 더 숙성을 시키거나 찌꺼기를 제거하게 되는데 이 때 찌꺼기 제거를 Dégorgement(데고르쥬망)이라 한다. 찌꺼기를 제거하는 방법은 와인이 얼어 버릴 수 있을 정도의 영하 20℃ 차가운 소금물이나 염화칼슘 용액에 병을 거꾸로 세워서 병 입구만 얼리면 찌꺼기도 얼음 속에 함께 포함된다. 그리고 병마개를 열면 탄산가스 압력에 의해서 찌꺼기를 포함한 얼음이 밀려 올라오게 되는데 이 때 이 얼음을 제거하고 그 양만큼 다른 샴페인을 보충한다. ㉱ 병 속에서 2차 발효가 끝난 샴페인(Champagne) 의 이 물질을 제거하고 부족한 양에 포도주와 설탕을 보충시켜주는 작업 과정을 의미

157. 후식용 포도주로 유명한 포르투갈 산 적포도주는?

㉮ Sherry wine ㉯ Port wine
㉰ Sweet vermouth ㉱ Dry vermouth

158. 샴페인의 서비스에 관련된 설명 중 틀린 것은?

㉮ 얼음을 채운 비스킷에 칠링(chilling)한다.
㉯ 호스트(host)에게 상표를 확인시킨다.
㉰ "펑"소리를 크게 하며 거품을 최대한 많이 내야 한다.
㉱ 서브는 여자 손님부터 시계방향으로 한다.

159. 샹빠뉴 지방의 당분함량 표기에서 Very Dry 한 표기로 알맞은 것은?

㉮ Brut ㉯ Sec
㉰ Doux ㉱ Demi sec

160. 샴페인 제조과정 중 바르게 설명 된 것은?

㉮ 2차 발효 : 2차 발효는 포도에서 나온 자연 당과 효모를 이용한다.
㉯ 르뮈아쥬(remuage) : 찌꺼기를 병목에 모으는 작업이다.
㉰ 데고르쥬망(degorgament) : 찌꺼기를 제거하기 위하여 영하 10도 정도에 병목을 얼린다.
㉱ 도자쥬(dosage) : 코르크로 병을 막는다.

161. 와인의 발효 중 젖산발효에 대한 설명으로 가장 거리가 먼 것은?

㉮ 보다 좋은 알코올을 얻기 위해서 한다.
㉯ 말로락틱 발효(malolactic fermentation)라고도 한다.
㉰ 신맛을 줄여 와인을 부드럽게 한다.
㉱ 모든 와인에 필요한 것이 아니라 선택적으로 한다.

162. White wine을 차게 마시는 이유는?

㉮ 유산은 온도가 낮으면 단맛이 더 강해지기 때문이다.
㉯ 사과산은 온도가 차가울 때 더욱 fruity하기 때문이다.
㉰ Tannin의 맛은 차가울수록 부드러워지기 때문이다.
㉱ Polyphenol은 차가울 때 인제에 더욱 이롭기 때문이다.

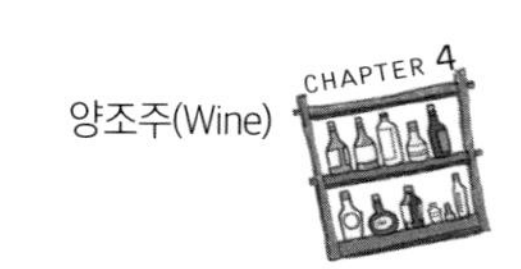

163. 와인의 서비스에 대한 설명으로 틀린 것은?

㉮ 레드와인은 온도가 너무 낮으면 Tannin의 떫은맛이 강해진다.

㉯ 화이트와인은 실온과 비슷해야 신맛이 억제된다.

㉰ 레드와인은 실온에서 부케(Bouquet)가 풍부해진다.

㉱ 화이트와인은 차갑게 해야 신선한 맛이 강조된다.

164. Wine master의 의미가 가장 적합한 것은?

㉮ 와인의 제조 및 저장관리를 책임지는 사람

㉯ 포도나무를 가꾸고, 재배하는 사람

㉰ 와인을 판매 및 관리하는 사람

㉱ 와인을 구매하는 사람

165. 아로마(Aroma)에 대한 설명 중 틀린 것은?

㉮ 포도의 품종에 따라 맡을 수 있는 와인의 첫 번째 냄새 또는 향기이다.

㉯ 와인의 발효과정이나 숙성과정 중에 형성되는 여러 가지 복잡 다양한 향기를 말한다.

㉰ 원료 자체에서 우러나오는 향기이다.

㉱ 같은 포도품종이라도 토양의 성분, 기후, 재배조건에 따라 차이가 있다.

166. 샴페인 품종이 아닌 것은?

㉮ 삐노 느와르(Pinot Noir) ㉯ 삐노 뮈니에(Pinot Meunier)

㉰ 샤르도네(Chardonnay) ㉱ 쎄미용(Semillon)

167. 포도품종에 때한 설명으로 틀린 것은?

㉮ Syrah : 최근 호주의 대표품종으로 자리 잡고 있으며, 호주에서는 Shiraz라고 부른다.

㉯ Gamay : 주로 레드와인으로 사용되며, 과일향이 풍부한 와인이 된다.

㉰ Merlot : 보르도, 캘리포니아, 칠레 등에서 재배되며, 부드러운 맛

㉱ Pinot Noir : 보졸레에서 이 품종으로 정상급 레드와인을 만들고 있으며, 보졸레누보에 사용된다.

168. 샴페인의 발명자는?

㉮ Bordeaux ㉯ Champagne ㉰ St. Emilion ㉱ Dom Perignon

풀이 해설

165. ㉯ 부케(Bouquet)

166. ㉱ White Wine 품종
3대 샴페인 포도품종 : 삐노 느와르(Pinot Noir), 삐노 뮈니에(Pinot Meunier), 샤르도네(Chardonnay)

167. ㉱ 가메(Gamay)

168. ㉯ 생테밀리옹은 프랑스 Bordeaux의 명품인 적포도주 산지의 하나

풀이 해설

169. Table Wine으로 적합하지 않은 것은?

㉮ White Wine　　㉯ Red Wine
㉰ Rose Wine　　㉱ Cream Sherry

170. ㉰ White Wine, Sweet Wine은 식후에 마신다.

170. 와인과 음식과의 조화가 제대로 이루어지지 않은 것은?

㉮ 식전 - Dry Sherry Wine　　㉯ 식후 - Port Wine
㉰ 생선 - Sweet Wine　　㉱ 육류 - Red Wine

171. 백포도주는 5~7℃, 적포도주는 15℃가량이 좋다. 포도주는 옆으로 눕혀서 직사광선과 더운 열을 피해 지하실 등 어두운 곳에 보관하는 것이 좋다.

171. 다음 중 백포도주의 보관온도로 가장 적합한 것은?

㉮ 14~18℃　　㉯ 12~16℃　　㉰ 8~10℃　　㉱ 5~6℃

172.

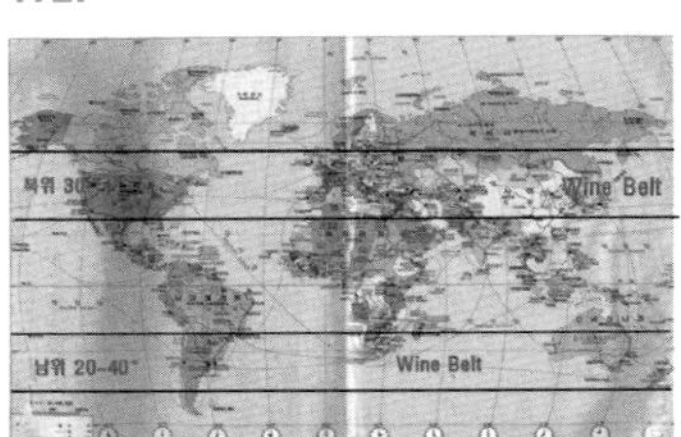

172. 와인 생산 지역 중 나머지 셋과 기후가 다른 지역은?

㉠ 지중해지역　　㉡ 캘리포니아 지역
㉢ 남아프리카공화국 남서부 지역　　㉣ 아르헨티나 멘도자(Mendoza) 지역

㉮ ㉠　　㉯ ㉡　　㉰ ㉢　　㉰ ㉣

173. 샴페인의 "엑스트라 드라이(Extra dry)"라는 문구는 잔여 당분 함유량을 가리키는 표현이다. 이 문구를 삽입하고자 할 때 병에 함유된 잔여 당분의 정도는?

㉮ 0~6g/ℓ　　㉯ 6~12g/ℓ　　㉰ 12~20g/ℓ　　㉱ 20~50g/ℓ

174. Sparking Wine과 관련이 없는 것은?

㉮ Champagne　　㉯ Sekt　　㉰ Cremant　　㉱ Armagnac

175. 보졸레 누보는 절대로 "공장에서 만드는" 혹은 "기술적인" 와인이 아닌 순수한 수작업을 통해 만들어진 와인. 한 종류의 포도만을 이용해 만드는 유일무이한 "보졸레만의 양조법" 풍부한 아로마 향과 과일 향, 또한 '레드와인' 이지만 '화이트와인' 의 특성을 지니기 때문에 10~14도 정도로 차게 마시는 것이 좋다. 둘째, 독특한 양조방식인 마세라시옹 까르보니끄(Maceration Carbonique, 탄산가스 침용법)로 양조

175. 보졸레 누보 양조과정의 특징이 아닌 것은?

㉮ 기계수확을 한다.
㉯ 열매를 분리하지 않고 송이채 밀폐된 탱크에 집어넣는다.
㉰ 발효 중 CO_2의 영향을 받아 산소가 낮은 와인이 만들어진다.
㉱ 오랜 숙성기간 없이 출하한다.

176. 이탈리아를 대표하는 4대 명품와인 바롤로(Barolo), 바르바레스코(Barbaresco), 키안티 클라시코(Chianti Classico)와 브루넬로 디 몬탈치노(Brunello di Motalcino)

176. 다음 중에서 이탈리아 와인 키안티 클라시코(Chianti Classico)와 관계가 가장 먼 것은?

㉮ Gallo Nero　　㉯ Piasco
㉰ Raffia　　㉱ Barbaresco

177. 포트와인 양조 시 전통적으로 포도의 색과 타닌을 빨리 추출하기 위해 포도를 넣고 발로 밟는 화강암 통은?

㉮ 라가르(Lagar) ㉯ 마세라씨옹(Maceration)
㉰ 찹탈리제이션(Chaptalisation) ㉱ 캐스크(Cask)

178. 다음 중 Red Wine용 포도품종은?

㉮ Cabernet Sauvignon ㉯ Chardonnay
㉰ Pinot Blanc ㉱ Sauvignon Blanc

179. 화이트 포도품종인 샤르도네만을 사용하여 만드는 샴페인은?

㉮ Blanc de Noire ㉯ Blanc de Blancs
㉰ Asti Spumante ㉱ Beaujolais

180. Port Wine을 가장 옳게 표현한 것은?

㉮ 항구에서 막노동을 하는 선원들이 즐겨 찾는 적포도주
㉯ 적포도주의 총칭
㉰ 스페인에서 생산되는 식탁용 드라이(Dry) 포도주
㉱ 포르투갈에서 생산되는 감미(Sweet) 포도주

181. 와인의 적정온도 유지의 원칙으로 옳지 않은 것은?

㉮ 보관 장소는 햇볕이 들지 않고 서늘하며, 습기가 없는 곳이 좋다.
㉯ 연중 급격한 변화가 없는 곳이어야 한다.
㉰ 와인에 전해지는 충격이나 진동이 없는 곳이 좋다.
㉱ 코르크가 젖어 있도록 병을 눕혀서 보관해야 한다.

182. 스파클링 와인에 해당 되지 않는 것은?

㉮ Champagne ㉯ Cremart
㉰ Vin Douxnaturel ㉱ Spumante

183. 보르도(Bordeaux)지역에서 재배되는 레드 와인용 포도품종이 아닌 것은?

㉮ 메를로(merlot)
㉯ 뮈스까델(muscadelle)
㉰ 까베르네 소비뇽(cabernet sauvignon)
㉱ 까베르네 프랑(cabernet franc)

풀이 해설

177. ㉮ 포도를 발로 밟아서 으깰 때 쓰이는 돌로 만든 용기를 가리키는 스페인어, ㉯ 발효 전후와 도중에 포도 껍질과 포도즙을 일정시간 함께 담가 색깔과 향기, 맛을 추출해 내는 과정, ㉰ Chaptalisation(샤프따리자씨옹)-「포도즙에 설탕을 넣기」라는 뜻의 불어로써 와인용어로「양조시기에 하는 작업」을 말함, ㉱ Cask-술이나 와인 등을 담아 보관할 수 있는 술통

178. <화이트와인 품종>

①샤르도네 (Chardonnay)	쏘비뇽 블랑 (Sauvignon Blanc)	리슬링 (Riesling)	슈냉블랑 (Chenin Blanc)
게부르즈트라미네르 (Gewurztraminer)	세미용 (Semillon)	알리고테 (Aligote)	머스캇 뮈스까 (Muscat)
삐노 블랑 (Pinot Blanc)	삐노 그리 (Pinot Gris)	위니블랑 (Ugni Blanc)	뮈스까데 (Muscadet)

<레드와인 품종>

까베르네 쏘비뇽 (Cabernet Sauvignon)	삐노 누아르 (Pinot Noir)	메를로 (Merlot)	그르나슈 (Grenache)
가메 (Gamay)	씨라 (Syrah)	까베르네 프랑 (Cabernet Franc)	네비올로 (Nebbiolo)
삐노 뫼니에 (Pinot Meunier)	산조베세 (Sangiovese)	뗌쁘라니요 (Tempranillo)	말벡 (Malbec)

179. ㉮ 레드와인 품종인 Pinot Noir or Pinot Meunier로 만들어진 샴페인 ㉱ 달콤한 발포성 Asti 포도주

180. ㉯ Claret: 프랑스 Bordeaux산의 적포도주, ㉰ Sherry Wine

풀이 해설

184. 와인의 용량 중 1.5L 사이즈는?

㉮ 발따자르(balthazar) ㉯ 드미(demi)
㉰ 매그넘(magnum) ㉱ 제로보암(jeroboam)

185. 발포성 와인이 서비스 방법으로 틀린 것은?

㉮ 병을 45˚로 기울인 후 세게 흔들어 거품이 충분히 나도록 한 후 철사 열 개를 푼다.
㉯ 와인 쿨러에 물과 얼음을 넣고 발포성 와인 병을 넣어 차갑게 한 다음 서브한다.
㉰ 서브 후 서비스 냅킨으로 병목을 닦아 술이 테이블 위로 떨어지는 것을 방지한다.
㉱ 거품이 너무 나지 않게 잔의 내측 벽으로 흘리면서 잔을 채운다.

186. 와인 서빙에 필요치 않은 것은?

㉮ decanter ㉯ cork screw
㉰ stir rod ㉱ pincers

187. 와인의 이상적인 저장고가 갖추어야 할 조건이 아닌 것은?

㉮ 8℃에서 14℃ 정도의 온도를 항상 유지해야 한다.
㉯ 습도는 70~75% 정도를 항상 유지해야 한다.
㉰ 흔들림이 없어야 한다.
㉱ 통풍이 좋고 빛이 들어와야 한다.

188. ㉱ 프랑스 와인

188. 독일의 와인에 대한 설명 중 틀린 것은?

㉮ 라인(Rhein)과 모젤(Mosel) 지역이 대표적이다.
㉯ 리슬링(Riesling) 품종의 백포도주가 유명하다.
㉰ 와인의 등급을 포도 수확 시의 당분함량에 따라 결정한다.
㉱ 1935년 원산지 호칭 통제법을 제정하여 오늘날까지 시행하고 있다.

189. 다음 중 프랑스의 발포성 와인으로 옳은 것은?

㉮ Vin Mousseux ㉯ Sekt
㉰ Spumante ㉱ Perlwein

190. 다음 보기에 대한 설명으로 옳은 것은?

① 만자닐라(Mazanilla) ② 몬틸라(Montilla)
③ 올로로쏘(Oloroso) ④ 아몬티라도(Amontillado)

㉮ 이탈리아산 포도주 ㉯ 스페인산 백포도주
㉰ 프랑스산 샴페인 ㉱ 독일산 포도주

191. 다음 중 와인의 품질을 결정하는 요소로 가장 거리가 먼 것은?
㉮ 환경요소(terroir, 테루아르) ㉯ 양조기술
㉰ 포도품종 ㉱ 부케(bouquet)

192. 부르고뉴 지역의 주요 포도품종은?
㉮ 가메이와 메를로 ㉯ 샤르도네와 피노 누아
㉰ 리슬링과 산지오베제 ㉱ 진판델과 까베르네 소비뇽

193. 포도주(Wine)를 서비스 하는 방법 중 옳지 않는 것은?
㉮ 포도주병을 운반하거나 따를 때에는 병 내의 포도주가 흔들리지 않도록 한다.
㉯ 와인 병을 개봉했을 때 첫 잔은 주문자 혹은 주빈이 시음을 할 수 있도록 한다.
㉰ 보졸레 누보와 같은 포도주는 디켄터를 사용하여 일정시간 숙성시킨 후 서비스 한다.
㉱ 포도주는 손님의 오른쪽에서 따르며 마지막에 보틀을 돌려 흐르지 않도록 한다.

194. 와인의 보관법 중 틀린 것은?
㉮ 진동이 없는 곳에 보관한다. ㉯ 직사광선을 피하여 보관한다.
㉰ 와인을 눕혀서 보관한다. ㉱ 습기가 없는 곳에 보관한다.

195. 독일의 리슬링(Riesling)와인에 대한 설명으로 틀린 것은?
㉮ 독일의 대표적 와인이다.
㉯ 살구향, 사과향 등의 과실향이 주로 난다.
㉰ 대부분 무감미 와인(Dry Wine)이다.
㉱ 다른 나라 와인에 비해 비교적 알코올 도수가 낮다.

풀이 해설

191. ㉮ 네고시앙은 큰 의미로 와인상인이라고 이해할 수 있는데, 더 상세하게는 포도재배자나 와인을 양조한 생산자로부터 벌크, 배럴로 사들여 자신의 와인양조장에서 양조하거나 블렌딩, 숙성, 병입의 과정을 거쳐 자신의 이름으로 와인을 유통시켜 세계시장으로 진출한 업체, ㉯ 불어로 "마개 냄새가 나는 포도주"이며, 와인용어로 "불량 코르크로 인해 변질된 와인을 일컫는 용어, ㉰ 보트리티스 시네리아(Botrytis Cinerea : 회색 곰팡이균)라고 하는데 극소량의 훌륭한 디저트 와인(Dessert Wine)을 만드는 유익한 곰팡균. 즉 이 현상을 영어로 Noble Not(노블 롯), 독일어로 Edelfäule(에델포일레), 불어로 Pourriture Noble(푸리튀르 노블레), 일본어로 귀부(貴腐)라고 부르며, 이런 타입 와인을 살펴보면, 프랑스의 쏘테른(Sauternes), 독일의 베렌아우스레제(Beerenauslese), 트로켄베렌아우스레제(Trockenbeerenauslese), 헝가리의 토카이(Tokay) 등, ㉱ 불어로 "다발 또는 묶음"이라는 뜻이며, 와인용어로 "와인이 나무통이나 병 안에서 숙성하면서 자연스럽게 주변 환경에서 와인에 스며드는 향

풀이 해설

196. 와인을 막고 있는 코르크가 곰팡이에 오염되어 와인의 맛이 변하는 것으로 와인에서 종이 박스 향취, 곰팡이냄새 등이 나는 것을 의미하는 현상은?

㉮ 네고시앙(negociant) ㉯ 부쇼네(bouchonne)
㉰ 귀부병(noble rot) ㉱ 부케(bouquet)

197. 셰리의 숙성 중 솔레라(solera) 시스템에 대한 설명으로 옳은 것은?

㉮ 소량씩의 반자동 블렌딩 방식이다.
㉯ 영(young)한 와인보다 숙성된 와인을 채워주는 방식이다.
㉰ 빈티지 셰리를 만들 때 사용한다.
㉱ 주정을 채워 주는 방식이다.

198. 다음에서 설명하는 프랑스의 기후는?

- 연평균 기온 11~12.5℃ 사이의 온화한 기후로 걸프스트림이라는 바닷바람의 영향을 받는다.
- 보르도, 코냑, 알르마냑 지방 등에 영향을 준다.

㉮ 대서양 기후 ㉯ 내륙성 기후
㉰ 지중해성 기후 ㉱ 대륙성 기후

199. 와인의 경우 포도과즙을 발효시켜 알코올을 얻게 되는데, 17g/ℓ의 당분이 발효되면 1%의 알코올 도수가 얻어진다.

199. 와인 양조 시 1%의 알코올을 만들기 위해 약 몇 그램의 당분이 필요한가?

㉮ 1g /L ㉯ 10g / L
㉰ 16.5g / L ㉱ 20.5g / L

200. ㉰ 와인에서 나무 향이 날 때 이런 표현을 쓴다. 나무통에서 너무 오래 숙성을 시키면 이런 향이 난다.

200. 와인 테이스팅의 표현으로 가장 부적합한 것은?

㉮ Moldy(몰디)- 곰팡이가 낀 과일이나 나무 냄새
㉯ Raisiny(레이즈니)- 건포도나 과숙한 포도 냄새
㉰ Woody(우디)- 마른 풀이나 꽃 냄새
㉱ Corky(코르키)- 곰팡이 낀 코르크 냄새

201. 와인을 분류하는 방법의 연결이 틀린 것은?

㉮ 스파클링 와인 - 알코올 유무 ㉯ 드라이 와인 - 맛
㉰ 아페리티프 와인 - 식사용도 ㉱ 로제 와인 - 색깔

202. 감미 와인(Sweet Wine)을 만드는 방법이 아닌 것은?
㉮ 귀부포도(Noble rot Grape)를 사용하는 방법
㉯ 발효 도중 알코올을 강화하는 방법
㉰ 발효 시 설탕을 첨가하는 방법(Chaptalization)
㉱ 햇빛에 말린 포도를 사용하는 방법

203. 와인은 병에 침전물이 가라앉았을 때 이 침전물이 글라스에 같이 따라지는 것을 방지하기 위해 사용하는 도구는?
㉮ 와인 바스켓 ㉯ 와인 디켄터 ㉰ 와인 버켓 ㉱ 코르크스크류

204. 와인의 빈티지(Vintage)가 의미하는 것은?
㉮ 포도주의 판매 유효 연도 ㉯ 포도의 수확 년도
㉰ 포도의 품종 ㉱ 포도주의 도수

205. 스파클링 와인(Sparkling Wine) 서비스 방법으로 틀린 것은?
㉮ 병을 천천히 돌리면서 천천히 코르크가 빠지게 한다.
㉯ 반드시 '뻥' 하는 소리가 나게 신경 써서 개봉한다.
㉰ 상표가 보이게 하여 테이블에 놓여있는 글라스에 천천히 넘치지 않게 따른다.
㉱ 오랫동안 거품을 간직 할 수 있는 풀루트(Flute)형 잔에 따른다.

206. 다음 중 소믈리에(Sommelier)의 역할로 틀린 것은?
㉮ 손님의 취향과 음식과의 조화, 예산 등에 따라 와인을 추천한다.
㉯ 주문한 와인은 먼저 여성에게 우선적으로 와인 병의 상표를 보여주며 주문한 와인임을 확인시켜 준다.
㉰ 시음 후 여성부터 차례로 와인을 따르고 마지막에 그 날의 호스트에게 와인을 따라준다.
㉱ 코르크 마개를 열고 주빈에게 코르크 마개를 보여주면서 시큼하고 이상한 냄새가 나지 않는지, 코르크가 잘 젖어있는지를 확인시킨다.

207. 다음 중 호크 와인(Hock Wine)이란?
㉮ 독일 라인산 화이트 와인 ㉯ 프랑스 버건디산 화이트 와인
㉰ 스페인 호크하임엘산 레드 와인 ㉱ 이탈리아 피에몬테산 레드 와인

풀이 해설

205. 샴페인을 마시는 온도는 너무 차서는 안되고 6~8도가 적당. 샴페인을 알맞은 온도로 맞추기 위해서는 마시기 두 세 시간 전 냉장고에 넣어 두거나(냉동실은 금물), 가장 이상적인 방법은 물과 얼음을 채운 Wine Bucket에 샴페인 병을 30분 정도 담구어 두는 것이다. 병을 열 때는 한 손으로 병을 잡고, 다른 손으로 병마개를 감은 철사를 벗긴다. 마개를 고정시킨 채로 조심스럽게 병을 돌리면 마개가 저절로 빠져 나온다. 잔에 샴페인을 ⅔만 따르고 이제 시각, 후각, 미각을 동원하여 샴페인을 시음해 보십시오. 축하용으로 인기를 누리는 샴페인은 대부분 맑고 섬세함을 주는 Chardonnay 백포도, Body와 향기를 더하는 Pinot Noir 적포도주를 섞어서 만든다. 샴페인은 오드불부터 디저트까지 전 코스에 마실 수 있는 발포성 와인으로 서브온도는 6~8도

206. ㉯ 먼저 여성에게 → 먼저 호스트에게

207. Hock is a British term for German white wine; sometimes it refers to white wine from the Rhine region and sometimes to all German white wine.

풀이 해설

208. 포도의 품질을 위해 일부 포도송이를 솎아내는 작업

211. ㉮ 스페인에서 셰리·브랜디가 익는 동안 넣어두는 3-6단으로 쌓아올린 술통.㉯ bodega(스페인어로 양조장 또는 와인 저장소)=cave(불어로 와인 저장소)=wine cellar(영어로 와인 저장소), ㉱ 발효가 일어나는 동안 포도주 표면을 덮는 효소. 박테리아 또는 미생물의 덮개.

213. QmP는 특별 품질 표기의 고급 와인(Qualitätswein mit Prädikat)으로 독일와인 중 최고의 품질. 라벨에 이러한 성숙도와 품질에 따라 6가지 등급. 케비넷(Kabinett), 슈페트레제(Spatlese), 아우스레제(Auslese), 베렌아우스레제(Beerenauslese : BA), 아이스바인(Eiswein), 트로켄 베렌 아우스레제(Troken Beerenauslese : TBA)

215. ㉮ 화이트와인 포도품종

208. 포도 품종의 그린 수확(Green Harvest)에 대한 설명으로 옳은 것은?
㉮ 수확량을 제한하기 위한 수확 ㉯ 청포도 품종 수확
㉰ 완숙한 최고의 포도 수확 ㉱ 포도원의 잡초 제거

209. Red Wine의 품종이 아닌 것은?
㉮ Malbec ㉯ Cabernet Saubignon
㉰ Riesling ㉱ Cabernet franc

210. 다음 중 각국 와인의 설명이 잘못된 것은?
㉮ 모든 와인생산 국가는 의무적으로 와인의 등급을 표기해야 한다.
㉯ 프랑스는 와인의 Terroir를 강조한다.
㉰ 스페인과 포르투갈에서는 강화와인도 생산한다.
㉱ 독일은 기후의 영향으로 White wine의 생산량이 Red wine보다 많다.

211. 다음 중 셰리를 숙성하기에 가장 적합한 곳은?
㉮ 솔레라(Solera) ㉯ 보데가(Bodega)
㉰ 꺄브(Cave) ㉱ 프로(Flor)

212. 다음 중 이탈리아 와인 등급 표시로 맞는 것은?
㉮ A.O.C ㉯ D.O ㉰ D.O.C.G ㉱ QbA

213. 독일의 QmP 와인등급 6단계에 속하지 않는 것은?
㉮ 란트바인 ㉯ 카비네트
㉰ 슈페트레제 ㉱ 아우스레제

214. 부르고뉴(Bourgogne)지방과 함께 대표적인 포도주 산지로서 Medoc, Graves 등이 유명한 지방은?
㉮ Pilsner ㉯ Brodeaux ㉰ Staut ㉱ Mousseux

215. 다음 중 레드와인용 포도품종이 아닌 것은?
㉮ 리슬링(Riesling)
㉯ 메를로(Merlot)
㉰ 삐노 누아(Pinot Noir)
㉱ 카베르네 소비뇽(Cabernet Sauvignon)

216. 샴페인에 관한 설명 중 틀린 것은?

㉮ 샴페인은 포말성(Sparkling) 와인의 일종이다.
㉯ 샴페인 원료는 피노 누아, 피노 뫼니에, 샤르도네이다.
㉰ 동 페리뇽(Dom Perignon)에 의해 만들어졌다.
㉱ 샴페인 산지인 샹파뉴 지방은 이탈리아 북부에 위치하고 있다.

217. 다음은 어떤 포도품종에 관하여 설명한 것인가?

> 작은 포도알, 깊은 적갈색, 두꺼운 껍질, 많은 씨앗이 특징이며 씨앗은 타닌 함량을 풍부하게 하고, 두꺼운 껍질은 색깔을 깊이 있게 나타낸다. 블랙커런트, 체리, 자두 향을 지니고 있으며, 대표적인 생산지역은 프랑스 보르도 지방이다.

㉮ 메를로(Merlot)
㉯ 삐노 누아(Pinot Noir)
㉰ 카베르네 소비뇽(Cabernet Sauvignon)
㉱ 샤르도네(Chardonnay)

218. 개봉한 뒤 다 마시지 못한 와인의 보관방법으로 옳지 않는 것은?

㉮ Vacuum Pump로 병 속의 공기를 빼낸다.
㉯ 코르크로 막아 즉시 냉장고에 넣는다.
㉰ 마개가 없는 디캔터에 넣어 상온에 둔다.
㉱ 병속에 불활성 기체를 넣어 산소의 침입을 막는다.

219. 와인 제조 시 이산화황(SO_2)을 사용하는 이유가 아닌 것은?

① 황산화제 역할　　② 부패균 생성 방지
③ 갈변방비　　④ 효모 분리

220. 와인에 관한 용어 설명 중 틀린 것은?

① 타닌(Tannin) - 포도의 껍질, 씨와 줄기, 오크통에서 우러나오는 성분
② 아로마(Aroma) - 포도의 품종에 따라 맡을 수 있는 와인의 첫 번째 냄새 또는 향기
③ 부케(Bouquet)- 와인의 발효과정이나 숙성과정 중에 형성되는 복잡하고 다양한 향기
④ 빈티지(Vintage) - 포도의 제조년도

풀이 해설

216. ㉱ 프랑스

219. 이산화황(SO_2)첨가 : 산화방지, 살균작용(잡균 오염방지), 갈변방지, 와인 맛을 개선, 신선도, 아로마 유지

220. ④ 수확년도

풀이 해설

221. ① 부르고뉴와 론

222. ③ 와인의 이동 보관은 좋지 않다.

223. ③ Wine Cradle(와인 크래들)은 Wine Basket, Pannier와 같은 뜻으로 와인용어로 "Red Wine을 서브할 때 사용하는 것으로 와인을 뉘어 놓은 손잡이가 달린 바구니, 와인 바스켓"을 말한다.

224. ② Grappa(그라파) : 포도를 압착 후 나머지를 증류한 것으로 숙성하지 않아서 무색이다.(포도 찌꺼기를 가지고 만듦), ④ 아니스(Anis)씨와 감초 그리고 쑥의 수종의 약초와 향료를 원료로 배합하여 만든 리큐르로 일명'녹색의 마주'라고 하며, 원료는 Brandy+ Absinthe+ Angelica +Cloves+Lemon Peel+Honey Bee

225. ④귀부병에 감염된 포도를 사용하여 생산된 와인은 단맛이 나므로 귀부병은 고품질의 스위트 와인을 만드는 데 도움. 귀부병에 감염된 포도로 만든 와인을 귀부와인. 프랑스의 소테른 와인, 헝가리의 토카이 와인, 독일 트로켄베렌아우스레제 와인 등이 있으며, 소테른의 샤토 디켐(Château d'Yquem)은 최고급 귀부와인

226. ③ 잎이 크고 껍질이 적당하며, 적절한 산미와 부드러운 타닌이 있는 조화로운 스페인 포도품종. 오디, 딸기, 담배, 오크통에서 숙성되면서 생기는 향료, 바닐라, 커피 맛이 난다. 주 재배 지역은 Rioja, Ribera del Duero, 유명 대표 와인은 유니코, 야누스

221. 프랑스 보르도(Bordeaux)지방의 와인이 아닌 것은?

① 보졸레(Beaujolais), 론(Rhone)
② 메독(Medoc), 그라브(Grave)
③ 포므롤(Pomerol), 소테른(Sauternes)
④ 생떼밀리옹(Saint-Emilion), 바르삭(Barsac)

222. Wine 저장에 관한 내용 중 적절하지 않은 것은?

① White Wine은 냉장고에 보관하되 그 품목에 맞는 적정온도를 유지해 준다.
② Red Wine은 상온 Cellar에 보관하되 그 품목에 맞는 적정온도를 유지해 준다.
③ Wine을 보관하면서 정기적으로 이동 보관한다.
④ Wine 보관 장소는 햇볕이 잘 들지 않고 통풍이 잘되는 곳에 보관하는 것이 좋다.

223. 화이트와인 서비스과정에서 필요한 기물과 가장 거리가 먼 것은?

① Wine Cooler　② Wine Stand
③ Wine Basket　④ Wine Opener

224. 주정 강화로 제조된 시칠리아산 와인은?

① Champagne　② Grappa
③ Marsala　④ Absente

225. 와인 병 바닥의 요철 모양으로 오목하게 들어간 부분은?

① 펀트(Punt)　② 발란스(Balance)
③ 포트(Port)　④ 노블 롯(Noble Rot)

226. 스페인 와인의 대표적 토착품종으로 숙성이 충분히 이루어지지 않을 때는 짙은 향과 풍미가 다소 거칠게 느껴질 수 있지만 오랜 숙정을 통해 부드러움이 갖추어져 매혹적인 스타일이 만들어지는 것은?

① Gamay　② Pinot Noir
③ Tempranillo　④ Cabernet Sauvignon

227. 화이트와인 품종이 아닌 것은?
① 샤르도네(Chardonnay) ② 말벡(Malbec)
③ 리슬링(Riesling) ④ 뮈스까(Muscat)

228. 다음 중 와인의 정화(fining)에 사용되지 않는 것은?(2010년 5회)
① 규조토 ② 계란의 흰자 ③ 카제인 ④ 아황산용액

229. 와인의 숙성 시 사용되는 오크통에 관한 설명으로 가장 거리가 먼 것은?
① 오크 캐스크(cask)가 작은 것 일수록 와인에 뚜렷한 영향을 준다.
② 보르도 타입 오크통의 표준 용량은 225리터이다.
③ 캐스크가 오래될수록와인에 영향을 많이 주게 된다.
④ 캐스트에 숙성시킬 경우에 정기적으로 랙킹(racking)을 한다.

230. 칠레에서 주로 재배되는 포도품종이 아닌 것은?
① 말백(Malbec) ② 진판델(Zinfandel)
③ 메를로(Merlot) ④까베르네 쇼비뇽(Cabernet Sauvignon)

231. 레드와인의 서비스로 틀린 것은?
① 적정한 온도로 보관하여 서비스한다.
② 잔의 가득 차도록 조심해서 서서히 따른다.
③ 와인 병이 와인 잔에 닿지 않도록 따른다.
④ 와인 병 입구를 종이냅킨이나 크로스냅킨을 이용하여 닦는다.

232. 포도주를 관리하고 추천하는 직업이나 그 일을 하는 사람을 뜻하며 와인 마스타(wine master)라고도 불리는 사람은?
①셰프(chef) ②소믈리에(sommelier)
③바리스타(barista) ④믹솔로지스트(mixologist)

233. 아로마(Aroma)에 대한 설명 중 틀린 것은?
① 포도의 품종에 따라 맡을 수 있는 와인의 첫 번째 냄새 또는 향기이다.
② 와인의 발효과정이나 숙성과정 중에 형성되는 여러 가지 복잡 다양한 향기를 말한다.
③ 원료 자체에서 우러나오는 향기이다.
④ 같은 포도품종이라도 토양의 성분, 기후 재배조건에 따라 차이가 있다.

풀이 해설

227. ② Malbec is a purple grape variety used in making red wine. The grapes tend to have an inky dark color and robust tannins, and are known as one of the six grapes allowed in the blend of red Bordeaux wine. The French plantations of Malbec are now found primarily in Cahors in South West France. It is increasingly celebrated as an Argentine varietal wine and is being grown around the world.

228. Fining : 벤토나이트(Bentonite), 활성탄(Active Cabon), 젤라틴(Gelatine), 계란 흰자, PVPP, 카제인, 탈지유, 규조토 등

229. ③ 새 것일수록 영향을 많이 미친다.

230. ② 미국 캘리포니아(California)에서 가장 많이 재배되는 적포도 품종으로 이탈리아에서는 Primitivo(프리미티보)

풀이 해설

234. 각 나라별 와인 등급 중 가장 높은 등급이 아닌 것은?

① 프랑스 V.D.Q.S ② 이탈리아 D.O.C.G
③ 독일 Q.m.P ④ 스페일 D.O.C

235. ③ 까베르네 쇼비뇽은 보르도 지방, 부르고뉴는 피노 누아

235. 까베르네 쇼비뇽에 관한 설명 중 틀린 것은?

① 레드와인 제조에 가장 대표적인 포도품종이다.
② 프랑스 남부지방, 호주, 칠레, 미국, 남아프리카에서 재배한다.
③ 부르고뉴 지방의 대표적인 적포도 품종이다.
④ 포도송이가 작고 둥글고 포도 알은 많으며 껍질은 두껍다.

236. Wine serving 방법으로 가장 거리가 먼 것은?

① 코르크의 냄새를 맡아 이상 유무를 확인 후 손님에게 확인하도록 접시 위에 얹어서 보여준다.
② 은은한 향을 음미하도록 와인을 따른 후 한두 방울이 테이블에 떨어지도록 한다.
③ 서비스 적정온도를 유지하고, 상표를 고객에게 확인시킨다.
④ 와인을 따른 후 병 입구에 맺힌 와인이 흘러내리지 않도록 병목을 돌려서 자연스럽게 틀어 올린다.

237. ② 이탈리아의 중서부에 위치한 토스카나에서 생산되는 와인. 비노 노빌레 디 몬테풀치아노(Vino Nobile di Montepulciano), 브루넬로 디 몬탈치노(Brunello di Montalcino), 키안티(Chianti), 키안티 클라시코(Chianti Classico), 카르미냐노(Carmignano), 베르나차 산 지미냐노(Vernaccia San Gimignano) 등 6개의 D.O.C.G.급 와인을 생산

237. 다음 중 프랑스의 주요 와인 산지가 아닌 것은?

① 보르도(Bordeaux) ② 토스카나(Toscana)
③ 루아르(Loire) ④ 론(Rhone)

238. 발포성 포도주와 관계가 없는 것은?

① 뱅 무스(Vin Mousseux) ② 베르무트(Vermouth)
③ 동 페리뇽(Dom Perignon) ④ 샴페인(Champagne)

239. ① 아주 잘 익은 포도가 얼 때까지 기다렸다가 만든다. 일꾼들은 종종 새벽녘에 장갑을 낀 채 포도를 딴다. 언 포도가 압착되면서 달콤하고 산도가 높으며 농축된 즙이 얼음과 분리된다. 당도와 산도가 모두 높아서, 한 모금 마시면 마치 천상에 있는 듯한 기분을 느끼게 한다. 리슬링에서부터 쇼이레베, 바이스부르군더에 이르기까지 좋은 포도라면 품종에 상관없이 아이스바인의 원료로 이용(심지어 피노 누아로 만들기도 한다).

239. 독일와인에 대한 설명 중 틀린 것은?

① 아이스바인(Eiswein)은 대표적인 레드와인이다.
② Pradikatswein 등급은 포도의 수확상태에 따라서 여섯 등급으로 나눈다.
③ 레드와인보다 화이트와인의 제조가 월등히 많다.
④ 아우스레제(Auslese)는 완전히 익은 포도를 선별해서 만든다.

240. 다음 중 지역명과 대표적인 포도품종의 연결이 맞는 것은?
① 샴페인 - 세미용　　② 부르고뉴(White) - 쇼비뇽 블랑
③ 보르도(Red) - 피노 누아　　④ 샤또뇌프 뒤 빠쁘 - 그르나슈

241. 매년 보졸레 누보의 출시일은?
① 11월 1째주 목요일　　② 11월 3째주 목요일
③ 11월 1째주 금요일　　④ 11월 3째주 금요일

242. 와인의 등급제도가 없는 나라는?
① 스위스　　② 영국
③ 헝가리　　④ 남아프리카공화국

243. 독일 와인 라벨 용어는?
① 로사토　　② 트로컨　　③ 로쏘　　④ 비노

244. 다음 와인 종류 중 냉각하여 제공하지 않는 것은?
① 클라렛(Claret)　　② 호크(Hock)
③ 샴페인(Champagne)　　④ 로제(Rose)

245. Red Bordeaux Wine의 Service 온도로 가장 적합한 것은?
① 3~5℃　　② 6~7℃　　③ 7~11℃　　④ 16~18℃

246. 와인의 품질을 결정하는 요소가 아닌 것은?(2012년 5회)
① 환경요소(Terroir)　　② 양조기술
③ 포도품종　　④ 제조국의 소득수준

247. 까브(Cave)의 의미는?
① 화이트　　② 지하 저장고
③ 포도원　　④ 오래된 포도나무

248. 나라별 와인을 지칭하는 용어가 바르게 연결된 것은?
① 독일 - Wine　　② 미국 - Vin
③ 이태리 - Vino　　④ 프랑스 - Wein

풀이 해설

240. ① 피노 누아, 피노 뫼니에, 샤르도네, ② 샤르도네, 피노 누아, ③ 카베르네 쇼비뇽, 메를로

241. 1951년 11월 13일 보졸레 누보 축제가 처음 열렸으며, 1985년부터는 보졸레 지방의 생산업자들이 매년 11월 셋째 주 목요일 자정을 기해 일제히 제품을 출하하도록 정했다. 이러한 독특한 마케팅 방식에 힘입어 매년 이맘때가 되면 프랑스뿐 아니라 전 세계에서 그 해에 생산된 포도로 만든 포도주를 동시에 마시는 연례행사로 발전

243. ① 이탈리아 로제와인, ③ 이탈리아 레드와인, ④ 이탈리아 와인

244. ① 미국에서 프랑스 보르도산 적포도주, ② 독일와인의 영국식 이름

풀이 해설

249. 일반적으로 Dessert Wine으로 적합하지 않은 것은?

① Beerenauslese ② Barolo
③ Sauternes ④ Ice Wine

250. 다음의 제조방법에 해당되는 것은?

삼각형, 받침대 모양의 틀에 와인을 꽂고 약 4개월 동안 침전물을 병 입구로 모은 후, 순간냉동으로 병목을 얼려서 코르크 마개를 열면 순간적으로 자체 압력에 의해 응고되었던 침전물이 병 밖으로 빠져 나온다. 침전물의 방출로 인한 양적 손실은 도자쥬(Dosage)로 채워진다.

① 레드와인(Red Wine) ② 로제와인(Rose Wine)
③ 샴페인(Champagne) ④ 화이트와인(White Wine)

251. ① 알자스지방 ②, ③ 부르고뉴지방

251. 다음 중 보르도(Bordeaux)지역에 속하며, 고급와인이 많이 생산되는 곳은?

① 콜마(Colmar) ② 샤블리(Chablis)
③ 보졸레(Beaujolais) ④ 뽀므롤(Pomerol)

252. 다음 중 소믈리에(Sommelier)의 역할로 틀린 것은?

① 손님의 취향과 음식과의 조화, 예산 등에 따라 와인을 추천한다.
② 주문한 와인은 먼저 여성에게 우선적으로 와인 병의 상표를 보여주며 주문한 와인임을 확인시켜 준다.
③ 시음 후 여성부터 차례로 와인을 따르고 마지막에 그 날의 호스트에게 와인을 따라준다.
④ 코르크 마개를 열고 주빈에게 코르크마개를 보여주면서 시큼하고 이상한 냄새가 나지 않는지, 코르크가 잘 젖어 있는지를 확인시킨다.

253. 재배하기가 무척 까다롭지만 궁합이 맞는 토양을 만나면 훌륭한 와인을 만들어 내기도 하며 Romanee-Conti를 만드는데 사용된 프랑스 부르고뉴 지방의 대표적인 품종으로 옳은 것은?

① Cabernet Sauvignon ② Pinot Noir
③ Sangiovese ④ Syrah

254. 샴페인 제조 시 블랜딩 방법이 아닌 것은?

① 여러 포도품종
② 다른 포도밭 포도
③ 다른 수확연도의 와인
④ 10% 이내의 샴페인 외 다른 지역 포도

255. 감미와인(Sweet Wine)을 만드는 방법이 아닌 것은?

① 귀부포도(Noble rot Grape)를 사용하는 방법
② 발효도중 알코올을 강화하는 방법
③ 발효 시 설탕을 첨가하는 방법(Chaptalization)
④ 햇볕에 말린 포도를 사용하는 방법

256. 레드와인 용 포도품종이 아닌 것은?

① 시라(Syrah) ② 네비올로(Nebbiolo)
③ 그르나슈(Grenache) ④ 세미용(Semillion)

257. 적포도주를 착즙해 주스만 발효시켜 만드는 와인은?

① Blanc de Blanc ② Blush Wine
③ Port Wine ④ Red Vermouth

258. 나라별 와인산지가 바르게 연결된 것은?

① 미국-루아르 ② 프랑스-모젤
③ 이탈리아-키안티 ④ 독일-나파벨리

259. 다음 중에서 이탈리아 와인 키안티 클라시코(Chianti classico)와 가장 거리가 먼 것은?

① Gallo nero ② Piasco
③ Raffia ④ Barbaresco

풀이 해설

255. ③ 알코올 도수를 높이는 데만 제한적으로 사용

256. ④ 화이트와인 포도품종

257. ① 백포도주, ② Rose Wine

258. ① 프랑스, ② 독일, ④ 미국

259. ① 이탈리아어로 Gallo Nero(갈로 네로): 옛날 중세 도시국가였던 시대에 이탈리아 토스카나지역도 역시 조그마한 도시국가들로 이루어져 있었는데, 피렌체와 시에나는 이웃사촌임에도 불구하고 영토를 두고 매일매일 전쟁을 하였다. 하루는 너무나도 지친 군병들을 본 피렌체 영주가 "이러다간 군병들이 다 쓰러져 영토는 불구하고 백성들까지 잃어버리겠군." 라고 생각하여 "영토경계선을 확립하는 것이 어떨까?"라고 시에나 군주에게 제의를 하였다. 시에나도 마침 같은 사정이 었던지라 시에나 군주는 동의를 하였다. 두 군주는 그럼 어떠한 방법으로 경계선을 나눌까 고심한 뒤 한 가지 방법을 생각해 내었는데, 그 방법은... 아침 일찍 닭이 울면 피렌체성 문과 시에나성 문에서 기사가 출발하여 두 기사가 만나는 지점이 바로 피렌체와 시에나의 경계선. 날짜도 정하고 기사도 정한 두 군주들, 그래도 영토를 두고 하는 달리기인데 긴장이 안돼겠어요? 시에나 군주는 도시에서 가장 튼튼하고 목소리가 큰 닭을 골라 다음 날 아침 일찍 일어나라고 모이를 잔뜩 주었으나, 피렌체 군주는 작고 탄탄한 검은 닭을 골랐지만 저녁을 주지 않았다. 다음 날 아침, 배부르게 저녁을 먹은 시에나의 닭은 늦게 일어나 "꼬꼬데!" 기사가 늦게 출발하여 달린 길이도 짧았고요, 반대로 저녁을 먹지 않은 피렌체의 검은 닭은 배가 고파 일찍 일어나 "꼬꼬데, 꼬꼬데!!!!" 설치는 바람에 기사가 일찍 출발하여 많은 길을 달렸다고 합니다. 그래서 피렌체가 시에나보다 많은 땅을 가지게 되었다고 하네요. 그리고 피렌체와 시에나의 기사가 달렸던 그 땅에서는 포도 수확을 하였는데, 그 포도로 만든 와인이 바로 Gallo Nero(갈로 네로)라고 함, ② 키안티 와인을 담는 병으로 주둥이가 긴 호리병 모양, ③ 야자나무 잎으로 만든 바구니

풀이 해설

260. 프랑스 보르도지역에서 재배되는 레드와인의 대표적인 품종은 카베르네 소비뇽과 메를로, 그 중 카베르네 소비뇽의 알이 작다. 피노 누아는 부르고뉴지역의 대표적인 품종, 샤르도네는 화이트와인 포도품종

266. ③ 로제 와인, 레드(Tinto), 화이트(Blanco)

260. 다음은 어떤 포도품종에 관하여 설명한 것인가?

작은 포도알, 깊은 적갈색, 두꺼운 껍질, 많은 씨앗이 특징이며 씨앗은 타닌 함량을 풍부하게 하고, 두꺼운 껍질은 색깔을 깊이 있게 나타낸다. 블랙커런트, 체리, 자두 향을 지니고 있으며, 대표적인 생산지역은 프랑스 보르도 지방이다.

① 메를로(Merlot)
② 피노 누아(Pinot Noir)
③ 카베르네 소비뇽(Cabernet Sauvignon)
④ 샤르도네(Chardonnay)

261. 다음 중 이탈리아 와인 등급 표시로 맞는 것은?

① A.O.P. ② D.O.
③ D.O.C.G ④ QbA

262. 프랑스와인의 원산지 통제 증명법으로 가장 엄격한 기준은?

① DOC ② AOC
③ VDQS ④ QMP

263. 솔레라 시스템을 사용하여 만드는 스페인의 대표적인 주정강화 와인은?

① 포트 와인 ② 쉐리 와인
③ 보졸레 와인 ④ 보르도 와인

264. 다음 중 스타일이 다른 맛의 와인이 만들어 지는 것은?

① late harvest ② noble rot
③ ice wine ④ vin mousseux

265. 스파클링 와인에 해당 되지 않는 것은?

① Champagne ② Cremant
③ Vin doux naturel ④ Spumante

266. 각 국가별로 부르는 적포도주로 틀린 것은?

① 프랑스 - Vin Rouge ② 이태리 - Vino Rosso
③ 스페인 - Vino Rosado ④ 독일 - Rotwein

267. Sparkling Wine이 아닌 것은?

① Asti spumante ② Sekt
③ Vin mousseux ④ Troken

268. 포도 품종의 그린 수확(Green Harvest)에 대한 설명으로 옳은 것은?

① 수확량을 제한하기 위한 수확 ② 청포도 품종 수확
③ 완숙한 최고의 포도 수확 ④ 포도원의 잡초제거

269. 보르도 지역의 와인이 아닌 것은?

① 샤블리 ② 메독
③ 마고 ④ 그라브

270. 보졸레 누보 양조과정의 특징이 아닌 것은?

① 기계수확을 한다.
② 열매를 분리하지 않고 송이채 밀폐된 탱크에 집어넣는다.
③ 발효 중 CO_2의 영향을 받아 산도가 낮은 와인이 만들어진다.
④ 오랜 숙성 기간 없이 출하한다.

271. 샴페인 1병을 주문한 고객에게 샴페인을 따라주는 방법으로 옳지 않은 것은?

① 샴페인은 글라스에 서브할 때 2번에 나눠서 따른다.
② 샴페인의 기포를 눈으로 충분히 즐길 수 있게 따른다.
③ 샴페인은 글라스의 최대 절반정도까지만 따른다.
④ 샴페인을 따를 때에는 최대한 거품이 나지 않게 조심해서 따른다.

풀이 해설

267. ① 이탈리아, ② 독일, ③ 프랑스 샹파뉴 지역 외에 스파클링 와인, ④ 독일어로 "드라이하다."

268. 포도의 품질을 위해 일부 포도송이를 솎아내는 작업을 말한다.

269. 샤블리는 부르고뉴지역

270. 프랑스 부르고뉴주의 보졸레 지방에서 매년 그해 9월 초에 수확한 포도를 4~6주 숙성시킨 뒤, 11월 셋째 주 목요일부터 출시하는 포도주(와인)의 상품명이다. 원료는 이 지역에서 재배하는 포도인 '가메(Gamey)'로, 온화하고 따뜻한 기후와 화강암·석회질 등으로 이루어진 토양으로 인해 약간 산성을 띠면서도 과일 향이 풍부. 보졸레누보가 널리 알려지기 시작한 것은 1951년 11월 13일 처음으로 보졸레 누보 축제를 개최하면서부터이다. 보졸레 지역에서는 그해에 갓생산된 포도주를 포도주통에서 바로 부어 마시는 전통이 있었는데, 1951년 이러한 전통을 지역 축제로 승화시키면서 프랑스 전역의 축제로 확대되었고, 1970년대 이후에는 세계적인 포도주 축제로 자리잡았다.

풀이 해설

Wine 예상 문제 정답

1	2	3	4	5	6	7	8	9	10	11	12	13	14	15	16	17	18	19	20
㉮	㉰	㉰	㉮	㉯	㉯	㉰	㉰	㉱	㉰	㉰	㉱	㉱	㉰	㉰	㉯	㉱	㉮	㉯	㉰
21	22	23	24	25	26	27	28	29	30	31	32	33	34	35	36	37	38	39	40
㉱	㉱	㉰	㉮	㉱	㉯	㉯	㉮	㉰	㉱	㉮	㉮	㉱	㉯	㉱	㉰	㉰	㉯	㉱	㉱
41	42	43	44	45	46	47	48	49	50	51	52	53	54	55	56	57	58	59	60
㉱	㉰	㉯	㉯	㉮	㉰	㉮	㉯	㉰	㉯	㉯	㉰	㉯	㉰	㉯	㉱	㉯	㉮	㉮	㉱
61	62	63	64	65	66	67	68	69	70	71	72	73	74	75	76	77	78	79	80
㉯	㉱	㉮	㉱	㉯	㉰	㉰	㉱	㉮	㉱	㉮	㉮	㉰	㉮,㉱	㉯	㉮	㉱	㉱	㉰	㉯
81	82	83	84	85	86	87	88	89	90	91	92	93	94	95	96	97	98	99	100
㉱	㉱	㉯	㉱	㉱	㉯	㉰	㉰	㉯	㉮	㉯	㉱	㉯	㉮	㉰	㉱	㉮	㉮	㉰	㉰
101	102	103	104	105	106	107	108	109	110	111	112	113	114	115	116	117	118	119	120
㉮	㉯	㉯	㉱	㉯	㉱	㉱	㉱	㉯	㉮	㉯	㉯	㉮	㉮	㉯	㉮	㉰	㉱	㉱	㉯
121	122	123	124	125	126	127	128	129	130	131	132	133	134	135	136	137	138	139	140
㉰	㉯	㉯	㉮	㉮	㉯	㉰	㉯	㉮	㉱	㉮	㉱	㉱	㉱	㉯	㉯	㉮	㉯	㉱	㉰
141	142	143	144	145	146	147	148	149	150	151	152	153	154	155	156	157	158	159	160
㉰	㉯	㉯	㉮	㉰	㉯	㉰	㉮	㉰	㉱	㉱	㉱	㉱	㉮	㉮	㉯	㉯	㉰	㉮	㉯
161	162	163	164	165	166	167	168	169	170	171	172	173	174	175	176	177	178	179	180
㉮	㉯	㉯	㉮	㉯	㉱	㉱	㉱	㉱	㉰	㉰	㉰	㉮	㉱	㉮	㉱	㉮	㉮	㉯	㉱
181	182	183	184	185	186	187	188	189	190	191	192	193	194	195	296	297	298	299	200
㉮	㉰	㉯	㉰	㉮	㉰	㉱	㉱	㉮	㉯	㉱	㉯	㉰	㉱	㉰	㉯	㉮	㉮	㉰	㉰
201	202	203	204	205	206	207	208	209	210	211	212	213	214	215	216	217	218	219	220
㉮	㉰	㉯	㉯	㉯	㉯	㉮	㉮	㉰	㉮	㉯	㉰	㉮	㉯	㉮	㉱	㉰	㉰	④	④
221	222	223	224	225	226	227	228	229	230	231	232	233	234	235	236	237	238	239	240
①	③	③	③	①	③	②	④	③	③	②	②	②	①	③	②	②	②	①	④
241	242	243	244	245	246	247	248	249	250	251	252	253	254	255	256	257	258	259	260
②	④	②	①	④	④	②	③	②	③	④	②	②	④	③	④	②	③	④	③
261	262	263	264	265	266	267	268	269	270	271									
③	②	②	④	③	③	④	①	①	①	④									

정리노트

5
CHAPTER
양조주(Beer)

CONTENTS

맥주(Beer)

맥주는 보리를 싹을 내어(Malted Barley), 호프(Hop), 효모(Yeast)를 첨가, 발효시켜서 만든 탄산가스가 함유된 주정도 4~6%의 알코올성 음료로 칵테일에 사용될 때는 기분을 상쾌하게 돋우는 Light한 느낌을 낸다.

맥주를 영국, 미국은 Beer, 독일 Bier, 프랑스는 Biere라고 부르고 있으며 3~4℃로 보관하였다가 5℃ 정도로 마시는 것이 좋다.

1 역사

맥주는 B.C 4,000년경 중동지역인 메소포타미아 지방의 수메르 민족에 의해 최초로 제조되었던 것으로 보인다. B.C 3,000년경 이집트 왕의 분묘에서 맥주 양조장의 조각이 그려있는 것이 발견됨으로써 이집트에서도 나일강 변에서 수확한 대맥으로 맥주로 제조했음을 알 수 있고 그 후 그리스나 로마로 전파되었다. 그리스, 로마시대의 맥주는 질이 낮은 것이었는데, 중세에 들어서 수도원을 중심으로 우수한 품질의 맥주가 만들어지게 되었다.

13세기경에는 독일에서 호프를 사용한 복비어(Bock Beer)를 생산하게 되었으며 이것이 라거비어(Lager Beer)의 전신이다. 15세기 이후 비로소 맥주를 호프를 이용해 만드는 것이 일반화되었고, 도시가 발전하면서 맥주는 폭넓게 대중화되어 갔고 품질 또한 점점 좋아졌다.

맥주의 대량생산과 소비가 본격적으로 가능해진 것은 산업혁명 이후라고 볼 수 있다. **19세기 프랑스의 루이 파스퇴르에 의해 열처리 살균법이 발명**됨으로써 장기 보관이 가능하게 되었고, 이 파스퇴르의 이론을 응용하여 **1882년 덴마크의 식물생리학자 Hansen은 효모의 순수배양법을 발명**하여 맥주의 질을 한층 더 높였다. 또한 **칼 폰린네가 발명한 암모니아 냉동기는 사계절 양조를 가능**하게 하였고, 품질을 향상시키는데 공헌했다.

우리나라에 맥주가 들어온 것은 구한말로 초기에는 대중들이 마시기에는 경제적으로 부담스러운 술이었지만, 1980년대에 들어서면서 소득이 증대하고 여성의 음주가 늘어나면서 맥주는 대중적인 술로 자리 잡게 되었다.

2 원료

맥주원료의 4대 요소

1. 보리(Malt) : 2조 보리
2. 호프(Hop) : 넝쿨식물의 일종으로 양조에는 암꽃을 사용
3. 물(Water) : 맥주의 90%정도가 물(양조용수)
4. 효모(Yeast) : 발효를 돕고 맥주의 성격을 좌우함

※ 그 외에 부 재료로 전분(밀, 쌀)을 사용한다.

Hop의 작용

- 독특한 맛과 향을 낸다.
- 맥주의 변질을 막아준다.
- 수면 및 이뇨작용을 촉진
- 거품을 일게 하여 맛과 향이 날아가는 것을 방지
- 효모 및 미생물의 활동을 억제시킨다.(보존성)
- 호프는 암그루만을 사용

3 제조방법

맥주는 곡물을 원료로 한 대표적인 양조주로서 맥아(Malted barley)와 호프(Hop)를 주원료로 하여 효모를 이용하여 만든다.

양조용 2조 보리를 물에 담가 싹을 내고 건조시켜 단백질과 쓴맛이 많이 함유된 뿌리를 제거하여 맥아를 만든다. 이 맥아를 잘게 부순 것에 부 재료를 첨가하여 당화시킨 다음 여과시켜 찌꺼기를 걸러낸 맥즙을 얻어낸다. 여기에 호프를 넣고 끓여서 농축된 맥즙을 냉각시킨 후 맥아당을 알코올과 탄산가스로 만드는 효모를 첨가하여 발효시킨다.

발효에는 두 가지 방법이 있다. 현재 일본, 독일, 미국 등에서 마시는 마일드 등의 맥주는 5~10℃의 저온에서 발효하는 하면 발효는 발효가 끝나면 효모는 가라앉는다. 또 하나는 영국의 엘에 대표되는 상면발효로 상온으로 발효하며 발효 도중에 거품과 효모가 떠오른다. 엑기스 함량이 높고 향이 풍부해진다. 이렇게 발효가 끝난 맥주는 저장하여 이 물질을 가라앉히고 특유의 맛과 향을 내게 한다.

저장한 맥주는 맑고 광택이 나도록 여과를 시키고 살균처리를 하여 제품으로 내는데 이때 살균처리를 하지 않은 것이 생맥주이다.

02 맥주의 분류 및 종류

1 발효과정에 의한 분류

하면 발효 맥주

- 발효가 끝나면서 가라앉는 효모를 사용하여 비교적 저온(5-6℃)에서 7~8일간 발효시켜 만드는 맥주로 독일을 비롯한 세계 대부분의 나라에서 만든다.
- 세계 맥주 생산량의 약 ¾정도 차지
- 발효 중 밑으로 가라앉는 하면 발효 효모를 사용하여 비교적 저온에서 발효시킨 맥주
- 일반적으로 널리 알려진 라거비어(담색맥주) 발효가 진행되면 주정은 가라앉고 거품이 뜬다.
- 주정 도수 3~4%

※ 특징 : 첫째, 단맛이 난다. 둘째, 도수가 비교적 낮다. 셋째, 저온발효(10℃)

- 필젠(Pilsen)맥주 : 황금색의 옅은 색깔이며, 맥아의 향미가 약하고, 맛이 담백하다. 세계적으로 이 타입의 맥주가 대세를 이루고 있음 3~4%
- 뮌헨(Munchen)맥주 : 맥아 향기가 짙고, 감미로운 맛이 나는 흑맥주 4%
- 도르트문트(Dortmund)맥주 : 향미가 산뜻하며 쓴맛이 적음 3~4%
- 복(Bock Beer)맥주 : 짙은 색의 맥주로 향미가 짙고 단맛을 띤 강한 맥주

상면 발효 맥주

- 발효 도중에 생기는 거품과 함께 상면으로 떠오르는 성질을 가진 효모를 사용하여 만드는 맥주로 영국과 독일 북부, 미국일부 지방에서만 생산되며 비

교적 고온 (10~20℃)에서 7~8일간 발효시켜, 알코올 함량이 높고 색깔이 진한 것이 특징

- 발효 중 액의 표면에 떠오르는 상면발효 효모를 사용하여 비교적 고온에서 발효시킨 맥주
- 보리 맥아의 발아를 중지시킬 때 화력을 강하게 해서 맥아를 그을려 그것을 원료로 발효시킴 (흑맥주) → 최근에는 캐러멜 색소로 착색하기도 한다.
- Hop의 사용량이 많은 흑맥주 종류(북유럽 일부지방)
- 발효가 진행되면 탄산가스와 고열로 주정은 위로 올라오고 거품이 가라앉는다.

※ 특징 첫째, 강한 Hop 향. 둘째, 도수가 높다. 셋째, 고온발효(20℃)

- 에일(Ale)맥주 : 거품이 적고 약간 쓴맛이 강한 맥주 4~5%
- 포터(Porter)맥주 : 검은색의 약간 쓴맛이 나는 맥주 5%
- 스타우트(Stout)맥주 : 향과 쓴맛이 강한 매우 검은 영국의 흑맥주로 보통맥주보다 도수가 높은 편 5~6%

2 색깔에 따른 분류

1. 담색맥주 : 색이 엷다.
2. 농색맥주 : 색이 짙다.
3. 흑맥주 : 검은 색의 맥주

3 살균처리에 따른 분류

1. 병(캔)맥주(Lager Beer) : 살균 처리되어 저장이 가능한 보편적인 맥주
2. 생맥주(Draft Beer) : 살균처리하지 않은 생맥주

4 그 외

1. 라이트(Light Beer) : 저 알코올 맥주, 저 칼로리 맥주
2. 드라이(Dry Beer) : 당 분해 능력이 강한 효모를 사용하거나 제조 공정을 조작하여 잔당을 최소화하고 알코올 농도를 높임으로써 마실 때 단맛이 적고 담백

하며 끝 맛이 깨끗한 느낌을 갖도록 만든 것을 말한다.

③ 프리미엄(Premium) : 양질의 원료를 사용한 고급 맥주

5 상품명

① 독일 : 앤겔(Angel), 헤닝가(Henninger), 뢰벤브로이(Lowenbrau), 슈파텐(Spaten)

② 덴마크 : 칼스버그(Carlsberg), 투보르그(Tuborg)

③ 체코 : 필스(Pils)

④ 미국 : 버드와이저(Budweiser), 밀러(Miller), 쉴리츠(Schlitz)

⑤ 네덜란드 : 하이네겐(Heineken)

⑥ 영국, 영스(Young's), 기네스(Guinness)

6 맥주 서비스

- 맥주는 구입 후 즉시 냉장고에 보관하고 장기간 두지 않도록 한다.
- **맥주는 3.4~4℃로 보관하였다가 여름에는 6~8℃, 겨울 10~12℃정도의 온도로 서브**하는 것이 가장 이상적이다.
- 옮길 때는 거꾸로 하거나 흔들지 않도록 한다.
- **맥주를 따를 때는 거품을 1~3cm 정도 생기게 하여 맥주의 맛과 향 그리고 탄산가스가 날아가지 않게 한다.**
- 잔에 맥주가 남아 있을 때는 더 따르지 않고 다 비운 다음에 따라야 신선도가 떨어지지 않는다.
- 안주는 단맛이 나는 것은 피하고 약간 짭짤하며 기름기가 조금 있는 것이 좋으나 오래되어 기름기가 변색, 변질된 것은 삼가야 한다.
- 콩 종류나 햄, 치즈, 크래커, 샐러드, 과일 등이 적합하다.

7 생맥주(Draft Beer) 취급요령

① 적정한 온도

- 생맥주를 파는 곳은 충분히 냉장되는 저장시설을 갖추고 있어야 한다. 생맥주는 미살균 상태이므로 온도를 적정온도 2~3℃로 항상 유지하고 7℃

이상으로 더워지면 맥주의 맛이 시어지게 된다.

- **Glass에 서비스 할 때는 3~4℃ 정도가 적당한 온도**

② 정확한 압력

- 술통 속의 압력은 일정하게 유지하여야 하며 그 ***압력은 12~14Pound로서 맥주의 온도가 3℃***정도 때의 압력을 가지고 있다고 인정한다. 만약 압력이 12Pound보다 낮으면 천연가스가 노출되어 Flat[1]이 될 것이다.

③ 순환

- **First in First out(선입선출)의 규칙을 준수**

맥주의 성분

수분 : 87%

엑기스 : 4~8%(농축함유량)

알코올 분 : 2~5%

CO_2 : 0.2~0.4%

맥주를 맛있게 마시는 방법

- 맥주의 온도를 알맞게 유지하는 것이 좋다.

  맥주의 맛이 가장 좋게 느껴지는 온도는 계절에 따라 약간의 차이가 있는데, 여름에는 4~8℃, 봄. 가을에는 6~10℃, 그리고 겨울에는 8~12℃이다.

  음주 시(飮酒 時)에 맥주가 미지근하면 거품이 너무 많고 쓴맛이 남으며, 반대로 너무 차면 거품도 일지 않고 별로 맛을 느낄 수 없다.

- 맥주는 안주의 선택이 중요하다.

  맥주의 안주로는 단맛이 있기보다는 짭짭하고 기름기가 있는 것이 적당하다. 즉 땅콩, 팝콘, 크래커, 소시지, 햄, 샐러드 등이 좋을 것이다.

- 맥주를 마실 때의 매너

  맥주의 참 맛은 시원하고 짜릿한 그 상쾌한 맛이 있다.

  그러므로 입에 한 입 물고 맛을 보며 마시는 술이 아니라 꿀꺽 꿀꺽 한 컵을 모두 비우고 거품만 남게 하는 것이 제 맛을 즐기며 먹는 방법이다.

- 맥주를 잔에 따를 때의 매너

  맥주의 거품은 맥주의 탄산가스가 새어 나가는 것을 막고 맥주의 산화를 방지하는 중요한 역할을 한다. 따라서 맥주를 따를 때는 거품이 2~3㎝ 두께로 만들어지도록 잔을 약간 기울여 반 정도 따른 뒤에, 컵을 세워 천천히 따르도록 한다.

1) 《맥주, 사이다 등》김빠진(Stale),《음식》맛이 없는, 평평한

03 기타 양조주

1) 시드르(Cidre, Cider ; Apple Wine)

프랑스, 미국 등지에서 사과를 사용하여 만든 양조주

2) 토디(Toddy)

야자수 즙액을 발효시켜 만든 양조주로 동남아 지방의 특산물이다. 토디를 증류하면 아라크(Arrack[2] : 인도·동남아지역에서 생산되는 증류주의 총칭)

3) 페리(Perry)

배를 사용해서 만든 양조주로 포도, 사과 다음으로 많이 만들고 있다.

4) 풀케(Pulque)

멕시코에서 용설란(Agave)의 수액을 사용하여 만든 양조주. 풀케(Pulque)를 증류하면 메스칼(Mezcal = Mescal)

5) 카바(Kava)

폴리네시아산 관목인 카바의 뿌리로 만든 양조주

6) 미드(Mead)

벌꿀과 물에 이스트를 넣고 발효시킨 양조주로 술의 역사도 아주 오래 되었다.

7) 케피르(Kefir)

불가리아 등에서 양이나 산양의 젖을 사용하여 만든 양조주

8) 쿠미스(Kumys, Kumiss)

구소련에서 말의 젖을 사용하여 만든 양조주로 신선한 마유에다 쿠미스라는 식물의 씨앗을 섞어 제조

2) 아라크는 아랍어로 『땀』을 뜻하며, 증류기에서 증기가 응축되어 떨어지는 모양을 땀에 비유한 것

9) 애니사도(Anisado), 애니시드(Aniseed)

산양의 젖을 사용해서 만든 양조주

10) 사케(Sake)

쌀을 사용해서 만든 양조주로 일본에서 생산

11) 기타

샤오신주, 탁주(쌀), 약주, 청주

속성탁주는

① 멥쌀 1말(8kg), 누룩 2되, 청주 1사발, 물 4되(탁주 4되를 만들 경우)를 준비한다.

② 멥쌀을 백세(百洗)한다.

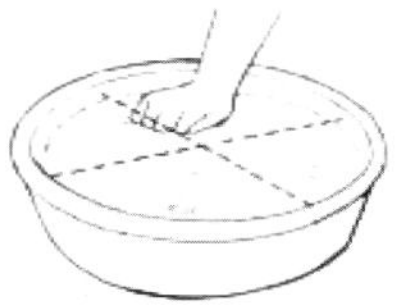

③ 백세한 쌀을 12시간 불린다.

④ 불린 쌀을 물기를 빼고 방앗간에서 가루를 낸다.

⑤ 가루를 체에 받쳐 입자를 고르게 한다.

⑥ 소독한 시루에 포를 깔고 안친다.

⑦ 열 손실을 막기 위해 밀가루 반죽으로 틈을 막고 찐다.

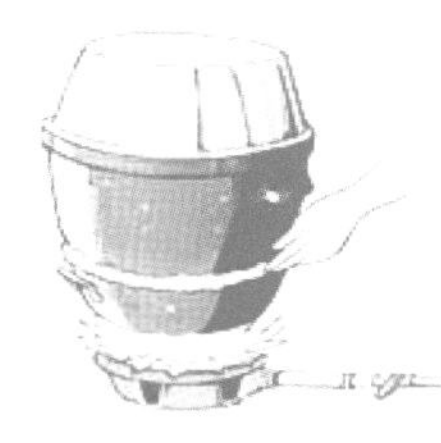

요약 정리

- Par Stock : 적정재고량으로 신속한 서비스 제공을 목적으로 일정수량의 물품을 저장고에서 사전에 인출하여 업장의 진열대나 기타의 장소에 보관하고 있다가 신속히 사용하는 재고의 의미
- Hop의 작용 : 첫째, 독특한 맛과 향을 낸다. 둘째, 거품을 일게 하여 맛과 향이 날아가는 것을 방지, 셋째, 맥주의 변질을 막아준다. 넷째, 효모 및 미생물의 활동을 억제시킨다(보존성)., 다섯째, 수면 및 이뇨작용을 촉진, 여섯째, 호프는 암그루만을 사용
- FIFO(First in First out) 방법 : 선입선출방법이며, LIFO(Last in First Out)방법은 후입선출방법이다.
- Draft Beer(Draught Beer) : 살균처리하지 않은 생맥주
- Lager Beer : 살균 처리되어 저장이 가능한 맥주
- 하면발효(독일식) : 저온발효(5~10℃)로 세계 3/4을 차지하고 있으며, 종류로는 라거비어(Lager Beer : 담색맥주), 필젠(Pilsen)맥주, 뮌헨(Munchen)맥주, 도르트문트(Dortmund)맥주, 복(Bock Beer)맥주가 있고, 상면맥주(영국식)에는 고온발효(10~20℃)로 에일(Ale)맥주, 포터(Porter)맥주, 스타우트(Stout)맥주
- 맥주용 보리는 곡립이 고르고 녹말질이 많고 단백질이 적으며 곡피(穀皮)가 얇고 발아력이 균일하여야 하며 담황색으로 윤기 있는 광택을 가져야 한다.
- 조선시대 유입된 외래주는 천축주, 미인주,황주, 섬라주, 녹두주, 무술주, 계명주, 정향주, 금화주 등이다.
- 효모의 생육조건 : 온도, pH, 염도, 수분, 산소의 유무
- 약주, 탁주 제조에 사용되는 발효제는 누룩 : 통밀을 갈거나 쌀가루 또는 밀가루에 적당한 물을 함께 반죽을 하여 성형을 한 후 공기 중에 띄워 자연적으로 곰팡이(국균류)가 번식하도록 하여 각종 효소가 생성된 국(麴)의 일종으로 자연 속에서 여러 가지 야생곰팡이와 효모가 함께 번식한 미생물, 입국 : 입국에 사용하는 국균 백국균은 흑국균에서 변이된 균으로 아스페르 기루스 가

와지(Asp. Kaqachii)라고 불리며 일본사람이 누룩에서 발견 배양한 균, 소효소제 : 밀기울 또는 전분질 원료를 증자하거나 생피 그대로 살균하여 인공적으로 당화효소 생성균을 번식시켜 만든 과립상태의 제품으로 개량누룩이다.

- 홉은 맥주 양조에 사용되는 원료로 맥주 특유의 향기와 쓴맛을 주며, 맥아즙의 단백질을 침전시켜 제품을 맑게 하고 잡균의 번식을 방지하여 저장성을 높여주는 효능, 즉 홉은 첫째, 독특한 맛과 향을 내게 한다. 둘째, 거품을 일게 하며 보호한다. 셋째, 맥주의 변질을 막아준다.
- 맥주용 보리는 곡립이 고르고 녹말질이 많고 단백질이 적으며 곡피(穀皮)가 얇고 발아력이 균일하여야 하며 담황색으로 윤기 있는 광택을 가져야 한다.
- 모주(母酒) : 약주를 뜨고 남은 찌꺼기 술, 그 술 찌꺼기에 물을 타서 뿌옇게 걸러낸 탁주가 모주다. 유래, 첫째, 옛날 전라도에 술을 아주 좋아하는 아들을 걱정하는 어머니가 있었답니다. 그런 아들의 건강을 위해서 아들이 좋아하는 막걸리에다 주변에서 구한 한약재를 넣어 달여 먹였더니 숙취 해소는 물론 아들 건강에 큰 도움이 되었답니다. 그 소식이 입소문을 타고 널리 알려져서 술 이름을 모주라 하였답니다. 둘째, 광해군 때 인목대비의 어머니 노씨(盧氏)가 제주도 대정읍에 유배 갔을 때였다. 생활이 너무 어려워 시녀가 재강(술지게미를 얻어와 끓여 먹었다. 이 술지게미를 재탕한 막걸리를 만들어 섬사람들에게 값싸게 파니 사람들은 왕비의 어머니가 만든 술이라고 하여 대비모주(大妃母酒))라 부르다가 줄여서 모주(母酒)라 불렀으며, 지금도 제주도에서는 막걸리를 모주라 부르고 있답니다.
- 맥주용 보리 조건 : 입자의 형태가 고르고, 전분질은 많고, 단백질이 적고, 수분함량은 13% 이하이어야 하며, 곡피가 엷고, 발아력이 균일하고 왕성하며, 색깔이 균일하고, 곰팡이가 슬기 않고 이물질이 적을 것
- 맥주가 실내온도에서 보관할 수 있는 적정 기간은 3개월이다.
- 모주 : 막걸리에 한약재를 넣고 끓인 술
- 감주 : 누룩으로 빚은 술의 일종으로 술과 식혜의 중간이다.
- 죽력고 : 청죽을 쪼개어 불에 구워 스며 나오는 진액인 죽력과 물을 소주에 넣고 중탕한 술이다.

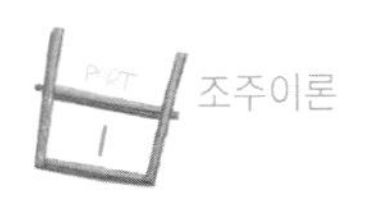

- 합주 : '청주와 탁주를 합한 술'이란 뜻의 합주는 '탁주보다 희고 신맛이 적고 단맛과 매운맛이 강하고, 탁주와 약주의 중간 형태의 술'이다.
- 맥주의 효과 : 항균작용, 이뇨 작용, 식욕증진 및 소화 촉진 작용, 신경진성 및 수면 촉진 작용
- 홉 : 국화과에 속하는 자웅 이종의 식물로서 맥주에는 그 미수정의 수꽃만이 사용한다.
- 토디 : 독한 술에 설탕과 뜨거운 물을 넣고 때로는 향신료도 넣어 만든 술이다.
- Mead : 꿀과 물을 섞은 것을 발효시켜서 만든 알코올성 음료이다.
- 서울 : 삼해주, 문배주, 감홍로, ◦ 경기 : 동동주(부의주), ◦ 충북 중원 : 청명주, 송죽 : 오곡주, ◦ 충남 한산 : 소곡주 하향주, 면천 : 두견주 벽향주, ◦ 전북 김제 : 송순주, 약산춘, ◦ 전북 전주 : 이강주, 금산 : 인삼백주, ◦ 전남 진도 : 홍주, 계룡 : 백일주, ◦ 경북 경주 : 교동 법주, 호산춘 안동 : 안동 소주, 국화주. 김천 : 과하주. 아산 : 연엽주, ◦ 제주 : 오메기술
- 모주의 가설 : 첫째, 조선조 광해군 때 인목대비의 모친이 귀양지 제주에서 빚었던 술이라 해서 "대비모주(大妃母酒)라 부르다가 '모주'라 부르게 되었다는 설"이다. 둘째, 어느 고을에 술 많이 마시는 아들의 건강을 염려한 어머니가 막걸리에다 각종 한약재를 넣고 달여 아들에게 줘 '모주'라 이름 붙였다는 설이다. 재료 : 막걸리에다 추가로 계피, 대추, 감초, 칡, 인삼, 갈근 등이 있지만, 사과 등 과일을 첨부(양조주)한다.
- 생맥주를 파는 곳은 충분히 냉장되는 저장시설을 갖추고 있어야 하며, 미살균 상태이므로 온도를 적정온도 2~3℃로 항상 유지하고 7℃이상으로 더워지면 맥주의 맛이 시어지게 된다. 또한 Glass에 서비스 할 때는 3~4℃ 정도가 적당한 온도이며, 술통 속의 압력은 일정하게 유지하여야 하며 그 압력은 12~14Pound로서 맥주의 온도가 3℃ 정도 때의 압력을 가지고 있다고 인정한다. 만약 압력이 12Pound보다 낮으면 천연가스가 노출되어 Flat이 될 것임, 맥주의 순환은 First in First out(선입선출)의 규칙을 준수한다.

정리노트

6

CHAPTER

증류주

CONTENTS

증류주는 과실, 곡류 등을 발효시켜 증류과정을 거친 강한 알코올이 함유된 술을 말한다. 발효된 상태는 주로 물과 알코올로 되어 있는데 물과 알코올은 기화되는 온도가 다르므로 열을 가하여 분리하는 작업을 증류라고 한다.

종류로는 Whisky, Gin, Vodka, Rum, Brandy, Tequila, Aquavit 등이 있다.

주 명(酒名)	원 료	주정도
Whisky	맥아	43~50℃
Brandy	포도주	43℃
Gin	맥아, 두송실, 계피	40℃
Rum	사탕수수	40~76℃
Vodka	대맥, 소맥, 옥수수, 감자	40~60℃
Tequila	용설란의 일종인 아가베 아즐 테킬라나의 잎	40~53℃
Aquavit	감자	40℃

Whisky	원 료	제조법
Scotch Whisky	대맥아(大麥芽)	Malt Whisky
Canadian Whisky	대맥아, 옥수수	Grain Whisky
Canadian Whisky	호밀	Rye Whisky
American Whisky	옥수수, 호밀	Bourbon Whisky
	호밀, 밀, 보리	Corn Whisky

 증류 방법

양조주는 효모의 성질, 당분의 함유량에 의해 8℃~14℃내외의 알코올음료를 산출하는데 짙고 순도 높은 알코올을 얻기 위해 양조주에서 알코올을 분리해 내는 것을 말한다.

1) 증류법의 원리

다른 물질은 다른 기화점을 가진다는 원리에서 기인, 즉, 물과 알코올 기화점은 80℃(176℉), 물의 기화점은 100℃(212℉)이므로 100℃(176℉~212℉)로 온도를 가하면 알코올만의 가스를 얻는다. 이를 80℃(176℉) 이하로 냉각하면 순도 높은 알코올을 만들 수 있다.

2) 증류법 종류

액체의 알코올 함량 농도를 증가시키는 과정

❶ 단식 증류법(Pot Still)

구식이고 단식, 2회 이상 증류, 중후한 맛, 소량 알코올 생산, 즉 상대적으로 알코올 도수가 낮은 특성이 풍부한 증류주를 생산하는 회분식(batch) 공정

- 장점 : 시설비가 적게 든다, 맛과 향이 적게 파손(원료의 맛과 향기가 강하고 진하다)
- 단점 : 대량생산 불가능, 재증류의 번거로움, 고농도 원액으로 증류가 불가능

좌측이 1차 단식증류기인 Wash Still이고 우측이 2차 단식증류기인 Low Wines Still

❷ 연속 증류법(Patent Still or Continuous Still)

1831년 Aeneas Coffey에 의해 개발된 이 증류법은 두 개의 Column으로 구성되어 있어 Column Still이라고 불리며, 알코올, 고급 알코올 퓨절유(Fusel Oil), 물 등을 각각 다른 비등점, 증기의 비중을 이용하여 분단적으로 증기를 모아 별도로 각각 응축시켜 얻어낸다.

신식, 연속식, 생산적이고 능률적, 단 1회로 증류, 경쾌한 맛, 대량 알코올, 즉 연속증류는 도수가 높고 중성적이거나 낮은 도수의 증류주를 생산할 수 있는 연속식 과정

- 원리 – 다른 비등점, 증기의 비중을 이용, 분단적 증기를 모아 각각 응축
- 장점 – 대량생산, 생산원가 적게 든다, 연속작업 가능
- 단점 – 주요성분 상실위험, 시설비 부담

01 위스키(Whisky)

생명의 물을 뜻하는 위스키는 보리(Barley), 호밀(Rye), 옥수수(Corn) 등 곡류(Grain)를 원료로 해서 증류시킨 것으로 알코올 함량이 43~50%정도이다. 위스키를 마실 때는 부드러운 맛과 향을 살리기 위해 On the Rocks로 마시거나, 소다수나 생수를 섞은 스카치소다 또는 스카치 워터로 마신다.

위스키의 어원은 라틴어의 ***아쿠아 비테**(Aqua Vitae, 생명의 물)**에서부터 시작되었다. 이 말이 게르만어의 우스게 베이하**(Uisgebeatha, 생명의 물)**로 불리다 Usque-baugh**(우스크베이하)**로, 이것이 다시 Uisky**(어스키)**로 불리다가 Whiskey로 변화***되었다.

위스키의 증류기술은 동방에서부터 온 것으로 동방의 증류기술이 중세 십자군 전쟁을 통해 서양에 전해졌고, 후에 아일랜드를 거쳐 스코트 랜드에 전파되었다. 중세기 초 많은 연금술사들의 노력에 금은 만들지 못하였으나 생명의 물을 발견하기에 이른다. 그 후 18세기에 이르러 재 증류법을 시도하게 되었고, 드디어 1826년에는 영국의 로버트 스타인(Robert Stein)에 의해 연속식 증류기가 발명되었으나 실용화되지 못했다. 1831년에는 아일랜드의 아니아스 코페이(Aeneas Coffey)가 보다 진보된 연속식 증류기를 발명하여 특허를 내서 Patent-Still로 불리게 되었다.

원료를 당화시켜서 효모(누룩)를 섞은 것을 발효시켜서 몇 차례 증류를 반복한 다음 오크통 속에 채워서 숙성시킨다. 증류만 시킨 갓 제조한 위스키는 무색투명 하지만 몇 년 동안 통 속에서 숙성되는 동안 빛깔이 생기고 위스키만이 가지는 독특한 색과 향기가 만들어진다. 장고의 환경, 위치에 따라 맛과 향이 달라지며 저장 년 수는 최저가 3~4년이며 20년 이상 숙성된 고급품도 있다.

위스키(Whisky) 만드는 과정

Mashing(분쇄) – Fermentation(발효) – Distillation(증류) – Aging(숙성)

Spirit(주정: 酒精)

Spirit는 첫째, 곡물을 발효해서 만든 증류주를 말하는 경우
둘째, 곡물, 기타 원료를 발효 증류한 고농도의 원액(원주)을 뜻하는 경우

① Grain Spirit : 곡물을 발효·증류한 고농도(높은 알코올 함유)의 원액으로 재료의 맛이나 향을 어느 정도 함유하고 있으며, Blending으로 쓰인다.

② Neutral Spirit : 곡물, 당밀, 기타 원료를 발효, 증류한 매우 강력한 고농도 알코올의 원액으로 중성적인 성격을 갖고 있으며, Blending용으로도 사용

1 Irish Whisky

맛이 좋고, 색깔이 짙은 고급 위스키로 스카치의 몰트위스키(Malt Whisky)에 비해 약간 연한 맛이 특징이며, 현재는 그레인위스키(Grain Whisky)를 혼합한 제품이 주류를 이루고 있다.

원료

맥아(보리), 미발아 보리, 호밀

역사

아이리시 위스키는 아일랜드에서 제조된 위스키로 1171년 잉글랜드의 헨리2세가 군대를 이끌고 아일랜드에 건너갔을 때 그곳 사람들이 *Uisge Beathe(아스기보, 생명의 물)*라는 증류주를 마시고 있었다고 하는데, 이것이 위스키의 시초이다.

제조

피트(Peat[1])탄으로 연기를 쏘이지 않은 맥아와 그 외 보리, 옥수수를 원료로 하여 대형 단식 증류기로 3회 증류한 것을 4년 이상 숙성한다.

1) 이탄(泥炭) : 이끼류·갈대·사초 등의 화본과 식물, 때로는 소나무·자작나무 등의 수목질의 유체(遺體)가 분지에 두껍게 퇴적하여 물의 존재 하에서 균류 등의 생물화학적인 변화를 받아 분해·변질된 것

종류

① 대맥 맥아 - 발효 - 증류(단식증류기로 3회) - 숙성
: 강렬한 남성적인 향미

② 옥수수 - 발효 - 증류(연속식) - 숙성 - 블랜딩(①번)
: 가볍고 경쾌한 맛

상품명

Jameson 12년, Old Bushmills, Black Bush, Tullamore Dew, Midleton

Jameson 12년 | Old Bushmill | Black Bush | Tullamore Dew | Midleton

2 Scotch Whisky

스카치위스키는 맥아(Malt)가 갖고 있는 자연효소에 의해 당화되고 효모(Yeast)에 의하여 발효되며, 알코올 95% 이하로 증류되어 Oak 통에서 3년 이상 Scotland에서 숙성시키는 것이라 정의

원료

- Malt Whisky : 맥아(Malt : 보리를 싹을 낸 것)
- Grain Whisky : 옥수수, 보리, 귀리

역사

초창기의 스카치위스키는 증류액에 불과하였다.
1707년 Scotland를 합병시킨 영국정부는 부족한 재원을 확보하기 위하여 위

스키에 고율의 세금을 부과하였다. 그래서 위스키 제조자들은 스코틀랜드 북부 지방(Highland)의 산 속에 숨어 몰래 위스키를 밀조하기 시작하였는데, 몰트(Malt)를 건조시킬 연료가 부족하여 피트(Peat)를 대신 사용하였다. 그러자 특유의 향이 발생되었고 이것이 피트의 훈연 때문인 것을 알게 되었다. 점차 밀조된 술이 많이 쌓이자 은폐수단으로 스페인에서 수입해온 Sherry와인의 빈 통에 담아 두었는데 나중에 술을 팔기 위하여 술통을 열어보니 투명한 호박색의 짙은 향취와 부드러운 맛의 술이 되어 있었다.

1823년 영국정부는 세금제도를 고치고, 밀조업자를 설득하여 존 스미스씨가 위스키 제조면허를 세계최초로 받았다.(지금은 J. E. Seagram의 계열회사가 되었다).

그 후 1930년 Coffey씨에 의해 연속증류가 발명되어 가벼운 타입의 그레인위스키(Grain Whisky : 곡물위스키)가 생산되면서 몰트위스키(Malt Whisky : 맥아위스키)와 두 가지 혼합된 Blended Whisky 등 3가지 타입의 스카치가 나오게 되었다.

종류 및 제조방법

① 몰트 스카치 위스키(Malt Scotch Whisky) : 보리의 맥아를 피트 탄으로 태워 건조시킨 후 당화하고 증류를 반복하여 Spirit만을 추출하여 참나무통(Sherry Wood)에 보통 4년 이상 숙성시킴(스카치위스키는 법적으로 3년 이상 숙성하도록 되어 있다.)

보리 - 침맥 - 발아 - 건조(피트) - 분쇄 - 당화 - 발효 - 증류(단식 2번) - 숙성(오크통) - 병입

② 그레인 스카치 위스키(Grain Scotch Whisky) : 발아되지 않은 옥수수나, 호밀, 보리 등의 곡물을 엿기름으로 당화시키고 발효하여 피트 탄의 연기를 쏘이지 않고 연속식 증류기로 증류한 위스키로 몰트위스키에 비해 순한 맛이 난다.

곡물 - 분쇄 - 당화 - 발효 - 증류(연속식) - 숙성(저장) -병입

③ 블랜디드 스카치 위스키(Blended Scotch Whisky) : 몰트위스키와 그레인위스키를 혼합한 위스키

Malt Whisky + Grain Whisky - Blending(혼합) - 병입

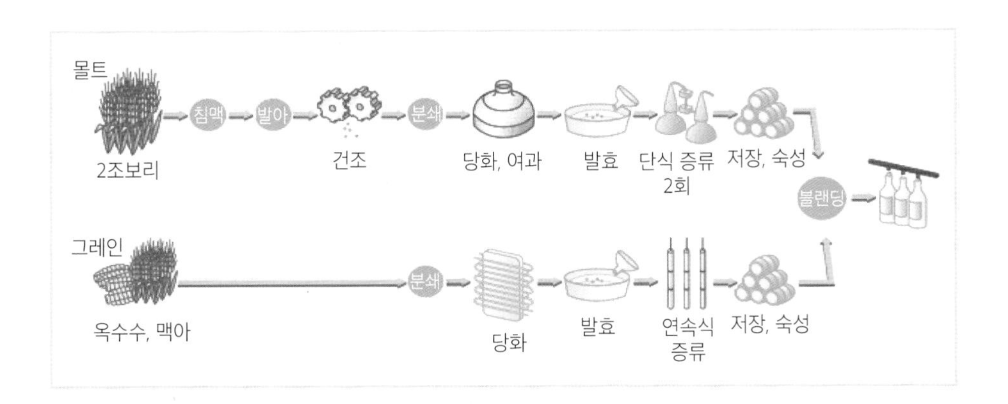

4 생산지역

1. 하일랜드(High Land) : 스코틀랜드 북부지역으로 물이 좋고 피트가 풍부하여 우수한 몰트위스키 생산지역. 피트향이 상쾌한 델리게이트 한 맛으로 글렌리벳(Glenlivet)지역의 원액이 우수하다.
2. 로우랜드(Low Land) : 스코틀랜드 남부지역으로 글라스고(Glasgow)를 중심으로 그레인위스키의 주산지이며 몰트위스키 생산 공장은 거의 없다.
3. 아일레이(Islay) : 서남해안에 있는 섬 지방으로 피트향이 강한 독특한 몰트위스키를 생산한다. 피트향이 강렬하고 끈끈한 촉감을 주는 중후한 맛
4. 캠블타운(Cambeltown) : 서남해안의 아이레이 섬 아래 있는 반도이며, 피트 향이 강하고 아이레이 위스키와 비슷하다.

용어해설

Peat : 헤더(Heather)라는 식물이 탄화된 토탄의 일종으로 이탄이라고도 한다.

희석 : 증류, 숙성된 위스키 원액은 농도, 알코올 도수가 높기 때문에 병에 주입할 때에는 증류수에 가까운 물로 희석(43℃)시킨다.

Blended(상표) : ① 혼합(Malt & Grain을 혼합) ② 순하고 부드럽다.

Blending : Malt Whisky와 Grain Whisky를 혼합하는 과정.

Age Claim : 사용된 수십 가지의 원액 중(30~50)에 숙성연도가 최저인 것으로 표기하도록 되어 있다.

5 특징

1. 3,000종을 훨씬 넘는 상표가 있다.
2. 전 세계 위스키 시장의 60%를 생산
3. 맥아 건조 시 Peat 탄의 불을 사용
4. 증류 시 Pot Still로 2~3회 실시
5. 스카치위스키의 독특한 냄새를 내는 향취는 Malt를 이탄으로 말릴 때 이탄의 불길이 몰트에 스며들며 나는 냄새이다. 이 독특한 진흙 냄새 같은 향취야말로 전 세계적으로 유명
6. 스카치위스키는 혼합(Blending) 한 것과 Straight 위스키가 있으며 출고 시에는 80~86Proof로 병에 넣어 출하시킨다. 혼합 시에는 곡주로 혼합하여 25~30%의 몰트위스키와 나머지는 4~5가지의 곡주(Grain Whisky)를 혼합

Maturation(숙성)

19세기 인적이 드문 Highland 지방에서 밀 조주를 만들어 우연히 Sherry 통에 넣어 둔 데서 유래. 숙성 중에 위스키는 맛이 부드러워 지고 향이 생기며, 나무통에서 색깔을 울어낸다.

위스키는 참나무통에서 화학적, 물리적 변화를 거치는 동안 부드럽고 향이 좋아지며 착색이 되는데, 이 과정을 숙성이라고 하며, 스카치위스키는 법적으로 3년 이상 숙성하도록 되어 있다.

6 상품명

1. 몰트위스키 : 글랜피딕, 글렌리벳(Glenlivet)

② 그레인위스키 : 올드 스카티아(Old Scotia)

③ 블렌디드 위스키 : 로얄 살루트(Royal Salute), 발렌타인(Ballantine's 12년, 17년, 30년), 시바스리갈(Chivas Regal), 커티샥(Cutty Sark, 12년), 올드파(Old Parr), 제이앤비(J & B Royal Ages, 15년), 패스포트(Passport), 화이트호스(White Horse-Logan), 조니 워커(Johnnie Walker Red, Black, Swing, Blue), 섬씽스페셜(Something Special), 롱 존(Long John, 12년)

Vatting & Blending 비율

- Vatting : Malt Whisky 끼리 섞는 것
- Blending : Malt Whisky와 Grain Whisky를 섞는 것

	Malt Whisky	Grain Whisky
Premium(10%)	40%	60%
Standard(90%)	20~30%	70~80%

* Malt Whisky가 Grain Whisky에 비해 1.5~2배 가격이 비싸다.

Scotch Whisky가 유명한 이유

첫째, 영국의 스코틀랜드 지방은 물이 부드럽고(적색 화강암과 이탄 사이에서 나옴) 토질이 좋다.
둘째, 이곳의 보리는 지방질이 적고 단백질이 많으므로 이탄불로 말릴 때 향취를 충분히 낸다.
셋째, Pot Still이라는 증류기는 향미, 향취를 그대로 옮겨 준다.
넷째, Oak 통은 숙성시키는데 결정적인 역할을 한다.

Scotch blue

Jack Daniels

Royal Salute

J&B JET

Johnnie Walker

Glenfiddich 12

Ballantine's 17

Old Scotia

7 American Whisky

현재 미국의 위스키는 미국연방 알코올 법에 의해 ***[곡물을 원료로 해서 알코올 분 95%미만으로 증류하여 Oak Cask로 숙성, 알코올 분 40%이상으로 병입 시킨 것]***으로 정의하고 있으며, 스트레이트 위스키(Straight Whisky), 브랜디드(Blended) 위스키, 테네시 위스키 3가지로 분류한다.

원료　옥수수, 호밀

역사

아메리칸 위스키의 역사는 1600년대 초부터 시작된다. 처음에는 과일을 원료로 한 브랜디나 당밀을 원료로 하는 럼이 많았으나, 1807년 노예무역제도의 폐지와 당밀의 수입금지, 곡물의 과잉생산으로 인한 남은 곡물처리 등의 사정 등으로 곡물을 원료로 한 증류주가 만들어지게 되었으며 펜실베이니아가 중심이 되어 다른 주에도 전파되었다.

독립전쟁 후 정부는 경제사정상 과중한 과세를 해서 폭동이 일어나고 증류업자는 켄터키, 인디아나, 테네시 등 서부로 도망가게 되었다. 특히 켄터키에서는 옥수수를 사용하고 나무통속에서 숙성시킨 새로운 위스키를 제조하게 되었는데 이것이 버번(Bourbon)의 시초이다.

남북전쟁 후 미국의 경제가 발전하면서 위스키 산업도 발전하게 되었다가 1920년 금주법이 시행되면서 밀주, 밀매가 성행하게 되었다.

13년 만에 금주법이 폐지되면서 단식증류기는 없어지고 연속식 증류기가 사용됨에 따라 대량 생산이 이루어지자, 위스키 산업이 더욱 발전하게 되었고 미국의 독자적인 아메리칸 위스키가 세계적으로 알려지게 되었다.

1934년 만들어져서 1948년 개정한 법률은 29종(현재31종)의 주류를 규정하였고, 질적 향상을 위하여 Bottled-in-Bond제를 실시하고 있다.

종류

(1) 버번위스키(Bourbon Whiskey)

- 원산지 : 미국 켄터키 주 버번
- 원료 : 51%이상의 옥수수

1789년에 켄터키 주 버번에서 에리어 클릭 목사가 옥수수를 원료로 하여 만들었다는 것이 시초라고 한다.

미국의 현행법에 의하면 원료는 옥수수를 51% 이상 사용하고 연속식 증류기로 알코올 농도 40%~80%로 증류하여 내부를 그을린 White Oak의 새 통에 넣어 2년 이상 숙성

색깔은 호박색이며, 맛과 향이 강렬하여 콜라, 사이다, 진저엘, 세븐업등과 섞어서 많이 마시며, 취향에 따라서 소다수를 혼합하여 마셔도 좋다.

(2) 테네시 위스키(Tennessee Whiskey)

- 원산지 : 미국 테네시 주
- 원료 : 옥수수

테네시 고산지대에서 나는 단단한 단풍나무로 만든 숯으로 여과한다.

부드럽고 매끄러운 맛

(3) 브랜디드 위스키(Blended Whiskey)

- 원산지 : 미국
- 원료 : 옥수수, 호밀

버본 위스키 같은 스트레이트 위스키(20%이상)와 중성 곡류 주정을 섞은 것으로 매우 순하다.

☞ Bottled in Bond Whisky : 정부에서 품질을 보증하는 것은 아니지만 정부의 감독 하에 보세창고에서 병 입

상품명

- 버번위스키 : 와일드 터키(Wild Turkey), 버번 디럭스(Bourbon Deluxe), 이반 윌리엄스(Evan Wiliams, 8년), 올드 테일러(Old Taylor), Early Times

- 테네시 위스키 : 잭 다니엘(Jack Daniel's Green, Black) : 사탕단풍나무를 잘 태운 숯을 통해 여과하는 과정을 거쳐 독특한 향과 부드러운 맛을 주는 까닭에 버번위스키가 아닌 "테네시 위스키"라 특별히 분류하고 있다. 잭다니엘 싱글베럴 위스키는 옥수수, 밀, 보리, 맥아 그리고 석회암 동굴로부터 나온 철 성분이 없는 물을 재료로 하여, 두 번의 증류과정과 숯을 통한 여과를 거쳐, 엄선된 창고에서 새로 만든 그을린 화이트 오크통에서 최적의 수준까지 숙성된다. Master 주조자인 Jimmy Bedford와 전문 테스터들에 의해 시음된 후 엄밀히 선정하여 미국 테네시 주 린치버그에 있는 Jack Daniel 주조장에서 주조되어진다.
- 블렌디드 위스키 : 씨그램(Seagram's 7 Crown), Fleischmann's Preferred, Schenley

Jack Daniels Wild Turkey Jim Beam Jim Beam Evan Wiliams Old Taylor

4 Canadian Whisky

캐나디언 위스키는 세계에서 가장 뛰어난 원숙한 맛을 지닌 위스키로 알려져 있으며 향이 강하다.

정부의 감독 하에 생산되며, 캐나다에서만 생산된다. 가볍고 부드러운 것이 특징이며, On the Racks 또는 소다수, 진저엘, 세븐업, 콜라 등과 잘 어울린다.

원료　옥수수, 호밀

제조

호밀을 원료로 3년 정도 숙성한 라이 위스키(Rye Whiskey)와 옥수수로 원료로 3

년 정도 숙성한 콘 위스키(Corn Whiskey)를 Blending하여 최종적으로 캐나디언 위스키를 만든다.

종류

(1) 라이 위스키(Rye Whiskey) : 51%이상의 호밀이 포함되어 있는 곡물로 만든다. 버번보다 맛이 진하고 강한 향미를 지니고 있음(3년 숙성)

(2) 콘 위스키 (Corn Whiskey) : 80%이상의 옥수수가 포함되어 있는 곡물로 만든다. 버번위스키 보다 부드러우며 향미가 약하고 경쾌함(3년 숙성)

상품명

올드 캐나다(Old Canada), 실크 타셀(Silk Tassel, Old Tassel), 골드 타셀(Gold Tassel), 캐나디언 클럽(Canadian Club(C.C)), 캡틴 테이블(Captain Table), 와이져 디럭스(Wiser's De Luxe 10년), Windsor's Oldest, 크라운 로얄(Crown Royal), O.F.C, Order of Merit, C.N. Tower

Canadian Club

Canadian Club

Crown Royal

Silk Tassel

Old Canada

Windsor

CHAPTER 6

정리노트

02 브랜디(Brandy)

- 향기로 즐기는 호박색의 술 브랜디는 포도, 또는 기타 과실을 발효하여 증류한 알코올함량이 43%정도인 술
- 마리 앙뜨와네뜨와 나폴레옹이 즐겨 마시던 이 술은 재고로 쌓인 와인을 처리하기 위해 증류를 한 것이 색과 향은 물론, 맛도 훨씬 좋아지면서 세계적인 인기를 끌게 되었다.
- 포도주를 증류한 것은 보통 Brandy라 부르고 기타 원료를 사용한 것은 Brandy앞에 과실이름을 붙인다.

1 어원

14세기경 연금술사가 와인을 증류하여 만들어 낸 것이 브랜디의 시초인데 이 술을 반 브류레라고 불렀다. 이것을 네덜란드 상인이 직역해서 브랜드위인(Brand-wijn)이라고 이름 지어 유럽에 널리 판매하였고 그것이 영국이나 프랑스에서 브랜디라고 불리어지게 되었다.

- 불어 : Eau-de-Vie(오 드 비)[Vin Brule(벵 브류레)]
- Holland어 : Brande Wijn(브랜디 바인)
- 영어 : Brandy

2 역사

12세기경 이탈리아의 연금술사들에 의해 시작되었고 13세기경 독일, 프랑스, 스페인 등의 연금술사가 증류해낸 Aqua Vitae(생명의 물)에 기원한다. 프랑스 아르마냑 지방에서 발견된 문헌에 다르면 1411년에 이 지방에서 『생명의 물』을 증류했다는 기록이 있고 16세기에는 프랑스 각 지역(보르도, 파리, 알사스 등)에서도 증류를 했다.

17세기에 이르러 프랑스 꼬냑 지방에서는 『Eau-de-Vie』로 불리어 졌고 종교

전쟁으로 인한 포도밭이 황폐되어 포도 품질이 좋지 않음으로 Wine을 증류하기 시작하여 현재와 같이 통에 저장 숙성하게 되었다.

3 원료 포도, 사과, 배, 살구 등

4 제조방법

포도를 발효한 포도주를 증류하여 숙성한 술이며, 포도 이외의 과일을 사용한 경우에는 브랜디 앞에 과일이름을 붙여 부른다.

5 각 국의 Brandy

프랑스 Brandy

현재 브랜디는 프랑스를 비롯하여 세계 각 국에서 생산되고 있는데 그 질과 양은 역사를 자랑하는 프랑스가 제1위이다. 프랑스를 대표하는 가장 인기 높은 브랜디는 꼬냑과 아르마냑 두 지방에서 생산되는 것으로 이 두 지방에서 만들어지는 브랜디의 품질을 보장하기 위하여 법률로 생산 지역 및 원료가 되는 품종이나 증류법 등을 규정하고 있고, 그 조건에 적합한 것에 한하여 꼬냑과 아르마냑의 이름을 붙일 수 있도록 허가한다.

가. 꼬냑(Cognac)

프랑스 남서부 꼬냑 지방의 6개 법정지역에서 재배되는 백포도의 쌩 떼밀리옹 종을 주원료로 하여 A.C법(원산지 호칭 통제법)에 따라 규격에 맞게 생산되는 Brandy로 참나무통속에 수년 또는 수십 년 숙성하며 주로 스트레이트로 마신다.

증류가 시작된 후, 1860년대 프랑스의 지질학자가 토양의 샘플을 채취하면서, 그 토양에 생산되는 브랜디를 테스트한 결과, 석회질 토양일수록 좋은 브랜디가 나온다는 결론을 내렸다.

1) 원료 : 포도 품종으로는 쌩 떼밀리옹(St.Emilion-유니블랑[Ugni Blanc]이라고도 함)을 사용하는데 토질의 영향을 받아 이곳 포도는 고산도 저당도이다.

2) 제조과정

❶ 포도를 수확하여 알코올도수 7~8%의 White Wine을 만든다.

❷ 다음해 3월말까지 증류를 완료(독특한 단식 증류기로 2번 증류)함

❸ 증류된 술은 화이트 오크통(White Oak Cask)에서 3~5년 이상 저장 숙성시킨다.

❹ 출하할 때는 오래된 원주에 오래되지 않은 신주를 혼합. B.N.C(프랑스 국립 꼬냑협회)는 2년 미만(Compte 1)의 신주는 사용 못 하도록 규제하고 있다.

3) 생산지역 : 꼬냑의 생산지역은 A.C 법에 따라 6개 지역으로 한정되어 있다.

❶ 그랑드 쌍빠뉴(Grand Champagne) : 최고급(1등급)

- 지명이 쌍빠뉴일 뿐 발포성 와인인 샴페인과 아무 관계도 없다.
- 이 지역은 13,000ha의 포도밭으로 꼬냑 시의 바로 남쪽에 위치한 곳
- 이 지역은 석회질의 편편한 땅이며, 이곳에서 생산되는 브랜디는 묵직하고 강렬하다.

❷ 쁘띠뜨 쌍빠뉴(Petite Champagne) : 2등급

- 그랑드 쌍빠뉴를 둘러싼 남쪽지역으로 16,200ha 정도 된다.
- 이곳의 브랜디는 가볍고 은은하므로 숙성도 빨리 된다.
- 그래서 그랑드 쌍빠뉴의 브랜디와 쁘띠뜨 쌍빠뉴의 브랜디를 섞으면 상호보완 작용으로 환상적인 조화를 이룬다.
- 블렌딩 할 때는 그랑드 쌍빠뉴의 것을 50% 이상 사용하여야 하며, 이와 같이 Blending한 제품의 상표에는 『핀느 쌍빠뉴(Fine Champagne)』나 『그랑드 핀느 쌍빠뉴(Grande Fine Champagne)』라는 명칭이 붙게 된다.

❸ 보르드리(Borderies) : 3등급

- 꼬냑시 북동쪽에 위치한 4,000ha 정도의 좁은 지역으로 전체 꼬냑 생산량의 5%정도 차지
- 이 지역 브랜디는 향이 풍부하고, 숙성이 빠르며 또 토양의 특성 때문에 높이 평가되고 있다.

❹ 팽부와(Fins Bois)

- 위의 세 개 지역을 둘러싸고 있는 팽부와는 40,000ha의 포도밭이 있

으며, 전체 꼬냑 생산량의 40%를 차지한다.

- 맛이 경쾌하고 빨리 숙성되므로 V.S.O.P 꼬냑 중 숙성기간이 짧은 것은 이 지역의 것을 많이 섞는다.

⑤ 봉부와(Bons Bois)

- 위의 네 개 지역을 둘러싸고 있는 봉부와의 브랜디는 풍미가 약해서 고급으로는 사용되지 않고 주로 Blending용으로 사용된다.

⑥ 부와 오르디네르(Bois Ordinaires) : 보통급

- 이 지방의 북서쪽 대서양 연안과 남쪽 일부를 차지하는 지역으로 이곳의 브랜디는 Blending용으로 쓰인다.
- 현재 시판되고 있는 꼬냑 중에서 그랑드 쌍빠뉴(Grande Champagne)나 핀느 쌍빠뉴(Fine Champagne), 보르드리(Borderies) 등 생산 지역은 표기되지만 그 나머지 지역은 메이커들이 표기하지 않는다.

※ 피느 샹빠뉴(Fine Champagne) : 그랑드 샹빠뉴의 원주 50%이상에 쁘띠뜨 샹 빠뉴를 혼합한 제품

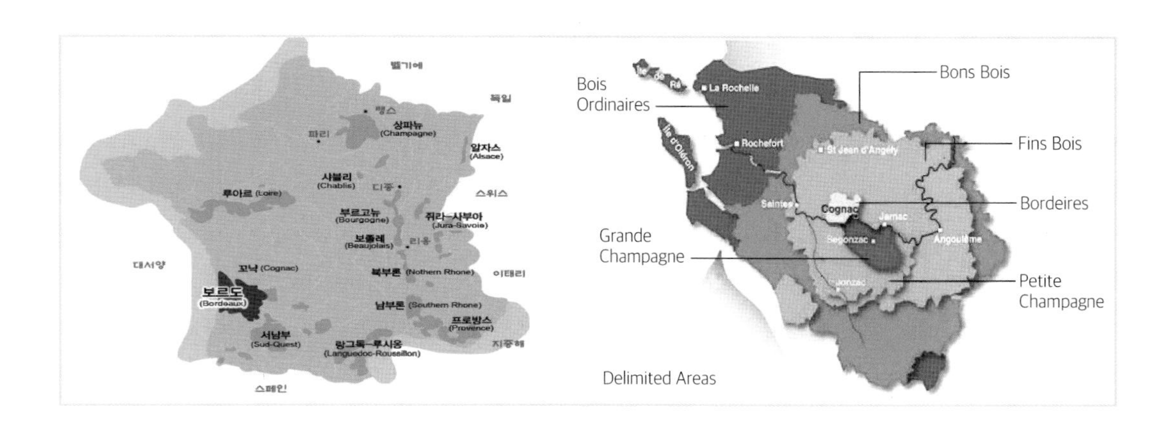

4) 등급 : 꼬냑의 숙성연도는 꽁트(Compte)로 표시되는데 가을부터 시작하여 증류가 막 끝난 새 술은 공식적으로 꽁트(Compte 0)이라고 한다. 4월1일이 되면 꽁트0이 되며, 그 다음해 4월1일이 되면 꽁트1이 되며, 매년 하나씩 더해지며, 꼬냑이라는 이름을 붙이려면 최소한 꽁트1 이상이어야 한다.

- Star(☆) 급 : 꽁트 2이상(3년)
- V.O.(Very Old) : 15년

- V.S.O(Very Superior Old) : 15~25년
- V.S.O.P(Very Superior Old Pale) : 25~30년
- Napoleon : 30~45년
- X.O.(Extra Old) : 45년
- Extra : 75년 이상

5) 상품명 : Cognac 지방의 Negociant(주상)은 240여 개 사에 이르고 있다.

마르뗄 (Martell)	헤네시 (Hennessy)	까뮈 (Camus)	레미 마르땡 (Remy Martin)	비스키 (Bisquit)	오따르 (Otard)	꾸르브아제 (Conrvoisier)
끄르아제 (Croizet)	하인 (Hine)	샤또 뽀레 (Chateau Pailet)	라센 (Larsen)	뽀리냑 (Polignac)	고티에르 (Gautier)	

나. 아르마냑(Armagnac)

프랑스 남부의 피레네 산맥에 가까운 아르마냑 지방의 3곳의 법정지역 내에서 만드는 아르마냑은 꼬냑과 비교해서 신선하고 향기가 강한 것이 특징으로 품질표시는 꼬냑과 같은 방법으로 라벨에 표시한다.

1) 포도 품종 : 쌩 떼밀리옹과 폴 블랑쉐, 그 외 몇 개 품종이 허가 되어있다.

2) 제조과정 : 증류는 꼬냑과 달리 반 연속식 증류기로 한번만 하는 것이 보통이며, 블랙 오크통(Black Oak Cask)에 넣어 숙성시킨다.

3) 생산지역 : AC법에 의하여 지정된 구역

① 바 자르마냑(Bas-Armagnac) : 최고급품

에오즈(Eauze) 지역이 중심지로 부드럽고 은은한 향의 브랜디이다

❷ 떼나레즈(Tenareze)

바다에서 멀리 떨어진 지역으로 점토질과 백악질의 토양에서 재배된 포도를 원료로 생산하며 일반적으로 평범한 브랜디이다.

❸ 오따르 마냑(Haut-Armagnac)

콘돔(Condom) 지역이 중심지로 생산되는 브랜디는 향이 진하고 강한 맛이 있어 부드러운 바사르마냑 브랜디와 섞어 밸런스가 좋은 브랜디를 만들고 있다.

4) 등급 : 꼬냑의 등급에 준한다.

5) 상품명

샤보 (Chabot)	자노 (Janneau)	마리약 (Malliac)	마르끼 드 비브락 (Marquis De Viarac)	상뻬 (Sempe)	Eau-de-vie de Vin

다. French Brandy

Cognac, Armagnac 이외의 Grape Brandy를 총칭하며 Cognac, Armagnac 주변 또는 기타 지역에서 생산되고 있다. 증류는 주로 연속식 증류기를 사용하고 숙성은 단기간하며 오래 숙성하여도 품질 향상은 기대하기가 어렵다. 일반적이고 저렴한 Brandy이다.

라. 기타 Brandy

❶ 오드비드뱅(Eau-de-vie de Vin) : A.R법에 의하여 국내 유명와인 산지의 잉여 와인을 증류한 Brandy(12개 생산지를 지정)

❷ 오드비 드 마르(Eau-de-vie de marc) : A.R법에 의하여 와인을 만들 때 압착과정 후 남은 것을 증류해낸 브랜디(13개 생산지 지정)

※ 생산지명을 표기하지만 Bourgone, Champagne 지방은 없다.

독일 Brandy

Brantwein(브랜트 바인)

독일의 Brandy는 Light한 것이 특징

- Weinbrand(바인 브란트) : 85% 이상을 서독에서 증류한 것으로(의무적으로 6개월 이상 숙성) 고급품
- Uralt(우랄트) : 1년 이상 숙성한 것으로 우수하다.

Weinbrand

Uralt

이탈리아 Brandy

Wine 만큼이나 종류가 많고 무거운 맛을 갖고 있다.

- Brandy : 숙성연한 3년 의무. 단식, 연속식 증류기 병행 사용
- Grappa(그라파) : 포도를 압착 후 나머지를 증류한 것으로 숙성하지 않아서 무색이다.(포도 찌꺼기를 가지고 만든다.)

Fruit Brandy

Calvados

- 프랑스 노르망디 지방에서 생산되는 Apple Brandy이며 향미, 향취가 좋다.
- 아펠라시옹 꽁뜨롤레 깔바도스 뒤 빼이도쥐(Appellation Controlee Calvados du Pays d'Auge)법에 따라 통제 관리 하에 생산된 것에 한하여 Calvados라고 표기
- 제조과정 : 사과 - 발효(1개월) - 증류(단식 2번) - 숙성(1년)

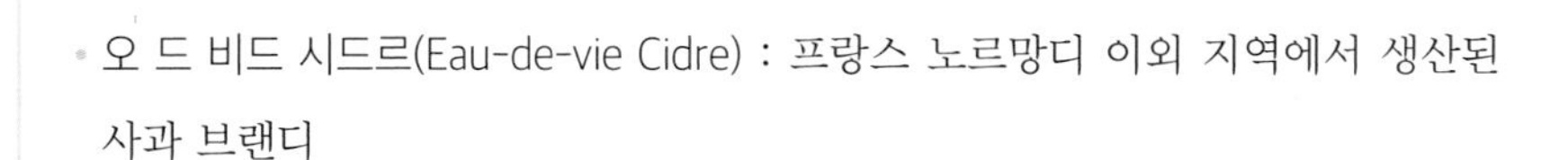

- 오 드 비드 시드르(Eau-de-vie Cidre) : 프랑스 노르망디 이외 지역에서 생산된 사과 브랜디

폭탄주[爆彈酒, Bomb Shot]
보통 맥주를 따른 컵에 양주를 담은 잔을 넣어 만듦. 제정러시아 때 시베리아로 유형 간 벌목 노동자들이 추위를 이기기 위해 보드카를 맥주와 함께 섞어 마신 것이 기원이라고 알려져 있다. 우리나라에는 1960~1970년대 미국에 유학 간 군인들이 들여와 확산되었으며, 이후 1980년대 초 정치에 나선 군인들이 정치계와 법조계, 언론계 인사들과의 술자리에서 만들어 마시면서 음주문화의 한 형태로 자리 잡았다. 1980년대 중반부터는 접대문화가 활성화되면서 종류도 다양해졌다. 뇌와 정신활동에 치명적인 영향을 끼쳐 심할 경우 중추신경계를 교란시키고 위경련이나 알코올 쇼크 등을 일으킬 가능성이 높다.

브랜디의 서비스 방법 및 Manner

- 브랜디는 주로 식후주(食後酒 : After Dinner Drink)로 서브되어 애음
- 브랜디를 즐기기 위해서는 Snifter Glass를 사용하는 것이 최상
- 브랜디를 마시는 방법 : Snifter Glass에 술을 1~2oz 붓고 두 손바닥으로 글라스를 어루만지듯이 감싸 쥐고 천천히 움직여서 손바닥의 체온이 글라스 속에 골고루 전달되면서 섬세한 향기가 피어오른다.
- 먼저 눈으로 훌륭한 색깔을 즐기고 코로 향취를 음미한 후에 스트레이트로 마신다.

브랜디[Brandy]는 포도[葡萄]를 원료로 생산된다.

브랜디는 포도를 이용해 만든 포도주를 증류(蒸溜)하여 숙성(夙成)시킨 술로서 숙성된 기간에 따라 브랜디의 품질이 구분된다.

브랜디[Brandy]에는 숙성기간[夙成期間]이 표시되어 있다.

브랜디의 품질은 숙성기간에 따라 구분되는데 숙성이 오래된 것일수록 브랜디의 맛과 향이 뛰어나므로 숙성기간에 따라 브랜디의 등급이 구분된다. 간혹 브랜디를 오래 보관할수록 귀하고 값진 술로 오해를 하는 분들도 있으나 일단 병에 담아진 브랜디는 보관하고 있는 기간에 의해 등급이 변하지 않다.

브랜디[Brandy]는 식후 주이다.

브랜디는 식사 후에 커피와 함께 마시는 술이며 1온스의 적은 양(量)을 마시는 것이다. 커피와 함께 섞어서 마시기도 하며 커피와 브랜디를 번갈아 가며 마시기도 한다.

혼성주[混成酒]는 칵테일의 부 재료로도 많이 쓰인다.

혼성주는 그 향미(香味)가 뛰어나 여러 가지의 칵테일을 만들 때에도 많이 사용되고 있다.

꼬냑[COGNAC]과 아르마냑[ARMAGNAC].

브랜디 중에 대표적인 것으로 꼬냑과 아르마냑이 있으며 프랑스의 대표적인 브랜디 생산지인 꼬냑 지방과 아르마냑 지방의 이름을 따온 것으로 그 지방에서 생산되는 브랜디에만 사용할 수 있는 명칭으로 기타 지역 또는 다른 나라에서 생산된 브랜디는 아무리 품질이 우수하여 좋은 제품일지라도 그 명칭을 사용할 수가 없다.

브랜디[Brandy] 잔은 양손으로 감싸듯이 잡는다.

브랜디 잔의 모습은 여성의 가슴 모양을 본떠 만들어졌다고 하며 마시는 양에 비하여 잔이 큰 것은 양손으로 감싸듯이 잡아 체온으로 브랜디의 온도를 높여 잔 안에 브랜디의 향(香)을 가득 채워 마실 때마다 브랜디의 향을 음미(吟味)하며 마실 수 있도록 한 것이다.

리큐르[Liqueur]는 혼성주[混成酒]이다.

리큐르는 선별된 식물의 열매, 잎, 뿌리, 줄기, 껍질, 약초류 등에 꿀이나 당분을 배합하여 만들어진 술로서 맛과 향이 짙고 감미가 풍부한 혼성주이며 코디알(Cordiall) 이라고도 불린다.

브랜디[Brandy]와 리큐르[Liqueur]는 입안을 향기[香氣]롭게 만든다.

브랜디나 리큐르를 식후에 마시는 것은 식후에 입안을 향기로 채워 식사와의 단절을 유도하고 대화중에 음식의 냄새가 나지 않도록 하는 매너의 함축된 의미 또한 갖추고 있다.

브랜디[Brandy]는 알코올이 많이 포함되어 있다.

브랜디는 포도주를 증류(蒸溜)하여 알코올이 많이 포함되어 있어 술에 약한 분들은 조금만 마셔도 취기를 느낄 수 있으므로 알코올이 약한 분들이나 여성분들은 거절하여도 되는 술이다.

주정(酒精)이란

우리가 주정이라고 부르는 것은 에틸알코올(Ethyl Alcohol)을 말하는데, 순수한 에틸알코올은 무색, 무취, 무미의 유동성 액체이며 특유의 방향과 자극성을 가지고 있고, 태우면 파란 불꽃으로 타고, 독성이 없다.

주정의 용도는 주류용, 연초발효용, 의약품제조, 식품가공 등 다양한 용도를 이용되고 있으나 우리나라의 주정생산량의 대부분은 음료용으로 사용된다. 주정은 우리 국민의 음주량의 대다수를 차지하는 희석식소주, 리큐르, 기타 각종 주류제조의 원료로 주류에 폭넓게 사용된다.

주세법에서 주류는 주세가 부가되는데 타제품에 비하여 제품가격에 세금이 차지하는 비중이 어마어마하다. 우리가 희석식소주 1병을 마시면 소주가격의 40%정도를 세금으로 낸다. 그러므로 세원이 되는 주류의 원료인 주정의 관리가 엄격한 것은 당연할 것이다. 주정의 생산, 원료배정 등 모든 과정을 국세청과 대한주류공업협회에 관리감독을 받고, 판매 또한 자유롭지 못하여 주정판매주식회사를 통하여서만 출고할 수 있다. 주세법상 주정은 전분(澱粉)이 함유된 물료(物料) 또는 당분(糖分)이 함유된 물료를 발효시켜 알코올 분 85도 이상으로 증류한 것, 알코올분이 함유된 물료를 알코올 분 85도 이상으로 증류한 것이라고 정의하고 있다.

03 진(Gin)

진은 두송(杜松) 열매의 상쾌한 향기와 깔끔한 맛을 지닌 술로 어느 술과도 잘 어울려 칵테일에 가장 많이 이용

1 원산지 네덜란드

2 역사

17세기 중엽 의약품으로 만들어진 액체가 진의 시초이다.

1660년경 네덜란드의 라이덴 대학 의학교수인 프란시스쿠스 실비우스(Franciscus Sylvius)가 동인도 지역에 있는 네덜란드인 선원과 식민자들을 열대성 열병으로부터 보호하기 위해 당시 약효가 있다고 인정되던 두송(杜松 : 향나무과의 상록교목)의 열매(주니퍼 베리)를 알코올에 침전시켜 증류하여 약용주를 만들었다. 이 약용주는 약으로서보다 상쾌한 알코올음료로서 더 사랑을 받았는데 이것이 널리 퍼지면서 네덜란드 선원들에 의해 제네바(Geneva)로 불리게 되었다.

17세기 말 영국에 전파되었는데 18세기 전반 연속식 증류기로 진을 상품화하면서 영국은 진의 시대라고 불릴 만큼 진이 큰 인기를 얻었고 이름도 Gin으로 바뀌게 되었다.

그 후 미국에 전파되고 현재 그 상당한 부분이 미국에서 생산되고 있어 『진은 네덜란드인이 발명하고 영국인이 연마하여 미국인에게 영광을 선사한 술』이라고도 일컬어진다(Gin은 네덜란드 사람이 만들었고 영국인이 꽃을 피웠으며, 미국인이 영광을 주었다).

 원료 주니퍼 베리(Juniper Berry)[2], 보리, 호밀, 옥수수 등

증류주 중 숙취로부터 회복율이 느린 순서
브랜디 → 럼 → 칼바도스 → 버번위스키 → 라이위스키 → 스카치위스키 → 진 → 보드카

4 제조방법

진의 제조방법은 크게 두 가지로 분류. 하나는 맥아, 호밀, 옥수수 등을 당화시켜 발효한 다음 증류기의 상부에 두송의 열매와 향초를 진 헤드라는 용기에 넣어서 원주와 함께 향기의 성분을 유출시키는 방법과 또 하나는 증류한 원액에 두송의 열매 등을 첨가해서 단식 증류기로 다시 증류시킨다. 진은 대부분 저장하지 않고 만든 즉시 출고하며 일부 숙성하는 제품이 있는데 이것은 순하고 부드럽다.

2) Juniper Berry : 북부유럽과 남서부 아시아 및 북미지역에서 자라나며 여름에 작은 모양의 녹색 빛을 띤 노란 꽃을 피우고 지면서 작은 Berry들을 맺는데 이 녹색의 Berry들이 여물어서 푸른빛을 지나 검정빛으로 변화해 가는데 2~3년이나 걸리는 특징을 가지고 있음. 강한 이뇨작용과 뱃속을 진정시켜주고 통증을 가라앉혀 주는 효과를 가지고 있음.

5 종류

(1) Holland Gin (Geneva Gin) : 홀란드 진은 옥수수, 호밀, 대맥 같은 곡물을 당화시켜 발효한 다음 단식 증류기로 2회 증류하여 주니퍼 베리로 향이 나게 하고 재증류한 것이다. 낮은 알코올도수로 증류하여 드라이진에 비해 맥아향이 짙고 향취가 강하다. 제네바 진이라고도 하며 칵테일 베이스로 사용되는 것 보다 스트레이트로 마시는 경우가 많다.

(2) London Dry Gin : 영국의 증류기술로 만든 매우 깨끗하고 부드러운 진으로 네덜란드 진과 구분하기 위하여 Dry Gin으로 불러왔다. 세계적으로 가장 유명하고 Gin 중에서 가장 우수하다.

(3) Old Tom Gin : 런던 드라이진에 2% 정도 설탕이 첨가된 Gin

(4) American Extra Dry Gin : 영국에서 미국으로 건너온 진은 더욱 순하고 아주 부드럽게 만들어져 칵테일용으로 각광을 받게 되었다.

(5) Flavored Gin : 런던 드라이진에 다른 향료를 첨가한 진으로 Lemon Gin, Orange Gin, Mint Gin 등이 있음
스위트 진으로 칵테일보다 스트레이트(Straight)로 마시기가 좋다.

(6) 슬로 진(Sloe Gin)
연속 증류된 진에다 야생자두(Sloe Berries)를 원료로 하여 짙은 적색에 감미와 과일 맛이 풍부하여 여성들이 즐겨 마시며 이 술은 진이라기보다 코디얼(Cordial)에 가깝다고 할 수 있다.

6 진의 특징

① 진의 증류는 다른 술과 달리 정류(精溜)란 말을 쓰고 있음, 즉 두 번의 증류를 통하여 불순물이 완전히 제거된 증류주

② 다른 술이나 리큐르(Liqueur) 또는 주스 등과 잘 조화를 이룬다.

③ 영국 진은 저장을 하지 않는다.

④ 특유한 방향성의 무색투명한 증류주

⑤ 드라이 진(Dry Gin)은 감미가 없는 증류주

⑥ 착미(着味)한 주정이 40%나 되는 독한 알코올성의 증류주

 상품명

- 영국 : Beefeater(제임즈 버로 사, 상쾌한 향기와 매끄러운 풍미), Bombay(봄베이 스피리츠 사, 드라이한 풍미), Gordon's Old Gin(고오든 사, 드라이 진은 주니퍼, 커리앤더, 감귤류의 과피 등으로 향미를 낸 런던 진의 정통파), Tanqueray (탱커레이 사), Gilbey's(W&A 길비사, 현재 길비의 진은 네모 보틀로 유명한데, 이 보틀 디자인은 주요 수출국인 미국에서 금주법 시대에 가짜가 많이 나돌았으므로 위조하지 못하도록 궁리한 것, 레드 라벨은 37℃ 그린 라벨은 47.5℃)
- 미국 : Seagram's, Fleischmann's(플라이슈만 디스틸링 사, 40℃의 상쾌한 술), Samovar, Hiram Walker's(하이럼 워커 & 산즈 사)
- 독일 : Schinken Hager, Schlichte
- 네덜란드 : Bols(볼스 사, 1575년에 창립, 세계에서 가장 오래된 증류회사)

비피터

텡커레이

고드슨

봄베이사파이어

타이가

 보드카(Vodka)

추위를 막아주는 러시아의 필수품이라고도 할 수 있는 보드카는 무색, 무취의 술로 투명하고 맛이 깨끗하여 칵테일 베이스로도 사랑 받는다. 알코올 함량 40~60%의 독한 술

Vodka가 무색, 무미, 무취로 되는 중요 요인은 자작나무의 활성탄과 모래를 통과시켜 여과하기 때문이다.

1 어원

러시아어로 『생명의 물』이라는 뜻인 『Zhiezenniz Vcda(지제니즈 보다)』에서 『보다(Vcda 물)』로, 16세기경부터 『보드카(Vodka)』로 불려졌다.(40~55℃)

2 역사

보드카는 12세기 무렵부터 러시아에서 전통적으로 마셔 온 증류주로서, 1810년 활성탄을 이용한 여과법을 개발하여 품질을 향상시켰고 19세기 중엽에는 연속식 증류기가 도입되어 현재와 같은 무색, 무미, 무취의 술이 만들어지게 되었다.

보드카가 해외에 알려지기 시작한 것은 모스크바에서 보드카를 제조하던 스미노프(Smirnoff)사의 사장 우라지스밀노프 백작이 러시아 혁명 후 국외로 추방되면서부터였으며, 현재 보드카의 생산 대국인 미국에 상륙한 것은 1933년 러시아 태생인 미국인 크넷트가 스밀노프로부터 미국과 캐나다에서의 보드카 생산, 판매권을 양도받으면서부터이다. 1939년경부터 미국에서 칵테일을 만드는데 기본주로서 급격한 발전을 하였고 지금은 미국의 생산량이 러시아를 능가할 정도로 많이 보급되었다.

3 원료 감자, 옥수수, 호밀 등

- 북유럽과 러시아 – 감자
- 미국, 영국 – 옥수수(Corn), 호밀(Wheat) 등
- 네덜란드 – 감자와 곡물을 혼합

4 제조방법

주원료에 맥아를 첨가하여 발효한 다음 연속식 증류기로 알코올 함량 85~94%의 지극히 높은 순도의 증류주를 만든다. 이 증류주를 물로 희석해서 자작나무 숯으로 만들어진 활성탄으로 수십 차례 여과 과정을 거치며 숙성과정을 거치지 않는다. 활성탄은 증류된 원주에 혼합되어 있는 잡다한 맛의 성분을 제거하여 거의 무미 무취의 깨끗한 보드카를 만들어내는데 여과 횟수가 많을수록 양질의 것이 된다.

곡류발효 → 증류 → 활성탄여과 숙성하지 않음

5 보드카의 특징

① 러시아의 국민주
② 무색, 무미, 무취의 독특한 술
③ 보드카는 향료의 첨가 대신 활성탄(자작나무)으로 여과하여 냄새를 없앤다.
④ 무색, 무미, 무취의 특성을 이용하여 각국에서는 칵테일의 기주로 많이 사용
⑤ 보드카의 원료는 밀, 감자, 호밀(Rye), 사탕비트(Sugar Beet). 옥수수(Corn) 등
⑥ 1000℃ 이상으로 태운 Paulownia Wood(자작)의 활성탄에 주정을 15~30회 여과시키고 1급이 되려면 모래로 걸러 목탄냄새를 제거한다.

6 보드카의 분류

① 중성보드카(Netural Vodka)

- 무색투명한 것으로 보드카의 대부분을 차지
- 증류 후 여과과정을 거친 후 별도의 숙성기간을 거치지 않고 바로 증류수로 희석시켜서 병입 한 제품
- 칵테일을 만드는 기주로 많이 이용

② 골드 보드카(Gold Vodka)

- 증류 후 여과과정을 거친 다음 일정기간 오크통에 저장

- 연한 황갈색을 띔 : 오크통 안에서 색이 우러나오므로

③ 즈브로우카(Zubrowka, Zubrovka, 40~50℃)

- 폴란드에서 생산되는 보드카
- 관목의 잎을 첨가하여 엷은 갈색과 소박한 맛을 곁들인 화주
- 병 속에 풀잎이 들어있다.

④ 플레버드 보드카(Flavored Vodka)

- 보드카에 여러 가지 과실을 첨가하여 향과 맛을 입힌 보드카
- 스트레이트(Straight)로 마신다.
- 원료 : 오렌지(Orange), 레몬(Lemon), 라임(Lime), 민트(Mint)

7 상표

- 러시아 : Moskovskaya(모스코프스카야), Stolichnaya(스톨리츠나야), Stolovaya(스톨로봐야), Persovka(페르트소프카), Krepkaya, Starka(스타르카, 크리미아 지방에서 나오는 배나 사과 잎을 담가 만든 갈색의 보드카이다. 풍미를 좋게 하기 위하여 소량의 브랜디를 첨가한다. 주 정도는 43℃)
- 미국 : Smirnoff(40℃, 50℃, 스미노프는 거대하고 영광스러운 러시아의 역사를 배경으로 탄생한 세계최고의 보드카로 러시아의 스미노프가에서 처음 생산되어 19세기 중반부터 크게 명성을 얻었다. 20세기가 되면서 유럽의 여러 왕궁에서도 찾아 볼 수 있을 만큼 유명하게 되었으나 볼셰비키 혁명을 계기로 문을 닫게 되었고 1930년대에 미국으로 건너간 러시아인에 의해 다시 생산되었다.), Nikolai(니콜라이 흑라벨 40℃, 레드 라벨 50℃), Bolzoi(보르조아)
- 영국 : Gilbey's, Gordon's
- Absolut(압솔루트, 3가지<소맥, 대맥, 호밀>원료의 맛과 향을 간직한 가장 순수한 프리미엄 보드카로 400년의 전통을 자랑하며 레몬향이 감미된 Citron[3]은 향미가 독창적, 40℃, 스웨덴), Silhouette(캐나다), Bolskaya (네덜란드), Danzka(덴마크), Finlandia(핀란드), Zubrovka(체코), Spirytus (폴란드)

3) Citron : 인도 북부 원산이며 동남아시아에서 오랫동안 재배하였음. 감귤 중에서 가장 오래된 과일이며, BC 4세기부터 유럽에 알려졌음.

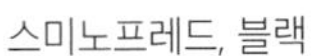

스미노프레드, 블랙　　압솔루트　　압솔루트시트론

핀란디아　　스톨리치나야　　타이가

05 럼(Rum)

태양이 뜨거운 카리브해안의 달콤한 술인 럼은 알코올 함량이 40~76%정도이며 지금은 플로리다 주변에서 인기가 있다. 럼은 과즙음료를 혼합하고 과일을 장식하여 화려하고 푸짐한 여름용 칵테일에 많이 이용

1 원산지 카리브해의 서인도제도

2 어원

처음에 럼을 마신 원주민이 취해서 흥분했다 하여 원주민의 말로 『흥분하다, 소동하다』의 뜻인 럼블리온(Rumbullion)이라 부르다가 어두를 따서 Rum이라고 부르게 되었다.

3 역사

17세기초 발바도스(Barbados)섬에서 영국의 증류기술자가 사탕수수 줄기에서 즙을 내어 설탕을 만들고 그 나머지를 발효시켜 최초로 증류하였다. 이것이 럼의 시초이며 그 이후 자마이카 섬을 중심으로 사탕공업의 발달과 함께 번창하게 되었다.

1862년 스페인에서 쿠바로 이주한 Bacardi에 의해 투명한 Light Rum을 생산하게 되었고 1805년 영국 넬슨 제독이 전사하여 Rum을 담은 큰 통속에 넣어 본국으로 운송하였던 일로 Nelson Blood라는 별명을 얻기도 했다.

4 원료 사탕수수

5 대표적 산지

자마이카, 쿠바, 푸에르트리코, 가니아, 멕시코, 브라질 등

6 종류

각 지역마다 증류와 숙성 방법 등의 차이로 각기 매력적인 맛의 럼이 제조되고 있지만, 풍미와 향기로 크게 분류하면 다음과 같은 종류가 있다.

1) 맛에 의한 분류

① 라이트 럼(Light Rum)

- 주산지 : 쿠바, 멕시코
- 당밀을 물로 묽게 하여 발효시킨 후 이것을 연속식 증류기로 증류하여 스테인리스 통에 단기간 저장 숙성시켜 만든다.
- 풍미가 가볍고 무색, 투명하여 칵테일 기주로 많이 이용
- 특징 : 첫째, 화이트 색, 당밀의 향취가 적고 감미가 없다. 둘째, 드라이 럼(Dry Rum). 셋째, 쿠바산, 푸에르토리코 산이 유명 넷째, 주요상품 : 바카디

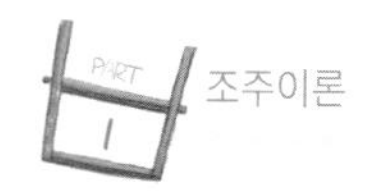

라이트(Bacardi Light), 그린 아일랜드(Green Island), 올드 자메이카(Old Jamaica), 핑가폰탈(Pinga Pontal)

- 제조과정 : **사탕수수**(당밀) **+ 배양효모 → 발효 → 연속증류기 → 헌 통에 단기 숙성 → 활성탄여과**(통에 숙성 시 착색된 그대로는 Golden Rum)

❷ 미디움 럼(Medium Rum)

- 주산지 : 말티니크
- 헤비 럼과 라이트 럼의 중간색
- 특징 : 첫째, 골든(Gold) 색, 둘째, 감미와 향이 조금 있다. 셋째, 주요생산지는 도미니카, 남미의 기니아, 말티니크(Martinique) 넷째, 주요상품 : 바카디 골드(Bacardi Gold), 올드 오크(Old Oak), 네그리타(Negrita)
- 제조과정 : 라이트 럼(Light Rum)과 헤비 럼(Heavy Rum)을 혼합하는 방 법 헤비 럼 식으로 발효해서 연속식 증류기를 사용하는 방법

❸ 헤비 럼(Heavy Rum)

- 주산지 : 자메이카, 가나
- 당밀을 발효, 증류시킬 때 단식 증류기를 사용하며 오크통에다 3년 이상 저장 숙성시킨다.
- 특징 : 첫째, 감미가 강하고 짙은 갈색, 둘째, 자메이카(Jamaica)산이 유명, 셋째, 주요상품 : 말티니크(Martinique),트리니대드(Trinidad), 발바도스(Barbados)
- 제조과정 : 1회 증류하고 남은 발효액을 새로 만든 사탕수수 즙에 혼합 → 발효 → 단식증류기 → 태운 통속에서 착색 → 3년 이상 숙성(Full Body Rum)

2) 색깔에 의한 분류

❶ 화이트 럼(White Rum)

- 화이트 레벨(White Label)
- 색이 무색투명한 럼
- 맛이 부드러워 칵테일의 기주로 많이 이용

❷ 골드 럼(Gold Rum)

- 골드 레벨(Gold Label)

- 연한 갈색에 깊은 맛

③ 다크 럼(Dark Rum)

- 짙은 갈색에 맛과 향이 매우 강하게 느껴지는 럼

7 상품명

- 쿠바 : Bacardi(40℃, 75.5℃, 바카디는 1862년 돈 파쿤도 바카디에 의해 쿠바 산티아고에서 탄생, Havana Club
- 자마이카 : Myers's, Old Jamaica, Appleton
- 푸에르토리코 : Ron Rico, Ron Merito
- Lemon Hart(드메라라), Old Monk(인도)
- 기니아 : El Dorado Rum(엘 도라도 럼 5년, 12년, 15년, 43℃,)

바카디골드 화이트 151 다크8년 캡틴모건

06 데킬라(Tequila)

멕시코의 정열적인 술 데킬라는 알코올함량 40~53% 정도의 멕시코 특산주임. 향토적인 증류주 정도에 불과하던 것이 데킬라를 Base로 하는 Cocktail인 마르가리타가 등장하면서 일약 주목의 대상이 되었다.

1 원산지 멕시코

2 역사

데킬라는 멕시코의 특산주로서, 최초에는 Pulque라는 이름으로 토착인에 의해 만들어졌고 16세기경 스페인으로부터 증류기술이 도입되어 Tequila로서 생산되었다. 1949년 마르가리타가 전 미국 칵테일 콩쿠르에 출품되면서 알려졌으며 1968년 멕시코 올림픽이 개최도면서 세계적으로 널리 알려졌다.

3 원료

용설란의 일종인 아가베 아즐 테킬라나의 잎

4 종류와 제조방법

사용되는 용설란은 8~10년생의 구경으로 직경이 70~80cm이고 무게가 30~40kg이나 된다. 이 큰 덩어리를 잘라 증기로 쪄서 다시 잘게 부수어 즙을 짜낸다. 지금은 기계화되었지만 옛날에는 석실에 증기찜을 하여 당나귀를 이용해 맷돌을 돌려 갈아서 당즙을 짜냈다고 한다. 이 담즙을 발효시켜서 단식증류기로 2번 정도 증류하며 숙성하는 것과 숙성하지 않는 것으로 나뉜다.

- **화이트 데킬라**(Tequila Blanco, 데킬라 블랑꼬) : 통에서 숙성하지 않은 것으로 증류 후 스테인리스 탱크로 단기간 저장한 것만으로 병에 담아냄. 데킬라의 대부분

은 이 White 데킬라이며 무색투명하여 칵테일에 잘 쓰이고 가볍고 샤프한 맛이 있다.

- 골드 데킬라 : 오크통에 넣어 숙성시킨 것으로 통의 향기가 데킬라에 옮겨져서 약간 노란색을 띠고 짙은맛이 있으며 주로 스트레이트로 즐겨 마신다. 2개월 이상 숙성시킨 것을 데킬라 레포사드, 1년 이상의 것을 데킬라 아네호(Tequila Anejo, 골드 데킬라)라고 부른다.

5 법적 규제

- 데킬라는 여러 법적 규제와 전통이 있는데, 우선 원료는 Agave Americana, Agave Atrovirens, Agave Azul Tequilana 등 3품종으로만 한정되어 있고 그 중 Agave Azul Tequilana의 함량이 51%이상이 되어야 데킬라라는 이름을 붙일 수가 있다.
- Agave Americana와 Agave Atrovirens를 발효해서 만든 술은 Pulque라고 하며 이것을 증류한 것은 메스칼(Mezcal)이라 부른다.
- 데킬라 생산지역도 3개 지역으로 한정되어 있으며 그 이외의 지역에서 생산되는 증류주는 피노스(Pinos)라고 한다.

6 데킬라 마시는 법

- 데킬라는 알코올도수가 40% 전후로 아주 독한 술은 아니지만 본고장인 멕시코에서는 대개의 경우 스트레이트로 마시고 있다.
- 원래 본격적인 것은 소금을 핥고 단숨에 들이 킨 후 Lime 또는 Lemon을 씹는 방법
  단, 이 소금은 시판하는 제품이 아니라 용설란에 붙어 있는 벌레의 오줌이 건조하여 생긴 것이 최고라고 하는데 주로 돌소금을 많이 사용
- 데킬라란 멕시코의 하리스코주, 나야리트주, 미쵸아칸주의 특정지역에서 생산된 제품만을 가리키며 다른 곳에서는 잎사귀에 파이프를 꽂아 수액을 받아 발효시킨 것을 뿔케라 말하며 멕시코 인이 매우 애호하는 토속주, 그것을 다시 증류하여 메즈칼이라 부르는 제품을 생산

7 데킬라와 소금, 감귤류

- 스트레이트든 칵테일이든 데킬라와 Lime Juice는 떼어놓고 생각할 수 없다.
- 멕시코는 자연 조건상 비타민이나 염분을 많이 섭취해야 되는 조건이며 알코올 도수가 강한 자극을 받아들이기 위해서는 마시기 전에 산으로 혀와 목구멍을 길들여 놓아야 한다는 것
- 또한 소금은 알코올을 분해하는 효과도 크다.
- 염분이 많은 바닷가에서는 술이 잘 취하지 않는 것과 마찬가지

8 상품명

Cuervo

Pepe Lopez

아가베로

시에라

엘짐마도르

투핑거

Cuervo

07 아쿠아비트(Aquvit)

1 원산지 북유럽 스칸디나비아(노르웨이, 덴마크, 스웨덴) 지방의 특산주

2 원료 감자

3 역사

- 어원은 『생명의 물(Aqua Vite)』라는 라틴어에서 온 말
- 15세기부터 만들어 졌으며 초기에는 와인을 증류시켜 의약품으로 사용
- 16세기부터 곡물을 원료로 사용하였으며 18세기부터는 감자를 사용

4 제조과정

- 감자를 익힌 다음 맥아로 당화 발효시켜 연속식 증류기로 증류한 후 95%의 고농도 알코올을 얻은 다음 물로 희석, 회향초 씨(Caraway seed)라는 향료를 넣어 제조(주정도 : 40℃)

감자의 전분 - 당화 - 발효 - 증류(연속식 증류기) - 가향 - 재증류

- 보리를 맥아로 만들어 발효와 증류의 과정을 거쳐서 착향하여 아쿠아비트를 제조

보리 - 맥아 - 발효 - 증류 - 가향(맥주처럼 차게 해서 마신다)

※ 고수풀, 박하, 오렌지 과피, 회향(Caraway)등의 향료로 착향(着香)

5 특징

1. 무색, 투명
2. 우리나라의 소주와 같은 술
3. 회향초의 특유한 향기가 강한 술
4. 스웨덴에서 가장 많이 생산(스넵스, Snaps)
5. 마실 때는 얼음에 아주 차게 해서 스트레이트로 마신다.
6. 국가별 표기방법 : 덴마크(Akvavit), 노르웨이(Aquavit), 스웨덴(양쪽을 혼용하여 사용)

6 유명상표

① 덴마크 : 다른 지역보다 비교적 라이트 한 맛, 스킵퍼(Skipper), 올버그(Alborg)

② 노르웨이 : 헤비(Heavy)한 타입, 보멀룬더(Bommerlunder), O.P 앤더슨(O.P Anderson

③ 스웨덴 : 두 나라의 중간 타입의 맛을 가진 상품을 생산, 스바르트 빈바르스(Svart Vinbars), 스카네(Skane)

08 국산 민속주

한산 - 소곡주

옛날부터 즐겨 마시던 술의 종류와 제조기법 등을 기술한 동국서기에는 백제유민들이 지금의 한산면인 주류성에 모여 나라를 빼앗긴 한을 달래기 위해 빚어 마셨다고 한다.

당산 - 두견주

꿈에 부친의 병을 고치려면 두견화로 빚은 술이어야 한다는 산신령의 계시로 태어난 술

아산 - 연엽주

충남 아산군 송악면 외암리 예안 李씨 가문이 150여 년간 제주로 사용해 온 아산 연엽주의 기능 보유자 최황규 씨가 충청남도 무형문화재 11호로 지정받은 것은 1990년 12월. 아산연엽주는 崔씨의 남편 이득선씨의 고조부 원집(源集)씨가 1850년쯤 부인 李씨에게 제조 비법을 가르쳐 준 것을 시작으로 맏며느리에게만 전수되어 5대째인 득선씨와 崔씨에 이른 것이라고 한다. 궁중 술의 제조기법을 이어 받아 태어난 이 술은 잘 알려져 있지 않으나 청렴하고 강직한 선비의 기상이 있는 품격 있는 술. 솔잎과 영엽을 깔고 누룩과 버무린 재료에 다시 연근을 섞어 빚은 이 술은 솔잎이나 한약재로 넣기도 한다.

강원도 - 감자술

감자를 원료로 발효한 술이 감자 술로 감자가 많이 생산되는 강원도의 명물

공주 - 백일주

말대로 100일 동안 정성을 들여 빚은 후 마신다고 해서 백일주라 하며 조선조 인조 때 왕궁으로부터 비법을 하사 받아 빚어온 술. 철따라 진달래, 황구, 오미자, 솔잎 등을 넣는다.

경주 - 교동법주

조선조 숙종 때 궁중음식 감독관인 최국준이 고향집에서 빚기 시작했다고 한다. 그것을 큰며느리에게만 양조법을 전수시켰다고 한다. 양조 용수는 교동에 있는 崔씨가의 우물물이 쓰이며, 밑술은 찹쌀 고두밥과 누룩(6:1)을 사용. 서늘한 곳에서 10여 일 발효시킨 다음 60일 가량 후 발효시킨다. 용수로 맑은 술을 떠서 보관하는데 호박색으로 끈적끈적하고 고유한 맛이 일품이다. 알코올 도수는 18%. 법주라는 이름은 원래 절 주변에서 빚어진 술의 이름이었다. 법주란 뜻은 법식대로 만든 술이라는 것. 조선조 중엽에 양반과 천민의 계급의식이 심했는데 그 당시 궁중과 조정의 문무백관이나 외국 사신들만이 즐겨 마실 수 있도록 제한한 특별주가 법주라는 것

김천 - 과하주

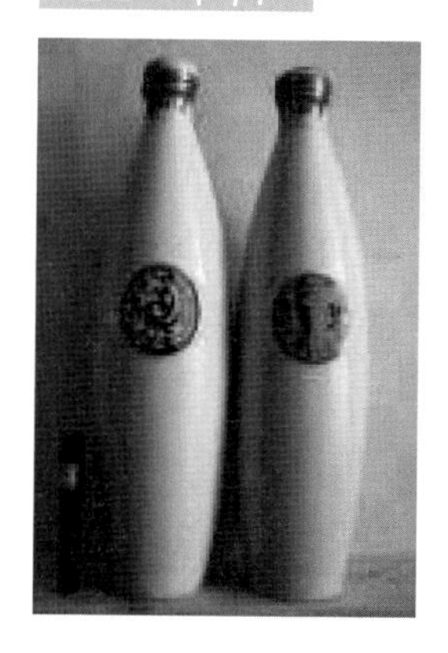

임진왜란 때 명나라 장수 이영송이 왜병을 추격하던 중 금릉(지금의 금천)지역을 지나게 되었는데 이 때 금릉에 있는 금지천 물맛을 보고 자신의 고향인 중국 금릉에 있는 과하천의 물맛과 같다고 칭송하였다고 하는데, 이때부터 이 샘을 과하천이라 하였으며 이 샘물로 빚은 술을 과하주라고 하였다. 과하주는 조선 초기부터 빚어져 김천 지방에서 즐겨 마시던 전통 민속주로, 음력 정월의 이른 새벽에 과하천의 물로 술을 빚어 김천 과하주로 불리어 왔다. 그 맛과 향기가 뛰어나 한 여름을 나는데 빼 놓을 수 없는 양반네들의 고급청주이다. 찹쌀로 술을 지어 국화와 쑥을 깔고 그 위에 술밥을 말린 후 떡을 만들어 술을 빚는데 물은 사용하지 않는 것이 특징. 높은 진국의 술로 향기가 특출하고 감미로움

금정 - 산성막걸리

구수하면서도 텁텁한 맛이 바로 금정(금정산)의 산성 막걸리. 서민적이면서도 별미여서 막걸리 맛으로는 전국 제일로 꼽는다.

문경 - 호산춘

고려 말 조선조 초기의 문신으로 특히 세종에게 가장 신임 받은 제상으로 명성이 높았던 황희의 증손 황정에 의해 처음 집터를 닦은 이래 집성촌을 이루면서 가양주로 빚어 왔다고 함. 멥쌀, 찹쌀, 곡자와 솔잎을 사용하며 명약주(酒)에 속한다. 알코올 도수는 17~18%

안동 - 소주

소주의 어원은 원나라의 증류주인 아라끼에서 비롯된 아랭이다. 고려를 침공한 몽고군이 일본을 정벌하기 위하여 안동에 군사기지를 설치했을 때 그 제조법이 안동에 퍼진 것으로 추측된다.

선산 - 약주

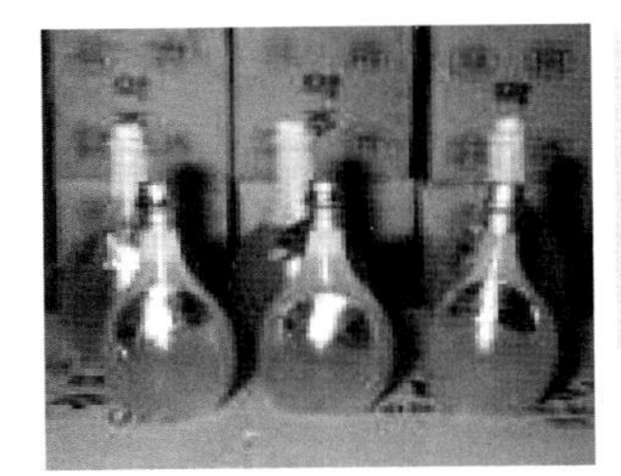

엷은 갈색의 은은한 향기와 알코올 8도의 순한 맛의 선산 약주는 첫 번 밑술에 덧 술을 빚고 솔잎을 첨가하여 약주, 송로주라 한다.

김제 - 송순주

찹쌀로 미리 밑술을 담그고 소나무로 새순이 나올 때를 맞추어 덧술로 빚는다. 달고 매운 맛이 특징. 한약재를 사용한 송순주는 위장병 신경통에 좋다고 한다.

전주 - 이강주

이강주는 조선조 중엽부터 전라도와 황해도에서 제조되었던 색다른 술로서, 상류사회에서 즐겨 마시던 고급 약소주에 속한다. 이 술은 소주에 배와 생강이 가미되어서 이강주라는 이름이 붙게 되었다. 배와 생강의 맛이 잘 조화된 달콤하면서도 매콤한 맛이 있다. 밑술은 일반소주로 담금

전주 - 감홍로주

자주색을 띤 연분홍 색깔의 색다른 술로, 평양을 중심으로 관서지방에 알려진 전통주. 감홍로 주는 쌀, 메조, 찰수수, 누룩을 원료로 하고 여기에 자초, 용안육, 진피, 계피, 방풍, 정향, 생강 등에 한약재를 첨가하여 발효시킨 것을 3회에 걸쳐 증류하고 120일간 숙성시켜 만든다.
이강주와 거의 비슷하나 약재를 넣고 빚어낸 술

진도 - 홍주(紅酒)

맑고 끈적끈적하며 붉은 색을 띄고 있는 홍주로 쌀, 보리, 지초뿌리로 빚는다. 고졸이라고 하는 항아리에 넣어 불을 때서 얻은 증류주

전주 - 장군주(將軍酒)

우리 전통의 멋과 가락이 있는 곳에서 태어난 장군주는 녹두, 누룩, 찹쌀, 약재, 솔잎, 대나무 잎으로 담근다. 오묘한 향기와 약주로서 여름에 애음해도 좋고 과음하더라도 뒤탈이 없어 장군주라 불린다.

송죽 - 오곡주(五穀酒)

오곡으로 술밥을 짓고 산수유, 감초, 구기자, 당귀 등을 첨가하고 소나무 수액, 대나무 잎을 넣어 빚어낸다.

☞ **조선시대의 대표주** : 술은 고급화 추세를 보여 제조 원료도 맵쌀 위주에서 찹쌀로 바뀌고 발효 기술도 단(單)담금에서 중양법(重釀法)으로 바뀌면서 양보다 질 좋은 술들이 제조 되었는데, 이때 양주(良酒)로 손꼽히던 주품들은 삼해주, 이화주, 부의주, 하향주, 춘주, 국화주 등. 특히, 증류주는 국제화 단계로 발달하여 대마도를 통하여 일본, 중국 등에 수출이 빈번하였다. 이때의 명주로는 서울의 약사춘, 여산의 호산춘, 충청의 노산춘, 평안의 벽향주, 김천의 청명주 등이 유명한 술.

☞ **조선시대에 유입된 외래주** : 천축주(天竺酒), 미인주(美人酒), 황주(黃酒), 섬라주(暹羅酒), 녹두주(綠豆酒), 무술주(戊戌酒), 계명주(鷄鳴酒), 정향주(程香酒) 등

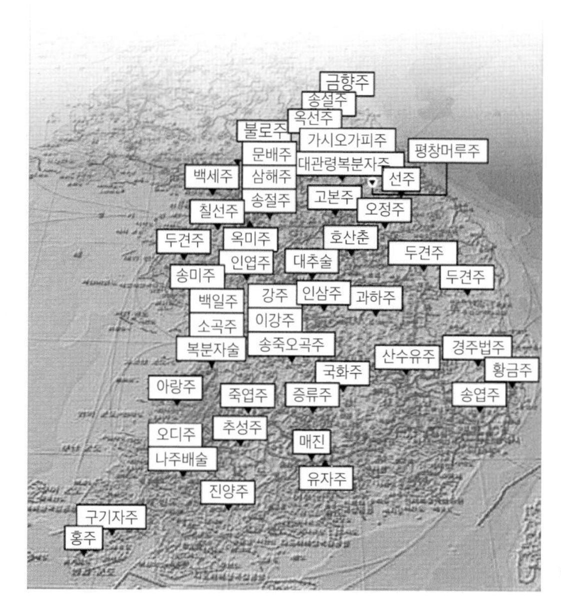

◀ 전통주의 지역적 분포도

요약 정리

- 몰트 위스키의 제조과정에서 정선은 불량한 보리를 제거하는 것, 침맥은 보리를 깨끗이 씻고 물을 주어 발아를 준비하는 것, 제근은 맥아의 뿌리를 제거하는 것, 당화는 알코올을 얻기 위해 맥아의 전분에서 당분을 추출하는 단계이다.

	몰트 위스키	그래인 위스키
원료	이탄(Peat)으로 건조시킨 몰트	호밀, 밀, 옥수수 등 곡류
당화	맥아에 함유된 당화효소에 의해 전분이 당화	곡류에 물료를 혼합하여 맥아로 당화
발효	당화액에 효모 첨가	당화액에 효모 첨가
증류	단식증류기로 2회 증류, 알코올 분 60~70%	연속증류기로 1회 증류, 알코올 80도 이상
저장	오크통 3~30년	오크통 3년 이상
특징	색향이 진함	생향이 연함
비유	커피	크림

- Whisky의 어원 : 고대 게릭어의 위스게 바하(Uisge-Beatha) → 우스크베이하(Usque-Baugh), 우슈크(Uisqe) → 어스키(Usky) → Whisky
- 위스키 만드는 과정 : Mashing(당화) → Fermentation(발효) → Distillation(증류) → Aging(숙성)
- Bourbon Whisky : 옥수수가 주원료이며, 상표로는 Jim Beam, Wild Turkey, Early Times, I.W. Harper, Old Grand Dad, Bench Mark 등이다.
- Scotch Whisky 상표 : Johnnie Waker, J & B, Ballantines, Chivas Regal, Passport, Black & White, Bell's, Cutty Sark, White Horse, Old Parr, Glenfiddich, Glenlivet, Vat 69, Dimple 등이 있다.
- Canadian Whisky 상표 : Seagram's, Canadian Club, Crown Royal, Black Velvet, Canadian Mist 등이 있다.
- Irish Whisky 상표 : John Jameson, Old Bushmills, Tullamore, John Power 등이 있다.
- Aqua Vitae, Eau-de-Vie(생명의 물) : Water of Life

- 코냑 : 헤네시(Hennessy), 레미 마틴(Remy Martin),까뮤(Camus), 마르뗄(Martell), 비스끼(Bisquit), 꾸르브아제(Courvoisier), 샤또 뽈레(Chateau Paulet), 하인(Hine), 끄르아제(Croizet), 라센(Larsen), 오따르(Otard), 뽀리냑(Polignac) 등이 있다.
- Grappa(그라파) : 이탈리아의 브랜디로 포도를 압착 후 나머지를 증류한 것으로 숙성하지 않아서 무색 즉, 포도 찌꺼기를 가지고 만든다.
- Brandy의 등급 표시 : V.O(Very Old) → V.S.O(Very Superior Old) → V.S.O.P(Very Superior Old Pale년) → X.O(Extra Old) → Extra
- Eau-de-vie : 생명수(water of life)란 뜻으로 Brandy, Marc, Grape와 같은 알코올성 음료이다.
- 소주는 고려 말에 도입되어 약용으로 활용되었고 증류식과 희석식으로 대별되는데, 첫째, 증류식 소주(흑국소주)는 단식증류, 소수생산, 둘째, 희석식 소주는 연속 증류, 맛의 조화를 위한 물질 첨가

정리노트

정리노트

7
CHAPTER
혼성주

CONTENTS

리큐르의 개요

리큐르(Liqueur)의 명칭

- 프랑스 : 리퀘르(Liqueur)
- 독일 : 리코르(Likor)
- 영국 : 리큐르(Liqueur)
- 영국·미국 : 코디얼(Cordial)

어원

리큐르라는 이름은 이 술이 여러 가지를 녹여서 만들었다고 하여 라틴어의 Liquefacere(리케파세르 : 녹는다, 녹이다)라고 부르던 데서 유래하였는데, 후에 이 말이 불어의 Liqueur로 불리게 되었다.

2 혼성주의 개요

- 양조주나 증류주에 과실, 향료, 감미료, 약초 등을 첨가하여 가공시켜 만든 술로 리큐르라 한다.

- 프랑스는 알코올 15%이상, 당분 20%이상, 향신료가 첨가된 술을 리큐르(Liqueur)
- 미국에서는 Spirit에 당분 2.5%이상을 함유하며, 천연향(과실, 약초, 즙 등)을 첨가한 술을 Liqueur라고 하며, 자국산 제품을 코디얼(Cordial)이라고 한다.
- 달콤한 맛이 강하여 식후에 주로 마시며 조리용 또는 칵테일용으로 많이 사용
- 갖가지 약재와 과일 등이 들어가 간장, 위장을 보호해 주며 소화불량 등에도 효과
- Blue, Green, Orange 등의 화려한 색채와 함께 특이한 향을 지닌 이 술은 스트레이트로 잔에 따랐을 때 아름답게 반짝거리는 것이 마치 보석과 같아 『액체의 보석』이라고 일컬어지고 있다.

3 역사

고대 그리스 의성(醫聖) 히포크라테스가 약초를 와인에 녹여서 만든 물약이 그 기원이며 지금과 같이 증류주를 기본으로 한 리큐르의 출현은 13세기경부터이다. 중세기 연금술사들이 증류주에 약초, 향초를 넣어서 『생명의 물』을 만들려고 하다가 이 『비법의 술』을 만들게 되었는데 이것이 리큐르의 시초임. 연금술사들의 이 비법은 수도원의 승려들에게 전수되어 더 많은 특이한 리큐르를 생산하게 되었고, 근세에 이르러 대항해 시대를 맞으며 원료는 더욱 다양해져 갔다. 18세기에는 과일의 향미를 주체로 한 단맛의 리큐르가 많이 생산되었고 19세기 후반에 연속식 증류기의 개발로 고농도의 알코올성의 더욱 세련된 고품질의 리큐르가 생산되었다.

4 제조방법

증류주에 정제된 설탕으로 단맛을 내고 약초, 과일, 과일의 씨와 껍질, 뿌리, 꿀 등을 첨가하여 다양한 맛을 낸다.

증류법(Distillation)

침출액을 넣고 원료를 증류주에 담갔다가 우러난 다음 배합하여 향과 맛을 내

는 단식 증류법으로서 설탕이나 시럽을 첨가한다. 장기보관, 맛과 향기가 침출법 보다는 못하다.

침출법, 침적법(Infusion)

증류하면 변질될 수 있는 원료를 알코올 농도가 높은 화주에 넣어 열을 가하지 않고 일정한 기간, 맛과 향을 용해시켜 술에 배어들면 여과시키는 방법(장기보관이 어렵다.)

추출법, 향유혼합법(Essence)

일명 에센스법(Essence)이라고도 하는데 방향유를 알코올에 혼합하는 방법으로 비교적 단순하며, 품질은 별로 좋지 못하다.

02 혼성주의 종류

1 과실류

오렌지

Curacao(큐라소, 34~40℃)

- 남미 베네수엘라 큐라소 섬에서 생산되는 쓴맛의 강한 오렌지 껍질을 브랜디나 그 밖의 화주에 첨가하여 감미를 곁들인 리큐르(큐라소의 원조), 향기와 단맛이 강함
- White, Blue, Red, Green, Orange색
- 현재는 여러 나라에서 생산하고 있음
- 종류 : 화이트 큐라소, 블루큐라소, 레드 큐라소, 그린큐라소, 오렌지큐라소
- 원료 : Rum + Orange Peel + Sugar
- Color : White, Blue, Yellow, Green

Mandarine(만다린, 20~40℃)

- 만다린 과실과 약초를 알코올 주정에 담가 짙은 향미가 있는 리큐르

Cointreau(꼬앙뜨로, 30~40℃)

- 오렌지가 원료인 프랑스산 리큐어
- 오렌지 계열의 리큐어 중 최고급
- 원료 : Brandy+Orange Peel+ Sugar
- Color : White
- 효능 : 피로회복, 건위제, 강장제, 식후주

Grand Marnier(그랑 마니에, 40℃)

- 오렌지를 주원료로 한 골든 브라운 색의 프랑스 브랜디
- 큐라소 계열의 리큐르로서는 최고급품으로 꼬냑과 양질의 오렌지 껍질을 가미
- 종류 : 적색(39.4℃), 황색(30℃) 적색은 방향이 강하며 병에 리본이 달려 있음
- 원료 : Cognac + Orange Peel +Herbs + Sugar
- Color : White

Amer Picon(아메 피콘, 21℃)

- 오렌지 껍질을 가미한 프랑스산 아페리티프
- 쓴맛이 강해 식사 전에 많이 마시며 물이나 소다수를 섞어 마심
- 주정에 오렌지의 껍질과 여러 가지 약초, 향초와 함께 설탕을 넣어 만든 쓴맛이 나는 리큐르
- 아메르란 " 쓴맛" 이란 뜻

Triple Sec(30~40℃)

- 오렌지 껍질, 브랜디, 설탕을 원료로 한 것으로 Cointreau사 제품, 프랑스가 원산지이지만 처방법이 노출되어 미국에서도 생산됨
- 화이트 큐라소 리큐르에 오렌지 리큐르를 혼합한 것으로 세 번 증류를 거듭했다는 뜻에 나온 말
- 품질은 꼬앙뜨로보다 약간 못함
- 뜨로사가 초기에 이 문구를 사용한데서 비롯되며, 각국에서 생산
- 원료 : Brandy + Orange Peel + Sugar
- Color : White

체리

Cherry Brandy

- 칼쉬와써(Kirshwasser) 또는 중성주정에 체리를 주원료로 하여 시나몬(Cinamon), 클로브(Clove)등의 향료를 침전시켜 만드는 리큐르
- 명명 · 유럽:체리브랜디(Cherry Brandy) · 미국:체리플레버드 브랜디(Cherry Flavored Brandy) · 프랑스:리큐르 드 스리즈(Liqueur de cerise)
- 체리를 원료로 한 것으로 각국에서 생산되며 종류가 다양
- 원료 : Brandy + Cherry + Cinnamon + Cloves + Sugar
- Color : 검붉은색(24℃)
- 대용품 : Maraschino

Peter Heering(피터 헤링) = Cherry Heering

- 덴마크 코펜하겐에서 생산되는 체리를 원료로 한 덴마크산 리큐르, 라이트하면서 체리의 풍부한 향을 지님
- Peter Heering씨가 만든 술
- 앵두를 원료로 배합하여 방향이 강한 술(24℃)

Maraschino(마가스키노)

- 이탈리아와 유고슬라비아의 국경에 많이 재배되고 있는 마라스카종의 체리를 사용하여 발효시킨 후 세 번을 증류하여 숙성시킨 원액에 Spirits, 물, 시럽 등을 첨가하여 만든 무색투명한 리큐르
- 원산지 : 각국
- 단기간 숙성으로 무색

Cherry Marnier(체리 마니에, 30℃)

- 체리를 사용한 프랑스산

나무딸기 & 살구

Cream de Cassis(크림 드 카시스, 15℃~20℃)

- 까막까치밥 나무(프랑스어 : Cassis, 영어 : Black Currant)의 열매를 수확하여 곱게 부순 후 Spirits, 와인 등에 담그고 당분을 넣어 숙성시킨 뒤 여과하여 만든 달콤한 리큐르, 즉 검은 열매가 열리는 나무딸기가 주원료로 한 블랙베리 리큐르
- 프랑스 보르고뉴가 본고장이며 암적색
- 냉장보관 : 알코올도수가 낮기 때문에 냉장 보관해야 함

Fraise(프레즈, 20℃)

- 나무딸기

Blackberry Liqueur

- 증류주(Spirit)를 기초로 하여 검은 딸기와 설탕을 넣어 만든 달콤한 리큐르
- 블랙베리 브랜디(Blackberry Brandy)
- 미국 : 블랙베리 플레버드 브랜디(Blackberry Flavored Brandy)

Apricot Brandy(27℃~35℃)

- 브랜디에 살구와 여러 가지 향료를 첨가하여 당분과 함께 침지법을 사용하여 만든 리큐르
- 원산지 : 프랑스, 헝가리
- 원료 : Brandy+ Apricot + Sugar
- Color : Red
- 알코올도수 : 27 ~ 35℃

기타

Sloe Gin(21℃~30℃)

- 유럽에서 많이 자리는 야생자두(Sloe berry, 오얏나무의 열매)를 Spirits에 침지하여 쥬니퍼베리의 향을 첨가하여 만든 리큐르
- 각국에서 생산
- 원료 : Gin + Sloe berry + Sugar
- Color : Red

Malibu(21℃)

1980년 스코틀랜드에서 시판되어 세계적인 칵테일 베이스로 자리 잡은 말리부는 독특한 하얀 병의 백색주와 코코넛이 절묘하게 조화되어 부드럽고 마시기 쉬운 맛으로 독한 술에 거부감을 분들에게 인기가 있음. 스트레이트로 얼음과 함께 On the Rock으로 과일주스나 소다수와 같은 칵테일 믹서로 마심

Cream de Banana

- 스피리츠에 신선한 바나나와 당분을 첨가하여 바나나 맛이 나도록 만든 리큐르
- 원산지 : 미국

Peach Brandy

- 복숭아를 주원료로 하여 만든 리큐르
- 알코올도수 : 30 ~ 35℃

2 종자류, 향초류

종자류

Amaretto(28℃)

- 살구 핵을 물에 침지, 증류하여 아몬드 향과 비슷한 향을 만들어 향초 성분과 혼합하고 시럽을 첨가해서 만든 리큐르
- 아몬드향이 강한 것이 특징

Amanda(15℃)

- 아마레또의 일종

Cream de Cacao(25℃~30℃)

- 카카오 씨를 주원료로 하여 카카오 향과 바닐라 향을 가미하여 만든 카카오 리큐르
- 원료 : Sprits + Cacao Bean + Cinnamon + Sugar
- Color : White, Brown
- 알코올도수 : 25℃ ~ 30℃

Baileys(17℃)

- Baileys는 Irish Cream과 위스키 그리고 자연향이 결합되어 달콤하면서도 부드러운 맛으로 로맨틱한 알코올음료로 얼음과 함께 On the Rock로 쉽게 마실 수 있으며, 커피와 믹스해서도 마심

Kahlua(26℃)

- Rum Base에 멕시코산 커피를 주원료로 하여 만든 커피리큐르
- 원산지 : 멕시코, 자메이카
- 원료 : Tequila + Coffee + Sugar
- 알코올도수 : 26℃

Irish Velvet(19℃)

- 아이리시 위스키에 커피의 향미를 배합하여 만든 리큐르
- 알코올도수 : 19℃
- 원료 : Irish Whiskey + Coffee

Tia Maria(31~32℃)

- 브랜디베이스에 자메이카산 블루마운틴 커피로 만든 리큐르
- 원산지 : 자메이카
- 티아마리아란 아리아아줌마란 뜻
- 유나이티드 럼 메천트사
- 원료 : 커피
- 커피리큐르의 최고급품

Maraska

원래 유고슬라비아 달마티아(Dalmatia) 지방에서 생산되는 야생버찌(Wild Cherry)를 사용하여 만든 씁쓰름하면서도 단맛을 내는 무색투명한 체리 리큐르(Liqueur)

약초, 향초류

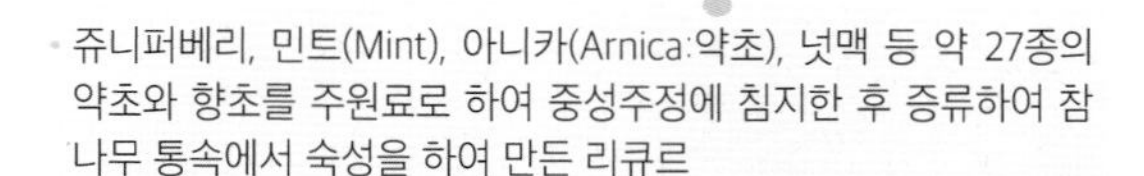

Benedictine(베네딕틴, 43℃)

- 쥬니퍼베리, 민트(Mint), 아니카(Arnica:약초), 넛맥 등 약 27종의 약초와 향초를 주원료로 하여 중성주정에 침지한 후 증류하여 참나무 통속에서 숙성을 하여 만든 리큐르
- 16C초(1510년경) 노르망디(Normandy)의 페칸에 있는 베네딕트(Benedict) 사원에서 수도사인 Pom Bernado Vinceli(돈 베르날드 빈시리)가 창제
- D.O.M 표시 : 라틴어로 Deo Optimo Maximo(데오 옵티모 맥시모)의 약어로 '최대 최선의 신에게' 라는 뜻으로 달고 중후한 맛
- 원산지 : 프랑스
- 원료 : Brandy + Herbs + Honey Bee

Parfait Amour(파르페 아무르)

- 프랑스어로 완전한 사랑(Perfect love)이란 뜻
- 제비꽃의 색(보라색)과 향을 가진 아주 달콤한 리큐르
- 제비꽃과 감귤 수종의 Herb를 원료를 첨가하여 만든 리큐르
- Color : Pink

Cream de Violette & Yvette(30℃)

- 제비꽃이나 기타 향초류를 주정에 담가 만든 아름다운 보랏빛으로 오랑캐꽃(제비꽃)의 색과 향기를 가진 리큐르
- 미국에서 생산되는 크렘드 이벳(Yvette)과 프랑스에서 생산되는 빠르페 다무르는 같은 종류의 리큐르
- 블루마운틴, 바이올렛피즈의 기주로 사용
- 비올렛(Violet) : 제비꽃 또는 보라색이란 뜻
- 원료 : Spirits + Violet 즙, 잎 + Sugar
- Color : 보라색

Chartreuse(40℃)

리큐어의 여왕이라고도 하는데 원료제법은 알려있지 않다. 수 종의 약초를 사용했다고 만 알려져 있으며 프랑스 샤르뜨르즈 수도원의 제품으로 초록색, 노란색이 있음

Cream de Menthe(25℃~30℃)

- 박하 잎에서 추출한 박하오일을 중성주정에 당분과 함께 넣어 만든 리큐르
- 페퍼민트(Peppermint)라고도 하며, 식후용 칵테일은 만들 때 많이 사용
- 원료 : Spirits + Mint + Sage + Ginger + Sugar
- Color : Green, White, Red

Pernod

- 아니스 외에 약 15종류의 향료를 사용하여 만든 리큐르
- 압생트가 제조 금지된 후 대용으로 사용됨
- 원산지 : 프랑스
- 알코올도수 : 41℃
- 녹아웃(Knock-Out) 칵테일

Anisette(25~30℃)

- 회향의 일종으로 향이 나며 아니스 열매(Aniseed), 레몬껍질, 코리엔더(Coriander) 등의 향미를 첨가한 리큐르
- 마리브리저드(Marie Brizard)회사에서 만든 것이 시초(1755년)
- 압생트(Absinthe) 대용품으로 사용가능(호이트아브상이라고도 함)
- 아니스(Anis)는 지중해 연안의 특산 식물
- 원산지 : 프랑스
- 원료 : Brandy + Anis + Herbs + Sugar
- Color : White

Campari

- 이탈리아 붉은 색 창시자의 이름을 딴 것으로 아주 쓴맛의 Aperitif

Advocaat(아드보카트: 18 ℃)

- 영어 : Advocate에 해당, 변호사라는 뜻
- 네덜란드의 계란 술로써 유명
- 브랜디를 베이스로 하여 계란 노른자위의 여러 종의 Herbs와 설탕을 배합하여 만든 리큐르
- 원료 : Brandy + Egg(Yolk) + Sugar
- 마시기전 병을 잘 흔들어서 따르고 개봉한 후에는 짧은 기간 내에 마시는 것이 좋음
- 원료 : Brandy + Egg(Yolk) + Sugar
- Color : Yellow

Drambuie(40℃~45℃)

- 스콜틀랜드산의 유명한 리큐르
- 스카치위스키를 기본주로 해서 꿀(Honey), 약초류(Herbs)를 가하여 단맛이 나게 한 리큐르
- 스코틀랜드의 찰스 에드워드
- 어원 : 스코틀랜드의 고대 게릭어인 Dram Buid Heach로 『사람을 만족시키는 음료』라는 뜻
- 원료: Scotch Whisky+Herbs+ Honey Bee
- Color : Brown

Galliano(35℃)

- 이디오피아 전쟁의 용감한 장군인 갈리아노 소령의 영웅적인 업적을 기리기 위해 만들어진 리큐르로 이탈리아의 밀라노 지방에서 생산되는 오렌지와 바닐라 향이 강한 독특하고 길쭉한 병에 담긴 황색의 리큐르
- 원산지 : 이탈리아
- 원료 : Spirts+Orange Peel+Vanilla+Sugar

Sambuca(삼부카)

- 아니스(Anis) 및 여러 가지 부재료가 사용되었으며 스테인리스 통에서 숙성시켜 만든 무색투명한 리큐르, 이탈리아에서는 엘더베리를 『삼부카 니그라(Sambuca Nigra)』라고 부르기 때문에 이 이름을 사용,원산지 : 이탈리아

Kummel(쿰멜 : 30 ~ 40℃)

- 카라웨이(Caraway : 화향풀)로 만드는 리큐르
- 영어: 카라웨이, 독어: 쿰멜
- 1575년 네덜란드에서 처음 생산, 현재 독일을 비롯한 여러 나라에서 생산
- 종류
  - 베른린 쿰멜(Berlin Kummel): 베를린의 그다니스크 지방에서 생산
  - 쿰멜 다알쉬(Kummel d'Allash): 러시아에서 생산
  - Ice Kummel, Crystal Kummel : 당분이 강한 알코올에 용해되지 않아서 설탕의 결정으로 남아 얼음처럼 보이는 것

Irish Mist(40℃)

- 아일랜드에서 생산되는 대표적인 담갈색의 리큐르
- 아일랜드의 안개란 뜻
- 아이리시 위스키에다 10여종의 향초와 히스(Heath)의 꽃에서 얻은 벌꿀을 배합하여 숙성시킨 술
- 원산지 : 아일랜드
- 원료: Irish Whisky + Herbs + Honeybee
- Color : Light Yellow

Absinthe

- 아니스(Anis)씨와 감초 그리고 쑥의 수종의 약초와 향료를 원료로 배합하여 만든 리큐르
- 일명 『'녹색의 마주』라고 함(물을 가하면 오팔 모양이 되고 태양광선을 쏘이면 일곱 가지 색으로 빛남. 물이든 글라스에 뻬르노를 한 방울씩 떨어뜨리면 물이 차츰 유백색으로 변함)
- 감초 비슷한 맛과 오팔색을 띔
- 스트레이트로 마시기는 너무 독하기 때문에 보통 약 4~5배의 물을 타서 마시고 있음
- 알코올도수가 높은 술(단맛 나는 압생트 : 45℃, 단맛이 없는 압생트 : 68℃)
- 원료: Brandy+Absinthe+Angelica+Cloves+ Lemon Peel+Honey Bee, Color : Orange, Blue, White, Green

예거마이스터

허브 리큐어의 브랜드로 1934년에 빌헬름의 아들 쿨트 마스트가 허브, 과일, 뿌리 등 56가지의 재료로 만든 리큐르를 기밸해서 1935년에 예거마이스터란 이름으로 출시 했다. 예거마이스터의 출시는 독일의 마스트 (사)예거마이스터 이고 독일 볼펜 뷔텔에 있다고 한다. 예거 마이스터는 오래 된 천식, 위장병 등을 치료하기 위한 약용 리큐르로 개발되어 비터와는 비슷하지만 쓴 맛을 가진 비터와는 달리 달콤한 맛을 가졌다.

3 Spice Liqueur

Bitters

1. 정의 : 쓴맛을 내는 약(향료와 함께)을 배합한 술,
2. 원료 : 젠션(Gentian), 키니네, 쓴 귤껍질
3. 분류 : 건위제,
4. 어원 : 프랑스어로는 아메르(Amer)라고 하며, 18세기 초부터 만들기 시작
5. 용도 : 아페리티프(Aperitif : 식사 전에 식욕을 돋우기 위해 마시는 술), 건위 강장제, 칵테일용 향미제로 이용

⑥ 종류

㉮ 앙고스투라비터즈(Angostra Bitters)

- 세계적으로 유명하며 칵테일용으로 사용, 칵테일은 위를 상하게 하기 때문에 이것을 한두 방울 섞어서 그 해독(害毒)을 중화
- 칵테일에 쓴맛을 내는 나무껍질、뿌리에서 얻은 액체(상표 명)

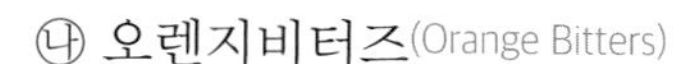

㉯ 오렌지비터즈(Orange Bitters)

- 쓴 귤껍질의 엑기스를 뽑은 것
- 쓴맛 이외에 오렌지의 향기가 있기 때문에 칵테일용으로 이용

㉰ 캄파리 비터즈(Campari Bitters)

- 이탈리아 밀라노 시에서 애용되는 비터즈의 하나
- 럼에다 비터오렌지, 캐러웨이, 코리엔더 등의 향료를 사용하여 만든 리큐르
- 창시자의 이름을 딴 이탈리아산의 붉은색으로 아주 쓴맛의 식전주
- 원산지 : 이탈리아

Vermouth【베르뭇(이태리), 버무스(영어), 베르무트(독일)】

❶ 정의 : White Wine을 베이스로 40여종의 약재가 포함된 혼성 포도주

❷ 용도 : 원래 식전에 식욕을 촉진하기 위하여 Appetizer Wine으로 만든 것이지만 칵테일용으로 많이 이용

❸ 특징 : 베르뭇은 혼성주라고 할 수 있지만 리큐르라고 할 수 없음

❹ 상표 : 이탈리아의 친자노 · 마티니, 프랑스의 뒤보네 · 비르

❺ 어원 : 향 쑥의 독일 명 베르무트(Vermut)에서 유래

❻ 생산지 : 프랑스, 이태리

❼ 원료 : Wine + 초(草), 근(根), 목(木), 피(皮)

❽ 분류 : 리큐어

❾ 알코올도수 : 14 ~ 21℃

㉮ Dry Vermouth

- 생산지 – 프랑스 ≪Noilly Prat(노일리 프라)이 최초로 창제≫
- 원료 – 화이트와인(White Wine)을 베이스로 만듦

- Color - 무색(Crystal)
- 맛 - Dry(씁쓸한 맛), 초근목피 향 첨가

㉯ Sweet Vermouth

- 생산지 - 이태리(Torino 에서 Martini가 최초로 창제)
- 원료 - 레드와인(Red Wine)을 베이스로 만듦
- Color - Red
- 맛 - Sweet(단맛), Sugar 첨가

03 요약 정리

- 혼성주의 조주방법

  첫째, 증류법(Distillation Process) : 침출액을 넣고 원료를 증류주에 담갔다가 우러난 다음 배합하여 향과 맛을 내는 단식 증류법으로서 설탕이나 시럽을 첨가한다. 장기보관, 맛과 향기가 침출법만은 못하다.

  둘째, 침출법, 침적법(Infusion Process) : 증류하면 변질될 수 있는 원료를 알코올 농도가 높은 화주에 넣어 열을 가하지 않고 일정한 기간, 맛과 향을 용해시켜 술에 배어들면 여과시키는 방법이다.

  셋째, 추출법, 향유혼합법(Essence Process) : 일명 에센스법이라고도 하는데 방향유를 알코올에 혼합하는 방법으로 비교적 단순하며, 품질은 별로 좋지 못하다.

- 오렌지 껍질을 이용하여 만든 리큐르에는 Triple Sec, Grand Marnier, Cointreau
- Bitters : 프랑스어로는 아메르(Amer)라고 하며, 18세기 초부터 만들기 시작, 아페리티프(Aperiitif : 식사 전에 식욕을 돋우기 위해 마시는 술), 건위 강장제, 칵테일용 향미제로 이용한다.
- Recard 리까르 45℃, 프랑스 프로방스 지방산 Anis로 만들었으며 단맛이 거의 없다.
- Drambuie(40℃~45℃) : 스카치위스키, 약초, 벌꿀을 사용한다. 스코틀랜드 갈색 스카치에 60여종의 식물의 향기와 꿀을 배합한 영국산이다.
- Benedictine : 프랑스 북부 노르망디 지방 페캉에 있는 베네딕투스회(會) 수도원에서 만드는 리큐어로 1501년 이 수도원의 수사 돔 베르나르드 방세리가 최초로 만든 것으로, 처방은 피지에 씌어져 수도원에 보존되었고, 제조법과 성분은 비밀이다. 병의 라벨에 DOM(Deo Optimo Maximo : 최선 · 최대의 하느님께 바친다) 이란 글자가 있어서 통칭 "돔"이라 부르기도 한다.
- Chartreause : 리큐르의 여왕(132종의 약초)
- Cointreau : 오렌지향, 프랑스의 르와르(Loire)산이 유명하다.
- 펄케(Pulque) : 용설란으로 Agave(아가베) 수액을 발효시켜 데킬라의 원료이다.

- 아쿠아비트 : 북유럽 스칸디나비아(노르웨이, 덴마크, 스웨덴) 지방의 특산주로 원료는 감자이다.
- Apricot Brandy(25℃~30℃) : 브랜디, 살구, 설탕을 원료로 한 적색의 리큐르이다. 프랑스 , 헝가리가 원산지이며 버터, 아몬드유를 첨가하기도 한다.
- Anisette(25℃) : 아니스 종자, 캐러웨이 사용하여 만든 혼성주이다.
- Amer(21℃) : 오렌지 껍질을 가미한 프랑스산 아페리티프이다.
- Creme de Cacao(25℃~30℃) : 카카오향의 알코올과 바닐라향의 알코올을 블랜딩한 것으로 White와 Brown이 있다.
- Sloe Gin(21℃~30℃) : 슬로베리, 진, 모과, 자두, 설탕이 원료이며 미국이 원산지다. 붉은 색의 리큐어로 각국에서 생산된다.
- Grand Marnier : 오렌지 큐라소의 대표적인 상표로 3~4년 된 꼬냑에다 비터 오렌지를 넣어 오크통에서 저장 숙성하여 단맛이 나게 한 리큐르이다.
- Campari : 이탈리아의 말리노 시에서 만들어지며 럼에다 비터 오렌지, 캐러웨이, 코리앤더 등의 향료를 사용하여 만든 리큐르이다.
- Triple Sec : 미국에서 생산되는 화이트 큐라소의 일종으로 트리플 섹은 세 번 증류했다는 의미이다.
- Cointreau : 화이트 큐라소의 고급품, 증류주에다 서인도산 비터 오렌지 껍질과 스페인, 북 아프리카산의 스위트 오렌지껍질을 주원료로 사용하여 단맛이 나게 한 리큐르이다.
- 아마레토(Amaretto) : 살구 씨의 향을 첨가한 것이다.
- 조선시대 대표적인 술 : 삼해주(三亥酒), 이화주(梨花酒), 부의주(浮蟻酒), 하향주(河香酒), 춘주(春酒), 국화주, 서울의 약산춘(藥山春), 여산의 호산춘(壺山春), 충청의 노산춘(魯山春), 평안의 벽향주(碧香酒), 김천의 청명주(淸明酒) 등이 있다.
- 조선시대 외래주 : 천축주(天竺酒), 미인주(美人酒), 황주(黃酒), 섬라주(暹羅酒), 녹두주(綠豆酒), 동양주(東陽酒), 금화주(金華酒), 무술주(茂戌酒), 계명주(鷄鳴酒), 정향주(程香酒) 등이 있다.
- 식전주 : 셰리와인(Sherry Wine), 드라이 베르뭇(Dry Vermouth), 듀보네(Dubonnet), 캄파리비터즈(Campari Bitters), 마데이라(Madeira), 마르살라 와인(Marsala Wine), 식후주

로는 포트와인(Port Wine), 스위트와인(Sweet Wine), 크림쉐리(Cream Sherry), 마르살라(Marsala)

- **삼부카**(Sambuca) : 이탈리아에서 생산되는 아니스 향의 리큐어로, 보통 무색이다. 삼부카는 스타 아니스에서 수확되는 정유인 일리시움 베름을 포함하고 있는데, 이 기름은 삼부카에 강한 아니스 향을 부여한다. 이 오일은 순수한 알코올과 농축된 설탕 용액, 그리고 다른 향에 더해진다. 삼부카는 보통 42% 알코올 도수로 병입된다.

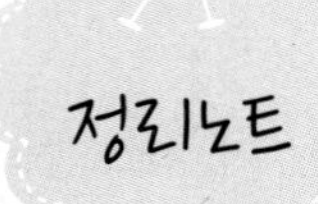

정리노트

정리노트

8 CHAPTER 주장관리

CONTENTS

주장관리의 의의

Bar의 유래

불어의 『Bariere』에서 온 말로, 고객과 Bartender 사이에 가로질러진 널판을 Bar라고 하던 개념이 현대에 와서는 술을 파는 식당을 총칭하는 의미로 사용되고 있다.

- Front Bar : 주문과 서브가 이루어지는 고객들의 이용 장소
  (폭 40cm, 높이 120cm가 기준)
- Back Bar : 술과 잔을 전시하는 기능
- Under Bar : Bartender의 조주작업 편리 공간

※ Key Box나 Bottle Member : 고정고객 확보, 술 보관함, 선불이기 때문에 회수가 정확하여 자금운영이 원활. 음료의 판매회전을 촉진

Bartender

『Bar+Tender』의 합성어로 『Bar를 부드럽게 만드는 사람』, 즉 술을 만들어내는 조주사(造酒士)를 흔히 바텐더(Bartender)

고객의 취향에 맞도록 칵테일을 서비스하기 위해 알코올의 농도, 맛, 향이 각기 다른 술에 음료·청량음료를 혼합하고, 생과일·올리브 등의 부 재료를 잔 위에 장식하여 새로운 맛과 모양을 개척해 낸다.

조주사는 고객이 보는 앞에서 Shaker를 흔들며 칵테일 제조방법을 연출하여 볼거리를 준다. 칵테일 전문 바에서 근무하는 조주사는 직접 손님과 대면하여 일하며, 이들은 고객의 취향을 파악하여 칵테일을 제공

호텔이나 전문 Bar에서 근무를 하는 경우에는 Shaker 도구와 유리잔을 직접 세척하며, 새로운 칵테일을 개발하기 위해 근무시간 전에 많은 연습을 한다.

직접 Cocktail Bar를 운영하는 경우에는 매일 판매된 음료와 술, 칵테일의 판매량기록하고 고객의 취향에 맞는 술을 주문, 같은 이름의 칵테일이라 할지라도

조주사의 솜씨에 따라 각기 다른 맛을 낼 수 있으므로 항상 고객이 만족하는 맛을 개발하도록 노력

주장관리 종사원의 직무

1 지배인(Manager)

Bar의 전반적인 업무를 감독, 관리하며 Bartender의 교육을 하는 직무를 담당

지배인의 자격을 갖추기 위해서는 주류 및 청량음료와 칵테일에 대한 풍부한 지식이 있어야 하며 Bar를 운영하는데 있어 각종 물품 및 재료의 제고관리와 회계 관리 능력이 있어야 하며, 이하 Bartender 및 종업원의 관리능력도 뛰어나야 한다. 그리고 필요에 따라 고객을 직접 서비스도 하여야 한다.

1. 영업장의 책임자로서 모든 영업에 책임
2. 식음료에 대한 풍부한 지식을 가지고 종사원들의 교육훈련을 감독
3. 대고객 서비스를 철저히 지휘 감독하여 고객관리에 만전
4. 식음료의 관리와 재고관리를 감독
5. 영업일지 및 Inventory Sheet 등을 관리

2 Head Bartender

Bar내에서 이루어지는 직접적인 업무관리를 하는 직무를 담당

Head Bartender로의 직무 조건으로는 Bartender 경력이 꽤 높은 사람으로, 영업시작 전에 담당구역의 서비스 준비사항과 직원들을 점검하고, 고객 접대 업무를 맡고 있는 책임자로써 정확한 주문과 편안한 서비스 관리를 담당. 그리고 필요에 따라 지배인 업무를 보조하기도 하며, 영업 중에 실시되는 전반적인 업무를 감독하며, 신입사원 및 실습생의 교육을 담당

3 Bartender(바텐더)

고객에게 각종 음료와 주류 및 칵테일을 조주하여 제공하며, Glass류 및 칵테일 용기 등을 세척, 정리하고 직접적인 고객 서비스 직무를 담당

Bartender로서의 직무 조건은

첫째, 고객에게 맛있는 칵테일을 제공하기 위해 칵테일 조주를 할 줄 알아야 하며 고객에게 편안한 서비스를 위하여 메뉴 및 Bar Service에 연계된 일정에 대해 파악

둘째, 영업시작 전 영업 준비를 하고 영업종류 후 제고조사를 하여 Manager에게 보고

셋째, Bar Waiter or Bar Waitress의 주문에 따라 주류를 혼합하여 제공

넷째, 모든 계기류(計機類)의 정리정돈 및 청결을 유지

다섯째, 각종 와인에 관한 충분한 지식

4 Assist Bartender(보조 바텐더)

Bartender를 보조하는 직무를 담당하고 있다.

영업시작 전 칵테일 부 재료의 준비 및 재료의 준비를 하고, Bar의 환경미화와 비품의 위생적인 관리업무를 수행하며 업무가 바쁠 경우 바텐더의 업무를 보조하며 바텐더 감독 하에 고객에게 간단한 음료를 제공하기도 한다. 그리고 가장 큰 업무로는 바텐더 업무를 수행하기 위해 바텐더의 업무를 배우는 것

5 Sommelier or Wine Steward(와인 책임자)

❶ 와인의 진열과 음료재고를 점검 · 관리하며 필요시 음료창고로부터 보급 · 수령을 한다.

❷ 고객에게 여러 가지 와인 등을 추천하여 주문을 받고 주문 받은 와인 등을 서비스 한다.

❸ 항상 서비스에 만전을 기해야 하며, 다른 동료들이 바쁠 시는 서로 돕고 협동을 한다.

④ 영업장 서비스 매뉴얼과 호텔 규정에 대하여 숙지하고 있어야 한다.

⑤ 항상 최선의 서비스를 제공할 수 있도록 음료관리에 만전을 기해야 하며, 또한 다른 동료들이 바쁠 때 협동하여야 한다.

Wine Cellar(와인 저장실)관리

① 실내 적정온도는 50°F~55°F가 적당
② 습도는 75%가 가장 적당
③ 빛이 너무 많으면 안 된다.
④ 저장실은 단지 Wine과 술만을 저장하여야 하며 Wine은 외부의 냄새 즉, Paint, Gas, 기름, 식초 야채 등의 냄새를 접하면 손상을 입게 된다.
⑤ 저장실에는 어떠한 진동도 전달되어서는 안 된다.
⑥ 저장실은 중앙난방에서 분리
※ Bin Card(저장실 장부)

주장관리 종사원의 자세

① Bartender는 휴머니스트(Humanist)여야 한다.
② Bartender는 경력으로 말한다.
③ 여성도 될 수 있다

03 주장관리 운영

1 총수익과 원가관리

총수익(Gross Profit)의 개념

총수익은 전체 음료의 판매수입에서 판매된 음료의 소요된 비용을 제함으로서 계산된다.

총수익	= 판매액	- 판매제품원가
(Gross Profit)	(Sales)	(Cost of Goods Sold)

주장 종사원은 순수익목표(Net Profit Goals)보다는 총수익목표(Gross Profit Goals)에 더 관심이 쏠린다. 순수익은 인건비, 설비비, 보험비, 세금, 감가상각비 등 모든 비용을 수입에서 제하고 난 후의 액수이다. 그러므로 경영자 측에선 순수익에 관심을 가질 것이며 종사원들이 이익창출의 필요성을 인식하도록 해주어야 한다. 만약 종사원들에 의해 총수익목표가 달성되면 순수익목표를 달성하는데 좀 더 유리한 입장이 될 것이다.

원가관리

❶ 음료목표원가(Beverage Cost Target)

판매가 =	판매제품 원가	+ 총수익
(Selling Price)	(Cost of Goods Sold)	(Gross Profit)
100%	20%	80%

원가계산(Cost Accounting)

기업의 생산물 원가를 산출하는 일로 제품 또는 용역 1단위의 생산을 위하여 소비된 재화의 수량과 가액을 계산하는 것이다. 일반적으로 재료비 · 노무비 · 경비 등의 비용을 집계하여 이를 생산량으로 나누어 산출, 원가계산의 목적은 판매가격의 결정이나 경영효율의 향상을 도모하기 위한 것이며, 목적에 따라 다음과 같이 계산내용이 달라진다. 첫째, 재무제표 작성을 위해서는 실제원가가 취득원가기준에 의하여 산출된다. 둘째, 경영의지 결정을 위해서는 기회 원가 · 현금지출원가 · 매몰원가(埋沒原價) 등 그 경우에 상응한 특수한 원가수치가 사용되어, 가장 유리한 방편이 선택된다. 셋째, 기업예산의 작성을 위해서는 표준원가가 쓰이는 일이 많다. 넷째, 원가관리를 위해서는 각 원가 책임구분에 따른 실제원가가 제공된다.

❷ 재고조사

❸ 매출액 증진

2 가격결정

Straight 음료의 가격결정

음료의 가격을 결정하는 방법은 간단하다. 재료원가를 원하는 평균원가율로 나누면 가격이 나온다.

ex 버본 위스키 한 병(1/5Gallon = 750㎖ = 26oz)의 원가가 15,600원이라고 하면 15,600원을 26oz로 나누면 온스 당 가격이 나온다.

$$\text{온스 당 가격} = \frac{15{,}600\text{원}}{26\text{온스}} = 600\text{원}$$

여기서 20%의 원가를 원한다면 판매가격 결정을 위해서는 온스 당 가격을 평균원가율 20%로 나누어 온스 당 판매가격을 구한다.

$$\text{온스 당 판매가격} = \frac{600\text{원}}{0.2(20\%)} = 3{,}000\text{원}$$

따라서 3,000원이 버번 스트레이트(Bourbon Straight)의 온스 당 판매가격이다.

혼합음료(Mixed Drink)와 하이볼(Highball)의 가격결정

혼합재료원가를 위스키의 원가에 합하면 총원가(Total Cost)가 나온다. 이 원가합계를 20%로 나누게 되면 판매가가 결정된다. 한 가지 이상의 혼합재료가 들어가는 모든 혼합음료를 위해서는 원가카드가 매우 중요하므로 반드시 비치해 두어야 한다.

다음은 음료처리원가의 기본양식(Standard Drink Cost Recipe Form)

(이 음료의 원가비율은 20%로 되어 있다.)

Standard Drink Cost Recipe Form

Item (품명)	맨하탄 (Manhattan)	Glass (글라스)	3½ Lined Cocktail	Drink No. (음료 번호)	#4

Drink Sales Price(음료 판매가)	5,490
Drink Cost(음료원가)	1,098
Drink Cost Percentage(음료의 원가율)	20%

Ingredients (혼합재료)	Size of BTL (병의 용량)	Cost of BTL (병의 원가)	Drink Size (잔당 사용량)	Drink Cost (잔당 원가)
Vermouth Sweet	26oz	₩8,000	0.50 oz	154
Whisky Bourbon	26oz	₩15,000	1.50 oz	900
Angostura Bitters	16oz	₩7,000	※ Dash(1대시)	14
Cherry			1ea	30
Water(Ice)				
Total(합계)				₩1,098

Instructions : 혼합재료를 믹싱글라스(Mixing Glass)에 넣는다. 얼음을 첨가하여 차가워질 때까지 휘젓는다. 칵테일글라스(Cocktail Glass)에 옮겨 부은 다음 체리(Cherry)로 장식(Garnish)

※ 1Dash = $^{1}/_{32}$oz(0.031oz)

해피아워(Happy Hour : 가격절하시간)의 특별판매가

Happy Hour의 실시 전후에는 현금등록기의 기록을 적어 놓아야 하며, 가능하다면 실제의 액수파악을 위해서 별도의 사전재고조사(Separate Beginning Inventory)를 실시한다. 경영면에서 보면, 이 특별판매는 회전율이 낮은 품목(Slow Moving Items)을 효과적으로 소모시킬 수 있는 기회가 된다. 만약 Happy Hour에 생맥주(Draft Beer)도 판매한다면 높은 이익률을 낼 수 있다. 또한 Happy Hour는 정가대로 계산되어지는 늦은 저녁시간에 행해지는 특별행사의 대규모 단체를 유치하기 위해서도 운영되어져야 한다.

Cocktail Manner

차게 해서 마시는 술은 술잔의 다리[Stem]를 잡는다.

식전 주는 식욕을 돋우기 위해서 차게 해두고 있다. 다리가 달린 삼각형이나 튤립형 글라스를 잡을 때는 반드시 다리(Stem)를 잡아야 한다. 술이 들어 있는 부분을 잡고 따스하게 해서는 안 된다.

칵테일은 시간을 끌면서 마시는 술이 아닌, Short Drink이므로 차게 해서 내놓은 술을 시간을 끌면서 마시게 되면 참 맛을 모르게 된다. 적당한 시간 내에 마셔야 한다. 그렇다고 제공되자마자 단숨에 홀짝 마셔버리는 것도 스마트하지 못하다.

여성에게는 가벼운 칵테일[Cocktail]이 좋다.

여성들이 식사 전에 될 수 있으면 술을 사양하는 것이 예의인 것 같이 생각하고 있는데 절대 그렇지 않다. 오히려 적극적으로 권하는 것도 좋을 것 같다. 특히 여성인 경우에는 술과 가까이 하지 않고 체질적으로 남성보다 쉽게 취하기 쉽다. 그렇다고 모처럼 모임에 절대사절이라고 한다면 분위기도 쓸쓸해질 뿐더러 초대자의 기분도 썩 좋지 않게 된다.

칵테일은 종류별로 보아서 그 나름대로의 분위기를 자아내고 있다. 밝고 여성다운 분위기를 감돌게 하는 칵테일로는 Daiquiri(다이커리 : 럼, 설탕, 레몬 즙을 섞어 만듦), Pink Lady, Alexander, Singapore Sling, Grass Hopper 등이 어울릴 것이다.

칵테일을 재청[提請]할 때는 먼저 마신 것과 같은 것을 청해야 한다.

다른 종류의 칵테일을 마시게 되면 취기도 빨리 올 뿐만 아니라 맛도 상쇄(相殺)되어 기분이 이상해진다.

식전[食前] 위스키는 약한 것이 좋다.

위스키는 원래 식후 주(食後 酒)였던 것이 최근에는 식전 주(食前 酒)로 변해가고 있다. 주정도(酒酊度)가 40℃~50℃가 되는 관계로 대단히 강한 술이라 하겠다. 이

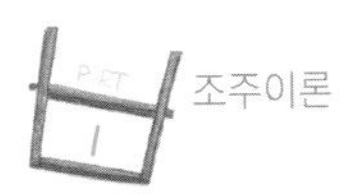

러한 점을 염두(念頭)해 두고 식전에는 절대로 스트레이트로 마셔서는 안 된다. 물이나 Soda Water를 타서 마시는 것이 좋을 것이며 이렇게 해도 반주(飯酒)란 어디까지나 식욕을 돕기 위한 목적일 뿐 취하는 것이 목적이 아니라는 것을 알고 있어야 한다.

식전(食前)에 위스키를 많이 마셔 취하지 않더라도 알코올 성분으로 인하여 혀가 정상을 찾지 못할 정도가 되면 요리의 맛을 잃게 된다.

청량음료나 주스는 식전[食前]음료로 적합하지 않다.

양이 적은 칵테일 종류를 식전 주로 선택할 수도 있으나 청량음료나 주스 종류는 식전의 식욕을 저하시키는 작용을 하므로 되도록 삼가야 하는 것이 좋다. 흔히 선택되어지는 식전 주는 다음과 같다.

SHERRY [셰리]

포도를 주원료로 스페인에서 생산하며 Dry(떫은맛), Sweet(단맛 : 식후용)의 두 종류가 대표적이며 백포도주와 같이 차게 하여 마시는 것이 좋다.

MARTINI [마티니]

Dry Gin & Vodka, Vermouth(베르무트)를 혼합해 만든 칵테일의 일종으로 Dry Martini나 Vodka Martini의 두 가지로 나뉘며 Olive 또는 Lemon 껍질을 넣는다. 그러나 이러한 맛에 익숙지 않은 분들은 간혹 후회를 하는 경우도 있으므로 Gin이나 Whisky와 같은 경험이 있는 맛을 선택하는 것도 좋은 방법이다.

CAMPARI [캄파리]

포도를 원료로 이태리에서 생산하고 있는 투명한 적색을 띠고 쓴맛을 갖고 있는 식전 주로서, On the rocks로 마시기도 하고 소다수나 오렌지 주스를 섞어 마시기도 한다.

PERNOD [퍼노드]

프랑스에서 생산되는 식전 주로서, 아니스 열매로 만들어지며 On the rocks 또는 물을 섞어 마신다.

건배[乾杯]는 글라스를 눈높이만큼 올린다.

건배하는 시점은 서양식과 한국식이 다르다.

요리가 다 나오고 연회가 무르익으면 건배를 하는 것이 서양식이며, 한국식은 식사가 들어오기 전에 건배하는 것이 일반적이라고 할 수 있다.

① 건배를 할 때에는 자리에서 일어나 샴페인 또는 와인글라스 다리 부분을 오른손으로 잡는 것이 원칙이다.

② 건배가 제의되면 글라스를 일단 눈높이만큼 올린 후 마신다.

③ 잔을 쥔 채 자리에 앉으면 남은 샴페인이 쏟아질 염려가 있으므로 잔을 테이블 위에 놓은 후 자리에 앉는다.

④ 술을 못 마시는 사람은 잔을 입에 대는 시늉만 하면 된다.

건배에 숨겨진 의미

중세 유럽의 왕족들의 습관에서 기원을 찾을 수 있으며, 술에 독이 들어 있지 않았다는 것을 보이기 위해 하나의 글라스에 든 술을 둘로 나누어 글라스에 부딪쳐 소리를 냈다고 한다.

주류제조(酒類製造)

1. 양조주(釀造酒 : Fermented Liquor)

양조주란 과실 중에 함유되어 있는 당분 즉 과당이나 곡류(Grain) 중에 함유되어 있는 전분(Starch)을 전분당화효소인 다이스타제(Diastase)와 효모인 이스트(Yeast)를 작용시켜 발효 양조하여 만든 알코올이 생긴 음료를 양조주라 한다.

[양조주의 제조과정]

① 과당(果糖) $C_6H_{12}O_6$ —효모(酵母)(Yeast)→ 에틸알코올(Ethyl) + 이산화탄소 ↑ (CO_2 Gas) $2(CH_3CH_2OH)+2(CO_2)$ + 물(Water)

예 Wine, Cider, Perry

② 전분(澱粉)(Starch) —澱粉糖化素(Diastase)→ 당분(Sugar) 효모(Yeast) 에틸알코올(Ethyl) + 물(Water) + 이산화탄소(Carbon Dioxide)

예 Beer, 약주

2. 증류주(蒸溜酒 : Distilled Liquor)

알코올이 함유되어 있는 혼합물(Alcoholic Liquid)로부터 알코올을 분해해 내는 작업을 뜻하는데, 이것은 성질이 다른 두 가지 이상의 물질이 있을 때 각각 다른 물질은 다른 기화점을 가지고 있다는데 착안된 것. 즉 물과 알코올이 섞여 있는 것을 가열하면 176˚F(80℃)에서 알코올은 액체에서 Gas로 기화하며, 물(H_2O)은 212˚F(100℃)에 도달할 때까지 기화 현상을 일으키지 않는다. 따라서 176~212˚F 사이의 온도를 유지하면서 가열하면 알코올만의 Gas를 만들 수 있다. 이것을 다시 176˚F 이하로 냉각하면 그 Gas는 다시 액화되어 액체 알코올로 되돌아오며 이것은 대단히 순도가 높은 알코올만의 Gas를 만들 수 있다.

- Pot-Still법(단식증류식)
- Patent-Still법(연속식 증류식)

예) Brandy, Whisky, Gin, Vodka, Rum, Tequila, 소주

3. 혼성주(混成酒 : Compounded)

주류(Spirit)에 향, 색, 감미를 첨가한 술. 프랑스는 알코올 15%이상, 당분 20%이상, 향신료가 첨가된 술을 Liqueur라고 함. 미국에서는 Spirit에 당분 2.5%이상을 함유하며, 천연향(과실, 약초, 즙 등)을 첨가한 술을 Liqueur이라고 하며, 자국산 제품을 Cordial이라고 함. 화려한 색채와 더불어 특이한 향을 지닌 이 술을 일명 "액체의 보석'이라고 일컬어지고 있다.

05 요약 정리

- Bin Card : 입출고 현황에 따른 품목에 대한 내력이 담긴 기록표를 말하는 것으로 품목별 목록이다.
- Chaser : 독한 술을 마시고 난 후 뒤따라 마시는 음료를 의미
- Bottle Member System : "입, 출고되는 병마다 일정한 숫자를 부여, 관리를 용이하게 하는 체제"로 고객이 마시다 남은 술을 보관해 주는 제도로서 회원제 운영이나 단골고객 확보에 유리하다.
- House Brand : 특정업체의 상표를 일컫지 않고 독자적으로 개발하였거나 직접 제조·판매하는 것이다.
- Canape(카나페) : 식욕촉진제나 칵테일용 안주로서 빵을 잘게 만들어 그 위에 가공된 음식물을 얹어 한 입에 먹을 수 있게 만든 요리이다.
- Happy Hour : 음료판매의 활성화를 위한 가격할인 판매시간이다.
- 일드 테스트(Yield Test) : 한 병의 술이 몇 잔을 만들 수 있는지를 산출해 보는 산출량의 실험이다.
- 스포트 체크(Sport Check) : 불시에 체크하는 방식으로 누출에 의한 부정을 방지하기 위한 것이다.
- 저장관리원칙 : 저장 위치 표식의 원칙, 분류저장의 원칙, 품질보존의 원칙, 선입선출의 원칙, 공간 활용의 원칙
- 저장의 3요소 : 저장 공간, 노동력, 물자취급 기기
- 저장의 목적 : 수요와 공급의 균형, 생산과 소비의 연결, 다양한 물품공급, 경제적인 가치의 제공
- 저장의 3대 기능 : 수령기능, 보관기능, 불출기능
- 표준산출(Standard Yields) : 술 한 병으로 몇 잔의 칵테일을 만들 수 있는지를 계산하여 이를 근거로 표준화하여 생산성 향상을 유도하기 위함이다.
- 바(Bar) 작업대와 거터레일(Gutter Rail)의 시설위치 : Bartender 정면에 시설되게 하고, 높이는 술 붓는 것을 고객이 볼 수 있는 위치가 적합

- 주류저장소의 필수요건 : 온도, 습도, 환기, 진동
- Bar에는 Front Bar : 주문과 서브가 이루어지는 고객들의 이용 장소(폭 40cm, 높이 120cm가 기준), Back Bar : 술과 잔을 전시하는 기능, Under Bar : Bartender의 조주작업 편리 공간으로 구분 할 수 있으며, 작업대는 카운터 뒤에 수평이어야 하며, 카운터의 표면은 잘 닦여지는 재료로 되어 있어야 한다.
- Standard Recipes를 설정하는 목적 : 첫째, 원가예산을 위한 기초를 제공하고 둘째, 품질과 맛을 유지시키며 셋째, 노무비를 절감한다.
- 서비스 특성 : 무형성, 소멸성, 비분리성, 동시성, 가변성, 다양성
- 실제원가가 표준원가를 초과하는 원인 : 첫째, 과도한 조리의 단위당 분량가격 둘째, 과잉생산 셋째, 비능률적인 구매와 출고관리, 넷째, 부적절한 조리절차와 방법, 다섯째, 과도한 변질과 부패의 발생 여섯째, 잔여분의 식료활용 미숙 일곱째, 도난, 절도행위 발생
- 원가의 3요소 : 재료비, 노무비, 경비(감가상각비, 이자비, 혼합비 등의 일체)
- 일드 테스트(Yield Test) : 술 한 병으로 몇 잔의 칵테일을 만들 수 있는가를 산출해 보는 것이다.
- 원가율 = 매출원가 / 매출액 × 100(%)
- SMS : 문자 메시지 전송 서비스(Short Message Service)
- MRP(Material Requirement Program) : 컴퓨터를 이용하여 최종제품의 생산계획에 따라 그에 필요한 부품 소요량의 흐름을 종합적으로 관리하는 생산관리 시스템이다.
- CRM(Customer Relationship Management) : 고객관계관리
- POS(Point of Sales) : 판매시점관리
- 매출액 총이익율 = 매출총이익/매출액 × 100
- 상품 회전율(재고자산 회전율) = 매출원가 / 평균재고자산, 평균재고자산 = (기초재고+기말 재고)/2

  * 평균재고자산 = 5,650 + 5,350 / 2 = 5,500 　* 재고회전율 = 9,900 / 5,500 = 1.8회
- 월 평균소비량을 포함한 최대보유량 계산식

  예) 월평균 소비량 : 120kg(1일 4kg), 리드 타임(Lead Time) : 7일, 안전재고 : 리드

타임 동안 사용해야 할 양의 50%

⇨ 계산식 : 최대보유량 = 월평균소비량(120) + 리드타임 7일 × 1일 4(28) + 안전재고(4 × 7/2=14) = 162kg

- 프랜차이즈업의 특징 : 첫째, 실패의 위험성이 상대적으로 적다. 둘째, 대량매입으로 인한 저렴한 가격에 공급 받는다. 셋째, 광고·홍보효과가 크다. 넷째, 노하우의 전수로 인해 시행착오 없는 사업수행이 가능하다. 다섯째, 시장조사와 상품개발로 시장변화에 빠르게 적응이 가능하다.
- 스카치 750㎖ 1병의 원가가 100,000원이고 평균원가율을 20%로 책정했다면 스카치 1잔의 판매 가격은 얼마인가?

  ⇨ 온스당 가격 = 100,000원 / 25oz = 4,000원, 원가율 20% 판매 가격 = 4,000원 / 0.2 = 20,000원
- 프라임 코스트(Prime Cost) : 원 재료비(실 사용액)와 인건비로 매출증대 및 순수익증대를 위한 직접비 지출의 효율적인 관리에 사용되는 절대적인 지표
- Dry Martini의 레시피가 "Gin 2oz, Dry Vermouth ¼oz, Olive 1개"이며, 판매가격은 10,000원이다. 재료별 가격이 Gin 20,000원/병(25oz), Olive 100원/1개, Dry Vermouth 10,000원/병(25oz) 원가율은 : 매출원가/매출액 × 100(%)
- Mise en place : 식사 준비에 따르는 사전 준비를 미리 마무리 하여 내놓는 것 (in a restaurant kitchen) the preparation of equipment and food before service begins
- Under Cloth(언더 클로스) : 보통 펠트(Felt : 털로 다져서 만든 천), 플란넬(Flannel : 면) 또는 얇은 스폰지로 만들어지며 그릇 놓는 소리를 막기 위하여 깐다 하여 사일런스 클로스(Silence Cloth) 또는 테이블 패드(Table pad)이다.
- Open Bar : 결혼, 피로연 따위에서 무료로 제공하는 바, 고객들이 마시는 데로 음료를 제공하는 보로서 계산은 주최측이 총괄적으로 지불하게 된다.
- Happy Hour : 음료판매의 활성화를 위한 가격할인 판매시간을 말함
- Credit Memo : 검수과정에서 반품하지는 않더라도 현품이 이상할 때에 이를 확인할 목적으로 작성하는 서류를 의미이다.
- Corkage Charge : 호텔의 레스토랑이나 연회장에서 그곳의 술을 사서마시지

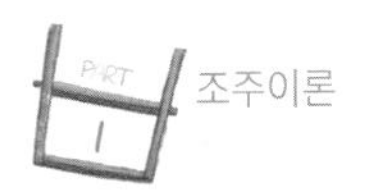

않고, 고객이 외부로부터 술을 가져와 마실 경우 그 서비스의 대가로 지불해야 하는 요금이다.

⇨ Cork Charge, Corkage가 옳은 표현, BYBO(Bring your own bottle), 즉 외부에서 가지고 온 와인을 마실 때 공간을 대여하고 코르크 개봉을 해 주는 비용으로 지불하는 금액

- Chef de rang system 장점 : 수준 높은 서비스 제공, 충분한 휴식시간, 근무조건의 향상, 단점 : 종사원의 의존도가 높다, 인건비의 지출 과다.
- House Bland : 자사브랜드, 고유상표, 판매자 브랜드
- Table d'hote(정찬 요리) 순서 : Hors d'oeuvre → Soup → Fish → Entree → Sorbet → Roast → Salad → Dessert → Fruits → Coffee or Drink

정리노트

9 CHAPTER 영어 표현

CONTENTS

01 레스토랑 영어 표현

W : Are you ready to order?
주문하시겠어요?

G : Yes, I'd like a hamburger, french fries, and a milk shake.
예, 햄버거, 프렌치프라이, 그리고 밀크셰이크 주세요.

W : A hamburger, french fries, and a milk shake. Here you are.
햄버거, 프렌치프라이, 밀크셰이크, 여기 있습니다.

G : How much is it?
얼마예요?

W : Three dollars and fifty cents.
3달러 오십 센트입니다.

해설

- Are you ready to order? : 「주문하시겠습니까?」
  = Ready to order? = May I take your order? = Can I take your order?
- How much is it? : 「얼마입니까?」 = What's the price? = How much do I owe you?

W : Help yourself to the bulgogi.
불고기 많이 드세요.

G : Thank you.
고맙습니다.

W : Do you want some more bulgogi?
불고기 좀 더 드실래요?

G : No, thanks. I'm full.
아니에요, 고맙지만 배가 부릅니다.

해설

- Help yourself to ~. : 「~을 많이 드세요.」
- No, thank you. 권한 음식을 거절할 때 사용.
  cf. 권한 음식을 먹겠다고 대답할 때 : Yes, please.
- I'm full. : 「배가 불러요」 = I've had enough.

A : Look! It's almost 12 o'clock. I'm hungry.

봐! 거의 12시야. 난 배고파.

B : Me, too. What would you like for lunch?

나도 그래. 점심으로 무엇을 먹을래?

A : I'd like a hamburger and an apple juice. How about you?

난 햄버거와 사과 주스를 먹을 거야. 너는 어떠니?

B : I'd like a pizza and a cola.

나는 피자와 콜라를 먹을래.

해설

- What would you like for lunch? : 「점심으로 무엇을 먹을래?」
  = What do you want to have for lunch?
- I'd like ~ : 「나는 ~하고 싶다」 → I would like의 줄임 말로 원하는 것을 말할 때 사용
- ① How about + 명사 How about this weekend?, ② How about + ing(동명사) How about drinking some beer?, ③ How about + 문장(S+V) How about you go there?

W : With the steak, you might like to try our wine.
스테이크 요리와 함께 와인을 시도해 보시지요.

G : I'll try a glass of White Zinfender.
화이트 진팬더 한잔 주세요.

W : Great. And you, Sir.
좋습니다. 손님은요.

G : Me, too.
저도 같은 것으로 한잔 주세요.

W : Great. I'll be right back.
좋습니다. 곧 가지고 오겠습니다.

해설

- I'll be right back with + 명사 ~가지고 금방 다시 올게. I'll be right back with your order.

W : "Arirang" Restaurant. May I help you?

아리랑 식당입니다. 무엇을 도와드릴까요?

G : Uh ... Do you speak English?

영어할 줄 아십니까?

W : Yes, madam, a little. May I help you?

예, 약간 합니다. 부인. 무엇을 도와드릴까요?

G : Are you open for lunch tomorrow?

내일 점심시간에 영업합니까?

W : Yes, madam, we open for lunch at 11 : 30 a.m. and close at 3 p.m.

예, 부인, 오전 11시 30분부터 오후 3시까지 영업합니다.

A : Try some kimchi.

김치 좀 한번 드셔 보세요.

B : Okay. Wow! It's really hot. May I have some water?

좋아. 와! 정말 매운데. 물 좀 마실 수 있습니까?

A : Cold water?

시원한 물로 가져다 드릴까요?

B : Yes, please.

그래요.

A : Here you are.

여기 있습니다.

B : Thank you.

고맙습니다.

해설

- Try some ~「한번(시험적으로) 먹어보다」
- 맛의 종류 → 단 - sweet, 짠 - salty, 신 - sour, 쓴 - bitter, 매운 - hot, 순한 - mild, 자극성이 있는 - spicy

02 바 앤 라운지 영어 표현

(The waiter returns with the drinks but he doesn't remember who ordered the beer and who ordered the cocktail.)
(웨이터가 마실 것을 갖고 돌아왔으나 누가 맥주를 주문하고 누가 칵테일을 주문하였는지 기억하지 못한다.)

W : Who ordered the "OB" beer?
어느 분이 오비맥주를 주문하셨습니까?

G3 : Over here.
여기입니다.

W : Scotch and soda?
스카치와 소다는요?

G4 : Here, please.
여기입니다.

W : Shall I take your orders now or would you care to wait?
바로 드릴까요, 기다리시겠습니까?

G1 : Please come back in a few minutes.
바로 갖다 주세요.

W : Very good, Sir.
알겠습니다, 선생님

W : Good evening. What would you like to drink, Sir?
안녕하세요. 어떤 음료를 드릴까요.

G : I'll have a martini.
마티니로 주세요.

W : Would you like that straight up or on the rocks?
그냥 스트레이트로 드릴까요, 아니면 얼음에 타 드릴까요.

G : On the rocks, Please.
얼음에 타 주십시오.

해설

- What would you like? 무엇으로 하시겠습니까. How would you like your steak? 스테이크 어떻게 해 드릴까요.
- Would you + 동사 : (저한테) ~해줄래?, Would you + like : (당신이) ~하실래요?, Would you + like to + 동사 : (당신이) ~하실래요?

W : Good evening. What will you have?

안녕하세요. 무엇으로 하시겠습니까?

G : A beer, please.

맥주 주세요.

W : Draft beer or bottle?

생맥주를 드릴까요, 아니면 병맥주를 드릴까요?

G : I'll have a glass of draft.

생맥주 한잔 주세요.

해설

- What will you have? 무엇을 먹을래?

03 호텔 영어 표현

A : Green Cab. What can I do for you?
그린 캡 택시 회사입니다. 무엇을 도와 드릴까요?

B : Yes, could you send a cab to the Lotte Hotel in downtown, please?
네, 시내에 있는 롯데호텔로 택시 한대를 보내 주시겠어요?

A : Okay. Can I have your name?
성함이 어떻게 되시죠?

B : My name is Su-mi Kim.
김수미입니다.

A : OK, Ms. Kim. A cab will be in front of the hotel in about ten minutes.
네, 미즈 김. 10분 안에 호텔 앞으로 택시가 도착할 겁니다.

B : I see. I'm going out to wait for it.
알겠습니다. 나가서 기다리겠습니다.

해설

- 택시(cab, taxi), send me a cab : 택시를 보내주세요.

A : Do you have a reservation?
예약 하셨습니까?

B : No, I don't, but do you have a room for tonight?
안 했습니다만, 오늘밤에 방이 있습니까?

A : Yes. A single room, or a double room?
네. 싱글 룸으로 드릴까요, 더블 룸으로 드릴까요?

B : A single room, please. Well, do you have any rooms with a beautiful night view of this city?
싱글 룸이요. 그런데 이 도시의 멋진 야경을 볼 수 있는 방이 있습니까?

A : Room 555 has a wonderful view of the city.
555호실이면 도시의 멋진 경관을 볼 수 있습니다.

B : All right. I'll take it.
좋습니다. 그걸로 하겠습니다.

해설

- have a reservation : 예약하다.
- Do you have a room available? : 빈방 있습니까?

A : Room service. Can I help you?

룸서비스 입니다. 무엇을 도와 드릴까요?

B : Yes. This is room 555. Could you bring my breakfast to my room?

네. 여기 555호입니다. 제 방으로 아침 식사를 갖다 주시겠어요?

A : All right, sir. I'll send it up right away.

알겠습니다. 즉시 올려 보내 드리죠.

B : By the way, I'd like a six o'clock wake-up call, I'm a heavy sleeper. If I don't answer, keep ringing.

그리고 6시에 깨워 주시기 바랍니다. 저는 잠귀가 어두우니까, 대답이 없거든 벨을 계속 울려 주세요.

A : Sure.

네.

해설

- wake up call (모닝 콜)
- heavy sleeper : 잠귀가 어두운 사람

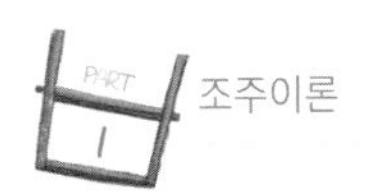

A : Maintenance Department. May I help you?

(객실)관리부입니다. 무엇을 도와 드릴까요?

B : Yes. I have problems with my room. I don't have any hot water in the shower.

네. 방에 문제가 있습니다. 샤워기에서 온수가 안 나오는데요.

A : Oh, we're sorry. We'll take care of it right now. What is your room number?

아, 죄송합니다. 즉시 조치해 드리겠습니다. 방 번호가 어떻게 되죠?

B : Room 555.

555호실입니다.

해설

- maintenance department(객실 담당 부서) : 호텔 내에서 여러 가지 사소한 문제가 발생할 때 객실 담당 부서에 전화를 걸어 조치를 부탁할 수 있음
- take care of ~ : ~를 처리하다

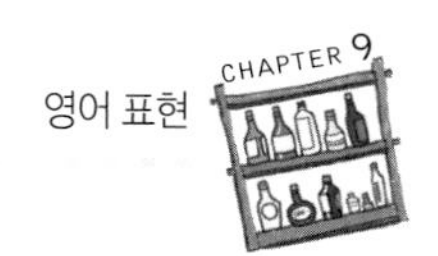

A : How would you like to arrange payment?

어떤 방법으로 지불을 하시겠어요?

B : I'll pay with my credit card.

신용카드로 하겠습니다.

A : Here's the card back. Could you sign here, please? Your room is 1035. This is the key.

여기 카드를 돌려드립니다. 이곳에 서명을 해주시겠어요? 방 번호는 1035호 입니다. 열쇠 여기 있습니다.

B : Thank you.

감사합니다.

A : I hope you enjoy your stay in New York.

뉴욕에서의 체류가 즐거우시길 바라겠습니다.

해설

- how would you like to~ 는 어떻게 ~하길 원하니? 어떻게~할래? ~어떻겠습니까?
- arrange payment : 지불하다
- 호텔에서 credit card(신용카드) 받는지 여부를 물어 보려면 "Do you take credit card?"

A : I'd like to check out. How much is the charge?

체크아웃을 하고 싶습니다. 숙박요금이 얼마죠?

B : What's your name and room number?

성함과 방 번호가 어떻게 됩니까?

A : I'm Su-mi Kim and the room number is 555.

이름은 김수미이고, 방 번호는 555호실입니다.

B : Just a moment, ma'am. Your bill comes to $175 including tax and service.

잠깐만요. 세금과 서비스 요금을 포함해서 175달러입니다.

A : Can I pay you with a traveler's check.

여행자 수표로 지불해도 되나요?

B : Of course.

물론이죠.

04 길 묻기 영어 표현

G : Excuse me. How can I get to City Hall?

실례합니다. 어떻게 해야 시청에 갈 수 있지요?

W : You can take bus number 24.

24번 버스를 타셔야 합니다.

G : How long does it take?

시간이 얼마나 오래 걸리죠?

W : It takes about half an hour.

약 30분 정도 걸립니다.

해설

- How can I 동사 ~ ? : 내가 어떻게 해야 하는지를 묻는 표현
- How long does it take ~ ? ~하는데 얼마나 걸릴까?
- take : (시간이) 걸리다. 소요되다. about half an hour ~약 30분 정도, about an hour ~약 한 시간 정도

A : Excuse me, but where is the post office?
실례합니다만, 우체국이 어디에 있죠?

B : It's next to the gas station.
주유소 옆에 있습니다.

A : How can I get there?
그 곳에 어떻게 갈 수 있지요?

B : Go straight and turn left at the corner.
곧장 가신 후 모서리에서 왼쪽으로 도세요.

A : Thank you very much.
대단히 고맙습니다.

B : Don't mention it.
천만에요.

해설

- Go straight. → 곧장 가세요. Go along the street. → 이 거리를 따라 가세요.
- Turn left. → 왼쪽으로 도세요. Turn right. → 오른쪽으로 도세요.
- Come along with me. → 저를 따라 오세요.

A : Excuse me, would you show me the way to the bus station?

실례합니다만, 나에게 버스 정류장 가는 길을 가르쳐 주시겠습니까?

B : Sorry, I'm a stranger here.

미안합니다만, 나는 이곳에 처음 왔습니다.

A : Wait a minute. I'll ask someone else and I'll let you know.

잠깐만 기다리세요. 네가 다른 사람에게 물어봐서 당신을 안내해 드리겠습니다.

B : It's kind of you to say so.

정말 친절하시군요.

해설

- 길을 묻는 표현으로 Where is the bus station?, Tell me the way to the bus station., How do I get to the bus station?
- I'll let you ~ : (너한테) 알려줄게.
- It's kind of you to + 동사 ~ 해 주셔서 감사합니다. It's kind of you to say so. = You are kind to say so. → 그렇게 말씀하시다니 당신은 친절하십니다.

05 기타 영어 표현

A : What does he look like?

그는 어떻게 생겼니?

B : He is tall and thin. Look! There he is.

그는 키가 크고 말랐어. 봐! 저기 그가 있어.

A : Oh, there are so many people. Where is he?

오, 너무나 많은 사람이 있는데. 그가 어디에 있지?

B : He is wearing glasses.

그는 안경을 쓰고 있어.

A : Yeah, I found him.

응, 그를 찾았어.

해설

- What does he look like? : 사람의 외모를 묻는 표현

  cf. What is he like? : 「그 사람은 어떤 사람이니?」 → 사람의 됨됨이를 묻는 표현
- thin : 「마른, 날씬한」 → slim, → fat : 「뚱뚱한」

A : Excuse me, ma'am. I'm your new neighbor. I just moved in. My name's Jack.

실례합니다만, 저는 새로운 옆집 사람입니다. 방금 전에 이사 왔어요. 제 이름은 잭이라고 합니다.

B : Oh, yes. I'm glad to see you. I'm Magret.

오, 그래요. 만나서 반갑습니다. 저는 마그넷이라고 합니다.

A : Will you come to my house for dinner?

저녁식사 하러 저희 집에 오시지 않겠습니까?

B : I'd love to, but I'm afraid I can't.

가고는 싶은데요, 아마 갈 수 없을 것 같습니다.

해설

- 상대방을 일정한 장소에 초대할 때 사용하는 표현으로는 How would like to come to ~?, How about coming to ~?, I'd like you to come to ~?, Why don't you come to ~? 등이 있음

A : Hello. May I speak to Smith?

여보세요. Smith씨 좀 바꿔주세요?

B : One moment, please. He is not in. May I take a message?

잠깐만 기다리세요. 지금 안 계십니다. 전하실 말씀이 있습니까?

해설

- 전화로 찾는 사람이 없을 경우 "전하실 말씀이 있으십니까?"에 해당하는 표현. May I take a message?, Will you leave a message?, Would you like to leave a message?

W : What's the matter?

무슨 일이 있습니까?

G : I lost my wallet.

지갑을 잃어버렸어요.

W : Oh, no. Is there anything I can do?

오, 안됐군요. 네가 도울 일이라도 있습니까?

G : No, I don't think so.

아니오. 없습니다.

해설

- 무슨 일이 있습니까? What happened? = What's wrong with you? = What's the matter with you?
- Is there anything I can do? = May(can) I help you? = What can I do for you?

06 요약 정리

- What's the occasion? : 웬일이야
- What happened? = What's wrong with you? = What's the matter with you?(무슨 일이야.)
- Hardly ~When (Before) : ~하자마자의 의미
- go bad : '부패하다, ~ 썩다, 나빠지다'의 뜻, This milk has gone bad(우유가 상했다.)
- After Drink : Port Wine, Brandy 등이 적당, Aperitif(식전 주) : Dry Sherry, Vermouth, Dry Gin 등
- This is on me : 이번엔 내가 한턱할 차례다, 이것은 내가 내지
- You're wanted on the phone. : 전화 받으세요.   be on the phone : 전화를 받다.
- Who's on the phone? : 누구한테서 온 전화냐?
- "저를 소개하겠습니다." : May(Can) I introduce myself to you?, Let me introduce myself to you.
- work for ~에서 일하다. 고용되다.
- on the rocks : 온더록스로, 얼음조각 위에 부은(위스키)
- Thank you for + ~ing + 목적어 (~해주셔서 감사합니다)
- Close By : 바로 곁에, Close to : (거리, 공간, 시간이) 가까운, 접하여
- After you, please. : 먼저 가세요.(타세요, 하세요.)
- Thank you for ~ing + 목적어 ~해 주셔서 감사합니다.
- We'd like to have another round, please. : 마시던 걸로 전부 한잔씩 더 돌리시오.
- We want the other round of drinks. : 음료수 좀 더 주세요.
- be a good(bad) cook ~요리 솜씨가 좋다(나쁘다). *cooker 요리도구

- **would you like ~** : ~하시겠습니까, ~해 주시겠습니까. **catch a taxi** : 택시를 잡다.
- **what's your job?, what's your occupation?** : "너의 직업이 뭐니?"
- **in good shape** : 건강하다, 상태가 좋다. **for a long time** : 오랫동안, 장기간
- **Work for** : ~에서 일하다.
- make A from B (화학적 변화인 경우: B로 A를 만들다) = A is made from B
- **these days** : 요즘에는, **not at all** : 조금도 ~않다.
- **finish your coffee** : 커피 다 마셨니, **catch a taxi** : 택시를 타다. **too ~ to** : 대단히 ~ 해서 … 할 수 없다, … 할 수 없을 만큼 대단히 ~ 하다.
  - ▶ so ~ that + 주어 + cannot : 너무 ~ 해서 ~ 할 수가 없다. = too ~ to + 동사
- far more ~ than 원칙적으로 than 이하가 절(S + V)인데 중요한 어휘만 남고 생략되는 경우가 보통. "~하기보다는 훨씬 더 (많이, 대단히) ~하다."의 뜻
- **Feel like** : ~하고 싶은 생각이 들다. ~한 느낌이 들다.
- Happy hour is a marketing term for a period of time in which a restaurant or bar offers discounts on alcoholic drinks, such as beer, wine, and cocktails.
- **I'll have this one.** : 이것으로 주세요, 이것으로 할께요.
- **Give me one more.** : 하나 더 주세요.
- **I would like to drink something.** : 약간의 술을 마시고 싶다.
- **I already had one.** : 나 벌써 가지고 있어.
  - ▶ on the house : (술집이나 식당에서 술 · 음식이) 무료[서비스]로 제공되는
- **한 잔 더 주세요.** : another round, please. Can I have another glass?, Give me another.
- **음료는 무엇으로 드시겠습니까?** : What would you like to + 동사원형? = Would you like something to drink? How about something to drink? Would you like to order a drink?
- **in time** : 정해진 시간(또는 기간) 내에 = 정해진 시각(기한)까지 또는 그보다 일찍 - finish the job in time

- **on time** : 정해진 시각(시점)에 = 정각에(늦지도 빠르지도 않게) arrive on time
- **more than** : ~ 보다 많이, not less than : 적어도 (at least)
- look forward to + ing ~하기를 학수고대하다. ~기대하다.
- **~for a change** : 기분전환으로, 변화를 위하여
- **What did you say?** : 어떻게 생각해, 어때?
- What did you say when you + 동사? ~했을 때 뭐라고 했어?
- What are you talking about? = You crazy? = Don't talk nonsense. = That doesn't make sense.(무슨 말을 하는 거니)
- He has got appointment all day on Monday.(월요일은 약속으로 꽉 차 있습니다.), Anytime would be fine with me on that day.(그날은 어느 때나 시간이 있습니다.), Let's promise. ㉯ We made up.(우리 화해했어)
- **Would you care for a drink** : 한잔 하시겠어요, **Would you care for ~** : ~를 드시겠어요.
- **go bed** : 썩다, 나빠지다.
- **We have a bad connection. The connection is bad.** : 전화상태가 좋지 않습니다.
- **Can you speak louder?, Could you speak more loudly.** : 좀 더 크게 말씀해 주세요.
- I beg your pardon = Would you mind repeating that? = Excuse Me? = I'm sorry? = Pardon (me)? = Could you say that again?
- **hardly ~ when**(before) : ~ 하자마자
- **put somebody through** : (전화로)연결해주다.
- **any longer** : 더 이상 ~ 아닌, **no longer** : 이미 ~아니다.
- **Close By** : 바로 곁에, **Close to** : (거리, 공간, 시간이) 가까운, 접하여
- **come out of yourself** : 자기 틀을 깨다[껍질을 벗다] Here's to us!, Here's to you, Here's to Tom, Here's to Ryco Inc(구체적으로 누군가 또는 무언가를 위하여!), Cheers!(기분 좋게 마시자=Bottoms up!)

- 술 한 잔씩 더 주세요. : Another round., 커피 한 잔 더 주세요. : Please give me another cup of coffee., Actually, yes. I'd like another ginger ale as well. : 네, 있어요. 진저에일도 한잔 더 주세요, May I have another glass? : 한 잔 더 주세요., I'd like to have another (glass). : 한 잔 더 주세요., Same again, please! : 같은 걸로 한 잔 더 주세요!, Yes, could I have a refill, please? : 네, 한 잔 더 주시겠어요?
- As a rule : 대체로, 일반적으로
- That's an idea = That's a good idea. : 그건 좋은 생각이야.
- another round of beer : 다 같이 한잔씩 더 할까.
- Are you ready to order?, Would you like to order?, Have you decided?, May I take you order? : 주문하시겠어요.
- Look like : ~인 것처럼 보인다. on the rocks : 얼음을 넣은
- on the 4th floor : 4층
- Help oneself to : ~을 마음대로 하세요. "식기 전에 커피를 드십시오."란 뜻, halp yourself to + = take without asking, eat or take enough(~ 챙겨 먹어라)
- What would you like to have? : 뭐 드시겠어요?/ Would you like to ~ ? : 네가 ~ 하려고 하니?, What would you like to ~ ? : 네가 뭘 하려고 하니?
- Do you have Change for a dollar? : 1달러를 잔돈으로 바꿀 수 있을까요., Keep the change. : 잔돈(거스름돈)을 가지세요., I need some change for the bus. : 버스 탈 잔돈이 필요하다., Let's try a new restaurant for a change. : 기분전환으로 새로운 레스토랑을 가보세., for a change : ~기분전환으로, 변화를 위하여
- Are you interested in~? : ~에 관심/흥미가 있나요? in은 전치사이기 때문에 make에 -ing를 붙여서 어법에 맞게 표현해야 함
- Hock is a British term for German white wine; sometimes it refers to white wine from the Rhine region and sometimes to all German white wine.
- We are booked out for tonight. There aren't any available tables tonight. 오늘 저녁은 예약이 다 찼는데요. Walk-in Guest는 예약을 하지 않고

Check-in 하고자 하는 고객을 말함

- **How can I 동사 ~ ?** : 내가 어떻게 해야 하는지를 묻는 표현
- **How long does it take ~ ?** : ~하는데 얼마나 걸릴까?
- **take** : (시간이) 걸리다. 소요되다. about half an hour ~약 30분 정도, about an hour ~약 한 시간 정도

CHAPTER 9

정리노트

정리노트

PART 2

실기 기출문제

실기 기출문제 해설

CONTENTS

출제기준(실기)

직무 분야	음식서비스	중직무 분야	조리	자격 종목	조주기능사	적용 기간	2022.1.1.~2024.12.31.

○ 직무내용 : 다양한 음료의 특성을 이해하고 조주에 관계된 지식, 기술, 태도의 습득을 통해 음료 서비스, 영업장 관리를 수행하는 직무이다.

○ 수행준거 : 1. 고객에게 위생적인 음료를 제공하기 위하여 음료 영업장과 조주에 활용되는 재료·기물⊠기구를 청결히 관리하고 개인위생을 준수할 수 있다.
2. 다양한 음료의 특성을 파악·분류하고 조주에 활용할 수 있다.
3. 칵테일 조주를 위한 기본적인 지식과 기법을 습득하고 수행할 수 있다.
4. 칵테일 조주 기법에 따라 칵테일을 조주하고 관능평가를 수행할 수 있다.
5. 고객영접, 주문, 서비스, 다양한 편익제공, 환송 등 고객에 대한 서비스를 수행할 수 있다.
6. 음료 영업장 시설을 유지보수하고 기구·글라스를 관리하며 음료의 적정 수량과 상태를 관리할 수 있다.
7. 기초 외국어, 음료 영업장 전문용어를 숙지하고 사용할 수 있다.
8. 본격적인 식음료서비스를 제공하기 전 영업장환경과 비품을 점검함으로써 최선의 서비스가 될 수 있도록 준비할 수 있다.
9. 와인서비스를 위해 와인글라스, 디캔터와 그 외 관련비품을 청결하게 유지、관리할 수 있다.

실기검정방법	작업형	시험시간	7분 정도

실기과목명	주요항목	세부항목	세세항목
바텐더 실무	1. 위생관리	1. 음료 영업장 위생 관리하기	1. 음료 영업장의 청결을 위하여 영업 전 청결상태를 확인하여 조치할 수 있다. 2. 음료 영업장의 청결을 위하여 영업 중 청결상태를 유지할 수 있다. 3. 음료 영업장의 청결을 위하여 영업 후 청결상태를 복원할 수 있다.
		2. 재료·기물·기구 위생 관리하기	1. 음료의 위생적 보관을 위하여 음료 진열장의 청결을 유지할 수 있다. 2. 음료 외 재료의 위생적 보관을 위하여 냉장고의 청결을 유지할 수 있다. 3. 조주 기물의 위생 관리를 위하여 살균 소독을 할 수 있다.
		3. 개인위생 관리	1. 이물질에 의한 오염을 막기 위하여 개인 유니폼을 항상 청결하게 유지할 수 있다. 2. 이물질에 의한 오염을 막기 위하여 손과 두발을 항상 청결하게 유지할 수 있다. 3. 병원균에 의한 오염을 막기 위하여 보건증을 발급받을 수 있다.

2. 음료 특성 분석	1. 음료 분류하기	1. 알코올 함유량에 따라 음료를 분류할 수 있다. 2. 양조방법에 따라 음료를 분류할 수 있다. 3. 청량음료, 영양음료, 기호음료를 분류할 수 있다. 4. 지역별 전통주를 분류할 수 있다.
	2. 음료 특성 파악하기	1. 다양한 양조주의 기본적인 특성을 설명할 수 있다. 2. 다양한 증류주의 기본적인 특성을 설명할 수 있다. 3. 다양한 혼성주의 기본적인 특성을 설명할 수 있다. 4. 다양한 전통주의 기본적인 특성을 설명할 수 있다. 5. 다양한 청량음료, 영양음료, 기호음료의 기본적인 특성을 설명할 수 있다.
	3. 음료 활용하기	1. 알코올성 음료를 칵테일 조주에 활용할 수 있다. 2. 비알코올성 음료를 칵테일 조주에 활용할 수 있다. 3. 비터와 시럽을 칵테일 조주에 활용할 수 있다.
3. 칵테일 기법 실무	1. 칵테일 특성 파악하기	1. 고객에서 정보를 제공하기 위하여 칵테일의 유래와 역사를 설명할 수 있다. 2. 칵테일 조주를 위하여 칵테일 기구의 사용법을 습득할 수 있다. 3. 칵테일별 특성에 따라서 칵테일을 분류할 수 있다.
	2. 칵테일 기법 수행하기	1. 셰이킹(Shaking) 기법을 수행할 수 있다. 2. 빌딩(Building) 기법을 수행할 수 있다. 3. 스터링(Stirring) 기법을 수행할 수 있다. 4. 플로팅(Floating) 기법을 수행할 수 있다. 5. 블렌딩(Blending) 기법을 수행할 수 있다. 6. 머들링(Muddling) 기법을 수행할 수 있다.
4. 칵테일 조주 실무	1. 칵테일 조주하기	1. 동일한 맛을 유지하기 위하여 표준 레시피에 따라 조주할 수 있다. 2. 칵테일 종류에 따라 적절한 조주 기법을 활용할 수 있다. 3. 칵테일 종류에 따라 적절한 얼음과 글라스를 선택하여 조주할 수 있다.
	2. 전통주 칵테일 조주하기	1. 전통주 칵테일 레시피를 설명할 수 있다. 2. 전통주 칵테일을 조주할 수 있다. 3. 전통주 칵테일에 맞는 가니쉬를 사용할 수 있다.
	3. 칵테일 관능평가하기	1. 시각을 통해 조주된 칵테일을 평가할 수 있다. 2. 후각을 통해 조주된 칵테일을 평가할 수 있다. 3. 미각을 통해 조주된 칵테일을 평가할 수 있다.
5. 고객 서비스	1. 고객 응대하기	1. 고객의 예약사항을 관리할 수 있다. 2. 고객을 영접할 수 있다. 3. 고객의 요구사항과 불편사항을 적절하게 처리할 수 있다. 4. 고객을 환송할 수 있다.

		2. 주문 서비스하기	1. 음료 영업장의 메뉴를 파악할 수 있다. 2. 음료 영업장의 메뉴를 설명하고 주문 받을 수 있다. 3. 고객의 요구나 취향, 상황을 확인하고 맞춤형 메뉴를 추천할 수 있다.
		3. 편익 제공하기	1. 고객에 필요한 서비스 용품을 제공할 수 있다. 2. 고객에 필요한 서비스 시설을 제공할 수 있다. 3. 고객 만족을 위하여 이벤트를 수행할 수 있다.
	6. 음료영업장 관리	1. 음료 영업장 시설 관리하기	1. 음료 영업장 시설물의 안전 상태를 점검할 수 있다. 2. 음료 영업장 시설물의 작동 상태를 점검할 수 있다. 3. 음료 영업장 시설물을 정해진 위치에 배치할 수 있다.
		2. 음료 영업장 기구·글라스 관리하기	1. 음료 영업장 운영에 필요한 조주 기구, 글라스를 안전하게 관리할 수 있다. 2. 음료 영업장 운영에 필요한 조주 기구, 글라스를 정해진 장소에 보관할 수 있다. 3. 음료 영업장 운영에 필요한 조주 기구, 글라스의 정해진 수량을 유지할 수 있다.
		3. 음료 관리하기	1. 원가 및 재고 관리를 위하여 인벤토리(inventory)를 작성할 수 있다. 2. 파스탁(par stock)을 통하여 적정재고량을 관리할 수 있다. 3. 음료를 선입선출(F.I.F.O)에 따라 관리할 수 있다.
	7. 바텐더 외국어 사용	1. 기초 외국어 구사하기	1. 기초 외국어 습득을 통하여 외국어로 고객을 응대를 할 수 있다. 2. 기초 외국어 습득을 통하여 고객 응대에 필요한 외국어 문장을 해석할 수 있다. 3. 기초 외국어 습득을 통해서 고객 응대에 필요한 외국어 문장을 작성할 수 있다.
		2. 음료 영업장 전문용어 구사하기	1. 음료영업장 시설물과 조주 기구를 외국어로 표현할 수 있다. 2. 다양한 음료를 외국어로 표현할 수 있다. 3. 다양한 조주 기법을 외국어로 표현할 수 있다.
	8. 식음료 영업 준비	1. 테이블 세팅하기	1. 메뉴에 따른 세팅 물품을 숙지하고 정확하게 준비할 수 있다. 2. 집기 취급 방법에 따라 테이블 세팅을 할 수 있다. 3. 집기의 놓는 위치에 따라 정확하게 테이블 세팅을 할 수 있다. 4. 테이블세팅 시에 소음이 나지 않게 할 수 있다. 5. 테이블과 의자의 균형을 조정할 수 있다. 6. 예약현황을 파악하여 요청사항에 따른 준비를 할 수 있다. 7. 영업장의 성격에 맞는 테이블크로스, 냅킨 등 린넨류를 다룰 수 있다. 8. 냅킨을 다양한 방법으로 활용하여 접을 수 있다.

	3. 음료 재료 준비하기	1. 표준 레시피에 따라 음료제조에 필요한 재료의 종류와 수량을 파악하고 준비 할 수 있다. 2. 표준 레시피에 따라 과일 등의 재료를 손질하여 준비할 수 있다. 3. 덜어 쓰는 재료를 적합한 용기에 보관하고 유통기한을 표시 할 수 있다.
	4. 영업장 점검하기	1. 영업장의 청결을 점검 할 수 있다. 2. 최적의 조명상태를 유지하도록 조명기구들을 점검할 수 있다. 3. 고정 설치물의 적합한 위치와 상태를 유지할 수 있도록 점검 할 수 있다. 4. 영업장 테이블 및 의자의 상태를 점검할 수 있다. 5. 일일 메뉴의 특이사항과 재고를 점검할 수 있다.
9. 와인장비·비품 관리	1. 와인글라스 유지·관리하기	1. 와인글라스의 파손, 오염을 확인할 수 있다. 2. 와인글라스를 청결하게 유지·관리할 수 있다. 3. 와인글라스를 종류별로 정리·정돈할 수 있다. 4. 와인글라스의 종류별 재고를 적정하게 확보·유지할 수 있다.
	2. 와인디캔터 유지·관리하기	1. 디캔터의 파손, 오염을 확인할 수 있다. 2. 디캔터를 청결하게 유지·관리할 수 있다. 3. 디캔터를 종류별로 정리·정돈할 수 있다. 4. 디캔터의 종류별 재고를 적정하게 확보·유지할 수 있다.
	3. 와인비품 유지·관리하기	1. 와인오프너, 와인쿨러 등 비품의 파손, 오염을 확인할 수 있다. 2. 와인오프너, 와인쿨러 등 비품을 청결하게 유지·관리할 수 있다. 3. 와인오프너, 와인쿨러 등 비품을 종류별로 정리·정돈할 수 있다. 4. 와인오프너, 와인쿨러 등 비품을 적정하게 확보·유지할 수 있다.

칵테일 만들기

1 칵테일 만드는 순서

- 먼저 얼음을 넣는다.
- 기본 주를 넣는다.
- 기타 재료를 책에 제시되어 있는 순서대로 넣는다.
- 정해진 기법대로 시행한다.
- 장식을 한다.

2 칵테일 만들기의 요령

첫째, 사용하는 기본 주와 부 재료는 양을 정확히 지킨다.

- 칵테일의 제 맛을 즐기려면 기본이 되는 술과 주스, 또는 다른 첨가액의 양을 정확하게 섞어야 한다.
- 메이저 컵(Measure Cup; Jigger) 같은 계량도구가 필요하지만 없다고 해서 칵테일을 만들 수 없는 건 아니다. 계량컵이나 계량스푼을 이용할 수도 있고, 혹은 작은 소주잔에 자신이 알아볼 수 있게 표시를 해 두면 얼마든지 메이저 컵 대신 이용할 수 있다.

둘째, 섞는 요령을 미리 익힌다.

- 칵테일 만들기의 가장 중요한 포인트는 재료들의 적절한 혼합이다.
- 셰이커가 없는 경우에는 빈 병 또는 밀크셰이크 만드는 용기에 넣어 수평이 되게 해서 흔들어 섞으면 된다.
- 그 외에 Long Island Iced Tea, Moscow Mule, Bloody Mary, Seabreeze, Cuba Libre처럼 주로 Highball, Collins Glass를 이용하는 칵테일 종류는 주로 글라스에 재료와 얼음을 넣고 Bar 스푼으로 2~3회 저어주는 방법만으로 충분하다.

셋째, 잔을 미리 준비해 놓는다.

- 칵테일을 만들기 전에 잔을 미리 준비하는데, 뜨거운 칵테일에는 잔을 따듯하게, 차게 마셔야 하는 칵테일에는 잔을 될 수 있는 한 차게 준비한다.
- 칵테일글라스와 샤워글라스, 샴페인글라스에 먼저 얼음을 넣어 차게 한 다음에 얼음은 빼고 셰이커에서 얼음과 함께 칵테일을 해 놓은 술을 붓는다.

또 마실 때에는 반드시 글라스의 스탠드부분을 잡아 체온으로 인하여 술의 온도가 올라가는 것을 막아야 제 맛을 즐길 수 있다. 또한 하이볼 글라스나 On the Rock Glass를 사용할 때에는 먼저 얼음을 담은 뒤에 술과 다른 혼합액을 넣고 젓는 것이 올바른 순서다.

넷째, 얼음은 깨끗하고 단단한 것을 사용하며 충분히 넣는다.

- 얼음 속에 기포가 들어 있거나 투명도가 낮은 얼음은 공기가 섞이고 부드러워 좋지 않다.
- 얼음은 용도에 따라 덩어리로 쓰거나 잘게 부수어 사용하는데 얼음을 부술 때는 헝겊에 싸서 부순다. 특히 페퍼민트 같은 종류엔 잘게 부순 얼음을 주로 사용하는데 집에서 얼음을 부술 때에는 깨끗한 면 행주에 필요한 양의 얼음을 싼 뒤에 방망이로 두들기면 잘게 부술 수 있다. 여름 칵테일은 시원한 맛이 생명인데 잘게 부순 얼음을 이용하면 시원한 맛을 더 할 수 있어서 좋다.

다섯째, 잔에 따를 때에는 80%정도만 채운다.

- 다 만든 칵테일을 잔에 따를 때에는 완전히 채우지 말고 80%정도만 채우는 게 좋다.

3 칵테일 장식에 의한 분류

Cocktail 장식	
Cherry	Manhattan(1개)
Green Olive	Dry Martini(1개)
Lime or Lemon	Long Island Iced Tea, Moscow Mule, Cosmopolitan Cocktail, Seabreeze(4개)
Lemon	New York, Negroni, Cuba Libre, Sloe Gin Fizz, Kir, Healing(6개)
Lemon + Cherry	Whisky Sour(1개)
Orange + Cherry	Old Fashioned, Singapore Sling(2개)
Pineapple & Cherry	Mai-Tai, Pina Colada, Blue Hawaii, Jun Bug(4개)
Onion	Gibson(1개)
Apple	Apple Martini, Puppy Love(2개)
Lemon & Celery	Bloody Mary(1개)
Nutmeg	Brandy Alexander(1개)
Salt Frost	Margarita(1개)
Sugar Frost	kiss of Fire(1개)

4 Base별 칵테일 분류

Base별 Cocktail Recipe(39문제)	
Non-Alcoholic Base (2개)	Fresh Lemon Squash, Virgin Fruit Punch
Whisky Base(5개)	Manhattan, New York, Old Fashioned, Rusty Nail, Whisky Sour
Brandy base(2개)	Side Car, Brandy Alexander
Gin Base(5개)	Dry Martini, Negroni, Singapore Sling, Long Island Iced Tea, Gin Fizz
Vodka Base(5개)	Black Russian, Moscow Mule, Cosmopolitan Cocktail, Seabreeze, Apple Martini
Rum Base(6개)	Daiquiri, Bacardi Cocktail, Cuba Libre, Mai-Tai, Pina Colada, Blue Hawaii
Tequila Base(2개)	Tequila Sunrise, Margarita
Liqueur Base(6개)	Pousse Cafe, Grasshopper, Apricot Cocktail, Honeymoon Cocktail, B-52, Jun Bug
Wine Base(1개)	Kir
전통주(5개)	힐링(Healing), 진도(Jindo), 풋사랑(Puppy Love), 금산(Geumsan), 고창(Gochang)

5 유의사항(조주기능사 39품목 및 레시피 기준서)

1. 한글 및 영문 칵테일 이름은 이 교재 기준서의 원칙대로 표기하여야 한다.
2. 조주기능사 실기시험에서 글라스 규격, 음료의 용량, 기법, 가니시를 이 교재 기준서에 따라 조주하여야 한다.
3. 조주기능사 실기시험에서 글라스별 용량은 다음 표를 기준으로 한다(칵테일마다 약간씩 차이가 있을 수 있음).

Glass 종류	Glass 크기	Recipe 용량	기타
Cocktail Glass	4 ½ oz	2 ¼ ~ 2 ¾ oz	
Highball Glass	8 oz	주재료 1 ½ oz	
Collins Glass	12 ½ oz	주재료 2oz	부재료 들어갈 경우 : 주재료 1 ½ oz에 부재료 ½ oz

Pilsner Glass	10 oz	5 ~ 6 ¼ oz
Sour Glass	5 oz	3 oz
Champagne Glass(Saucer형)	4 oz	2 ¾ ~ 3 oz

④ 칵테일 레시피는 국가별 · 지역별로 차이가 있을 수 있으나, 조주기능사 실기시험은 아래 국가기술자격실기시험 표준 레시피를 적용한다.

⑤ 수험자 유의사항

가) 시험시간 전 2분 이내에 재료의 위치를 확인한다.

나) 감독위원이 요구한 3가지 작품을 7분 내에 완료하여 제출하며, 검정장 시설과 지급재료 이외의 도구 및 재료를 사용할 수 없다.

다) 시설이 파손되지 않도록 주의하며, 실기시험이 끝나면 본인이 사용한 기물을 3분 이내에 세척 · 정리하여 원위치에 놓고 퇴장한다.

  실기시험용 Cocktail Recipe(39문제)

한국산업인력관리공단에서 제시한 기준

1 Non-Alcoholic(2개)

Glass	레시피(Recipe)	방법	장식(Garnish)
Highball Glass	Fresh Squeezed Lemon ········· ½ea Powdered Sugar ········· 2tsp Fill with Soda Water	Build (직접넣기)	Slice of Lemon

만드는 방법

첫째, 먼저 손을 깨끗이 씻고, Highball Glass를 준비한다.
둘째, Build를 하기 위한 Highball Glass에 Cubed Ice(얼음)를 3~4개를 넣어준다.
셋째, 레몬을 스퀴져하여 하이볼 글라스에 따른다.
넷째, 파우더 슈거를 하이볼 글라스에 넣는다.
다섯째, 소다수로 나머지 80%를 채운다후 Bar Spoon(바 스푼)으로 잘 저어준다.
여섯째, Slice of Lemon(레몬 슬라이스)로 장식한다.
일곱째, Coaster(받침) 위에 완성된 Cocktail을 제공한다.

유래

과거 유럽에서는 과일을 오래 보존하기 위해 주스를 농축시킨 코디얼의 형태로 보관했는데, 코디얼을 물에 희석시킨 음료를 스쿼시라고 하며, 농축 주스가 아닌 신선한 과일 주스를 물에 희석시킨 음료는 에이드라고 불렀다. 전통적인 스쿼시는 '레몬 스쿼시'로, '코디얼' 또는 '희석한 주스'로 알려져 있다. 미국과 아시아에서는 스쿼시와 에이드에 주로 물을 사용하고, 물에 석회질이 많은 유럽에서는 탄산수를 첨가하는 것이 일반적이다. 스쿼시는 영국의 음료로 과일 주스, 물탄산수 이외에 설탕 시럽이나 감미료를 사용하며, 현대적인 스쿼시는 과일(레몬, 라임, 오렌지) 이외에도 다양한 허브를 사용하고 있다. 과일의 유통이 자유로워진 요즘에는 스쿼시와 에이드를 혼용하여 사용하기도 한다.

Non-Alcoholic

Virgin Fruit Punch
버진 후루츠 펀치

Glass	레시피(Recipe)	방법	장식(Garnish)
Footed Pilsner Glass	Orange Juice ········· 1oz Pineapple Juice ········· 1oz Cranberry Juice ········· 1oz Grapefruit Juice ········· 1oz Lemon Juice ········· ½oz Grenadine Syrup ········· ½oz	Blending (블렌딩)	A Wedge of Fresh Pineapple and Cherry

만드는 방법

첫째, 먼저 손을 깨끗이 씻고, Footed Pilsner Glass(필스너 글라스)를 준비한다.
둘째, Build를 하기 위한 Footed Pilsner Glass에 Cubed Ice(얼음)를 7~8개를 넣어준다.
셋째, Orange Juice, Pineapple Juice, Cranberry Juice, Grapefruit Juice, Lemon Juice, Grenadine Syrup 을 크러시 아이스 1스쿠퍼와 함께 Blender에 넣고 10초 정도 돌린다.
넷째, Footed Pilsner Glass에 있는 큐브드 아이스를 비우고 글라스에 따른다.
다섯째, A Wedge of Fresh Pineapple and Cherry(파인애플 웨지와 체리)로 장식한다.
여섯째, Coaster(받침) 위에 완성된 Cocktail을 제공한다.

유래

펀치는 최초로 정립된 칵테일 스타일로 알려져 있으며, 1632년 영국이 세운 동인도회사의 영향으로 인도에서 시작되었다. '다섯(Paunch)'을 뜻하는 힌디어에서 기원된 펀치는 스피릿(브랜디, 럼 또는 아락), 감귤 주스(레몬 또는 라임), 설탕, 물 그리고 스파이스 넛멕, 다섯가지 재료를 사용하며, 보통 대용량의 'Punch bowl'에 담아 제공한다. 영국 선원들에 의해 런던으로 펀치(아락 베이스)가 알려졌으며, 초창기에는 와인이나 브랜디 베이스였다가, 이후 선원들의 술인 '럼'으로 대체되면서 'Rum punch'가 대표적인 펀치가 되었다. 고전적인 펀치 레시피의 비율은 감귤류 주스(라임 주스 또는 레몬 주스) 1 : 설탕 시럽 2 : 스피릿(아락, 럼 또는 브랜디) 3 : 무알코올 음료(물, 과일주스, 차 등) 4 : 스파이스(넛멕, 시나몬, 장미워터 등)이다. 현대에는 펀치의 의미가 확장되어 각종 과일 주스와 설탕 시럽 등을 혼합한 음료들 역시 'Fruit punch'라고 불린다.

2 Whisky Base(5개)

Glass	레시피(Recipe)	방법	장식(Garnish)
Cocktail Glass	Bourbon Whisky ··· 1½oz Sweet Vermouth ··· ¾oz Angostura Bitter ··· 1dash	Stir	Red Cherry

만드는 방법

첫째, 먼저 손을 깨끗이 씻고, Cocktail Glass에 얼음(Cubed Ice)을 3~4개 넣어 Glass를 Chilling하여 준비한다.

둘째, Stir를 할 수 있는 Mixing Glass에 5~6개의 얼음(Cubed Ice)을 넣은 후, 모든 재료를 넣고 Bar Spoon을 이용해 2~3회 잘 저어준다.

셋째, Chilling을 해 둔 Cocktail Glass의 얼음을 제거하고, Mixing Glass에 준비 된 자료를 Strainer로 덮은 후 내용물만을 Cocktail Glass에 따른다.

넷째, Red Cherry로 장식한다.

다섯째, Coaster(받침) 위에 완성된 Cocktail을 제공한다.

유래

19세기 중반부터 세계인들이 즐겨 마셨던 칵테일로 『칵테일의 여왕』이라고도 부른다. 맨해튼이라는 이름은 제19대 미국대통령선거 때 윈스턴 처칠의 어머니가 맨해튼클럽에서 파티를 열었을 때 처음 선보인 칵테일이기 때문에 붙여졌다는 설과 메릴랜드 주의 바텐더가 상처 입은 무장경비원의 사기를 북돋아 주려고 만들었다고 하는 설 등 다수가 있다. 상기 칵테일은 Rob Roy와 유사한 칵테일이다.

Whisky Base

New York
뉴욕

Glass	레시피(Recipe)	방법	장식(Garnish)
Cocktail Glass	Bourbon Whisky ··· 1½oz Lime Juice ··· ½oz Grenadine Syrup ··· ½tsp Powdered Sugar ··· 1Tsp	Shake	Twist of Lemon Peel

만드는 방법

첫째, 먼저 손을 깨끗이 씻고, Cocktail Glass에 Cubed Ice(얼음)을 3~4개 넣어 Chilling하여 준비한다.

둘째, Shake 할 수 있는 Shaker에 5~6개의 Cubed Ice를 넣은 후, 위의 모든 재료를 넣고 10~15회 Shaking해 준다.

셋째, Chilling을 해 둔 Cocktail Glass의 얼음을 제거하고, Shaker의 뚜껑(Cap)을 연 후, 준비된 자료의 내용물만 Cocktail Glass에 따른다.

넷째, Lemon 껍질을 이용하여 비틀어 장식한다.

다섯째, Coaster(받침) 위에 완성된 Cocktail을 제공한다.

유 래

미국의 대도시 뉴욕의 이름을 그대로 붙인 칵테일이다. 뉴욕에 해가 떠오르는 모습을 연상하게 하는 화려한 색채와 자극적이지 않은 맛으로 전 세계인들로부터 사랑을 받고 있다. 베이스가 되는 위스키는 미국에서 생산된 아메리칸 또는 버번위스키를 사용한다.

Old Fashioned
올드패션드

Glass	레시피(Recipe)	방법	장식(Garnish)
Old Fashioned (Rock) Glass	Bourbon Whisky ······ 1½oz Cube Sugar ······ 1ea Angostura Bitter ······ 1dash Soda Water ······ ½oz	Build	A Slice of Orange and Cherry

만드는 방법

첫째, 먼저 손을 깨끗이 씻고, Old Fashioned Glass(Rock Glass)를 준비한다.

둘째, Build를 위한 Glass에 Cube Sugar, Angostura Bitter, Soda Water를 넣은 후 얼음(Cubed Ice)을 3~4개 넣는다. 다음 Bourbon Whisky를 1½oz 넣고, Bar Spoon을 이용하여 2~3회 잘 저어준다.

셋째, (설탕 + 비터 + 소다수) → 얼음 → 위스키 → 장식 순서의 유의한다.

넷째, Orange and Cherry를 Slice하여 장식한다.

다섯째, Coaster(받침) 위에 완성된 Cocktail을 제공한다.

유 래

미국 켄터키주 루이스빌레(Louisville, Kentucky)에 있는 펜데니스 클럽(Pendennis Club)의 바텐더가 펜데니스 클럽에 모인 경마 팬을 위해 만든 칵테일이라고 한다. 처음에는 버번위스키, 비터, 시럽, 물을 더해 만들었으며, 그 당시 유행했던 『토디(Toddy)』와 그 맛과 형태가 닮은 데에서 "고풍스러운"이라는 뜻의 올드패션드라 이름 지었다.

위스키를 베이스로 하여 남성적인 이미지가 강한 칵테일로, 처음 마셨을 때 아메리칸 위스키의 바닐라 향과 비터의 쓴맛을 느낄 수 있다. 시간이 지날수록 설탕이 용해되면서 다양한 맛을 즐길 수 있는 매력적인 칵테일이다.

Rusty Nail
러스트 네일

Glass	레시피(Recipe)	방법	장식(Garnish)
Old Fashioned (Rock) Glass	Scotch Whisky ·········· 1oz Drambuie ·········· ½oz	Build	없음

만드는 방법

첫째, 먼저 손을 깨끗이 씻고, Old Fashioned Glass(Rock Glass)를 준비한다.

둘째, Build를 하기 위한 Old Fashioned Glass에 얼음(Cubed Ice)을 3~4개를 넣은 후 다음 Scotch Whisky를 1oz 넣어준다.

셋째, 그 위에 드람브이를 띄운다. Bar Spoon을 이용하여 2~3회 잘 저어준다.

넷째, Garnish는 없고, Coaster(받침) 위에 완성된 Cocktail을 제공한다.

유 래

『녹슨 발톱』또는 『고풍스러운』이라는 의미를 지닌 칵테일이다. 위스키로 만든 리큐어 가운데 가장 역사가 깊은 드람브이(Drambuie)를 사용하는 것이 특징이다. 드람브이는 스카치위스키에 벌꿀과 허브를 첨가하여 단맛이 강한 혼성주이다.

※ Float of Drambuie

Whisky Base

Whisky Sour
위스키 사워

Glass	레시피(Recipe)		방법	장식(Garnish)
Sour Glass	Bourbon Whisky	1½oz	Shake/Build	A Slice of Lemon and Cherry
	Lemon Juice	½oz		
	Powdered Sugar	1Tsp		
	on Top with Soda Water	1oz		

만드는 방법

첫째, 먼저 손을 깨끗이 씻고, Sour Glass에 얼음(Cubed Ice)을 3~4개 넣어 Glass를 Chilling하여 준비한다.

둘째, Shake 하기 위한 Shaker에 5~6개의 Cubed Ice를 넣은 후, 위의 재료 중 Soda Water를 뺀 나머지 재료를 넣고 10~15회 Shaking해 준다.

셋째, Chilling를 해 둔 Sour Glass의 얼음을 제거하고, Shaker의 뚜껑(Cap)을 연 후 준비된 재료의 내용물만 Sour Glass에 따른다.

넷째, Sour Glass에 Soda Water를 1oz 넣고 Bar Spoon을 이용하여 2~3회 잘 저어준다.

다섯째, Lemon과 Cherry를 이용하여 장식한다.

여섯째, Coaster(받침) 위에 완성된 칵테일을 제공한다.

유래

1860년대 프랑스에서 브랜디에 레몬주스와 설탕을 넣어 마신 것이 시초로 알려진 칵테일, 1891년 미국에서 브랜디 대신에 버번위스키를 사용하면서 '위스키 사워'가 널리 알려지기 시작. 취향에 따라서 소량의 소다수를 첨가하면 레몬의 신맛이 보다 부드러워 진다.

사워는 신맛이 난다는 의미도 있지만, 일반적으로 베이스에 레몬주스와 당분을 첨가한 스타일을 말하며, 원칙적으로 사워는 증류주 즉 위스키, 브랜디, 진 등을 많이 사용하며, 브랜디를 베이스로 한 칵테일은 베이스 이름을 붙여서 브랜디 사워라고 한다. 새콤한 맛의 이 칵테일은 여성들이 많이 즐기지만, 남성도 "좀 과음 했나"라고 느꼈을 때, 마지막 입가심으로 한 잔 권하고 싶은 칵테일이다.

3 Brandy Base(2개)

Brandy Base

Side Car
사이드카

Glass	레시피(Recipe)	방법	장식(Garnish)
Cocktail Glass	Brandy ········· 1oz Triple Sec(Cointreau) ········· 1oz Lemon Juice ········· ¼oz	Shake	

만드는 방법

첫째, 먼저 손을 깨끗이 씻고, Cocktail Glass에 Cubed Ice(얼음)을 3~4개 넣어 Chilling하여 준비한다.

둘째, Shake 하기 위한 Shaker에 5~6개의 Cubed Ice를 넣은 후 위의 재료를 넣고 10~15회 Shaking해 준다.

셋째, Chilling을 해 둔 Cocktail Glass의 얼음을 제거하고, Shaker의 뚜껑(Cap)을 연 후, 준비된 자료의 내용물만 Cocktail Glass에 따른다.

넷째, Garnish는 없고, Coaster(받침) 위에 완성된 Cocktail을 제공한다.

유 래

※ Olympic과 유사 Triple sec=Cointreau ※ 브랜디 대신 Gin은 White Lady, Vodka는 Balalaica, Rum은 XYZ. 제1차 세계대전 중에 전쟁터에서 대활약을 했던 Side Car를 이름으로 한 칵테일. 프랑스의 군인이 만들었다는 설과 파리의 하리즈 뉴욕 바의 바텐더였던 하리 마켈혼이 고안했다고 하는 설이 있다.

Brandy Base

Brandy Alexander
브랜디 알렉산더

Glass	레시피(Recipe)	방법	장식(Garnish)
Cocktail Glass	Brandy ········· ¾oz Creme De Cacao(Brown) ········· ¾oz Light Milk ········· ¾oz	Shake	Nutmeg Powder

만드는 방법

첫째, 먼저 손을 깨끗이 씻고, Cocktail Glass에 Cubed Ice(얼음)을 3~4개 넣어 Chilling하여 준비한다.

둘째, Shake 하기 위한 Shaker에 5~6개의 Cubed Ice를 넣은 후 위의 재료를 넣고 10~15회 Shaking해 준다.

셋째, Chilling을 해 둔 Cocktail Glass의 얼음을 제거하고, Shaker의 뚜껑(Cap)을 연 후, 준비된 자료의 내용물만 Cocktail Glass에 따른다.

넷째, Nutmeg Powder를 뿌려준다.

다섯째, Coaster(받침) 위에 완성된 Cocktail을 제공한다.

유래

19세기 중반 영국의 국왕 에드워드 7세와 왕비 알렉산더의 결혼을 기념하기 위해 만든 칵테일이다. 처음에는 알렉산드라라고 하는 여성의 이름이 붙었으나 시간이 지나자 지금의 이름으로 변했다고 한다. 크림 맛이 부드럽게 입에 닿는 여성 취향의 칵테일이다. 식후 칵테일로서는 최적이라고 할 수 있다.

Gin Base

Dry martini
드라이 마티니

Glass	레시피(Recipe)	방법	장식(Garnish)
Cocktail Glass	Dry Gin ········ 2oz Dry Vermouth ········ ⅓oz	Stir	Green Olive

만드는 방법

첫째, 먼저 손을 깨끗이 씻고, Cocktail Glass에 얼음(Cubed Ice)을 3~4개 넣어 Glass를 Chilling한다.

둘째, Stir를 하기 위한 Mixing Glass에 5~6개의 얼음(Cubed Ice)을 넣은 후 재료를 넣고 Bar Spoon을 이용해 2~3회 잘 저어준다.

셋째, Chilling을 해 둔 Cocktail Glass의 얼음을 제거하고, Mixing Glass에 준비 된 자료를 Strainer로 덮은 후 내용물만을 Cocktail Glass에 따른다.

넷째, Green Olive로 장식한다.

다섯째, Coaster(받침) 위에 완성된 Cocktail을 제공한다.

유래

마티니를 변화시킨 칵테일 중의 하나이다. 어니스트 헤밍웨이가 애음했다는 칵테일로 유명한데, 그의 작품에 때때로 등장한다. 쓴맛이 강해 식전에 먹으면 좋은 칵테일이다. 베이스인 Dry Gin을 위스키로 바꾸면 위스키 마티니가 되고, 테킬라로 바꾸면 테킬라 마티니가 된다.

Negroni
니그로니

Glass	레시피(Recipe)	방법	장식(Garnish)
Old Fashioned Glass	Dry Gin ······ ¾oz Sweet Vermouth ······ ¾oz Campari ······ ¾oz	Build	Twist of lemon peel

만드는 방법

첫째, 먼저 손을 깨끗이 씻고, Old Fashioned Glass(Rock Glass)에 Cubed Ice를 3~4개 넣어 준비한다.
둘째, 준비된 Old Fashioned Glass에 재료를 넣고, Bar Spoon을 이용하여 가볍게 2~3회 잘 저어준다.
셋째, 레몬껍질을 이용하여 장식한다.
넷째, Coaster(받침) 위에 완성된 Cocktail을 제공한다.

유 래

니그로니라는 것은 이탈리아의 카미로 니그로니 백작을 말한다. 니그로니 백작이 즐겨 마셨던 식전 주라고 알려져 있다. 피렌체에 있는 유명한 레스토랑 카소니의 바텐더가 1962년 백작의 허락으로 니그로니라는 이름으로 판매하기 시작했다.
The Negroni cocktail is made of one part gin, one part vermouth rosso (red, semi-sweet), and one part bitters, traditionally Campari. It is considered an apéritif.

Gin Base

Singapore Sling
싱가포르슬링

Glass	레시피(Recipe)	방법	장식(Garnish)
Footed Pilsner Glass	Dry Gin ······ 1½oz Lemon Juice ······ ½oz Powder Sugar ······ 1tsp Fill with Club Soda On Top with Cherry Flavored Brandy ······ ½oz	Shake/Build	A Slice of Orange and Cherry

만드는 방법

첫째, 먼저 손을 깨끗이 씻고, Footed Pilsner Glass에 Cubed Ice(얼음)을 3~4개 넣어 Chilling하여 준비한다.

둘째, Shake를 하기 위한 Shaker에 5~6개의 Cubed Ice를 넣은 후, 소다수(Club Soda)와 cherry brandy를 제외한 위의 재료를 넣고 10~15회 Shaking해 준다.

셋째, Chilling을 해 둔 Footed Pilsner Glass의 얼음을 제거하지 않고, Shaker의 뚜껑(Cap)을 연 후, 준비된 자료의 내용물만 Footed Pilsner Glass에 따른다.

넷째, Footed Pilsner Glass에 소다수를 8부까지 채워 Bar Spoon을 이용하여 가볍게 2~3회 잘 저어준다.

다섯째, Bar Spoon을 이용해 cherry brandy를 Floating하여 글라데이션이 만들어지게 한다(시험에서는 Floating을 하지 않음).

여섯째, Orange Slice와 Cherry로 Slice하여 장식한다.

일곱째, Coaster(받침) 위에 완성된 Cocktail을 제공한다.

유 래

영국의 소설가 서머싯 몸이 『동양의 신비』라고 극찬했던 칵테일이다. 싱가포르 래플스(Raffles)호텔에서 고안하였는데, 저녁노을을 표현하였다고 한다. 연한 주홍빛이 나는 아름다운 색 배합과 새콤달콤한 맛으로 인해 여성에게 인기가 높다. 특유의 화려한 과일장식을 보면서 마시는 것도 즐겁다. 설탕시럽 외에 그레다닌 시럽 ⅓oz 사용해도 된다. "실링"은 독일어 슐링겐으로 "삼기다" 어원임.

Gin Base

Long Island Iced Tea
롱아일랜드 아이스티

Glass	레시피(Recipe)	방법	장식(Garnish)
Collins Glass	Dry Gin ········· ½oz Vodka ········· ½oz Light Rum ········· ½oz Tequila ········· ½oz Triple Sec ········· ½oz Sweet & Sour Mix ········· 1½oz On Top with Cola	Build	A Wedge of Lemon or Lime

만드는 방법

첫째, 먼저 손을 깨끗이 씻고, Collins Glass에 Cubed Ice(얼음)을 3~4개 넣어 준비한다.
둘째, Build를 하기 위한 Collins Glass에 위의 재료 중 Cola를 뺀 나머지 재료를 넣는다.
셋째, Collins Glass의 8부까지 Cola로 채운 후, Bar Spoon을 이용하여 가볍게 2~3회 잘 저어준다.
넷째, Lemon or Lime으로 장식한다.
다섯째, Coaster(받침) 위에 완성된 칵테일을 제공한다.

유래

1980년대 초 미국 서해안에서 탄생했다는 설과 미국 뉴욕 주 남동부의 섬, 롱 아일랜드에 있는 '오크 비치 인'의 바텐더 로버트 버트에 의해 창작된 칵테일이라는 설이 있다. 홍차류를 사용하지 않고 홍차의 맛과 색을 표현한 '마법의 칵테일'로 불리는 이 칵테일은 스피릿(Spirits)을 많이 사용하지만 마실 때 부드러움 뒤에 강한 알코올 도수가 숨어 있어 일명 '칵테일의 폭탄주'라 불리기도 한다.
애주가라면 한 번쯤은 맛보았을 칵테일이다. 롱 아일랜드 아이스티의 레시피는 세계적으로 표준화되어 있지만, 현재는 변화를 주어 다양한 칵테일이 만들어지고 있다. 5가지 술이 들어가지만 일부에서는 테킬라의 강한 알코올 향 때문에 넣지 않는 경우도 있다. 정확한 레시피보다는 본인의 취향에 맞게 조절하여 만들어 보는 것도 좋다.

Gin Base

Gin Fizz

진 피즈

Glass	레시피(Recipe)	방법	장식(Garnish)
Highball Glass	Gin ········· 1½oz Lemon Juice ········· ½oz Powdered Sugar ········· 1tsp(1/6oz) Fill with Club Soda	Shake/Build	A Slice of Lemon

만드는 방법

첫째, 먼저 손을 깨끗이 씻고, Highball Glass를 준비한다.

둘째, Highball Glass에 Cubed Ice(얼음)를 7~8개를 넣고, 글라스를 Chilling(차갑게) 한다.

셋째, Shaker에 Cubed Ice(얼음) 6~7개 채운 후 소다수를 제외한 Gin, Lemon Juice, Powdered Sugar를 넣고 10~15회 Shaking 해 준다.

넷째, Chilling을 해 둔 Highball Glass의 얼음을 제거하지 않고, Shaker의 뚜껑(Cap)을 연 후, 준비된 재료의 내용물만 Highball Glass에 따른다.

다섯째, Highball Glass에 소다수를 8부(80%)까지 채워 Bar Spoon을 이용하여 가볍게 잘 저어준다.

여섯째, A Slice of Lemon(레몬 슬라이스)로 장식한다.

일곱째, Coaster(받침) 위에 완성된 Cocktail을 제공한다.

유 래

피즈라는 이름은 탄산음료를 개봉할 때, 또는 따를 때 피 - 하는 소리가 난 데서 붙여진 이름이다. 진, 리큐어 등을 베이스로 설탕, 진 또는 레몬주스, 소다수 등을 넣고 과일로 장식한다. Gin Fizz, Sloe Gin Fizz, Cacao Fizz 등이 여기에 속한다.

Vodka Base

Black Russian
블랙러시안

Glass	레시피(Recipe)	방법	장식(Garnish)
Old Fashioned Glass	Vodka ························ 1oz Coffee Liqueur ··················· ½oz	Build	

만드는 방법

첫째, 먼저 손을 깨끗이 씻고, Old Fashioned Glass(Rock Glass)를 준비한다.

둘째, Build를 하기 위해 준비된 Old Fashioned Glass에 Cubed Ice(얼음)을 3~4개 넣는다.

셋째, Old Fashioned Glass에 재료를 넣고, Bar Spoon을 이용하여 가볍게 2~3회 잘 저어준다.

넷째, Garnish는 없고, Coaster(받침) 위에 완성된 Cocktail을 제공한다.

유 래

"블랙 러시안"이라는 이름은 러시아를 대표하는 보드카를 사용한다는 것과 색이 검정인 것에서 유래하였다. 커피 리큐어의 단맛이 특징으로 알코올 도수가 높은데도 마시기가 좋다.

※ 보드카 대신 브랜디를 사용하면 『Dirty Mother』, 데킬라를 사용하면 『Brave Bull』, 레몬주스를 첨가하면 『Black Magic』이라는 칵테일이 된다.

Moscow Mule
모스코뮬

Glass	레시피(Recipe)	방법	장식(Garnish)
Highball Glass	Vodka ········· 1½oz Lime Juice ········· ½oz Fill with Ginger Ale	Build	A Slice of Lime or Lemon

만드는 방법

첫째, 먼저 손을 깨끗이 씻고, Highball Glass를 준비한다.

둘째, Build를 하기 위한 Highball Glass에 Cubed Ice(얼음)을 3~4개 넣는다.

셋째, Highball Glass에 Vodka, Lime Juice 재료를 넣고, Glass의 8부까지 Ginger Ale를 부은 다음, Bar Spoon을 이용하여 가볍게 2~3회 잘 저어준다.

넷째, Lemon이나 Lime을 Slice하여 장식한다.

다섯째, Coaster(받침) 위에 완성된 Cocktail을 제공한다.

유 래

모스크바 뮬은 『모스크바의 노새』라는 의미. 또한 뮬에는 『킥이 강한 음료』 즉 『노새의 뒷발에 차였을 때와 같은 느낌의 술』이라는 의미. 진저 향과 탄산이 목을 상쾌하게 자극하는 맛으로 인기가 높다. 1940년경 미국 할리우드에 있는 코큰 볼이라는 레스토랑 사장인 잭 모건씨가 고안해 낸 칵테일

Vodka Base

Cosmopolitan Cocktail
코즈모폴리턴 칵테일

Glass	레시피(Recipe)	방법	장식(Garnish)
Cocktail Glass	Vodka ······ 1oz Triple Sec ······ ½oz Lime Juice ······ ½oz Cranberry Juice ······ ½oz	Shake	Twist of Lime or Lemon peel

만드는 방법

첫째, 먼저 손을 깨끗이 씻고, Cocktail Glass에 Cubed Ice(얼음)을 3~4개 넣어 Chilling하여 준비한다.

둘째, Shake 하기 위한 Shaker에 5~6개의 Cubed Ice를 넣은 후 위의 재료를 넣고 10~15회 Shaking해 준다.

셋째, Chilling을 해 둔 Cocktail Glass의 얼음을 제거하고, Shaker의 뚜껑(Cap)을 연 후, 준비된 자료의 내용물만 Cocktail Glass에 따른다.

넷째, Lime이나 Lemon 껍질을 이용하여 장식한다.

다섯째, Coaster(받침) 위에 완성된 Cocktail을 제공한다.

유 래

코즈모폴리턴은 도회적이면서 세련된 맛의 칵테일로 각각의 재료가 서로 잘 어울림으로써, 요즘 들어 유행하는 모던 스타일의 칵테일이다.

A cosmopolitan, or informally a cosmo, is a cocktail made with vodka, triple sec, cranberry juice, and freshly squeezed lime juice or sweetened lime juice.

Vodka Base

Seabreeze
시브리즈

Glass	레시피(Recipe)	방법	장식(Garnish)
Highball Glass	Vodka ··· 1½oz Cranberry Juice ··· 3oz Grapefruit Juice ··· ½oz	Build	A Wedge of Lime or Lemon

만드는 방법

첫째, 먼저 손을 깨끗이 씻고, Highball Glass를 준비한다.
둘째, Build를 하기 위한 Highball Glass에 Cubed Ice(얼음)을 3~4개 넣는다.
셋째, Highball Glass에 모든 재료를 넣고, Bar Spoon을 이용하여 가볍게 2~3회 잘 저어준다.
넷째, A Wedge of Lime or Lemon으로 장식한다.
다섯째, Coaster(받침) 위에 완성된 Cocktail을 제공한다.

유 래

바닷바람, 해풍이라는 뜻으로 1920년대 후반에 만들어진 칵테일이다. 시브리즈는 1994년에 제작된 로맨틱 영화 『프렌치 키스(French Kiss)』에서 주인공 멕 라이언(Meg Ryan)이 프랑스 칸느 해변을 거닐며 마신 칵테일이기도 하다.

Vodka Base

Apple Martini
애플 마티니

Glass	레시피(Recipe)	방법	장식(Garnish)
Cocktail Glass	Vodka ······ 1oz Apple Pucker ······ 1oz Lime Juice ······ ½oz	Shake	A Slice of Apple

만드는 방법

첫째, 먼저 손을 깨끗이 씻고, Cocktail Glass에 Cubed Ice(얼음)을 3~4개 넣어 Chilling하여 준비한다.

둘째, Shake 하기 위한 Shaker에 5~6개의 Cubed Ice(얼음)을 넣은 후 위의 모든 재료를 넣고 10~15회 Shaking해 준다.

셋째, Chilling을 해 둔 Cocktail Glass의 얼음을 제거하고, Shaker의 뚜껑(Cap)을 연 후, 준비된 자료의 내용물만 Cocktail Glass에 따른다.

넷째, Apple을 Slice하여 장식한다.

다섯째, Coaster(받침) 위에 완성된 Cocktail을 제공한다.

유래

인기 미국 드라마인 섹스 앤 더 시티(Sex and the City)에 자주 등장을 해서 전 세계적으로 유명해졌다.

Rum Base

Daiquiri
다이키리

Glass	레시피(Recipe)		방법	장식(Garnish)
Cocktail Glass	Light Rum	1¾oz	Shake	
	Lime Juice	¾oz		
	Powdered Sugar	1tsp		

만드는 방법

첫째, 먼저 손을 깨끗이 씻고, 칵테일글라스에 Cubed Ice(얼음)을 3~4개 넣어 잔을 Chilling한다.

둘째, Shake 하기 위한 Shaker에 Cubed Ice 4~5개를 넣은 후 위의 모든 재료를 차례대로 넣고 10~15회 Shaking해 준다.

셋째, Chilling을 해 둔 Cocktail Glass의 얼음을 제거하고, Shaker의 뚜껑(Cap)을 연 후, 준비된 자료의 내용물만 Cocktail Glass에 따른다.

넷째, Garnish는 없고, Coaster(받침) 위에 완성된 Cocktail을 제공한다.

유 래

다이키리는 쿠바의 도시 산차고 교외에 있는 광산의 이름이다. 1896년경 폭염 속에서 땀을 흘리던 이 광산 기술자들 속에서 생겨났다고 하는데 다른 의견도 많다. 다이키리라는 이름은 나중에 미국 기술원조단의 일원으로 이 광산에서 기사로 일하고 있던 제닝스 콕스에 의해 붙여졌다. 럼 베이스의 대표적인 칵테일

Rum Base

Bacardi Cocktail

바카디 칵테일

Glass	레시피(Recipe)	방법	장식(Garnish)
Cocktail Glass	Bacardi Rum White ······ 1¾oz Lime Juice ······ ¾oz Grenadine Syrup ······ 1tsp	Shake	

만드는 방법

첫째, 먼저 손을 깨끗이 씻고, 칵테일글라스에 Cubed Ice(얼음)을 3~4개 넣어 잔을 Chilling한다.

둘째, Shake 하기 위한 Shaker에 Cubed Ice 4~5개를 넣은 후 위의 모든 재료를 차례대로 넣고 10~15회 Shaking해 준다.

셋째, Chilling을 해 둔 Cocktail Glass의 얼음을 제거하고, Shaker의 뚜껑(Cap)을 연 후, 준비된 자료의 내용물만 Cocktail Glass에 따른다.

넷째, Garnish는 없고, Coaster(받침) 위에 완성된 Cocktail을 제공한다.

유 래

1933년 미국의 금주법 폐지를 계기로 당시 쿠바에 있던 바카디사가 자사 럼의 판매촉진용으로 다이키리를 개량한 칵테일이다.

White Rum 대신 Gin을 사용하면 『Bacardi Special』이란 칵테일이 된다.

Cuba Libre
쿠바 리브레

Glass	레시피(Recipe)	방법	장식(Garnish)
Highball Glass	Light Rum ······ 1½oz Lime Juice ······ ½oz Fill with Cola	Build	A Wedge of Lemon

만드는 방법

첫째, 먼저 손을 깨끗이 씻고, Highball Glass를 준비한다.

둘째, Build를 하기 위한 Highball Glass에 Cubed Ice(얼음)을 3~4개 넣는다.

셋째, Highball Glass에 모든 재료를 넣고, Bar Spoon을 이용하여 가볍게 2~3회 잘 저어준다.

넷째, A Wedge of Lemon으로 장식한다.

다섯째, Coaster(받침) 위에 완성된 Cocktail을 제공한다.

유 래

1902년, 스페인의 식민지였던 쿠바의 독립운동 당시에 생겨난 『Viva Cuba Libre(자유 쿠바 만세)』라는 표어에서 유래된 이름이다.

Rum Base
Mai-Tai
마이타이

Glass	레시피(Recipe)	방법	장식(Garnish)
Footed Pilsner Glass	Light Rum ······ 1¼oz Triple Sec ······ ¾oz Pineapple Juice ······ 1oz Lime Juice ······ 1oz Orange Juice ······ 1oz Grenadine Syrup ······ ¼oz	Blend	A Wedge of fresh Pineapple (Orange) & Cherry

만드는 방법

첫째, 먼저 손을 깨끗이 씻고, Footed Pilsner Glass에 Cubed Ice(얼음)을 3~4개 넣어 Chilling 하여 준비한다.

둘째, 혼합하는 기법으로 Blender(믹서)에 위의 재료를 넣고, Ice Crusher 된 얼음을 Blender(믹서)에 넣은 후 15~20초 Blending해 준다.

셋째, Chilling을 해 둔 Footed Pilsner Glass의 얼음을 제거하고, 믹서의 뚜껑(Cap)을 연 후, 준비된 재료의 내용물을 Footed Pilsner Glass에 따른다.

넷째, Pineapple과 Cherry를 이용하여 장식한다.

다섯째, Coaster(받침) 위에 완성된 칵테일을 제공한다.

유래

마이타이란 타이어로 『최고』라는 의미이다. 오클랜드에 있는 폴리네시안 레스토랑인 『토레다 빅스』의 사장인 빅터 J. 바지로가 고안한 트로피칼 칵테일이다. 전 세계적으로 사랑받고 있는 문자 그대로 『최고』인 트로피컬 칵테일이다.

Rum Base
Pina Colada
피나 콜라다

Glass	레시피(Recipe)	방법	장식(Garnish)
Footed Pilsner Glass	Light Rum ··· 1¼oz Pina Colada Mix ··· 2oz Pineapple Juice ··· 2oz	Blend	A Wedge of fresh Pineapple & Cherry

만드는 방법

첫째, 먼저 손을 깨끗이 씻고, Footed Pilsner Glass에 Cubed Ice(얼음)을 3~4개 넣어 Chilling 하여 준비한다.

둘째, 혼합하는 기법으로 Blender(믹서)에 위의 재료를 넣고, Ice Crusher 된 얼음을 Blender(믹서)에 넣은 후 15~20초 Blending해 준다.

셋째, Chilling을 해 둔 Footed Pilsner Glass의 얼음을 제거하고, 믹서의 뚜껑(Cap)을 연 후, 준비된 재료의 내용물을 Footed Pilsner Glass에 따른다.

넷째, Pineapple과 Cherry를 이용하여 장식한다.

다섯째, Coaster(받침) 위에 완성된 칵테일을 제공한다.

유래

1970년 카리브 해에 있는 푸에르토리코에서 탄생한 칵테일로 플로리다의 마이애미에서 뉴욕에 이르기까지 크게 유행하였으며, 현재는 트로피컬 칵테일의 표준이 되고 있다.

Rum Base

Blue Hawaiian
블루하와이안

Glass	레시피(Recipe)	방법	장식(Garnish)
Footed Pilsner Glass	Light Rum ······ 1oz Blue Curacao ······ 1oz Coconut Flavored Rum ······ 1oz Pineapple Juice ······ 2½oz	Blend	A Wedge of fresh Pineapple & Cherry

만드는 방법

첫째, 먼저 손을 깨끗이 씻고, Footed Pilsner Glass에 Cubed Ice(얼음)을 3~4개 넣어 Chilling 하여 준비한다.

둘째, 혼합하는 기법으로 Blender(믹서)에 위의 재료를 넣고, Ice Crusher 된 얼음을 Blender(믹서)에 넣은 후 15~20초 Blending해 준다.

셋째, Chilling을 해 둔 Footed Pilsner Glass의 얼음을 제거하고, Blender(믹서)의 뚜껑(Cap)을 연 후, 준비된 재료의 내용물을 Footed Pilsner Glass에 따른다.

넷째, Pineapple과 Cherry를 이용하여 장식한다.

다섯째, Coaster(받침) 위에 완성된 칵테일을 제공한다.

유래

수많은 트로피컬 칵테일 중에서도 상쾌한 마린블루 색으로 인해 더욱 돋보이는 칵테일. 사계절이 여름인 하와이 섬의 아름다운 모습을 연상시킨다. 색의 비밀은 블루 퀴라소에 있다. 베네수엘라 북쪽에 있는 퀴라소 섬의 오렌지를 사용해 만든 리큐어를 퀴라소라고 부른다. 화이트 럼과 블루 퀴라소가 하와이의 시원하게 트인 하늘과 푸른 바다를 생생하게 재현하고 있다. 파인애플 주스와 레몬주스가 새콤달콤하며 상쾌한 맛을 연출하고 있다.

Tequila Base

Tequila Sunrise
테킬라 선라이즈

Glass	레시피(Recipe)	방법	장식(Garnish)
Footed Pilsner Glass	Tequila ··· 1½oz Fill with Orange Juice Grenadine Syrup ··· ½oz	Build/Float	

만드는 방법

첫째, 먼저 손을 깨끗이 씻고, Footed Pilsner Glass에 Cubed Ice를 3~4개 넣어준다.

둘째, Footed Pilsner Glass에 Tequila를 1½oz 넣은 후, Orange Juice를 Glass의 8부까지 채워준 다음, Bar Spoon을 이용하여 가볍게 2~3회 잘 저어준다.

셋째, Grenadine Syrup 1/2oz를 Bar Spoon을 이용하여 Floating해 준다.

넷째, Garnish는 없고, Coaster(받침) 위에 완성된 칵테일을 제공한다.

유 래

테킬라의 고향인 멕시코의 『일출』을 형상화해서 만든 롱 드링크 칵테일이다. 비슷한 칵테일로 쇼트 드링크인 선라이즈가 있다. 오렌지 주스와 그레나딘 시럽이 만들어 내는 색이 인상적인 일출을 표현하고 있다. 붉은 색에서 오렌지색으로 그러데이션 되는 비밀은 그레나딘 시럽에 있다. 테킬라와 오렌지 주스 사이에 천천히 그레나딘 시럽을 부으면 질량이 큰 시럽이 아래쪽에 쌓이면서 절묘한 색 배합을 만들어 내게 된다.

Tequila Base

Margarita
마가리타

Glass	레시피(Recipe)	방법	장식(Garnish)
Cocktail Glass	Tequila ······ 1½oz Triple Sec(Cointreau) ······ ½oz Lemon Juice ······ ½oz	Shake	Rimming of Salt

만드는 방법

첫째, 먼저 손을 깨끗이 씻고, 칵테일글라스에 Lemon을 이용하여 Rimming하여 준비해 둔다(Chilling을 하지 않음).

둘째, Shake 하기 위한 Shaker에 Cubed Ice 4~5개를 넣은 후 위의 모든 재료를 차례대로 넣고 10~15회 Shaking해 준다.

셋째, Shaker의 뚜껑(Cap)을 연 후, 준비된 자료의 내용물만 Cocktail Glass에 따른다.

넷째, Garnish는 없고, Coaster(받침) 위에 완성된 Cocktail을 제공한다.

유 래

1949년에 개최된 전미 칵테일 콘테스트 입선작으로 존 듀레서씨가 고안한 칵테일이다. 불행하게 죽은 그의 연인 『마르가리타』의 이름을 붙여 출품하였다고 한다. Cointreau를 Blue Curacao로 변화시키면 블루 마르가리타란 칵테일이 된다.

8 Liqueur Base(6개)

Liqueur Base

Pousse Cafe
푸즈카페

Glass	레시피(Recipe)	방법	장식(Garnish)
Stemed Liqueur Glass	Grenadine Syrup ········ ⅓part Cream de Menthe(Green) ········ ⅓part Brandy ········ ⅓part	Float	

만드는 방법

첫째, 먼저 손을 깨끗이 씻고, Stemed Liqueur Glass를 준비한다.

둘째, Bar Spoon의 뒷면을 이용하여 위의 재료를 차례대로 조심스럽게 쌓는다.

※ 띄우기(Float) 기법은 재료가 가진 비중의 차이를 이용하여 쌓는다. 또한 한 가지 재료를 따른 후 Bar Spoon과 Jigger에 남아 있는 재료를 깨끗이 닦아내고, 다음 재료를 사용한다.

유 래

정찬 때 커피와 함께 또는 그 뒤에 나오는, 작은 잔에 비중이 서로 다른 리큐르를 쌓아올린 술로써 "Coffe Pusher"라는 뜻.

술의 비중을 이용하여 시럽, 리큐르, 증류주 등을 Pousse Cafe Glass에 층층이 쌓아서 만드는 것을 말하며, 비중이 무거운 리큐르 종류를 아래쪽으로 가벼운 증류주를 위쪽으로 쌓는다. 입에 한 번 넣어 입안에서 섞어 마시는 칵테일이다.

Liqueur Base

Grasshopper
그래스호퍼

Glass	레시피(Recipe)	방법	장식(Garnish)
Champagne Glass(Saucer형)	Creme de Menthe(Green) ··· 1oz Creme de Cacao(White) ··· 1oz Light Milk ··· 1oz	Shake	

만드는 방법

첫째, 먼저 손을 깨끗이 씻고, Champagne Glass(Saucer형)에 Cubed Ice(얼음)을 3~4개 넣어 잔을 Chilling한다.

둘째, Shake 하기 위한 Shaker에 Cubed Ice 4~5개를 넣은 후 위의 모든 재료를 차례대로 넣고 10~15회 Shaking해 준다.

셋째, Chilling을 해 둔 Champagne Glass(Saucer형)의 얼음을 제거하고, Shaker의 뚜껑(Cap)을 연 후, 준비된 자료의 내용물만 Champagne Glass (Saucer형)에 따른다.

넷째, Garnish는 없고, Coaster(받침) 위에 완성된 Cocktail을 제공한다.

유 래

Grasshopper란 『메뚜기』 혹은 『여치』를 말한다. 완성된 색이 연한 초록빛을 띠기 때문에 그 색으로부터 유래된 이름이다. Creme de Menthe의 상큼한 향기와 Creme de Cacao(White)의 달콤한 맛에 생크림을 가미하여 만드는 이 칵테일은 디저트 대용으로 즐겨도 좋다. 여성들이 특히 좋아하는 칵테일인데, Creme de Menthe(G)의 양을 늘리거나 브랜디를 조금 가미하면 남성들의 식후주로도 충분히 즐길 수 있다.

※ Creme de Cacao(W)를 Floating하면 『Cucumber Cocktail』이 된다.

Liqueur Base

Apricot Cocktail
애프리코트 칵테일

Glass	레시피(Recipe)	방법	장식(Garnish)
Cocktail Glass	Apricot Flavored Brandy ······ 1½oz Dry Gin ······ 1tsp Lemon Juice ······ ½oz Orange Juice ······ ½oz	Shake	

만드는 방법

첫째, 먼저 손을 깨끗이 씻고, 칵테일글라스에 Cubed Ice(얼음)을 2~3개 넣어 잔을 Chilling한다.

둘째, Shake 하기 위한 Shaker에 Cubed Ice 3~4개를 넣은 후 위의 모든 재료를 차례대로 넣고 10~15회 Shaking해 준다.

셋째, Chilling을 해 둔 Cocktail Glass의 얼음을 제거하고, Shaker의 뚜껑(Cap)을 연 후, 준비된 자료의 내용물만 Cocktail Glass에 따른다.

넷째, Garnish는 없고, Coaster(받침) 위에 완성된 Cocktail을 제공한다.

유 래

향기가 강한 리큐어인 Apricot Brandy를 Base로 신선한 주스를 풍부하게 사용한 칵테일이다. 살구, 오렌지, 레몬의 맛이 섞여 있어서 마시기가 편하고 상큼한 맛이 살아있는 쇼트 스타일의 칵테일이다. Dry Gin 한 스푼이 전체의 조화를 이루는 역할을 하고 있다. 단맛과 신맛이 균형을 이루고 있어서 누구나 부담감 없이 쉽게 즐길 수 있다. 맛, 향기, 색의 삼박자를 고루 갖춘 칵테일이다.

Liqueur Base

Honeymoon Cocktail
허니문 칵테일

Glass	레시피(Recipe)		방법	장식(Garnish)
Cocktail Class	Apple Brandy	¾oz	Shake	
	Benedictine DOM	¾oz		
	Triple Sec	¼oz		
	Lemon Juice	½oz		

만드는 방법

첫째, 먼저 손을 깨끗이 씻고, 칵테일글라스에 Cubed Ice(얼음)을 3~4개 넣어 잔을 Chilling한다.

둘째, Shake 하기 위한 Shaker에 Cubed Ice 4~5개를 넣은 후 위의 모든 재료를 차례대로 넣고 10~15회 Shaking해 준다.

셋째, Chilling을 해 둔 Cocktail Glass의 얼음을 제거하고, Shaker의 뚜껑(Cap)을 연 후, 준비된 자료의 내용물만 Cocktail Glass에 따른다.

넷째, Garnish는 없고, Coaster(받침) 위에 완성된 Cocktail을 제공한다.

유 래

『신혼여행』이라는 이름이 붙은 칵테일이다. 별명이 Farmer's Daughter, 즉 농부의 딸이라는 것이 재미있다. 브랜디 자체의 달콤한 향이 전해져 신혼의 달콤한 무드에 가장 잘 맞는다고 한다. 이것과 닮은 칵테일에 Farmer's Wine(별명 스타 칵테일)이 있다.

Liqueur Base

B-52
비-52

Glass	레시피(Recipe)		방법	장식(Garnish)
Sherry Class (2oz)	Coffee Liqueur	⅓part	Float	
	Bailey's Irish Cream Liqueur	⅓part		
	Grand marnier	⅓part		

만드는 방법

첫째, 먼저 손을 깨끗이 씻고, 2oz의 Sherry Glass를 준비한다.

둘째, Coffee Liqueur 1/3 part를 조심스럽게 따른다.

셋째, Bar Spoon의 뒷면을 이용하여 Bailey's Irish Cream Liqueur ⅓part를 조심스럽게 쌓는다.

넷째, Bar Spoon과 Jigger를 깨끗이 씻고, Bar Spoon의 뒷면을 이용하여 Grand marnier ⅓part를 조심스럽게 쌓는다.

* 띄우기(Float) 기법은 재료가 가진 비중의 차이를 이용하여 쌓는다. 또한 한 가지 재료를 따른 후 Bar Spoon과 Jigger에 남아 있는 재료를 깨끗이 닦아내고, 다음 재료를 사용한다.

유래

원래 B-52는 베트남 전쟁은 물론 1991년 사막의 폭풍 작전에 투입되어 이라크 군을 무력화시키는데 중요한 역할을 수행하였던 미국의 전략폭격기 이름이다. 이 칵테일은 비피(Bifi)라는 애칭으로도 불리는데, 맛이 좋기로 유명한 3가지 리큐어(Liqueur)인 칼루아(Kahlua), 베일리스(Bailey's), 그랑 마니에(Grand Marnier)를 사용해서 여성들도 좋아하는 칵테일이지만 도수가 26도나 되기 때문에 맛있다고 몇 잔 연속해서 먹다가는 순식간에 취할 수 있으므로 조심해야 한다. Bar에서 생일을 맞은 손님에게 서비스로 많이 내는 칵테일이다. 이 칵테일은 맨 위에 바카디 151(75.5도)과 같은 도수가 높은 술을 올려 불을 붙여서 제공하는 경우(Flaming B-52)가 많은데, 이 때 반드시 손님에게 물어 보고 불을 붙여야 한다. 그랑 마니에는 맛이 좋고 아주 고급스러운 리큐어이다. 이런 고급술에 함부로 불을 붙이는 것은 잘 익은 스테이크에 불을 붙이는 것과 같기 때문에 무조건 불을 붙이는 것은 지양해야 한다. 불을 붙인 상태에서는 빨대를 끝까지 꽂아 순식간에 빨아 마시거나, 글라스 받침인 코스터(Coaster) 등을 B-52 글라스 위에 올려 불을 끈 후 마시면 된다. 불을 오래 붙여 두면 뜨거우니 마실 때 조심해야 한다. 술에 취해 입을 데는 경우가 종종 있다. 그랑 마니에 대신 손님이 원하는 술을 직접 고르게 해서 올려 드릴 수도 있는데 이 경우 다른 술을 올리게 되면 칵테일 이름이 바뀌게 된다.

Liqueur Base
June Bug
준 벅

Glass	레시피(Recipe)	방법	장식(Garnish)
Collins Glass	Midori(Melon Liqueur) ········ 1oz Coconut Flavored Rum ········ ½oz Banana Liqueur ········ ½oz Pineapple Juice ········ 2oz Sweet & Sour mix ········ 2oz	Shake	A Wedge of fresh Pineapple & Cherry

만드는 방법

첫째, 먼저 손을 깨끗이 씻고, Collins Glass에 Cubed Ice(얼음)을 3~4개 넣어 Chilling하여 준비한다.

둘째, Shake 하기 위한 Shaker에 5~6개의 Cubed Ice(얼음)을 넣은 후, 위의 모든 재료를 넣고 10~15회 Shaking해 준다.

셋째, Chilling을 해 둔 Collins Glass의 얼음을 제거하지 않고, Shaker의 뚜껑(Cap)을 연 후, 준비된 자료의 내용물만 Collins Glass에 따른다.

넷째, A Wedge of fresh Pineapple & Cherry로 장식한다.

다섯째, Coaster(받침) 위에 완성된 Cocktail을 제공한다.

유래

준 벅(June Bug)이란 『6월의 벌레』라는 의미로, 초록의 싱그러운 색깔이 그야말로 여름벌레를 연상시킨다. 벌들이 향기에 매료되어 꽃을 찾아다니듯, 여름날 초록의 상쾌한 색감 그리고 멜론과 코코넛의 달콤한 향기가 가득해 알코올조차 잘 느껴지지 않아 특히 여성들이 많이 찾는 칵테일 중 하나다.

Wine Base

Kir
키어

Glass	레시피(Recipe)		방법	장식(Garnish)
White Wine Glass	White Wine	3oz	Build	Twist of lemon peel
	Créme de Cassis	½oz		

만드는 방법

첫째, 먼저 손을 깨끗이 씻고, 화이트 와인글라스에 Glass에 Cubed Ice(얼음)을 3~4개 넣고, White Wine 3oz를 넣는다.

둘째, Créme de Cassis ½oz를 넣고, Bar Spoon을 이용하여 가볍게 2~3회 잘 저어준다.

셋째, Twist of Lemon peel로 장식한다.

넷째, Coaster(받침) 위에 완성된 Cocktail을 제공한다.

유래

프랑스 부르고뉴 지방의 디종시에서 시장을 지낸 캐농 패릭스 커씨가 고안한 칵테일이다. 커씨는 1945년부터 20년 이상 디종시의 시장을 지낸 사람으로, 89세에 5번째 시장 당선 시 14세 아래인 스태프가 '나이가 너무 많다'며 제외시킨 일화로 유명하다. 대단한 미식가였던 커씨는 보르고뉴 지방 특산물인 신맛이 강하고 쌉쌀한 와인을 보다 맛있게 마실 수 있도록 한 처방이었다. 칵테일 커는 화이트 와인의 매출증가를 가져와 경제 발전에도 크게 공헌했다. 화이트 와인의 풍미에 크렘 드 카시스의 향기와 단맛이 섞여서 우아한 맛으로 마무리된다. 식전 주로써 최적의 칵테일이다.

전통주 Base

Healing
힐링

Glass	레시피(Recipe)		방법	장식(Garnish)
Cocktail Glass	Gam Hong Ro(감홍로 40도)	1½oz	Shake	Twist of lemon peel
	Benedictine	⅓oz		
	Creme de Cassis	⅓oz		
	Sweet & Sour Mix	1oz		

만드는 방법

첫째, 먼저 손을 깨끗이 씻고, Cocktail Glass에 Cubed Ice(얼음)을 3~4개 넣어 Glass를 Chilling하여 준비한다.

둘째, Shake 하기 위한 Shaker에 5~6개의 Cubed Ice를 넣은 후, 위의 재료를 넣고 10~15회 Shaking해준다.

셋째, Chilling을 해 둔 Cocktail Glass의 얼음을 제거하고, Shaker의 뚜껑(Cap)을 연 후, 준비된 재료의 내용물만 Cocktail Glass에 따른다.

넷째, Lemon을 이용하여 장식한다.

다섯째, Coaster(받침) 위에 완성된 칵테일을 제공한다.

유 래

감홍로는 술 이름에서도 알 수 있듯 그 맛이 달고 붉은 빛깔을 띠어, 누구라도 쉽게 그 특징을 찾을 수 있다. 감홍로는 탁주나 청주, 약주 등 일반적으로 빚은 곡주를 소줏고리로 증류한 소주에 벌꿀을 넣어 단맛을 내고, 지초(芝草)를 넣어 착색시키는 방법으로 빚는다. 감홍로는 평양을 중심으로 한 관서지방의 특산명주로 알려져 있으며, 고사십이집을 비롯 임원십육지, 동국세시기, 조선세시기 등의 옛 문헌에 수록되어 있는데, 관서지방의 감홍로는 “세 번 고아서 만든 소주를 이용하여 만든 만큼 맛이 매우 달고 맹렬하며, 술 빛깔이 연지와 같아 홍로주 가운데서도 으뜸이다. 지치 뿌리를 꽂고 꿀을 넣어서 밭은 평양 특산의 소주. 맛이 달고 독하며 붉은빛이 난다. 힐링은 몸이나 마음의 치유를 말하는 것으로 공감과 위로를 통해 지친 마음을 달래준다는 의미라고 할 수 있다.

전통주 Base

Jindo
진도

Glass	레시피(Recipe)	방법	장식(Garnish)
Cocktail Glass	Jindo Hong Ju(진도 홍주 40도) ………………… 1oz Creme de Menthe White ………………………½oz White Grape Juice(청포도주스) …………………¾oz Raspberry Syrup …………………………………½oz	Shake	

만드는 방법

첫째, 먼저 손을 깨끗이 씻고, Cocktail Glass에 Cubed Ice(얼음)을 3~4개 넣어 Glass를 Chilling하여 준비한다.

둘째, Shake 하기 위한 Shaker에 5~6개의 Cubed Ice를 넣은 후, 위의 재료를 넣고 10~15회 Shaking해 준다.

셋째, Chilling을 해 둔 Cocktail Glass의 얼음을 제거하고, Shaker의 뚜껑(Cap)을 연 후, 준비된 재료의 내용물만 Cocktail Glass에 따른다.

넷째, Garnish는 없으며, Coaster(받침) 위에 완성된 칵테일을 제공한다.

유래

술의 빛깔이 붉어 붉을 '홍(紅)'자를 써서 홍주라 한다. 홍주를 빚기 위해 붉은색을 내는 지초를 이용하는데 지초는 '자초', '자근', '지치'로도 불린다. 한방에서 지초는 독을 풀어 염증을 없애고 새살을 돋게 하는 효능이 있는 것으로 알려져 있는데, 이를 통해 진도 홍주가 음용뿐 아니라 치료의 목적으로도 쓰였음을 짐작할 수 있다. 진도 홍주는 쌀과 보리를 이용해 빚은 발효주를 증류할 때 증류주가 지초를 통과하게 만들거나 지초를 증류주에 침출시켜 그 색과 기능성 물질이 술에 녹아들게 하는 방법으로 빚는데, 먹기도 전에 그 아름다운 색에 반하는 술이다.

전통주 Base

Puppy Love
풋사랑

Glass	레시피(Recipe)	방법	장식(Garnish)
Cocktail Glass	Andong Soju(안동소주 35도) ········· 1oz Triple Sec ········· ⅓oz Apple Pucker ········· 1oz Lime Juice ········· ⅓oz	Shake	A Slice of Apple

만드는 방법

첫째, 먼저 손을 깨끗이 씻고, Cocktail Glass에 Cubed Ice(얼음)을 3~4개 넣어 Glass를 Chilling하여 준비한다.

둘째, Shake 하기 위한 Shaker에 5~6개의 Cubed Ice를 넣은 후, 위의 재료를 넣고 10~15회 Shaking해 준다.

셋째, Chilling을 해 둔 Cocktail Glass의 얼음을 제거하고, Shaker의 뚜껑(Cap)을 연 후, 준비된 재료의 내용물만 Cocktail Glass에 따른다.

넷째, Apple를 Slice하여 장식한다.

다섯째, Coaster(받침) 위에 완성된 칵테일을 제공한다.

유 래

풋사랑이란 과일이 채 영글기 전에 나무에서 떨어지듯이 청소년들의 사랑도 그렇게 어설프게 익다가 결국엔 열매를 맺지 못한다는 것을 의미한다.

안동에서 소주의 제조법이 발달한 것은 원의 한반도 진출과 밀접한 관련이 있을 것으로 추정되며, 그것은 원이 한반도에 진출한 것이 13세기인데, 일본 원정을 목적으로 한 원이 병참기지가 안동에 있었던 것으로 미루어 알 수 있다.

안동소주는 배앓이, 독충에 물린 데는 소주를 발라 치료하는 등 약용으로 사용되었다는 점이 특이하며, 맛과 향이 일품이다. 안동소주는 고려시대부터 전승되어 온 700년 전통의 우리나라 3대 명주 중 하나로 전통식품명인(제 6호 박재서)이 안동지방의 좋은 물과 살로 빚어 오랜 기간 숙성시킨 45°의 순곡 증류주로 은은한 향과 감칠맛이 일품이며 뒤끝이 깨끗한 것이 특징이다.

전통주 Base

Geumsan
금산

Glass	레시피(Recipe)	방법	장식(Garnish)
Cocktail Glass	Geumsan Insamju(금산 인삼주 43도) ········· 1½oz Coffee Liqueur(Kahlua) ········· ½oz Apple Pucker ········· ½oz Lime Juice ········· 1Tsp	Shake	

만드는 방법

첫째, 먼저 손을 깨끗이 씻고, Cocktail Glass에 Cubed Ice(얼음)을 3~4개 넣어 Glass를 Chilling하여 준비한다.

둘째, Shake 하기 위한 Shaker에 5~6개의 Cubed Ice를 넣은 후, 위의 재료를 넣고 10~15회 Shaking해 준다.

셋째, Chilling을 해 둔 Cocktail Glass의 얼음을 제거하고, Shaker의 뚜껑(Cap)을 연 후, 준비된 재료의 내용물만 Cocktail Glass에 따른다.

넷째, Garnish는 없으며, Coaster(받침) 위에 완성된 칵테일을 제공한다.

유 래

금산인삼주는 약효가 가장 뛰어난 5년근 이상의 인삼을 저온 발효시킨 한국대표 전통주로서, 삼국시대 백제 때부터 제조되었다고 구전되고 있으나, 기록에는 1399년 도승지와 이조판서를 지낸 김문기 가문에 대대로 내려와 16대손 김창수의 조모와 모친에 의해 전승된 것을 계승해오고 있다.

증류주는 금산인삼주는 발효 후 증류과정을 거친 증류주로 장기 보관 될수록 더욱 숙성되어 깊고 깨끗한 맛을 자랑한다.

전통주 Base

Gochang
고창

Glass	레시피(Recipe)	방법	장식(Garnish)
Flute Champagne Glass	Sunwoonsan Bokbunja Wine (선운산 복분자주 19도) ··· 2oz Cointreau or Triple Sec ··· ½oz Sprite ··· 2oz	Stir	

만드는 방법

첫째, 먼저 손을 깨끗이 씻고, Flute Champagne Glass에 Cubed Ice(얼음)을 3~4개 넣어 Glass를 Chilling하여 준비한다.

둘째, Stir를 하기 위한 Mixing Glass에 5~6개의 Cubed Ice를 넣은 후, 위의 재료 중 Sunwoonsan Bokbunja Wine, Cointreau or Triple Sec, Sprite을 넣고 Bar Spoon을 이용해 저어준다.

셋째, Chilling을 해 둔 Flute Champagne Glass의 얼음을 제거하고, Mixing Glass에 준비된 재료를 Strainer로 덮은 후 내용물만을 Flute Champagne Glass에 따른다.

넷째, Garnish는 없으며, Coaster(받침) 위에 완성된 칵테일을 제공한다.

유 래

옛날 선운산에 살던 노부부가 아들 하나를 낳았는데 너무나 병약하여 좋다는 약을 구해 먹여 보았지만 효험이 없었다. 어느 날 길을 지나던 스님께서는 "산속의 검은 딸기를 먹이면 건강 해질 것이요"라는 말을 해 주었다. 노부부가 스님의 말대로 검은 딸기를 먹여 보았더니 놀랍게도 아이는 건강을 되찾았고 소변을 볼 때마다 요강이 뒤집어 졌다고 한다. 그래서 이 검은 딸기의 이름을 아들이 소변을 보면 요강이 뒤엎어진다는 뜻으로 복분자(覆盆子)로 명명하였다고 한다.

국가기술자격 실기시험문제

자격종목	조주기능사	과제명	칵테일

비번호 :

◉ 시험시간 : [○ 표준시간 : 7분, ○ 연장시간 : 없음]

1. 요구 사항

※ 다음의 칵테일 중 감독위원이 제시하는 3가지 작품을 조주하여 제출하시오.

번호	칵테일	번호	칵테일	번호	칵테일	번호	칵테일
1	Pousse Cafe	11	New York	21	Long Island Iced Tea	31	Tequila Sunrise
2	Manhattan Cocktail	12	Daiquiri	22	Side Car	32	Healing
3	Dry Martini	13	B-52	23	Mai Tai	33	Jindo
4	Old Fashioned	14	June Bug	24	Pina Colada	34	Puppy Love
5	Brandy Alexander	15	Bacardi Cocktail	25	Cosmopolitan Cocktail	35	Geumsan
6	Singapore Sling	16	Cuba Libre	26	Moscow Mule	36	Gochang
7	Black Russian	17	Grasshopper	27	Apricot Cocktail	37	Gin Fizz
8	Margarita	18	Seabreeze	28	Honeymoon Cocktail	38	Fresh Lemon Squash
9	Rusty Nail	19	Apple Martini	29	Blue Hawaiian	39	Virgin Fruit Punch
10	Whisky Sour	20	Negroni	30	Kir		

2. 수험자, 유의사항

1) 시험시간 전 2분 이내에 재료의 위치를 확인합니다.
2) 개인위생 항목에서 0점 처리되는 경우는 다음과 같습니다.
   가) 두발 상태가 불량하고 복장 상태가 비위생적인 경우
   나) 손에 과도한 액세서리를 착용하여 작업에 방해가 되는 경우
   다) 작업 전에 손을 씻지 않는 경우
3) 감독원이 요구한 3가지 작품을 7분 내에 완료하여 제출합니다.
4) 완성된 작품은 제출 시 반드시 코스터를 사용해야 합니다.
5) 검정장 시설과 지급재료 이외의 도구 및 재료를 사용할 수 없습니다.
6) 시설이 파손되지 않도록 주의하며, 실기시험이 끝난 수험자는 본인이 사용한 기물을 3분 이내에 세척·정리하여 원위치에 놓고 퇴장합니다.
7) 과도 등을 조심성 있게 다루어 안전사고가 발생되지 않도록 주의해야 합니다.
8) 채점 대상에서 제외되는 경우는 다음과 같습니다.
   가) 오작 :
      (1) 3가지 과제 중 2가지 이상의 주재료(주류) 선택이 잘못된 경우
      (2) 3가지 과제 중 2가지 이상의 조주법(기법) 선택이 잘못된 경우
      (3) 3가지 과제 중 2가지 이상의 글라스 사용 선택이 잘못된 경우
      (4) 3가지 과제 중 2가지 이상의 장식 선택이 잘못된 경우

(5) 1과제 내에 재료(주、부재료) 선택이 2가지 이상 잘못된 경우

나) 미완성 :

(1) 요구된 과제 3가지 중 1가지라도 제출하지 못한 경우

9) 다음의 경우에는 득점과 관계없이 채점 대상에서 제외됩니다.

가) 시험 도중 포기한 경우

나) 시험 도중 시험장을 무단이탈하는 경우

다) 부정한 방법으로 타인의 도움을 받거나 타인의 시험을 방해하는 경우

라) 기타 국가자격검정 규정에 위배되는 부정행위 등을 하는 경우

정리노트

PART 3

필기 기출문제

필기 기출문제
해설

CONTENTS

출제기준(필기)

직무 분야	음식서비스	중직무 분야	조리	자격 종목	조주기능사	적용 기간	2022.1.1.~2024.12.31.

○ 직무내용 : 다양한 음료에 대한 이해를 바탕으로 칵테일을 조주하고 영업장관리, 고객관리, 음료서비스 등의 업무를 수행하는 직무이다.

필기검정방법	객관식	문제수	60	시험시간	1시간

필기과목명	문제수	주요항목	세부항목	세세항목
음료특성, 칵테일조주 및 영업장 관리	60	1. 위생관리	1. 음료 영업장 위생 관리	1. 영업장 위생 확인
			2. 재료·기물·기구 위생 관리	1. 재료·기물·기구 위생 확인
			3. 개인위생 관리	1. 개인위생 확인
			4. 식품위생 및 관련법규	1. 위생적인 주류 취급 방법 2. 주류판매 관련 법규
		2. 음료 특성 분석	1. 음료 분류	1. 알코올성 음료 분류 2. 비알코올성 음료 분류
			2. 양조주 특성	1. 양조주의 개념 2. 양조주의 분류 및 특징 3. 와인의 분류 4. 와인의 특징 5. 맥주의 분류 6. 맥주의 특징
			3. 증류주 특성	1. 증류주의 개념 2. 증류주의 분류 및 특징
			4. 혼성주 특성	1. 혼성주의 개념 2. 혼성주의 분류 및 특징
			5. 전통주 특성	1. 전통주의 특징 2. 지역별 전통주
			6. 비알코올성 음료 특성	1. 기호음료 2. 영양음료 3. 청량음료
			7. 음료 활용	1. 알코올성 음료 활용 2. 비알코올성 음료 활용 3. 부재료 활용
			8. 음료의 개념과 역사	1. 음료의 개념 2. 음료의 역사
		3. 칵테일 기법 실무	1. 칵테일 특성 파악	1. 칵테일 역사 2. 칵테일 기구 사용 3. 칵테일 분류

필기과목명	문제수	주요항목	세부항목	세세항목
			2. 칵테일 기법 수행	1. 셰이킹(Shaking) 2. 빌딩(Building) 3. 스터링(Stirring) 4. 플로팅(Floating) 5. 블렌딩(Blending) 6. 머들링(Muddling) 7. 그 밖의 칵테일 기법
		4. 칵테일 조주 실무	1. 칵테일 조주	1. 칵테일 종류별 특징 2. 칵테일 레시피 3. 얼음 종류 4. 글라스 종류
			2. 전통주 칵테일 조주	1. 전통주 칵테일 표준 레시피
			3. 칵테일 관능평가	1. 칵테일 관능평가 방법
		5. 고객 서비스	1. 고객 응대	1. 예약 관리 2. 고객응대 매뉴얼 활용 3. 고객 불만족 처리
			2. 주문 서비스	1. 메뉴 종류와 특성 2. 주문 접수 방법
			3. 편익 제공	1. 서비스 용품 사용 2. 서비스 시설 사용
			4. 술과 건강	1. 술이 인체에 미치는 영향
		6. 음료영업장 관리	1. 음료 영업장 시설 관리	1. 시설물 점검 2. 유지보수 3. 배치 관리
			2. 음료 영업장 기구·글라스 관리	1. 기구 관리 2. 글라스 관리
			3. 음료 관리	1. 구매관리 2. 재고관리 3. 원가관리
		7. 바텐더 외국어 사용	1. 기초 외국어 구사	1. 음료 서비스 외국어 2. 접객 서비스 외국어
			2. 음료 영업장 전문용어 구사	1. 시설물 외국어 표현 2. 기구 외국어 표현 3. 알코올성 음료 외국어 표현 4. 비알코올성 음료 외국어 표현
		8. 식음료 영업 준비	1. 테이블 세팅	1. 영업기물별 취급 방법
			2. 스테이션 준비	1. 기물 관리 2. 비품과 소모품 관리
			3. 음료 재료 준비	1. 재료 준비 2. 재료 보관
			4. 영업장 점검	1. 시설물 유지관리
		9. 와인장비·비품 관리	1. 와인글라스 유지·관리	1. 와인글라스 용도별 사용
			2. 와인비품 유지·관리	1. 와인 용품 사용

2014년도 기출문제

국가기술자격검정 필기시험문제

2014년도 기능사 일반검정 제 1 회

자격종목 및 등급(선택분야)	종목코드	시험시간	문제지형별	수검번호	성명
조주기능사	7916	1시간	B		

※ 시험문제지는 답안카드와 같이 반드시 제출하여야 한다.

1. 다음 중 코냑이 아닌 것은?

① Courvoisier ② Camus
③ Mouton Cadet ④ Remy Martin

2. 맥주의 효과와 가장 거리가 먼 것은?

① 항균작용 ② 이뇨 억제 작용
③ 식욕증진 및 소화 촉진 작용 ④ 신경진성 및 수면 촉진 작용

3. 음료에 대한 설명이 잘못된 것은?

① 진저엘(Ginger ale)은 착향 탄산음료이다.
② 토닉워터(Tonic Water)는 착향 탄산음료이다.
③ 세계 3대 기호음료는 커피, 코코아, 차(Tea)이다.
④ 유럽에서 Cider(또는 Cidre)는 착향 탄산음료이다.

4. 진(Gin)의 상표로 틀린 것은?

① Bombay Sapphire ② Gordon's
③ Smirnoff ④ Beefeater

5. 와인 제조 시 이산화황(SO_2)을 사용하는 이유가 아닌 것은 ?

① 황산화제 역할 ② 부패균 생성 방지
③ 갈변방비 ④ 효모 분리

풀이 해설

1. 헤네시(Hennessy), 레미 마틴(Remy Martin),까뮤(Camus),마르뗄(Martell), 비스끼(Bisquit),꾸르브아제(Courvoisier), 샤또 뽈레(Chateau Paulet), 하인(Hine), 끄르아제(Croizet), 라센(Larsen), 오따르(Otard), 뽀리냑(Polignac) 등. ③ 브랑스 와인 이름

2. 이뇨 작용 효과

3. ④ 사과주 사과과즙의 당을 발효하여 알코올로 변화시켜 만든 술

4. ③ 보드카 브랜드

6. 다음에서 설명하고 있는 술은 ?

고구려의 술로 전해지며, 여름날 황혼 무렵에 찐 차좁쌀로 담가서 그 다음날 닭이 우는 새벽녘에 먹을 수 있도록 빚었던 술이다.

① 교동법주 ② 청명주 ③ 소곡주 ④ 계명주

7. Tequila에 대한 설명으로 틀린 것은 ?

① Tequila 지역을 중심으로 지정된 지역에서만 생산된다.
② Tequila를 주원료로 만든 혼성주는 Mezcal이다.
③ Tequila는 한 품종의 Agave만 사용된다.
④ Tequila는 발효 시 옥수수당이나 설탕을 첨가할 수도 있다.

8. 리큐르의 제조법이 아닌 것은 ?

① 증류법 ② 에센스법 ③ 믹싱법 ④ 침출법

9. 레몬주스, 슈가시럽, 소다수를 혼합한 것으로 대용할 수 있는 것은 ?

① 진저엘 ② 토닉워터 ③ 칼린스 믹스 ④ 사이다

10. 브랜디의 제조순서로 옳은 것은 ?

① 양조작업 – 저장 – 혼합 – 증류 – 숙성 – 병입
② 양조작업 – 증류 – 저장 – 혼합 – 숙성 – 병입
③ 양조작업 – 숙성 – 저장 – 혼합 – 증류 – 병입
④ 양조작업 –증류 – 저장 – 혼합 – 숙성 – 병입

11. 다음 광천수 중 탄산수가 아닌 것은?

① 셀처 워터(Seltzer Water) ② 에비앙 워터(Evian Water)
③ 초정 약수 ④ 페리에 워터(Perrier Water)

12. 조선시대 술에 대한 설명으로 틀린 것은?

① 중국과 일본에서 술이 수입되었다.
② 술 빚는 과정에 있어 여러 번 걸쳐 덧 술을 하였다.
③ 고려시대에 비하여 소주의 선호도가 높았다.
④ 소주를 기본으로 한 약용약주, 혼양주의 제조가 증가하였다.

풀이 해설

6. ① 경주 최부자집의 가양주로 수백년의 전통을 이어오고 있어 역사 만큼이나 맛 또한 깊은 술 ② 충주 청명주는 24절기 중 날이 풀리기 시작해 화창해지는 시기로 이날 먹기 위해 정성을 다해 빚는 술이다. ③ 한산 소곡주

8. 리큐르의 제조법 첫째, 증류법(Distillation) 침출액을 넣고 원료를 증류주에 담갔다가 우러난 다음 배합하여 향과 맛을 내는 단식 증류법으로서 설탕이나 시럽을 첨가. 장기보관, 맛과 향기가 침출법만은 못함, 둘째, 침출법, 침적법(Infusion) 증류하면 변질될 수 있는 원료를 알코올 농도가 높은 화주에 넣어 열을 가하지 않고 일정한 기간, 맛과 향을 용해시켜 술에 배어들면 여과시키는 방법. 셋째, 추출법, 향유혼합법(Essence) 일명 에센스법(Essence)이라고도 하는데 방향유를 알코올에 혼합하는 방법으로 비교적 단순하며, 품질은 별로 좋지 못함

11. ③ 충북 청원군 북일면(北一面) 초정리에 있는 약수

12. 조선시대는 고려시대의 양조기술과 음주 유형을 바탕으로, 양조기술이 한층 다양성을 띠게 되었으며, 술의 종류와 품질 면에서는 다양화와 고급화 현상이 나타남. 술의 원료로 찹쌀을 쓰기 시작했고 원료가 많이 드는 증류주, 증류주의 발달은 해외로까지 이어져 수출과 양조기술 전달. 한편 조선시대는 지방 토속주의 전성기라 할 만큼, 수많은 술들이 등장

13. 와인에 관한 용어 설명 중 틀린 것은?
① 타닌(Tannin) - 포도의 껍질, 씨와 줄기, 오크통에서 우러나오는 성분
② 아로마(Aroma) - 포도의 품종에 따라 맡을 수 있는 와인의 첫 번째 냄새 또는 향기
③ 부케(Bouquet) - 와인의 발효과정이나 숙성과정 중에 형성되는 복잡하고 다양한 향기
④ 빈티지(Vintage) - 포도의 제조년도

14. 다음 중 혼성주가 아닌 것은 ?
① Apricot Brandy ② Amaretto
③ Rusty nail ④ Anisette

15. 오렌지 과피, 회향초 등을 주원료로 만들며 알코올 농도가 24% 정도가 되는 붉은 색의 혼성주는 ?
① Beer ② Drambuie
③ Campari ④ Cognac

16. 독일와인의 분류 중 가장 고급와인의 등급표시는?
① Q.b.A ② Tafelwein ③ Landwein ④ Q.m.P

17. 커피를 주원료로 만든 리큐르는?
① Grand Marnier ② Benedictine
③ Kahlua ④ Sloe Gin

18. 커피의 품종이 아닌 것은?
① 아라비카(Arabica) ② 로부스타(Robusta)
③ 리베리카(Riberica) ④ 우바(Uva)

19. 다음 중 식전주(Aperitif)fh 가장 적합하지 않은 것은 ?
① Campari ② Dubonnet ③ Cinzano ④ Sidecar

20. 다음 중 Bitter가 아닌 것은 ?
① Angostura ② Campari ③ Galliano ④ Amer Picon

풀이 해설

13. ④ 수확년도

14. ③ 위스키와 드람브이를 섞어서 만든 단맛이 나는 칵테일

15. ② 스카치위스키(Scotch Whisky)를 기주로 하여 꿀로 달게 한 오렌지향의 호박색 리큐어(Liqueur)

16. 독일의 와인 등급은 Q.m.P > Q.b.A > Landwein > Tafelwein

18. 세계의 3대 홍차 : 인도의 다르즐링(Darjeeling), 스리랑카의 우바(Uva), 중국의 기문(祁門) 홍차

19. ③ 15~18%의 도수를 가진 친자노 베르무트는 와인, 알코올, 설탕, 약초, 향신료, 압생트 등을 혼합하여 만드는 것, 친자노 베르무트의 종류로는 투린산 베르무트로 불리며 붉은색이 나는 '친자차노 로소(Cinzano Rosso)', 하얀색의 드라이한 맛을 가진 '친자노 비안코(Cinzano Bianco)', 드라이 칵테일의 완벽한 베이스로 사용되는 '친자노 엑스트라 드라이(Cinzano Extra Dry)', 장미의 향을 가진 '친자노 로제(Cinzano Rose)', 레몬껍질, 라임, 만다린 등을 넣어 만든 '친자노 리메토(Cinzano Limetto)', 캐러멜을 넣은 호박색의 '친자노 오란치오(Cinzano Orancio)' 등이 있음. ④ 브랜디 베이스로 셰이크 기법을 이용하여 만들어진 대표적인 칵테일로 화이트 레이디의 변형 칵테일.

20. ③ 오렌지와 바닐라를 사용하여 만든 노란색의 이탈리아산 리큐어.

21. 증류주에 대한 설명으로 옳은 것은 ?

① 과실이나 곡류 등을 발효시킨 후 열을 가하여 분리한 것이다.

② 과실의 향료를 혼합하여 향기와 감미를 첨가한 것이다.

③ 주로 맥주, 와인, 양주 등을 말한다.

④ 탄산성 음료는 증류주에 속한다.

22. 프랑스 보르도(Bordeaux)지방의 와인이 아닌 것은 ?

① 보졸레(Beaujolais), 론(Rhone)

② 메독(Medoc), 그라브(Grave)

③ 포므롤(Pomerol), 소테른(Sauternes)

④ 생떼밀리옹(Saint-Emilion), 바르삭(Barsac)

23. 다음 술 종류 중 코디얼(Cordial)에 해당하는 것은 ?

① 베네딕틴(Benedictine)

② 골든스 런던 드라이 진(Gordons london dry gin)

③ 커티 샥(Cutty sark)

④ 올드 그랜드 대드(Old grand dad)

24. 와인에 국화과의 아티초크(Artichoke)와 약초의 엑기스를 배합한 이태리산 리큐르는?

① Absinthe ② Dubonnet

③ Amer picon ④ Cynar

25. 소다수에 대한 설명 중 틀린 것은 ?

① 인공적으로 이산화탄소를 첨가한다.

② 약간의 신맛과 단맛이 나며 청량감이 있다.

③ 식욕을 돋우는 효과가 있다.

④ 성분은 수분과 이산화탄소로 칼로리는 없다.

26. 하면 발효맥주가 아닌 것은?

① Lager Beer ② Porter Beer

③ Pilsen Beer ④ Munchen Beer

풀이 해설

21. ③ 맥주, 와인은 양조주, 양주는 증류주이다.

22. ① 부르고뉴와 론

23. ④ 버번 위스키(Bourbon Whiskey)인 짐 빔(Jim Beam), 와일드 터키(Wild Turkey), 올드 크로우(Old Crow), 아이 더블유 하퍼(I.W.Harper), 올드 그랜드 대드(Old Grand Dad)와 테네시 위스키(Tennessee Whiskey)인 잭 다니엘스(Jack Daniel's)

24. ① 향쑥 · 살구씨 · 회향 · 아니스 등을 주된 향료로 써서 만든 술, ② 약한 키니네 맛을 가지고 있는 적색의 프랑스산 아페리티프 와인, ③ 27° Alc. 정도의 알코올 도수로 쓴맛과 오렌지 향을 가지고 있는 진갈색의 프랑스산 술

25. ② 이산화탄소 자극이 청량감을 준다.

26. 상면발효맥주: 발효 중 탄산가스와 함께 발효액의 표면에 뜨는 성질이 있는 사카로마이세스 세레비지에(Saccharomyces Cerevisiae)라는 효모로 발효시킨 맥주이다. 맥아농도가 높고, 10도에서 25도 사이의 상온에서 발효를 하기 때문에 색이 짙고 강하고 풍부한 맛이 나며 알코올 도수도 높은 편이다. 에일(ale)과 포터(porter), 램빅(lambic), 스타우트(stout)

27. 스카치위스키가 아닌 것은 ?

① Crown Royal ② While Horse
③ Johnnie Walker ④ VAT 69

28. 맥주의 재료인 호프(Hop)의 설명으로 옳지 않은 것은 ?

① 자웅이주 식물로서 수꽃인 솔방울 모양의 열매를 사용한다.
② 맥주의 쓴맛과 향을 낸다.
③ 단백질을 침전 · 제거하여 맥주를 맑고 투명하게 한다.
④ 거품의 지속성 및 항균성을 부여한다.

29. 이탈리아 와인 중 지명이 아닌 것은 ?

① 키안티 ② 바르바레스코
③ 바롤로 ④ 바르베라

30. 위스키(Whisky)와 브랜디(Brandy)에 대한 설명이 틀린 것은 ?

① 위스키는 곡물을 발효시켜 증류한 술이다.
② 캐나디언 위스키(Canadian Whisky)는 캐나다 산 위스키의 총칭이다.
③ 브랜디는 과실을 발효 · 증류해서 만든다.
④ 꼬냑(Cognac)은 위스키의 대표적인 술이다.

31. 브랜디 글라스(Brandy Glass)에 대한 설명으로 틀린 것은?

① 코냑 등을 마실 때 사용하는 튤립형의 글라스이다.
② 향을 잘 느낄 수 있도록 만들어졌다.
③ 기둥이 긴 것으로 윗부분이 넓다.
④ 스니프터(Snifter)라고도 하며 밑이 넓고 위는 좁다.

32. 칵테일 조주 시 사용되는 다음 방법 중 가장 위생적인 방법은 ?

① 손으로 얼음을 Glass에 담는다.
② Glass 윗부분(Rim)을 손으로 잡아 움직인다.
③ Garnish는 깨끗한 손으로 Glass에 Setting 한다.
④ 유효기간이 지난 칵테일 부재료를 사용한다.

풀이 해설

27. ① 캐나디언 위스키

28. 홉은 국화과에 속하는 자웅 이종의 식물로서 맥주에는 그 미수정의 수꽃만이 사용

29. ④ 이탈리아에서 널리 재배되는 적포도 품종의 하나, 높은 산도를 가지고 있고, 조화로운 맛을 가지고 있지는 않지만 워낙 가격이 싸므로 테이블 와인으로 많이 이용된다. 색이 짙으며, Medium-Full Body이며, Berry향과 스파이시한 향을 가지고 있다. 이 포도품종은 이탈리아 이주민들이 많은 California's Central Valley에서도 재배되고 있다. 라벨에서 이 포도품종을 볼 수 없는데, 그 이유는 테이블 와인의 Blending용으로 사용되기 때문

30. ④ 브랜디

31. ③ 스파클링 와인글라스

33. Wine 저장에 관한 내용 중 적절하지 않은 것은?

① White Wine은 냉장고에 보관하되 그 품목에 맞는 적정온도를 유지해 준다.

② Red Wine은 상온 Cellar에 보관하되 그 품목에 맞는 적정온도를 유지해 준다.

③ Wine을 보관하면서 정기적으로 이동 보관한다.

④ Wine 보관 장소는 햇볕이 잘 들지 않고 통풍이 잘되는 곳에 보관하는 것이 좋다.

34. 싱가포르 실링(Singapore Sling) 칵테일의 장식으로 알맞은 것은 ?

① 시즌과일(Season fruits) ② 올리브(Olive)

③ 필 어니언(Peel onion) ④ 계피(Cinnamon)

35. 흔들기(Shaking)에 대한 설명 중 틀린 것은 ?

① 잘 섞이지 않고 비중이 다른 음료를 조주할 때 적합하다.

② 롱 드링크(Long Drink) 조주에 주로 사용한다.

③ 애플마티니를 조주할 때 이용되는 기법이다.

④ 셰이커를 이용한다.

36. 와인을 주재료(Wine Base)로 한 칵테일이 아닌 것은 ?

① 키어(Kir) ② 블루 하와이(Blue hawaii)

③ 스프리처(Sprizer) ④ 미모사(Mimosa)

37. 일과 업무 시작 전에 바(Bar)에서 판매 가능한 양만큼 준비해 두는 각종의 재료를 무엇이라고 하는가 ?

① Bar Stock ② Par Stock

③ Pre-Product ④ Ordering Product

38. 칵테일글라스(Cocktail Glass)의 3대 명칭이 아닌 것은 ?

① 베이스(Base) ② 스템(Stem)

③ 보울(Bowl) ④ 캡(Cap)

풀이 해설

33. ③ 와인의 이동 보관은 좋지 않다.

34.

Cocktail 장식	
Cherry	Manhattan(1개)
Green Olive	Dry Martini(1개)
Lime or Lemon	Long Island Iced Tea, Moscow Mule, Cosmopolitan Cocktail, Seabreeze(4개)
Lemon	New York, Negroni, Cuba Libre, Sloe Gin Fizz, Kir, Healing(6개)
Lemon + Cherry	Whisky Sour(2개)
Orange + Cherry	Old Fashioned, Singapore Sling (2개)
Pineapple & Cherry	Mai-Tai, Pina Colada, Blue Hawaii, Jun Bug(4개)
Onion	Gibson(1개)
Apple	Apple Martini, Puppy Love(2개)
Lemon & Celery	Bloody Mary(1개)
Nutmeg	Brandy Alexander(2개)
Salt Frost	Margarita(1개)
Sugar Frost	kiss of Fire(1개)

35. Long Drink는 Build 방법을 주로 사용

36. ② 셰이커에 얼음과 화이트 럼 1온스, 블루 퀴라소 ½온스, 파인애플 주스 1온스, 레몬 주스 ½온스를 넣고 잘 흔든 그랑드 글라스

37. Par Stock이란 신속한 서비스 제공을 목적으로 일정수량의 물품을 저장고에서 사전에 인출하여 업장의 진열대나 기타의 장소에 보관하고 있다가 신속히 사용하는 재고를 의미하는 "적정 재고량"의 의미

풀이 해설

39. 원가의 3요소는 인건비, 재료비, 경비

40. ②, ④ 식후주

41. ② 칵테일 픽, ③ 아이스 픽

44. ② Build

39. 주장원가의 3요소로 가장 적합한 것은?

① 인건비, 재료비, 주장경비
② 인건비, 재료비, 세금봉사료
③ 인건비, 재료비, 주세
④ 인건비, 재료비, 세금

40. 연회용 메뉴 계획 시 애피타이저 코스에 술을 권유하려 할 때 다음 중 가장 적합한 것은?

① 리큐르(Liqueur)
② 크림 셰리(Cream Sherry)
③ 드라이 셰리(Dry Sherry)
④ 포트와인(Port Wine)

41. Muddler에 대한 설명으로 옳은 것은?

① 설탕이나 장식과일 등을 으깨거나 혼합할 때 사용한다.
② 칵테일 장식에 체리나 올리브 등을 찔러 장식할 때 사용한다.
③ 규모가 큰 얼음덩어리를 잘게 부술 때 사용한다.
④ 술의 용량을 측정할 때 사용한다.

42. 고객에게 음료를 제공할 때 반드시 필요치 않은 비품은?

① Cocktail Napkin
② Can Opener
③ Muddler
④ Coaster

43. 네그로니(Negroni) 칵테일의 조주 시 재료로 가장 적합한 것은?

① Rum ¾oz, Sweet Vermouth ¾oz, Campari ¾oz, Twist of lemon peel
② Dry Gin ¾oz, Sweet Vermouth ¾oz, Campari ¾oz, Twist of lemon peel
③ Dry Gin ¾oz, Dry Vermouth ¾oz, Granadine Syrup ¾oz, Twist of lemon peel
④ Tequila ¾oz, Sweet Vermouth ¾oz, Campari ¾oz, Twist of lemon peel

44. Cocktail Shaker에 넣어 조주하는 것이 부적합한 재료는?

① 럼(Rum)
② 소다수(Soda Water)
③ 우유(Milk)
④ 달걀흰자

45. 물품 검수 시 주문내용과 차이가 발견 될 때 반품하기 위하여 작성하는 서류는?

① 송장(Invoice)
② 견적서(Price quotation Sheet)
③ 크레디트 메모(Credit Memorandum)
④ 검수보고서(Receiving Sheet)

46. 다음 음료 중 냉장 보관이 필요 없는 것은?

① White Wine ② Dry Sherry ③ Beer ④ Brandy

47. 주장요원의 업무규칙에 부합하지 않는 것은?

① 조주는 규정된 레시피에 의해 만들어져야 한다.
② 요금의 영수관계를 명확히 하여야 한다.
③ 음료의 필요 재고보다 두 배 이상의 재고를 보유하여야 한다.
④ 고객의 음료 보관 시 명확한 표기와 보관을 책임진다.

48. 주장(Bar) 영업종료 후 재고조사표를 작성하는 사람은?

① 식음료매니저 ② 바 매니저
③ 바 보조 ④ 바텐더

49. 화이트와인 서비스과정에서 필요한 기물과 가장 거리가 먼 것은?

① Wine Cooler ② Wine Stand
③ Wine Basket ④ Wine Opener

50. 칵테일 부재료 중 Spice류에 해당되지 않는 것은?

① Grenadine Syrup ② Mint
③ Nutmeg ④ Cinnamon

51. 다음 ( )안에 들어갈 알맞은 것은?

( ) is a Caribbean coconut-flavored rum originally from Barbados.

① Malibu ② Sambuca
③ Maraschino ④ Southern Comfort

풀이 해설

45. ③ 검수과정에서 반품까지는 하지 않더라도 현품이 구매기술서 또는 거래약정기준과 차이가 발견되었을 경우 이를 시인시켜 차후의 신용유지를 관리할 목적으로 작성하는 것으로서 이 메모는 필요한 만큼(2~3매) 사본을 작성, 원본은 판매처에, 사본은 구매부, 회계부 등에 보낸다.

46. ④ 브랜디는 따듯하게 마시는 술

49. ③ Wine Cradle(와인 크래들)은 Wine Basket, Pannier와 같은 뜻으로 와인용어로 "Red Wine을 서브할 때 사용하는 것으로 와인을 뉘어 놓은 손잡이가 달린 바구니, 와인 바스켓"을 말한다.

50. ① 당밀에 석류를 첨가해 만든 시럽

51. 바베이도스(서인도 제도 카리브 해 동쪽의 섬으로 영연방내의 독립국; 수도 Bridgetown).

52. Which one is made with vodka and coffee liqueur ?

① Black Russian ② Rusty nail
③ Cacao fizz ④ Kiss of fire

53. Which is the correct one as a base of Port Sangaree in the following ?

① Rum ② Vodka ③ Gin ④ Wine

54. 다음 ( )에 알맞은 단어는 ?

"Dry gin merely signifies that the gin lacks ( )."

① Sweetness ② Sourness ③ Bitterness ④ Hotness

55. 다음에서 설명하는 것은 ?

A honeydew melon flavored liqueur from the japanese house of Santory.

① Midori ② Cointreau
③ Grand Marnier ④ Apricot Brandy

56. Which of the following does not belong to the regions of France where wine is produced?

① Bordeaux ② Burgundy ③ Champagne ④ Rheingau

57. "a glossary of basic wine terms"의 연결로 틀린 것은 ?

① Balance : the portion of the wine's odor derived from the grape variety and fermentation.
② Nose : thee total odor of wine composed of aroma, bouquet, and other factors.
③ Body : the weight or fullness of wine on palate.
④ Dry : a tasting term to denote the absence of sweetness in wine.

58. 다음에서 설명하는 것은 ?

An anise-flavored, high-proof liqueur now banned due to the alleged toxic effects of wormwood, which reputedly turned the brains of heavy users to mush.

① Curacao ② Absinthe ③ Calvados ④ Benedictine

풀이 해설

52. ② 위스키와 드람브이를 섞어서 만든 단맛이 나는 칵테일, ③ 8온스짜리 텀블러(밑이 편평한 큰 잔)에 붓고 얼음과 함께 탄산수를 채운 다음 레몬 조각 장식, ④ 보드카, 슬로 진, 드라이 베르무트, 레몬주스를 넣어 셰이킹 한 칵테일

53. 적포도주에 단맛을 가미하고 물이나 더운 물을 채우는 것이 기본형, Sangaree란 스페인어로 "피"를 의미하는 상그레(Sangre)에서 온 명칭으로서 적포도주를 묽게 한 색채에서 이름이 붙여진 것. 현재에는 적포도주 외에 셰리, 포트와인, 위스키, 브랜디 등도 기본으로 사용
Port Wine Sangaree : 포트와인 3oz + 설탕 1tsp, 흔들어서 분쇄얼음을 채운 텀블러에 붓고, 갈은 육두구를 뿌린다.

54. "드라이진은 단지 ( )이 부족한 진을 의미한다."에서 Sweetness가 적합함

55. honeydew melon : 감로멜론

56. "와인이 생산된 프랑스지역에 속하지 않는 것을 고르는 지역을 묻는 질문"으로 라인가우는 독일의 지역

58. ① 큐라소(curacao)는 프랑스 용어로 카리브해의 섬인 퀴라소섬에서 발견되는 쓴 오렌지 껍질을 건조하여 만든 리큐어, wormwood : 쓴쑥
② 압생트(absinthe)는 19세기 후반 프랑스에서 많이 마셨던 술, 쑥의 줄기와 잎을 잘게 썬 다음 고농도의 알코올을 부어 방치한 후 추출하고, 방향 성분이 녹아 있는 이 추출액을 다시 증류하여 제조. 압생트는 알코올 도수(45-74%)가 강하고 당분을 포함하지 않는 암록담황색 술로서 아니스의 방향과 약간 쓴맛이 나서 식전주(apéritife)로 많이 이용. 유럽에서는 쑥의 쓴맛으로 인한 약효로서 식욕부진과 위액 분비 촉진제로 많이 사용, ③ 프랑스 노르망디 지방에서 생산되는 담갈색의 사과 브랜디(Apple Brandy)로서 주정(酒酊) 도수는 약 43도, ④ 여러 가지 약초로 착향(着香)시킨 가장

59. 다음에서 설명하는 것은 ?

When making a cocktail, this is the main ingredient into which other things are added.

① base ② Glass ③ Straw ④ Decoration

60. 다음 ( )에 들어갈 알맞은 것은 ?

This is our first visit to Korea and before we ( ) our dinner, we want to ( ) some domestic drinks here.

① have, try ② having, trying
③ serve, served ④ serving, be served

풀이 해설

오래된 리큐어(Liqueur) 중의 하나로, 베네딕틴 수도원의 한 수도사에 의하여 만들어졌으며 아직도 그 조제법은 비밀로 되어 있다. 알코올 도수는 약 42도이며 피로회복에 효능이 있는 술로 널리 애음되고 있다. 이 술은 1510년경부터 제조되기 시작되었으나 한 때 혁명으로 인하여 중단되었다가 19세기경 그 비법을 전한 양피지를 발견함으로써 다시 제조하기 시작. D.O.M(Doc optimo Maximo)로 불리기도 하는데 그 뜻은 라틴어로 「최고 최대의 신(神)에게 드린다.」이다.

59. main ingredient 주성분

60. "한국방문은 이번이 처음이기에 식사 전에 여기의 국산 음료를 맛보고 싶다"로 have는 (식사 등)을 하다는 뜻이고 try는 ~를 해보자라는 뜻

2014년 제1회 정답

1	2	3	4	5	6	7	8	9	10	11	12	13	14	15	16	17	18	19	20
③	②	④	③	④	④	②	③	③	②	②	①	④	③	③	④	③	④	④	③
21	22	23	24	25	26	27	28	29	30	31	32	33	34	35	36	37	38	39	40
①	①	①	④	②	②	①	①	④	④	③	③	③	①	②	②	②	④	①	③
41	42	43	44	45	46	47	48	49	50	51	52	53	54	55	56	57	58	59	60
①	②	②	②	3	④	③	④	③	①	①	①	④	①	①	④	①	②	①	①

국가기술자격검정 필기시험문제

2014년도 기능사 일반검정 제 2 회

자격종목 및 등급(선택분야)	종목코드	시험시간	문제지형별	수검번호	성명
조주기능사	7916	1시간	A		

※ 시험문제지는 답안카드와 같이 반드시 제출하여야 한다.

1. 진(Gin)이 제일 처음 만들어진 나라는?(2004년 1회)

① 프랑스 ② 네덜란드 ③ 영국 ④ 덴마크

2. 다음 중 식전주로 가장 적합한 것은?(2003년 1회)

① 맥주(Beer) ② 드람뷔이(Drambuie)
③ 캄파리(Campari) ④ 꼬냑(Cognac)

3. 다음 중 Fortified Wine이 아닌 것은?(2008년 5회)

① Sherry Wine ② Vermouth
③ Port Wine ④ Blush Wine

4. 화이트와인용 포도품종이 아닌 것은?(2009년 5회)

① 샤르도네 ② 시라
③ 소비뇽 블랑 ④ 삐노 블랑

5. 혼성주의 특징으로 옳은 것은?(2010년 1회)

① 사람들의 식욕부진이나 원기 회복을 위해 제조되었다.
② 과일 중에 함유되어 있는 당분이나 전분을 발효시켰다.
③ 과일이나 향료, 약초 등 초근목피의 침전물로 향미를 더하여 만든 것으로, 현재는 식후주로 많이 애음된다.
④ 저온 살균하여 영양분을 섭취할 수 있다.

풀이 해설

1. 1650년 네덜란드 라이덴대학의 약학교수였던 프란시스쿠스 데 라 보에(Franclscus de La Boe)가 맥주 양조용으로 발효된 술덧을 증류하는 실험을 하다가 특수한 증류액을 얻게 되었는데 여기에 노간주나무 열매인 두송실을 가미하여 상처 부위를 쉽게 아물게 하는 성질이 있는 소독약으로 개발. 그 후 술로 음용하기 시작하였으며 점차 새로운 형태의 술이 제조되기 시작. 이것이 영국으로 전파되면서'진'이라고 불리게 되었다. 진은 두송실과 기타 약초, 한약재를 주정과 함께 증류하여 만들며 이뇨, 구풍, 건위에 효과가 있어 오랫동안 약방에서 판매되었다. 진의 종주국인 네덜란드는 전통적인 진 생산국으로 진의 원료인 두송나무 열매가 무색투명하여 저장을 필요치 않고, 대량생산이 가능

2. 식전주(Aperitif):Sherry Wine, Dry Vermouth, 듀보네(Dubonnet), 캄파리비터즈(Campari Bitters), Madeira, 마르살라 와인(Marsala Wine), 식후주: Port Wine, Sweet Wine, Cream Sherry, 마르살라(Marsala)

3. ④ 로제와인

4. 레드와인 포도품종 : 카베르네 소비뇽, 메를로, 시라, 삐노 누아, 그리나슈

6. 아쿠아비트(Aquavit)에 대한 설명 중 틀린 것은?(2008년 2회)
① 감자를 당화시켜 연속 증류법으로 증류한다.
② 혼성주의 한 종류로 식후주에 적합하다.
③ 맥주와 곁들여 마시기도 한다.
④ 진(Gin)의 제조 방법과 비슷하다.

7. 스팅거(Stinger)를 제공하는 유리잔(Glass)의 종류는?(2008년 4회)
① 하이볼(High ball) 글라스
② 칵테일(Cocktail) 글라스
③ 올드 패션드(Old Fashioned) 글라스
④ 사워(Sour) 글라스

8. 주정 강화로 제조된 시칠리아산 와인은?(2010년 5회)
① Champagne ② Grappa
③ Marsala ④ Absente

9. Scotch whisky에 대한 설명으로 옳지 않은 것은?
① Malt whisky는 대부분 Pot still을 사용하여 증류한다.
② Blended whisky는 Malt whisky와 Grain whisky를 혼합한 것이다.
③ 주원료인 보리는 이탄(Peat)의 연기로 건조시킨다.
④ Malt whisky는 원료의 향이 소실되지 않도록 반드시 1회만 증류한다.

10. 커피의 품종에서 주로 인스턴트커피의 원료로 사용되고 있는 것은?
① 로부스타 ② 아라비카
③ 리베리카 ④ 레귤러

11. 다음 재료로 만든 Whisky Coke의 알코올 도수는?

1) Whisky 1 Ounce(알코올 도수 40%)
2) Cola 4 oz(녹는 얼음의 양은 계산하지 않음)

① 6% ② 8%
③ 10% ④ 12%

풀이 해설

6. 증류주

7. Stinger Cocktail : Creme de Menthe ½oz, Brandy 1½oz(스팅거란 "찌르는 바늘이다."는 뜻으로 이 칵테일이 "입안에서 자극적임을 암시하고 있다." 소화를 돕고 위의 부담감을 덜어주는 효과를 가진 식후 칵테일 : Cocktail Glass)

8. ② Grappa(그라파) : 포도를 압착 후 나머지를 증류한 것으로 숙성하지 않아서 무색이다.(포도 찌꺼기를 가지고 만듦), ④ 아니스(Anis)씨와 감초 그리고 쑥의 수종의 약초와 향료를 원료로 배합하여 만든 리큐르로 일명'녹색의 마주'라고 하며, 원료는 Brandy+Absinthe+ Angelica +Cloves+Lemon Peel+Honey Bee

11. 알코올 도수 계산방법(X)

$$X = \frac{(Axa) + (Bxb)}{Y}$$

Y : 칵테일 사용 재료의 총량
A, B : 각 재료의 알코올 도수(%)
a, b : 각 재료의 사용량(㎖)

풀이 해설

12. 첫째, 증류법(Distillation) 침출액을 넣고 원료를 증류주에 담갔다가 우러난 다음 배합하여 향과 맛을 내는 단식 증류법으로서 설탕이나 시럽을 첨가. 장기보관, 맛과 향기가 침출법만은 못함. 둘째, 침출법, 침적법(Infusion) 증류하면 변질될 수 있는 원료를 알코올 농도가 높은 화주에 넣어 열을 가하지 않고 일정한 기간, 맛과 향을 용해시켜 술에 배어들면 여과시키는 방법. 셋째, 추출법, 향유혼합법(Essence) 일명 에센스법(Essence)이라고도 하는데 방향유를 알코올에 혼합하는 방법으로 비교적 단순하며, 품질은 별로 좋지 못함

13. ④ 귀부병에 감염된 포도를 사용하여 생산된 와인은 단맛이 나므로 귀부병은 고품질의 스위트 와인을 만드는 데 도움. 귀부병에 감염된 포도로 만든 와인을 귀부와인. 프랑스의 소테른 와인, 헝가리의 토카이 와인, 독일 트로켄베렌아우스레제 와인 등이 있으며, 소테른의 샤토 디켐(Château d' Yquem)은 최고급 귀부와인

14. Amaretto is a generic cordial invented in Italy and made from apricot pits and herbs, yielding a pleasant almond flavor.

15. 8번 참조

17. 문배주는 1986년 면천두견주 · 경주교동법주와 함께 향토술 담그기로 무형문화재 제86호로 지정. 처음 만든 사람이나 장소는 확실하지 않으나 평양 부근에서 만들기 시작. 문배를 사용하지 않았는데도 그 향기가 마치 문배와 같아서 붙은 이름. 문배주를 빚는 물은 평양 대동강변의 석회암층의 물을 이용. 4~5월이 적기이며, 밀 누룩을 부수어 물에 담가 우려낸 누룩 물을 좁쌀 밥에 섞어서 밑술을 담는다. 5일 후 수수밥으로 덧 술하고 다시 1일 후 수수밥으로 2차 덧 술하며 10일 간 발효시켜 증류. 약 10말의 술에서 3~3.5말의 문배주를 얻어서 6개월~1년 간 숙성시켜 저장. 알코올 농도는 40도 정도.

12. 다음에서 설명하는 리큐르 제조법으로 가장 적합한 것은?

> 증류하면 변질될 수 있는 과일이나 약초, 향료에 증류주를 가해 향미성을 용해시키는 방법으로 열을 가하지 않는다.

① 증류법 ② 침출법 ③ 여과법 ④ 에센스법

13. 와인 병 바닥의 요철 모양으로 오목하게 들어간 부분은?

① 펀트(Punt) ② 발란스(Balance)
③ 포트(Port) ④ 노블 롯(Noble Rot)

14. 이탈리아 리큐르로 살구씨를 물과 함께 증류하여 향초 성분과 혼합하고 시럽을 첨가해서 만든 리큐르는?(2009년 1회)

① Cherry Brandy ② Curacao
③ Amaretto ④ Tia Maria

15. 포도즙을 내고 남은 찌꺼기에 약초 등을 배합하여 증류해 만든 이태리 술은?

① 삼부카 ② 버머스 ③ 그라빠 ④ 캄파리

16. 조선시대에 유입된 외래주가 아닌 것은?(2008년 2회/3회, 2010년 5회)

① 천축주 ② 섬라주 ③ 금화주 ④ 두견주

17. 다음에서 설명하는 전통주는?

> 고려 때에 등장한 술로 병자호란이던 어느 해 이완 장군이 병사들의 사기를 돋우기 위해 약용과 가향의 성분을 고루 갖춘 이 술을 마시게 한 것에서 유래된 것으로 알려졌으며, 차보다 얼큰하고 짙게 우러난 호박색이 부드럽고 연냄새가 은은한 전통제주로 감칠맛이 일품이다.

① 문배주 ② 이강주 ③ 송순주 ④ 연엽주

18. 테킬라에 대한 설명으로 맞게 연결된 것은?(2011년 2회)

> 최초의 원산지는 (㉠)로서 이 나라의 특산주이다.
> 원료는 백합과의 (㉡)인데 이 식물에는 (㉢)이라는 전분과 비슷한 물질이 함유되어 있다.

① ㉠ 멕시코, ㉡ 풀케(Pulque), ㉢ 루플린
② ㉠ 멕시코, ㉡ 아가베(Agave), ㉢ 이눌린
③ ㉠ 스페인, ㉡ 아가베(Agave), ㉢ 루플린
④ ㉠ 스페인, ㉡ 풀케(Pulque), ㉢ 이눌린

19. 차(Tea)에 대한 설명으로 가장 거리가 먼 것은?
① 녹차는 차 잎을 찌거나 덖어서 만든다.
② 녹차는 끓는 물로 신속히 우려낸다.
③ 홍차는 레몬과 잘 어울린다.
④ 홍차에 우유를 넣을 때는 뜨겁게 하여 넣는다.

20. 이탈리아 I.G.T 등급은 프랑스의 어느 등급에 해당되는가?(2011년 4회)
① V.D.Q.S　② Vin de Pays
③ Vin de Table　④ A.O.C

21. 진저엘의 설명 중 틀린 것은?(2011년 2회)
① 맥주에 혼합하여 마시기도 한다.
② 생강향이 함유된 청량음료이다.
③ 진저엘의 엘은 알코올을 뜻한다.
④ 진저엘은 알코올분이 있는 혼성주이다.

22. 다음은 어떤 증류주에 대한 설명인가?(2007년 2회)

곡류와 감자 등을 원료로 하여 당화시킨 후 발효하고 증류한다. 증류액을 희석하여 자작나무 숯으로 만든 활성탄에 여과하여 정제하기 때문에 무색, 무취에 가까운 특성을 가진다.

① Gin　② Vodka　③ Rum　④ Tequila

23. 차와 코코아에 대한 설명으로 틀린 것은?(2008년 1회)
① 차는 보통 홍차, 녹차, 청차 등으로 분류된다.
② 차의 등급은 잎의 크기나 위치 등에 크게 좌우된다.
③ 코코아는 카카오 기름을 제거하여 만든다.
④ 코코아는 사이폰(syphon)을 사용하여 만든다.

풀이 해설

20. Vino de Tavola(비노다 따보라) → IGT(Indicazione di Geografica Tipica)→ DOC(통제원산지명칭 : Denominazione di Origine Controllata) → DOCG
IGT (Indicazione Geografica Tipica : 전형적지리적표시), DOC(Denominazione di Origine Controllata : 통제원산지명칭), DOCG (Denominazione di Origine Controllata e Garantita : 통제보증원산지명칭)

20. A.O.C : (Appellation d'Origine Controlee : 아뺄라시옹 도리진 콩트롤레) : 프랑스 와인의 최상급, 원산지 통제 호칭의 규정과 기준에 따라 포도의 품종, 단위당 생산량, 알코올 최저 도수 등에 관하여 설정된 기준에 적합한지 여부를 확인하고 지역의 호칭을 붙일 수 있도록 허용. V.D.Q.S : (Vins Delimites de Qualite Superieure : 뱅 델리미테 드 쿠알리트 쉬페리에) 아뺄라시옹 와인 보다는 한 등급 낮게 매겨지지만 우수한 품질의 포도주. Vin De Pays(뱅드뻬이) : "시골의 포도주"라는 뜻으로, 그 지방의 특색 있는 포도주로 지정된 지방 와인. 1973년에 공포되었으며 그 지방의 특색을 나타낸 와인. ㉣ Vin De Table (뱅드따블) : 보통의 포도주로 테이블 와인

21. Ale : 높은 알코올 도수, 다소 씁쓸한 맛, 강한 홉 향기를 특징으로 하는 발효성 맥아음료

23. Syphon은 1840년경 스코틀랜드 해양학자인 로버트 네이피어 (Robert Napier)가 진공식 추출 기구를 개발한 후, 일본 고노사에서 '사이폰'이라는 이름을 붙여 상품화 한데서 이 기구가 유래.

풀이 해설

24. 라벨에 핀 샹빠뉴(Fine champagne) 명칭이 있는 경우 블렌딩 비율이 그랑드 샹빠뉴 지역의 포도가 50% 이상 사용, 그랑드 샹빠뉴(Grande Champagne) 이 지역에서는 석회질 성분이 가장 많은 토양위에 매우 섬세하고 가벼우며 꽃향기가 풍부한 부케가 있는 최고급의 브랜디가 생산

26. ① 토디(독한 술에 설탕과 뜨거운 물을 넣고 때로는 향신료도 넣어 만든 술, ④ 꿀과 물을 섞은 것을 발효시켜서 만든 알코올성 음료

27. 하면발효는 발효가 끝나면서 가라앉는 효모를 사용하여 비교적 저온(5~6℃)에서 7~8일간 발효시켜 만드는 맥주로 세계 3/4 정도가 이 방법을 채택하고 있으며, 필젠(Pilsen)맥주, 뮌헨(Munchen) 맥주, 도르트문트(Dortmund)맥주, 복(Bock Beer) 맥주, 상면발효는 발효 도중에 생기는 거품과 함께 상면으로 떠오르는 성질을 가진 효모를 사용하여 만드는 맥주로 영국과 독일 북부, 미국일부 지방에서만 생산되며 비교적 고온(10~20℃)에서 7~8일간 발효시켜, 알코올 함량이 높고 색깔이 진한 것이 특징으로 에일(Ale)맥주, 포터(Porter)맥주, 스타우트(Stout)맥주 ① 영국의 흑맥주, ② 독일맥주 ③ 영국맥주

28. 하이네켄-네덜란드, 필스너-체코, 뢰벤브로이, 벡스-독일, 기네스-아일랜드, 칼스버그-덴마크

29. 1 pint = 16온스

---

24. 그랑드 샹빠뉴 지역의 와인 증류원액을 50% 이상 함유한 코냑을 일컫는 말은?

① 샹빠뉴 블랑 ② 쁘띠뜨 샹빠뉴
③ 핀 샹빠뉴 ④ 샹빠뉴 아르덴

25. 단식증류기의 일반적인 특징이 아닌 것은?(2008년 5회)

① 원료 고유의 향을 잘 얻을 수 있다.
② 고급 증류주의 제조에 이용한다.
③ 적은 양을 빠른 시간에 증류하여 시간이 적게 걸린다.
④ 증류 시 알코올 도수를 80도 이하로 낮게 증류한다.

26. 다음 중 과즙을 이용하여 만든 양조주가 아닌 것은?

① Toddy ② Cider ③ Perry ④ Mead

27. 상면발효 맥주 중 벨기에에서 전통적인 발효법을 이용해 만드는 맥주로, 발효시키기 전에 뜨거운 맥즙을 공기 중에 직접 노출시켜 자연에 존재하는 야생효모와 미생물이 자연스럽게 맥즙에 섞여 발효하게 만든 맥주는?

① 스타우트(Stout) ② 도르트문트(Dortmund)
③ 에일(Ale) ④ 람빅(Lambics)

28. 각국을 대표하는 맥주를 바르게 연결한 것은?

① 미국 - 밀러, 버드와이저 ② 독일 - 하이네켄, 뢰벤브로이
③ 영국 - 칼스버그, 기네스 ④ 체코 - 필스너, 벡스

29. 조주 상 사용되는 표준계량의 표시 중에서 틀린 것은?(2002년 5회)

① 1 티스푼(tea spoon)=1/8 온스
② 1 스플리트(split)=6 온스
③ 1 핀트(pint) = 10 온스
④ 1 포니(pony) = 1 온스

30. 다음 중 홍차가 아닌 것은?(2011년 4회)

① 잉글리시 블랙퍼스트(English breakfast)
② 로브스타(Robusta)

③ 다즐링(Dazeeling)
④ 우바(Uva)

풀이 해설

31. 칵테일의 종류 중 마가리타(Margarita)의 주원료로 쓰이는 술의 이름은?(2005년 1회)

① 위스키(Whisky) ② 럼(Rum)
③ 테킬라(Tequila) ④ 브랜디(Brandy)

31. Tequila 1½oz, Triple Sec (Cointreau) ½oz, Lemon Juice ½oz

32. 1 온스(oz)는 몇 ㎖인가?(2009년 5회)

① 10.5 ㎖ ② 20.5㎖ ③ 29.5㎖ ④ 40.5㎖

33. 바카디 칵테일(Bacardi Cocktail)용 글라스는?

① 올드 패션드(Old Fashioned)용 글라스
② 스템 칵테일(Stemmed Cocktail) 글라스
③ 필스너(Pilsner) 글라스
④ 고블렛(Goblet) 글라스

33. White Rum 1¾oz, Lime Juice ¾oz, Powdered Sugar 1tsp, Cocktail Glass
※ Stemmed Glass는 다리가 있는 글라스를 말하며, Non-Stemmed Glass는 Highball Glass, Tumbler와 같이 다리가 없고 평평한 바닥을 지닌 글라스 즉, 실린더형(Cylindric Style) 글라스를 말함

34. 다음 주류 중 알코올 도수가 가장 약한 것은?(2004년 2회)

① 진(Gin) ② 위스키(Whisky)
③ 브랜디(Brandy) ④ 슬로우진(Sloe Gin)

34. 증류주의 알코올 도수는 40도 ④는 혼성주, Sloe gin is a red liqueur made with gin and sloe (blackthorn) drupes, which are a small fruit relative of the plum. Sloe gin has an alcohol content between 15 and 30 percent by volume.

35. 다음에서 주장관리 원칙과 가장 거리가 먼 것은?

① 매출의 극대화 ② 청결유지
③ 분위기 연출 ④ 완벽한 영업 준비

36. 메뉴 구성 시 산지, 빈티지, 가격 등이 포함되어야 하는 주류와 가장 거리가 먼 것은? (2011년 1회)

① 와인 ② 칵테일 ③ 위스키 ④ 브랜디

37. 조주보조원이라 일컬으며 칵테일 재료의 준비와 청결 유지를 위한 청소담당 및 업장 보조를 하는 사람은?

① 바 헬퍼(Bar helper) ② 바텐더(Bartender)
③ 헤드 바텐더(Head Bartender) ④ 바 매니져(Bar Manager)

풀이 해설

38. 코스터(Coaster)란?(2006년 2회/2011년 2회)
① 바용 양념세트② 잔 밑받침
③ 주류 재고 계량기 ④ 술의 원가표

39. ② 칵테일을 휘저어 혼합시키거나 잔속에 있는 설탕과 과육을 부수는 데 사용, ③ 믹싱글라스에서 만든 칵테일을 글라스를 옮길 때 얼음이나 고형물이 잔에 들어가지 않도록 하는 기구, ④ 믹싱글라스 재료를 섞거나 소량을 잴 때 사용

39. 칵테일 기구에 해당되지 않는 것은?
① Butter Bowl ② Muddler
③ Strainer ④ Bar Spoon

40. 와인 병을 눕혀서 보관하는 이유로 가장 적합한 것은?(2006년 2회)
① 숙성이 잘되게 하기 위해서
② 침전물을 분리하기 위해서
③ 맛과 멋을 내기 위해서
④ 색과 향이 변질되는 것을 방지하기 위해서

41. ④ 집게

41. 얼음을 다루는 기구에 대한 설명으로 틀린 것은?(2004년 1회)
① Ice Pick - 얼음을 깰 때 사용하는 기구
② Ice Scooper - 얼음을 떠내는 기구
③ Ice Crusher - 얼음을 가는 기구
④ Ice Tong - 얼음을 보관하는 기구

42. 핑크 레이디 : 셰이커에 드라이 진 1온스, 그레나딘 시럽 ⅓온스, 생크림 ½온스와 얼음을 넣은 다음 계란 흰자 1개, 밀리언 달러 : 셰이커에 드라이 진 1온스, 스위트 베르무트 ½온스, 파인애플 주스 ½온스, 그레나딘 시럽 2티스푼, 계란 흰자 1개, 마티니 : 스터방법으로 드라이 진 1½온스, 드라이 베르무트 ½온스, B-52 : Float 방법으로 깔루아(Kahlúa), 베일리스(Baileys Irish Cream), 그랑 마르니에(Grand Marnier)순으로 ⅓ Part

42. 핑크 레이디, 밀리언 달러, 마티니, B-52의 조주 기법을 순서대로 나열한 것은?
① shaking, stirring, building, float &layer
② shaking, shaking, float &layer, building
③ shaking, shaking, stirring, float &layer
④ shaking, float &layer, stirring, building,

43. FIFO(First in First out) 방법은 선입선출방법이며, LIFO(Last in First Out) 방법은 후입선출방법

43. 선입선출(FIFO)의 원래 의미로 맞는 것은?(2010년 5회)
① First - in, First - on
② First - in, First - off
③ First - in, First - out
④ First - inside, First - on

44. Honeymoon 칵테일에 필요한 재료는?

① Apple Brandy ② Dry Gin
③ Old Tom Gin ④ Vodka

45. 바 매니저(Bar Manager)의 주 업무가 아닌 것은?

① 영업 및 서비스에 관한 지휘 통제권을 갖는다.
② 직원의 근무 시간표를 작성한다.
③ 직원들의 교육 훈련을 담당한다.
④ 인벤토리(Inventory)를 세부적으로 관리한다.

46. 주로 tropical cocktail을 조주할 때 사용하며 "두들겨 으깬다."라는 의미를 가지고 있는 얼음은?(2008년 1회/2009년 4회)

① shaved ice ② crushed ice
③ cubed ice ④ cracked ice

47. 칵테일을 제조할 때 계란, 설탕, 크림(cream) 등의 재료가 들어가는 칵테일을 혼합할 때 사용하는 기구는?(2009년 4회/2011년 5회)

① Shaker ② Mixing Glass
③ Jigger ④ Strainer

48. Champagne 서브 방법으로 옳은 것은?

① 병을 미리 흔들어서 거품이 많이 나도록 한다.
② 0 ~ 4℃ 정도의 냉장온도로 서브한다.
③ 쿨러에 얼음과 함께 담아서 운반한다.
④ 가능한 코르크를 열 때 소리가 크게 나도록 한다.

49. 칵테일 용어 중 트위스트(Twist)란?(2005년 2회)

① 칵테일 내용물이 춤을 추듯 움직임
② 과육을 제거하고 껍질만 짜서 넣음
③ 주류 용량을 잴 때 사용하는 기물
④ 칵테일의 2온스 단위

풀이 해설

44. Honeymoon : Apple Brandy 3/4oz. Benedictine 3/4oz, Lemon Juice ½oz, Triple Sec 1tsp.

46. ①가루얼음, 빙수용으로 쓰는 얼음과 같이 눈처럼 곱게 빻은 가루얼음, ② 두들겨 으깬다. ③ 칵테일용 정육면체의 얼음, ④ 잔얼음, 부숴 깬 얼음, 분쇄얼음. 즉, 큰 얼음덩이를 Ice Pick로 깨서 만든 얼음

47. ① Hand Shaker : 혼합하기 힘든 재료들을 잘 섞는 동시에 냉각시키는 도구로 뚜껑(Cap, Top), 몸통(Body), 여과기(Strainer) 세 부분으로 구성, ② Mixing Glass : 혼합용 글라스 용기로 셰이커를 사용하지 않아도 잘 혼합되는 재료를 섞을 때나 칵테일을 투명하게 만들 때 사용한다. 바 글라스(Bar Glass), ③ Jigger : 보통 윗부분은 1온스(약 30㎖)와 아랫부분은 1½온스(약 40㎖), ④ Strainer : 믹싱글라스에서 만든 칵테일을 글라스를 옮길 때 얼음이나 고형물이 잔에 들어가지 않도록 하는 기구

48. 샴페인을 마시는 온도는 너무 차서는 안 되고 6~8도가 적당. 샴페인을 알맞은 온도로 맞추기 위해서는 마시기 두 세 시간 전 냉장고에 넣어 두거나(냉동실은 금물), 가장 이상적인 방법은 물과 얼음을 채운 Wine Bucket에 샴페인 병을 30분 정도 담가 두는 것. 병을 열 때는 한 손으로 병을 잡고, 다른 손으로 병마개를 감은 철사를 벗긴다. 마개를 고정시킨 채로 조심스럽게 병을 돌리면 마개가 저절로 빠져 나온다. 잔에 샴페인을 ⅔만 따르고 이제 시각, 후각, 미각을 동원하여 샴페인을 시음

49. ③Jigger

풀이 해설

50. 칵테일 재료 중 석류를 사용해 만든 시럽(Syrup)은?(2005년 4회)

① 플레인 시럽(Plain Syrup)

② 검 시럽(Gum Syrup)

③ 그레나딘 시럽(Grenadine Syrup)

④메이플 시럽 (Maple Syrup)

51. "What will you have to drink?"의 의미로 가장 적합한 것은?

① 식사는 무엇으로 하시겠습니까?

② 디저트는 무엇으로 하시겠습니까?

③ 그 외에 무엇을 드시겠습니까?

④ 술은 무엇으로 하시겠습니까?

52. 스카치 위스키를 기주로 만든 유명한 리큐르의 이름을 묻는 질문으로 ① 드람뷰이(위스키와 허브로 만드는 스코틀랜드 술), ② 프랑스에서 오렌지 껍질로 만든 리큐어, ③ 그랑 마니에(브랜디와 오렌지로 만드는 프랑스 술, ④ 큐라소(오렌지 향료가 든 리큐어

52. What is the name of famous Liqueur on Scotch basis?

① Drambuie ② Cointreau

③ Grand marnier ④ Curacao

53. main ingredient 주성분

53. What is the meaning of the following explanation?

When making a cocktail, this is the main ingredient into which other things are added.

① base ② glass ③ straw ④ decoration

54. 디저트 좀 드시겠어요. 로 Vanilla ice-cream, please.이 적당함

54. "Would you care for dessert?"의 올바른 대답은?

① Vanilla ice-cream, please. ② Ice-water, please.

③ Scotch on the rocks. ④ Cocktail, please

55. Which one is made of dry gin and dry vermouth?

① Martini ② Manhattan

③ Paradise ④ Gimlet

56. Here's to us!, Here's to you, Here's to Tom, Here's to Ryco Inc(구체적으로 누군가 또는 무언가를 위하여!), Cheers!(기분 좋게 마시자=Bottoms up!)

56. 다음 중 의미가 다른 하나는?

① Cheers! ② Give up!

③ Bottoms up! ④ Here's to us!

57. Which of the following is a liqueur made by Irish whisky and Irish cream?

① Benedictine ② Galliano
③ Creme de Cacao ④ Baileys

58. Which of the following is not scotch whisky?

① Cutty Sark ② White Horse
③ John Jameson ④ Royal Salute

59. Which is the syrup made by pomegranate?

① Maple syrup ② Strawberry syrup
③ Grenadine syrup ④ Almond syrup

60. 다음 문장 중 나머지 셋과 의미가 다른 하나는?

① What would you like to have?
② Would you like to order now?
③ Are you ready to order?
④ Did you order him out?

풀이 해설

57. 아이리시 위스키와 아이리시 크림에 의해 만들어진 리큐르는 어느 것인지 묻는 Baileys(벨기에산 초콜릿과 신선한 아이리시 크림, 위스키가 부드럽게 섞인 세계 최초의 크림 리큐르)

58. 스카치위스키가 아닌 것은 어느 것인지를 묻는 질문으로 ③은 아이리시 위스키로 정답, ① 커티사크는 게릭어로 "짧은 셔츠"라는 뜻. 1869년, 이 이름을 붙인 신예 범선이 스코틀랜드에서 진수. 동양 항로로 취항해서 빠른 속도로 이름을 날렸다. 커티사크 위스키는 그 배의 이름을 따서 1923년에 탄생했으며, 라벨에는 그 배의 모습을 그려서 발매했다. 또한 범선은 얼마 후에 은퇴. 현재 런던 교회에 기념물로 보존되어 있다. 커티사크는 순한 스카치의 대표적 존재로 정평이 있으며, 이는 맛뿐만이 아니라 색에 까지 나타나 있다. 매우 연한 색을 띠는데, 이는 블렌디드 스카치 중에서도 손에 꼽힌다. 순한 맛은 로우랜드 몰트를 베이스로 하고 있는 점, 하이랜드 몰트 중에도 글렌고인이나 글렌그라소처럼 온건한 몰트를 선정한 것이 중요한 요소이다. 또한 극히 부드러운 맛의 그레인 위스키를 배합한 점도 순한 맛을 내는데 기여하고 있다. 라이트 위스키라는 점에서 J & B와 자주 비교되는데, J & B는 깨끗한 맛을 지니는데, 커티사크는 곡물에서 우러나오는 맛이 느껴진다. ② 화이트호스라는 명칭은 에딘버라 시에 있었던 오래된 여관의 이름에서 유래. 이곳의 전용 위스키로 제조된 것이 이 위스키의 출발점. 8년산은 일본시장 전용으로 개발된 것. 매끄러운 입맛으로 폭넓게 사랑받는다. 12년산은 프리미엄 스카치로, 세련된 향기와 깔끔한 맛이 특징. ④ 여왕의 대관식에 헌정되어'여왕의 술'이란 별칭으로 불리는 로열 살루트의 역사는 1951년부터 시작. 예로부터 최고의 생산품은 언제나 왕에게 바치는 법으로, 세계 최고의 위스키 원액 생산 가문인 시바스 브라더스 사는 엘리자베스 2세 영국 여왕의 대관식을 위하여 특별 제작한 오크통에서 21년 동안 숙성시킨 위스키를 제조.

59. 석류로 만든 시럽은 어느 것인지를 묻는 것으로 Grenadine syrup
pomegranate : 석류

60. What would you like to have? : 뭐 드시겠어요?/Would you like to ~ ? : 네가 ~ 하려고 하니? What would you like to ~ ? : 네가 뭘 하려고 하니?, ③ 주문하실 준비되셨어요.

2014년 제2회 정답

1	2	3	4	5	6	7	8	9	10	11	12	13	14	15	16	17	18	19	20
②	③	④	②	③	②	②	③	④	①	②	②	①	③	③	④	④	②	②	②
21	22	23	24	25	26	27	28	29	30	31	32	33	34	35	36	37	38	39	40
④	②	④	③	③	④	④	①	③	②	③	③	②	④	①	②	①	②	①	④
41	42	43	44	45	46	47	48	49	50	51	52	53	54	55	56	57	58	59	60
④	③	③	①	④	②	①	③	②	③	④	①	①	①	①	②	④	③	③	④

국가기술자격검정 필기시험문제

2014년도 기능사 일반검정 제 4 회				수검번호	성명
자격종목 및 등급(선택분야)	종목코드	시험시간	문제지형별		
조주기능사	7916	1시간	A		

※ 시험문제지는 답안카드와 같이 반드시 제출하여야 한다.

풀이 해설

1. Short Drink란 (작은 잔으로 마시는) 독한 술, 즉 시간적인 개념으로 짧은 시간에 마시는 칵테일 음료

3. Drambuie(40℃~45℃) : 스카치위스키, 약초, 벌꿀 사용. 스코틀랜드 갈색 스카치에 60여 종의 식물의 향기와 꿀을 배합한 영국산

5. 소흥주(紹興酒)는 사오싱주라고 하며, 찹쌀을 발효시켜 만든 중국 사오싱 지방의 발효주를 말한다.

1. 쇼트 드링크(short drink)란?(2004년 1회)

① 만드는 시간이 짧은 음료
② 증류주와 청량음료를 믹스한 음료
③ 시간적인 개념으로 짧은 시간에 마시는 칵테일 음료
④ 증류주와 맥주를 믹스한 음료

2. Stinger를 조주할 때 사용되는 술은?(2006년 1회)

① Brandy ② Creme de menthe Blue
③ Cacao ④ Sloe Gin

3. 칵테일 명칭이 아닌 것은?

① Gimlet ② Kiss of Fire
③ Tequila Sunrise ④ Drambuie

4. 맥주(Beer)에서 특이한 쓴맛과 향기로 보존성을 증가시키고 또한 맥아즙의 단백질을 제거하는 역할을 하는 원료는?

① 효모(yeast) ② 홉(hop)
③ 알코올(alcohol) ④ 과당(fructose)

5. 다음 중 우리나라의 전통주가 아닌 것은?

① 소흥주 ② 소곡주
③ 문배주 ④ 경주법주

6. 다음 중 미국을 대표하는 리큐르(liqueur)?
① 슬로우 진(Sloe Gin)
② 리카르드(Ricard)
③ 사우던 컴포트(southern confort)
④ 크림 데 카카오(Creme de cacao)

7. 다음 중 오렌지향의 리큐르가 아닌 것은?
① 그랑 마니에르(Grand Marnier)
② 트리플 섹(Triple Sec)
③ 꼬엥뜨로(Cointreau)
④ 뮤슈(Mousseux)

8. 다음 증루주 중에서 곡류의 전분을 원료로 하지 않는 것은?
① 진(Gin) ② 럼(Rum)
③ 보드카(Vodka) ④ 위스키(Whisky)

9. 스페인 와인의 대표적 토착품종으로 숙성이 충분히 이루어지지 않을 때는 짙은 향과 풍미가 다소 거칠게 느껴질 수 있지만 오랜 숙정을 통해 부드러움이 갖추어져 매혹적인 스타일이 만들어지는 것은?
① Gamay
② Pinot Noir
③ Tempranillo
④ Cabernet Sauvignon

10. 화이트와인 품종이 아닌 것은?
① 샤르도네(Chardonnay)
② 말벡(Malbec)
③ 리슬링(Riesling)
④ 뮈스까(Muscat)

11. 데킬랄의 구분이 아닌 것은?
① 블랑코 ② 그라파
③ 레포사도 ④ 아네호

풀이 해설

6. ② 프랑스의 프로방스 지방의 식물과 아니스, 감초등을 배합하여 만든 술, ③ 미국산 리큐르이며 잘 숙성된 버번을 밑술로 복숭아를 배합하여 만든 것이다. 미국에서 가장 많이 소비되는 리큐르중 하나로 43도, 50도가 있으며 호박색

7. ④ 프랑스의 발포성 와인

9. ③ 잎이 크고 껍질이 적당하며, 적절한 산미와 부드러운 타닌이 있는 조화로운 스페인 포도품종. 오디, 딸기, 담배, 오크통에서 숙성되면서 생기는 향료, 바닐라, 커피 맛이 난다. 주 재배 지역은 Rioja, Ribera del Duero, 유명 대표 와인은 유니코, 아누스

10. ② Malbec is a purple grape variety used in making red wine. The grapes tend to have an inky dark color and robust tannins, and are known as one of the six grapes allowed in the blend of red Bordeaux wine. The French plantations of Malbec are now found primarily in Cahors in South West France. It is increasingly celebrated as an Argentine varietal wine and is being grown around the world.

11. ② 포도를 압착 후 나머지를 증류한 것으로 숙성하지 않아서 무색의 이탈리아 브랜디.

풀이 해설

12. Terroir의 의미를 가장 잘 설명한 것은?
① 포도재배에 있어서 영향을 미치는 자연적인 환경요소
② 영양분이 풍부한 땅
③ 와인을 저장할 때 영향을 미치는 온도, 습도, 시간의 변화
④ 물이 빠지는 토양

13. 다음 중 와인의 정화(fining)에 사용되지 않는 것은?(2010년 5회)
① 규조토 ② 계란의 흰자
③ 카제인 ④ 아황산용액

13. Fining : 벤토나이트(Bentonite), 활성탄(Active Cabon), 젤라틴(Gelatine), 계란흰자, PVPP, 카제인, 탈지유, 규조토 등

14. 와인의 숙성 시 사용되는 오크통에 관한 설명으로 가장 거리가 먼 것은?
① 오크 캐스크(cask)가 작은 것 일수록 와인에 뚜렷한 영향을 준다.
② 보르도 타입 오크통의 표준 용량은 225리터이다.
③ 캐스크가 오래될수록와인에 영향을 많이 주게 된다.
④ 캐스트에 숙성시킬 경우에 정기적으로 랙킹(racking)을 한다.

14. ③ 새 것일수록 영향을 많이 미친다.

15. 칵테일을 만드는 기본기술 중 글라스에서 직접 만들어 손님에게 제공하는 경우가 있다. 다음 칵테일 중 이에 해당되는 것은?
① Bacardi ② Calvados
③ Honeymoon ④ Gin Rickey

15. ④ 워싱턴DC 로비스트였던 조 리키(통칭 짐)가 마음에 들어했던 슈메카즈 레스토랑에서 고안했던 칵테일로 시지만 깔끔한 맛. 하이 볼 글라스에 라임 즙을 짜서 넣고, 짠 라임을 그대로 담근다. 드라이 진 1온스, 라임 주스 ½온스, 소다수 Fill

16. 롱드링크 칵테일이나 비알콜성 펀치 칵테일을 만들 때 사용하는 것으로 레몬과 설탕이 주원료인 청량음료(soft drink)는?
① Soda Water ② Ginger Ale
③ Tonic Water ④ Collins Mix

16. Soda Water는 탄산가스와 무기염류를 함유한 물, Tonic Water는 영국인의 의해 개발된 보건음료로 소다수에 키니네(Quinine) 성분을 첨가한 것, Ginger Ale은 생강향 소다수에 캐러멜 색소로 착색한 것

17. 다음 민속주 중 증류식 소주가 아닌 것은?
① 문배주 ② 삼해주
③ 옥로주 ④ 안동소주

17. ② 고려 때부터 제조한 우리나라 술의 하나. 찹쌀을 발효시켜 두 번 덧 술하여 빚는 약주로서 정월의 첫 해일(亥日)에 시작하여 해일마다 세 번에 걸쳐 빚는다고 해서 삼해주라고 하며, 정월 첫 해일에 담가 버들개지가 날릴 때쯤 먹는다고 해서 유서주(柳絮酒)라고도 함

18. 커피 리큐르가 아닌 것은?
① 카모라(Kamora) ② 티아 마리아(Tia Maria)
③ 쿰멜(Kummel) ④ 칼루아(Kahlua)

18. ③ Kummel: 캐러웨이(Caraway) 열매와 커민(Cumin)을 활용해 만든 리큐르

19. 다음 칵테일 중 직접 넣기(Building)기법으로 만드는 칵테일로 적합한 것은?
① Bacardi ② Kiss of Fire
③ Honeymoon ④ Kir

20. 칠레에서 주로 재배되는 포도품종이 아닌 것은?
① 말백(Malbec)
② 진판델(Zinfandel)
③ 메를로(Merlot)
④ 까베르네 쇼비뇽(Cabernet Sauvignon)

21. 코냑은 무엇으로 만든 술인가?
① 보리 ② 옥수수
③ 포도 ④ 감자

22. Draft Beer의 특징으로 가장 잘 설명한 것은?
① 맥주 효모가 살아 있어 맥주의 고유한 맛을 유지한다.
② 병맥주 보다 오래 저장할 수 있다.
③ 살균처리를 하여 생맥주 맛이 더 좋다.
④ 효모를 미세한 필터로 여과하여 생맥주 맛이 더 좋다.

23. 다음 중 몰트위스키가 아닌 것은?
① A'bunadh ② Macallan
③ Crown royal ④ Glenlivet

24. Gin Fizz의 특징이 아닌 것은?
① 하이볼 글라스를 사용한다.
② 기법으로 Shaking과 Building을 병행한다.
③ 레몬의 신맛과 설탕의 단맛이 난다.
④ 칵테일 어니언(onion)으로 장식한다.

25. 음료의 살균에 이용되지 않는 방법은?
① 저온 장시간 살균법(LTLT) ② 자외선 살균법
③ 고온 단시간 살균법(HTST) ④ 초고온 살균법(UHT)

풀이 해설

20. ② 미국 캘리포니아(California)에서 가장 많이 재배되는 적포도 품종으로 이탈리아에서는 Primitivo(프리미티보)

22. 생맥주를 파는 곳은 충분히 냉장되는 저장시설을 갖추고 있어야 하며, 미살균 상태이므로 온도를 적정온도 2~3℃로 항상 유지하고 7℃ 이상으로 더워지면 맥주의 맛이 시어지게 된다. 또한 Glass에 서비스 할 때는 3~4℃ 정도가 적당한 온도이며, 술통 속의 압력은 일정하게 유지하여야 하며 그 압력은 12~14Pound로서 맥주의 온도가 3℃ 정도 때의 압력을 가지고 있다고 인정한다. 만약 압력이 12Pound보다 낮으면 천연가스가 노출되어 Flat이 될 것임, 맥주의 순환은 First in First out(선입선출)의 규칙을 준수

23. ③ 1924년, 몬트리올에서 창업되었는데, 초기부터 발매되었던 것이 위의 VO. 병의 목에 달려있는 리본은 동사가 소유하고 있었던 사라브레드에 기승하는 기수의 레이스 기승시의 복장의 색. 현재 VO의 원액은 캐나다 국내 6곳의 공장에서 콘과 라이보리를 원료로 만들어지고 있으며, 그것을 6년 이상 숙성시킨 후에 숙련된 블렌더들이 블렌드해서 제품화하고 있으며, 순하며 부드러운 향미가 특징.

24. ④ Gibson

25. 살균방식 : 초고온살균(135~140℃), 고온살균(72~75℃), 저온살균(63~65℃)

풀이 해설

26. 다음 중 롱 드링크(Long drink)에 해당하는 것은?
① 마티니(Martini) ② 진피즈(Gin Fizz)
③ 맨하탄(Manhattan) ④ 스팅어(Stinger)

27. ② marasquin : 지중해산 버찌를 가미한 술 = marasque

27. 다음 중 원료가 다른 술은?
① 트리플 섹 ② 마라스퀸
③ 꼬엥뜨로 ④ 블루 퀴라소

28. 다음 중 양조주가 아닌 것은?
① Silvowitz ② Cider
③ Porter ④ Cava

29. 커피의 3대 원종이 아닌 것은?
① 아라비카종 ② 로부스타종
③ 리베리카종 ④ 수마트라종

30. Dash/Splash=5~6drops=⅙tsp= 1/32oz ≒ 0.9㎖

30. 1 대시(dash)는 몇 mL인가?
① 0.9mL ② 5mL ③ 7mL ④ 10mL

31. Bin : 저장 용기나 저장고

31. 빈(bin)이 의미하는 것으로 가장 적합한 것은?
① 프랑스산 적포도주
② 주류 저장소에 술병을 넣어 놓는 장소
③ 칵테일 조주 시 가장 기본이 되는 주재료
④ 글라스를 세척하여 담아 놓는 기구

33. ② 주류를 따를 때 흘리지 않도록 병 주둥이 부분에 끼워 사용 ③ 병을 막아 두는 기구

32. 백포도주를 서비스 할 때 함께 제공하여야 할 기물로 가장 적합한 것은?
① bar spoon ② wine cooler
③ strainer ④ tongs

33. 음료서비스 시 수분흡수를 위해 잔 밑에 놓는 것은?
① coaster ② pourer
③ stopper ④ jigger

34. Floating의 방법으로 글라스에 직접 제공하여야 할 칵테일은?
① Highball ② Gin fizz ③ Pousse cafe ④ Flip

35. 다음 중 네그로니(Negroni) 칵테일의 재료가 아닌 것은?
① Dry Gin ② Campari ③ Sweet Vermouth ④ Flip

36. 칵테일의 기법 중 stirring을 필요로 하는 경우와 가장 관계가 먼 것은?
① 섞는 술의 비중의 차이가 큰 경우
② Shaking 하면 만들어진 칵테일이 탁해질 것 같은 경우
③ Shaking 하는 것 보다 독특한 맛을 얻고자 할 경우
④ Cocktail의 맛과 향이 없어질 우려가 있을 경우

37. 레드와인의 서비스로 틀린 것은?
① 적정한 온도로 보관하여 서비스한다.
② 잔의 가득 차도록 조심해서 서서히 따른다.
③ 와인 병이 와인 잔에 닿지 않도록 따른다.
④ 와인 병 입구를 종이냅킨이나 크로스냅킨을 이용하여 닦는다.

38. Cognac의 등급 표시가 아닌 것은?
① V.S.O.P ② Napoleon ③ Blended ④ Vieux

39. 주장 원가의 3요소는?
① 인건비, 재료비, 주장경비 ② 재료비, 주장경비, 세금
③ 인건비, 봉사료, 주장경비 ④ 주장경비, 세금, 봉사료

40. 다음 중 용량에 있어 다른 단위와 차이가 가장 큰 것은?
① 1 Pony ② 1 Jigger ③ 1 Shot ④ 1 Ounce

41. Standard recipe를 지켜야 하는 이유로 가장 거리가 먼 것은?
① 다양한 맛을 낼 수 있다.
② 객관성을 유지할 수 있다.
③ 원가책정의 기초로 삼을 수 있다.
④ 동일한 제조 방법으로 숙련할 수 있다.

풀이 해설

34. Floating : 술의 비중을 이용해 섞이지 않도록 띄우는 방법

35. ④ Flip : 1개의 계란, 1tsp의 가루설탕, 1oz의 원하는 술을 Shake에 얼음과 함께 넣고 잘 흔들어서 Glass에 따른 후 육두구(Nutmeg)를 뿌려준다. 손님이 원하면 Cream을 2tsp 정도 넣어서 만들어 준다.

36. ① Floating

38. ④ Vieux, the Dutch name for Dutch brandy, Dutch imitation Cognac

39. 원가의 3요소: 재료비, 인건비(노무비), 경비

42. 포도주를 관리하고 추천하는 직업이나 그 일을 하는 사람을 뜻하며 와인마스타(Wine Master)라고도 불리는 사람은?

① 셰프(Chef) ② 소믈리에(Sommelier)
③ 바리스타(Barista) ④ 믹솔로지스트(Mixologist)

43. Long drink가 아닌 것은?

① Pina Colada ② Manhattan
③ Singapore Sling ④ Rum Punch

44. Fizz류의 칵테일 조주 시 일반적으로 사용되는 것은?

① Shaker ② Mixing Glass
③ Pitcher ④ Stirring Rod

45. 탄산음료나 샴페인을 사용하고 남은 일부를 보관 시 사용되는 기물은?

① 스토퍼 ② 포우러
③ 코르크 ④ 코스터

46. 주장(Bar)에서 유리잔(Glass)을 취급 · 관리하는 방법으로 틀린 것은?

① Cocktail Glass는 스템(Stem)의 아래쪽을 잡는다.
② Wine glass는 무늬를 조각한 크리스털 잔을 사용하는 것이 좋다.
③ Brandy Snifter는 잔의 받침(Foot)과 볼(Bowl)사이에 손가락을 넣어 감싸 잡는다.
④ 냉장고에서 차게 해 둔 잔(Glass)이라도 사용 전 반드시 파손과 청결 상태를 확인한다.

47. Brandy Base Cocktail이 아닌 것은?

① Gibson ② B & B ③ Sidecar ④ Stinger

48. Store Room에서 쓰이는 Bin Card의 용도는?

① 품목별 불출입 재고 기록
② 품목별 상품특성 및 용도기록
③ 품목별 수입가와 판매가 기록
④ 품목별 생산지와 빈티지 기록

풀이 해설

42. 믹솔로지스트'는 Mix(혼합하다)와 Ologist(학자)라는 두 단어의 합성어로 새로운 칵테일을 만드는 칵테일 분야의 예술가

43. ④ 럼 1oz, 크렌베리주스 ½, 오렌지주스 ½, 파인애플주스 ½, 그레나딘시럽을 뿌려줌

44. Fizz라는 이름이 붙게 된 이유는 탄산음료를 개봉할 때 또는 따를 때 피- 하는 소리가 난데서 비롯됐는데, 진, 리큐르 등을 베이스로 설탕, 라임(또는 레몬)주스, 소다수를 넣고 과일로 장식(진 피즈, 슬로진피즈, 카카오 피즈)

45. ④ 코스터(Coaster) : 글라스 밑 받침대, ① 스토퍼(Stopper) : 탄산성 음료의 가스 유출을 막기 위한 보조 병마개, ② 폴러(Pourer) : 술 손실 예방기구(보조 병마개 형도 있음)

47. Gibson Cocktail : Dry Gin 1½oz, Dry Vermouth ¾oz(Pearl Onion : Mixing Glass)

48. Bin Card: 재고 및 출입 상황을 한눈에 알아볼 수 있도록 창고에 비치하는 현장재고 기록표

49. June Bug 칵테일의 재료가 아닌 것은?
① Vodka
② Coconut Flavored Rum
③ Blue Curacao
④ Sweet & Sour Mix

풀이 해설

50. 칵테일의 분류 중 맛에 따른 분류에 속하지 않는 것은?
① 스위트 칵테일(Sweet Cocktail)
② 샤워 칵테일(Sour Cocktail)
③ 드라이 칵테일(Dry Cocktail)
④ 아페리티프 칵테일(Aperitif Cocktail)

50. ④ 식전주 칵테일

51. "How would you like your steak?"의 대답으로 가장 적합한 것은?
① Yes, I like it.
② I like my steak
③ Medium rare, please.
④ Filet mignon, please.

51. "스테이크를 어떻게 해 드릴까요?"에서 스테이크를 굽는 방법에는 well done, medium, rare가 있음.

52. Which is not the name of sherry?
① Fino ② Olorso
③ Tio Pepe ④ Tawny Port

52. "셰리와인의 이름이 아닌 것을 묻는 질문으로 루비 포트(Ruby Port), 토니 포트(Tawny Port), 빈티지 포트(Vintage Port), 레이트 보틀드 빈티지 포트(Late Bottled Vintage Port) 등" 은 포르투갈 포트와인

53. Where is the place not to produce wine in France?
① Bordeaux ② Bourgonne
③ Alsace ④ Mosel

53. "프랑스 와인 생산지가 아닌 것을 찾는 문제로 ④ 독일

54. 다음 내용의 의미로 가장 적합한 것은?

Scotch on the rock, please.

① 스카치위스키를 마시다.
② 바위 위에 위스키
③스카치 온더락 주세요.
④ 얼음에 위스키를 붓는다.

풀이 해설

55. "너 왜 나를 그렇게 대하느냐"의 의미로 As~하는 것처럼 So~하겠다.

56. 빈칸에 들어갈 알맞은 답을 찾는 문제로 : 드라이 마티니는 올리브와 함께 제공

57. "How often do~ 어느 정도 ~하십니까?"어느 정도 바에 자주 가십니까? 을 묻는 질문으로 ③ 꽤 종종이 정답, ① 오랫동안, 장기간, ② 시간이 있을 때

58. 식품관련 장비 혹은 음식을 보관하는 레스토랑의 룸이나 조금마한 장소를 묻는 질문으로 ①이 정답: ① 식료품 저장실, ② 휴대품 보관소, ③ 호텔에서 예약손님의 안내를 위해서 예약장부, 전화기, 참석자 명부 등을 위해서 비치하여 놓고 사용하는 책상, ④ 접대용 객실

59. "대부분의 하이볼, 오드 패션드, 언더락의 음료는 각 얼음을 필요로 한다.의 의미, call for : ~을 필요로 하다.

55. 다음의 ( ) 안에 들어갈 알맞은 것은?

Why do you treat me like that? As you treat me, ( ) will you I treat you.

① as　② so
③ like　④ and

56. 다음의 ( ) 안에 들어갈 알맞은 것은?

Which is the best answer for the blank?
A dry martini served with an (　　).

① Red Cherry　② Pearl Onion
③ Lemon Slice　④ Olive

57. 다음 질문에 대한 대답으로 가장 적절한 것은?

How often do you go to the bar?

① For a long time.　② When I am free.
③ Quite often. OK.　④ From yesterday.

58. 아래는 어떤 용어에 대한 설명인가?

A small space or room in some restaurants where food items or food-related equipments are kept.

① Pantry　② Cloakroom
③ Reception Desk　④ Hospitality room

59. 다음 ( ) 안에 들어갈 단어로 알맞은 것은?

Which is the best answer for the blank?
Most highballs, Old fashioned, and on-the-rocks drinks call for ( ).

① shaved ice　② crushed ice
③ cubed ice　④ lumped ice

60. 다음 ( ) 안에 들어갈 단어로 알맞은 것은?

(　　) is a generic cordial invented in Italy and made from apricot pits and herbs, yielding a pleasant almond flavor.

① Anisette　　② Amaretto
③ Advocast　　④ Amontillado

풀이 해설

60. "아몬드 향취와 허브, 살구씨로 만들어지는 이탈리아의 리큐르를 묻는 질문으로 아마레토는 이탈리아산(産)의 아몬드 향취가 있는 리큐어, ④ Amontillado is a variety of Sherry wine characterized by being darker than Fino but lighter than Oloroso. It is named for the Montilla region of Spain, where the style originated in the 18th century, although the name 'Amontillado' is sometimes used commercially as a simple measure of color to label any sherry lying between a Fino and an Oloroso.

2014년 제4회 정답

1	2	3	4	5	6	7	8	9	10	11	12	13	14	15	16	17	18	19	20
③	①	④	②	①	③	④	②	③	②	②	①	④	③	④	④	②	③	④	②
21	22	23	24	25	26	27	28	29	30	31	32	33	34	35	36	37	38	39	40
③	①	③	④	②	②	②	①	④	①	②	②	①	③	④	①	②	③	①	②
41	42	43	44	45	46	47	48	49	50	51	52	53	54	55	56	57	58	59	60
①	②	②	①	①	②	①	①	③	④	③	④	④	③	②	④	③	①	③	②

국가기술자격검정 필기시험문제

2014년도 기능사 일반검정 제 5 회				수검번호	성명
자격종목 및 등급(선택분야) 조주기능사	종목코드 7916	시험시간 1시간	문제지형별 A		

※ 시험문제지는 답안카드와 같이 반드시 제출하여야 한다.

1. 아로마(Aroma)에 대한 설명 중 틀린 것은?

① 포도의 품종에 따라 맡을 수 있는 와인의 첫 번째 냄새 또는 향기이다.

② 와인의 발효과정이나 숙성과정 중에 형성되는 여러 가지 복잡 다양한 향기를 말한다.

③ 원료 자체에서 우러나오는 향기이다.

④ 같은 포도품종이라도 토양의 성분, 기후 재배조건에 따라 차이가 있다.

2. 양조주의 제조방법으로 틀린 것은?

① 원료는 곡류나 과실류이다.

② 전분은 당화과정이 필요하다.

③ 효모가 작용하여 알코올을 만든다.

④ 원료가 반드시 당분을 함유할 필요는 없다.

3. 다음에서 설명하는 전통주는? (2007년 2회)

- 원료는 쌀이며 혼성주에 속한다.
- 약주에 소주를 섞어 빚는다.
- 무더운 여름을 탈 없이 날 수 있는 술이라는 뜻에서 그 이름이 유래되었다.

① 과하주 ② 백세주

③ 두견주 ④ 문배주

풀이 해설

1. 아로마의 1차향은 포도가 지니고 있는 자연 향기로 레드 체리, 장미, 딸기, 화이트 사과, 복숭아, 청포도 등 과일 향, 2차는 화학적 변화로 잼, 허브, 토스트, 바닐라, 이스트, 오크 향, 3차 부케로 와인의 숙성에서 생겨난 향으로 화학적 물질, 향신료, 가죽, 사향, 버섯, 시가 등 복합적인 향

2. 알코올 1% = 당 1.8% 정도 필요(약 1리터 당 17.8g), (당분*0.475)/0.8 = 알코올도, 효모가 당분을 먹이로 하여 알코올을 생성

3. ② 쌀과 누룩으로 빚은 백세주는 구기자, 오미자, 인삼 등 열두 가지 한약재를 넣어 함께 발효시킨 술, ③ 충남 서북부 해안지방의 전통 민속주로 고려 개국공신 복지겸이 백약이 무효인 병을 앓고 있을 때 백일기도 끝에 터득한 비법에 따라 찹쌀, 아미산의 진달래, 안샘물로 빚은 술을 마심으로 질병을 고쳤다는 신비의 전설과 함께 전해 내려온다. ④ 평안도 지방의 향토 술로 알코올 농도가 40도 정도의 술, 계명주 : 고구려의 도읍지인 서경(평양)을 중심으로 제조법이 널리 알려진 술로서 붉은 빛이 나도록 하는 수수를 주원료로 사용했다. 이 술은 밤에 술을 담가 다음날 새벽에 닭이 울 때 먹는 술이라 하여 한자의 뜻으로 이름 붙여졌다 한다.

4. 각 나라별 와인 등급 중 가장 높은 등급이 아닌 것은?

① 프랑스 V.D.Q.S ② 이탈리아 D.O.C.G
③ 독일 Q.m.P ④ 스페일 D.O.C

5. 증류주 1Quart의 용량과 가장 거리가 먼 것은?(2006년 1회/2008년 5회)

① 750㎖ ② 1000㎖ ③ 32oz ④ 4cup

6. 탄산음료의 종류가 아닌 것은?(2009년 4회)

① Tonic Water ② Soda Water
③ Collins Mixer ④ Evian Water

7. 감자를 주원료로 해서 만드는 북유럽의 스칸디나비아 술로 유명한 것은?(2008년2회)

① Aquavit ② Calvados ③ Eau de Vie ④ Grappa

8. 산지별로 분류한 세계 4대 위스키가 아닌 것은?(2005년1회)

① American Whisky ② Japanese Whisky
③ Scotch Whisky ④ Canadian Whisky

9. 양조주의 종류에 속하지 않은 것은?

① Amaretto ② Lager Beer
③ Beaujolais Nouveau ④ Ice Wine

10. 다음은 어떤 리큐르에 대한 설명인가?(2007년1회)

> 스카치산 위스키에 히스 꽃에서 딴 봉밀과 그밖에 허브를 넣어 만든 감미 짙은 리큐르로 러스티 네일을 만들 때 사용된다.

① Cointreau ② Galliano
③ Chartreuse ④ Drambuie

11. 다음 중 종자류 계열이 아닌 혼성주는?

① 티아 마리아 ② 아마레토
③ 쇼콜라 스위스 ④ 갈리아노

풀이 해설

4. ① 프랑스 A.O.C(Appellation d'Origine Controlee)

5. Quart(쿼트): 액량의 단위. 영국, 캐나다에서는 2파인트(pint) 또는 약 1.14리터, 미국에서는 0.94리터

7. ② Calvados는 프랑스 노르망디 지방에서 생산되는 Apple Brandy이며 향미, 향취가 좋음, 이는 아펠라시옹 꽁뜨롤레 깔바도스 뒤 빼이도쥐(Appellation Controlee Calvados du Pays d'Auge)법에 따라 통제 관리 하에 생산된 것에 한하여 Calvados라고 표기, 제조과정은 사과 - 발효(1개월) - 증류(단식 2번) - 숙성(1년), ③ Eau de Vie : 과일로 만든 증류주의 총칭, 생명의 물, 화주, 브랜디, ④ 이탈리아의 브랜디로 포도를 압착 후 나머지를 증류한 것으로 숙성하지 않아서 무색 즉, 포도 찌꺼기를 가지고 만듦

9. ① 살구씨의 향의 첨가한 혼성주

11. ④ 이탈리아 밀라노 지방에서 생산되는 것으로 오렌지와 바닐라 향이 강하며 독특하고 길쭉한 병에 담긴 리큐르

풀이 해설

12. Rusty Nail : Scotch ¾oz, Drambuie ¼oz(Float)

13. 원산지는 에디오피아로 고도 1,000~2,000mdlau, 강수량 1,500~2,000미리 주요생산지 브라질, 콜롬비아, 코스타리카

14. ①, ④ Lager Beer 흑맥주 : Stout 맥주

15. ① 3oz짜리 Cocktail Glass에 가루얼음으로 잔을 채운 후 원하는 술을 부어 줌. 짧은 빨대를 끼워주며 Cordial 종류는 모두 해당됨. Frappe『아주 차갑다』란 뜻, ② 진 · 브랜디 · 위스키 등에 과즙 · 설탕물 · 향료 등을 가미한 음료, ③ Fizz라는 이름이 붙게 된 이유는 탄산음료를 개봉할 때 또는 따를 때 피- 하는 소리가 난데서 비롯됐는데, 진, 리큐르 등을 베이스로 설탕, 라임(또는 레몬)주스, 소다수를 넣고 과일로 장식(진 피즈, 슬로진피즈, 카카오 피즈)

17. ④ 정제된 에탄올에 가까워 가볍고 깨끗한 느낌을 주지만 이 원액을 숙성시키면 발향물질이 적어 개성이 약하고 바디감이 가벼운 숙성주를 만든다. 따라서 맛과 향이의 파괴가 많다.

12. 다음 중 증류주가 아닌 것은?

① 소주 ② 청주 ③ 위스키 ④ 진

13. 아라비카종 커피의 특징으로 옳은 것은?

① 병충해에 강하고 관리가 쉽다.
② 생두의 모양이 납작한 타원형이다.
③ 아프리카 콩고가 원산지이다.
④ 표고 600m 이하에서도 잘 자란다.

14. Draft Beer란 무엇인가?

① 효모가 살균되어 저장이 가능한 맥주
② 효모가 살균되지 않아 장기저장이 불가능한 맥주
③ 제조과정에서 특별히 만든 흑맥주
④ 저장이 가능한 병이나 캔 맥주

15. 비중이 서로 다른 술을 섞이지 않고 띄워서 여러 가지 색상을 음미할 수 있는 칵테일은?

① 프라페(Frappe)
② 슬링(Sling)
③ 피즈(Fizz)
④ 푸스카페(Pousse Cafe)

16. 안동소주에 대한 설명으로 틀린 것은?

① 제조 시 소주를 내릴 때 소주 고리를 사용한다.
② 곡식을 물에 불린 후 시루에 쪄 고두 밥을 만들고 누룩을 섞어 발효시켜 빚는다.
③ 경상북도 무형문화재로 지정되어 있다.
④ 희석식 소주로써 알코올 농도는 20도이다.

17. 증류주에 관한 설명 중 틀린 것은?

① 단식 증류기와 연속식 증류기를 사용한다.
② 높은 알코올 농도를 얻기 위해 과실이나 곡물을 이용하여 만든 양조주를 증류하여 만든다.

③ 양조주를 가열하면서 알코올을 기화시켜 이를 다시 냉각시킨 후 높은 알코올을 얻는 것이다.
④ 연속 증류기를 사용하면 시설비가 저렴하고 맛과 향의 파괴가 적다.

18. 까베르네 쇼비뇽에 관한 설명 중 틀린 것은?
① 레드와인 제조에 가장 대표적인 포도품종이다.
② 프랑스 남부지방, 호주, 칠레, 미국, 남아프리카에서 재배한다.
③ 부르고뉴 지방의 대표적인 적포도 품종이다.
④ 포도송이가 작고 둥글고 포도 알은 많으며 껍질은 두껍다.

19. 다음 중 맥주의 종류가 아닌 것은?
① Ale ② Porter ③ Hock ④ Bock

20. 다음 중 싱글 몰트 위스키가 아닌 것은?
① 글렌 오렌지(Glenmorange)
② 더 글렌리벳(The Glenlivet)
③ 글렌피피딕(Glenfiddich)
④ 씨그램 비이오(Seagram's V.O)

21. 증류주에 대한 설명으로 틀린 것은?
① Gin은 곡물을 발효, 증류한 주정에 두송나무 열매를 첨가한 것이다.
② Tequila는 멕시코 원주민들이 즐겨 마시는 풀케(Pulque)를 증류한 것이다.
③ Vodka는 슬라브 민족의 국민주로 캐비어를 곁들여 마시기도 한다.
④ Rum의 주원료는 서인도제도에서 생산되는 자몽(Grapefruit)이다.

22. Fermented Liquor에 속하는 술은?
① Chartreuse ② Gin
③ Campari ④ Wine

23. 이태리 와인의 주요 생산지가 아닌 것은?
① 토스카나(Toscana) ② 리오하(Rioja)
③ 베네토(Veneto) ④ 피에몬테(Piemonte)

풀이 해설

18. ③ 까베르네 쇼비뇽은 보르도 지방, 부르고뉴는 피노 누아

19. ③ 독일 라인산 화이트와인

20. ④ 캐나다산의 블렌디드 위스키

21. ④ 사탕수수

22. 양조주를 묻는 질문으로 ① 브랜디와 약초를 섞어 만든 연녹색 또는 황색의 술, ③ 이탈리아산 붉은색의 리큐르로 식전주로 사용 : 혼성주, ② 증류주

23. ② 스페인

풀이 해설

24. ④ 독일에서 생산되는 광천수

25. 녹차의 성분은 카페인이 3~4%, 비타민 C 150~250㎎, 비타민 E 25~70㎎, 카테킨류 10~18%, 사포닌이 0.1%, 무기질 3~4%, 단백질(글루텔린) 24%

26. ③ 용액의 수소 이온 농도 지수. 0에서 14까지 있으며, 7 미만은 산성을, 7 이상은 알칼리성을 나타냄

27. 원료가 포도일 경우만 브랜디라고 부르고, 기타 과일은 앞에 원료 이름을 넣어 사용하므로 C가 순수 브랜디임

28. Calvados는 프랑스 노르망디 지방에서 생산되는 Apple Brandy이며 향미, 향취가 좋음, 이는 아펠라시옹 꽁뜨롤레 깔바도스 뒤 빼이도쥐(Appellation Controlee Calvados du Pays d'Auge)법에 따라 통제 관리 하에 생산된 것에 한하여 Calvados라고 표기, 제조과정은 사과 - 발효(1개월) - 증류(단식 2번) - 숙성(1년)

29. ② 진저 비어(ginger beer)라고도 한다. 에일 또는 비어라고는 하지만 알코올 성분은 포함되어 있지 않으며, 진저(생강)를 주로 하고 레몬·고추·계피·클로브(정향:clove) 등의 향료를 섞어 캐러멜로 착색시킨 것. 청량음료로 음용하는 외에 위스키와 같은 양주를 희석할 때 타는 물로도 사용. ③ 소다수(Soda Water)+레몬주스(Lemon Juice)+슈거 시럽(Sugar Syrup),

30. 헤네시는 1765년 프랑스에서 군복무를 하던 아일랜드계 리차드 헤네시에 의해 설립

24. 다음 중 음료에 대한 설명이 틀린 것은?

① 에비앙생수는 프랑스의 천연광천수이다.
② 페리에 생수는 프랑스의 탄산수이다.
③ 비시생수는 프랑스 비시의 탄산수이다.
④ 셀쳐생수는 프랑스의 천연광천수이다.

25. 녹차의 대표적인 성분 중 15% 내외로 함유되어 있는 가용성 성분은?

① 카페인 ② 비타민
③ 카테킨 ④ 사포닌

26. 효모의 생육조건이 아닌 것은?

① 직접 영양소 ② 적정온도
③ 적정 pH ④ 적정 알코올

27. 다음 중 나머지 셋과 성격이 다른 것은?

A. Cherry brandy	B. Peach brandy
C. Hennessy brandy	D. Apricot brandy

① A ② B ③ C ④ D

28. 칼바도스에 대한 설명으로 옳은 것은?

① 스페인의 와인② 프랑스의 사과 브랜디
③ 북유럽의 아쿠아비트 ④ 멕시코의 테킬라

29. 탄산수에 키리네, 레몬, 라임 등의 농축액과 당분을 넣어 만든 강장제 음료는?

① 진저비어(Ginger beer) ② 진저엘(Ginger Ale)
③ 칼린스 믹스(Collins Mix) ④ 토닉워터(Tonic Water)

30. 헤네시(Hennessy)사에서 브랜디 등급을 처음 사용한 때는?

① 1763년 ② 1765년
③ 1863년 ④ 1865년

31. 다음과 같은 재료로 만들어지는 드링크(Drink)의 종류는?

any Liquor + soft drink + Ice

① Martini ② Manhattan
③ Sour Cocktail ④ Highball

32. 서비스 종사원이 사용하는 타월로 Arm Towel 혹은 Hand Towel이라고도 하는 것은?

① Table Cloth ② Under Cloth
③ Napkin ④ Service Towel

33. 조주 기구 중 3단으로 구성되어 있는 스탠다드 셰이커(Standard Shaker)의 구성으로 틀린 것은?

① 스퀴저(Squeezer) ② 바디(Body)
③ 캡(Cap) ④ 스트레이너(Strainer)

34. 주로 일품요리를 제공하며 매출을 증대시키고, 고객의 기호와 편의를 도모하기 위해 그 날의 특별요리를 제공하는 레스토랑은?

① 다이닝룸(Dining Room)
② 그릴(Grill)
③ 카페테리아(Cafeteria)
④ 델리카트슨(Delicatessen)

35. 일반적으로 구매 청구서 양식에 포함되는 내용으로 틀린 것은?

① 필요한 아이템 명과 필요한 수량
② 주문한 아이템이 입고되어야 하는 날짜
③ 구매를 요구하는 부서
④ 구분 계산서의 기준

36. 정찬코스에서 hors d'oeuvre 또는 soup 대신에 마시는 우아하고 자양분이 많은 칵테일은?

① After Dinner Cocktail ② Before Dinner Cocktail
③ Club Cocktail ④ Night Cap Cocktail

풀이 해설

32. ① 테이블 위를 덮는 보나 편물을 통틀어 이르는 말. "식탁보"로 순화, ② 사이런스 클로스(silence cloth) 혹은 테이블 패드(table pad), ③ 주로 양식을 먹을 때, 무릎 위에 펴 놓거나 손이나 입을 닦는 데 쓰는 천이나 종이.

33. ① 레몬이나 오렌지, 라임 등 과일류의 즙을 짜기 위한 도구로서 가운데가 돌출된 용

36. ① 식후의 소화촉진제로서 마시는 칵테일로서 알렉산더 칵테일이 널리 애음, ② 마티니, 맨하턴 칵테일, ③ 정찬의 코스에서 오드블이나 수프 대신으로 내는 우아하고 자양분이 많은 칵테일로서 식사와 조화를 이루고 자극성이 강한 것이 특징, ④ 아니세트, 코인트로

풀이 해설

37. Appetizer course에 가장 적합한 술은?

① Sherry Wine ② Vodka
③ Canadian Whisky ④ Brandy

38. 1oz = 1pony = 32dash/splash = 5shot = 4wineglass = 8tsp

38. 다음 중 칵테일 조주 시 용량이 가장 적은 계량 단위는?

① Table Spoon ② Pony
③ Jigger ④ Dash

39. ④ 술병의 입구에 부착하여 술을 따르고 술의 Cutting을 용이하게 하고 술의 손실이 없게 하기 위하여 사용

39. 잔(Glass) 가장자리에 소금, 설탕을 묻힐 때 빠르고 간편하게 사용할 수 있는 칵테일 기구는?

① 글라스 리머(Glass Rimmer)
② 디켄터(Decanter)
③ 푸어러(Pourer)
④ 코스터(Coaster)

40. ③ Dry Gin 1oz, Apricot Brandy ½oz, Orange Juice ½oz

40. 파인애플주스가 사용되지 않는 칵테일은?

① Mai-Tai ② Pina Colada
③ Paradise ④ Blue Hawaiian

41. 푸스 카페는 정찬에서 커피와 함께 또는 그 후에 나오는 리큐르의 작은 잔(Grenadine Syrup ⅓part, Crem De Menthe(Green) ⅓part, Brandy ⅓part)

41. 다음 중 After Dinner Cocktail로 가장 적합한 것은?

① Campari Soda ② Dry Martini
③ Negroni ④ Pousse Cafe

42. House Bland : 자사브랜드, 고유상표, 판매자 브랜드

42. 바에서 사용하는 House Brand의 의미는?

① 널리 알려진 술의 종류
② 지정 주문이 아닐 때 쓰는 술의 종류
③ 상품(上品)에 해당하는 술의 종류
④ 조리용으로 사용되는 술의 종류

43. Old Fashioned Glass의 표준용량은 평균 8oz

43. 올드 패션(Old Fashioned)이나 언더락스(On the Rocks)를 마실 때 사용되는 글라스(Glass)의 용량으로 가장 적합한 것은?

① 1~2온스 ② 3~4온스
③ 4~6온스 ④ 6~8온스

44. Old Fashioned의 일반적인 장식용 재료는?

① Slice of lemon
② Wedge of pineapple and cherry
③ Lemon peel twist
④ Slice of orange and cherry

45. 술병 입구에 부착하여 술을 따르고 술의 커팅(Cutting)을 용이하게 하고 손실을 없애기 위해 사용하는 기구는?

① Squeezer
② Strainer
③ Pourer
④ Jigger

46. 식음료부문의 직무에 대한 내용으로 틀린 것은?

① Assistant bar manager는 지배인이 부재 시 업무를 대행하여 행정 및 고객관리의 업무를 수행한다.
② Bar Captain은 접객서비스의 책임자로서 Head Waiter 또는 Supervisor라고 불리기도 한다.
③ Bus boy는 각종 기물과 얼음, 비 알코올음료를 준비하는 책임이 있다.
④ Banquet manager는 접객원으로부터 그날의 영업실적을 보고 받고 고객의 식음료비 계산서를 받아 수납 정리한다.

47. 맥주의 저장과 출고에 관한 사항 중 틀린 것은?

① 선입선출의 원칙을 지킨다.
② 맥주는 별도의 유통기한이 없으므로 장기간 보관이 가능하다.
③ 생맥주는 미살균 상태이므로 온도를 2~3℃로 유지하여야 한다.
④ 생맥주통 속의 압력은 항상 일정하게 유지되어야 한다.

48. Wine serving 방법으로 가장 거리가 먼 것은?

① 코르크의 냄새를 맡아 이상 유무를 확인 후 손님에게 확인하도록 접시 위에 얹어서 보여준다.
② 은은한 향을 음미하도록 와인을 따른 후 한두 방울이 테이블에 떨어지도록 한다.
③ 서비스 적정온도를 유지하고, 상표를 고객에게 확인시킨다.
④ 와인을 따른 후 병 입구에 맺힌 와인이 흘러내리지 않도록 병목을 돌려서 자연스럽게 들어 올린다.

풀이 해설

45. 스트레이너(Strainer)란 얼음을 걸러내는 기구를 말하며, 과일즙을 짜는 도구는 Squeezer(스퀴저)

46. ④는 Cashier의 업무

47. 맥주는 유통기간이 1년이며, 실내온도에서 보관할 수 있는 적정기간은 3개월, Draft Beer(생맥주)는 저온신속을 생명으로 하기에 2~3℃의 온도에서 12~14Pound의 저장 압력을 유지시켜 보관하며, 재고순환에 유의하여야 함

49. Grasshopper 칵테일의 조주기법은?

① Float & layer ② Shaking
③ Stirring ④ Building

50. 셰이커(Shaker)를 이용하여 만든 칵테일을 짝지은 것으로 옳은 것은?

㉠ Pink Lady	㉡ Olympic	㉢ Stinger
㉣ Seabreeze	㉤ Bacardi	㉥ Kir

① ㉠, ㉡, ㉤ ② ㉠, ㉣, ㉤
③ ㉡, ㉣, ㉥ ④ ㉠, ㉢, ㉥

51. When do you usually serve cognac?

① Before the meal ② After meal
③ During the meal ④ With the soup

52. What is the liqueur made by Scotch whisky, honey, herb?

① Grand Manier ② Sambuca
③ Drambuie ④ Amaretto

53. Choose the best answer for the blank.

What is the "Sommelier"means? (   )

① head waiter ② head bartender
③ wine waiter ④ chef

54. Which of the following is correct in the blank?

W : Good evening, gentleman. Are you ready to order?
G1 : Sure. A double whisky on thee rocks for me.
G2 : ________________________________
W : Two Whiskies with ice, yes, sir.
G1 : Then I'll have the shellfish cocktail.
G2 : And I'll have the curried prawns.
Not too hot, are they?
W : No, sir. Quite mild, really.

풀이 해설

49. Grasshopper : Creme de Menthe(G) ½oz, Creme de Cacao(W) ½oz, Sweet Creme ½oz(Shaker, Cocktail Glass)

50. ㉣, ㉥ Build

51. "보통 코낙은 언제 서브하는지를 묻는 질문으로 정답은 ②

52. "헤더꿀, 허브와 스카치위스키로 만든 스코틀랜드의 리큐르를 묻는 질문으로 드람뷰이(위스키와 허브로 만드는 스코틀랜드 술), Drambuie is a honey-and herb-flavoured golden scotch whisky liqueur made from aged malt whisky, heather honey and a secret blend of herbs and spices. The flavour suggests saffron, honey, anise, nutmeg and herbs. ② Elderberry 와 감초 등을 Spirits 에 넣었다가 제거하고 증류시킨 이탈리아의 특산품(An Italian liqueur made from elderberries and flavoured with licorice. Traditionally served with 3 coffee beans that represent health, wealth and fortune.)

53. Sommelier는 고객들에게 음식과 어울리는 와인을 추천해주고 Serving해 주는 사람을 말함. 이밖에도 와인리스트를 작성하고, 와인의 구매와 저장을 담당한다. 또한 Serving하기 전 와인의 맛을 시음, 평가를 할 수 있음

54. 주문하시겠습니까? 더블 온 더 럭스로 하겠습니다. I'll have the shellfish cocktail. 저는 조개 칵테일로 하겠어요. curried prawns. 카래 새우, Not too hot 별로 좋지 못한, "① 한잔 더, 같은 것을 한잔 더 주세요, ② 나도 같은 걸로, ③ 최후의 한잔, 석별의 한잔, ④ 같은 걸로 한잔 더"의 의미

① The same again?
② Make that two.
③ One for the road.
④ Another round of the same.

55. 다음 밑줄 친 내용의 뜻으로 적합한 것은?

You must make a reservation in advance.

① 미리
② 나중에
③ 원래
④ 당장

56. 다음 (   ) 안에 들어갈 가장 적당한 표현은?

If you (   ) him he will help you.

① asked
② will ask
③ ask
④ be ask

57. Which one is the classical French liqueur of aperitifs?

① Dubonnet
② Sherry
③ Mosel
④ Campari

58. "Can you charge what I've just had to my room number 310?"의 뜻은?

① 내방 310호로 주문한 것을 배달해 줄 수 있습니까?
② 내방 310호로 거스름돈을 가져다 줄 수 있습니까?
③ 내방 310호로 담당자를 보내 주시겠습니까?
④ 내방 310호로 방금 마신 것의 비용을 달아놓아 주시겠습니까?

59. 다음 물음에 가장 적합한 것은?

"What kind of Bourbon whisky do you have? "

① Ballantine's
② J & B
③ Jim Beam
④ Cutty Sark

풀이 해설

55. "당신은 미리 예약을 하셔야만 합니다."란 의미로 정답은 ①

56. "그에게 부탁하면 그는 당신을 도울 것이다."란 의미로 If + 주어 + 동사원형~, 주어 + will/shall /can/may + 동사원형 공식으로 정답은 ③

57. 식전주 : 셰리와인(Sherry Wine), 드라이 베르뭇(Dry Vermouth), 듀보네(Dubonnet), 캄파리비터즈(Campari Bitters), 마데이라(Madeira), 마르살라 와인(Marsala Wine), 식후주: 포트와인(Port Wine), 스위트와인(Sweet Wine), 크림쉐리(Cream Sherry), 마르살라(Marsala) 등이 있으며, 듀보네는 여러 가지 방향성 재료를 사용하여 만든 프랑스산 식전용 포도주(Aperitif Wine)로 약간의 키니네 맛을 가지고 있음(Dubonnet is a sweet, wine-based aperitif. It is a blend of fortified wine, herbs, and spices(including a small amount of quinine, with fermentation being stopped by the addition of alcohol.)

59. "어떤 종류의 버본 위스키를 가지고 있습니까?"의 질문 ① Ballantine's is a range of blended Scotch whiskies produced by Pernod Ricard in Dumbarton, Scotland. ④ 커티사크는 게릭어로 "짧은 셔츠"라는 뜻. 1869년, 이 이름을 붙인 신예 범선이 스코틀랜드에서 진수. 커티사크 위스키는 그 배의 이름을 따서 1923년에 탄생했으며, 라벨에는 그 배의 모습을 그려서 발매. 커티사크는 순한 스카치의 대표적 존재로 정평이 있으며, 라이트 위스키라는 점에서 J & B와 자주 비교되는데, J & B는 깨끗한 맛을 지니는데, 커티사크는 곡물에서 우러나오는 맛이 느껴진다.

60. 다음 질문의 대답으로 가장 적합한 것은?

A : Who's your favorite singer?
B : ________________________________

① I like jazz best.
② I guess I'd have say Elton John.
③ I don't really like to sing.
④ I like opera music.

풀이 해설

60. "당신이 가장 좋아하는 가수는 누구입니까."의 의미로 정답은 ②

2014년 제5회 정답

1	2	3	4	5	6	7	8	9	10	11	12	13	14	15	16	17	18	19	20
②	④	①	①	①	④	①	②	①	④	④	②	②	②	④	④	④	③	③	④
21	22	23	24	25	26	27	28	29	30	31	32	33	34	35	36	37	38	39	40
④	④	②	④	③	④	③	②	④	④	④	④	①	②	④	③	①	④	①	③
41	42	43	44	45	46	47	48	49	50	51	52	53	54	55	56	57	58	59	60
④	②	④	④	③	④	②	②	②	①	②	③	③	②	①	③	①	④	③	②

2015년도 기출문제

국가기술자격검정 필기시험문제

2015년도 기능사 일반검정 제 1 회

자격종목 및 등급(선택분야)	종목코드	시험시간	문제지형별	수검번호	성명
조주기능사	7916	1시간	A		

※ 시험문제지는 답안카드와 같이 반드시 제출하여야 한다.

1. Agave의 주액을 발효한 후 증류하여 만든 술은?(2008년 1회)

① Tequila　② Aquavit
③ Grappa　④ Rum

2. 우리나라 주세법 상 탁주와 약주의 알코올도수 표기 시 허용 오차는?

① ±0.1%　② ±0.5%　③ ±1.0%　④ ±1.5%

3. 세계 3대 홍차에 해당되지 않는 것은 ?

① 아삼(Assam)　② 우바(Uva)
③ 기문(Keemun)　④ 다즐링(Dazzing)

4. 다음 중 프랑스의 주요 와인 산지가 아닌 것은 ?

① 보르도(Bordeaux)　② 토스카나(Toscana)
③ 루아르(Loire)　④ 론(Rhone)

5. 오렌지를 주원료로 만든 술이 아닌 것은 ?(2002년 5회, 2006년 2회)

① Triple Sec　② Tequila
③ Cointreau　④ Grand Marnier

풀이 해설

1. ② 스칸디나비아산(産) 투명한 증류주 (식전 반주용), ③ (포도주 찌꺼기로 만든 북부) 이탈리아산 브랜디

2. 주세법 시행령 제1조 2항 주류에 대하여는 최종제품의 알코올분 표시도수의 0.5도까지 그 증감(增減)을 허용. 다만, 살균하지 아니한 탁주 및 약주의 경우에는 추가로 0.5도의 증가를 허용.

3. ① 인도 홍차, 세계3대 홍차 인도 다즐링, 스리랑카 우바, 중국 기문

4. ② 이탈리아의 중서부에 위치한 토스카나에서 생산되는 와인. 비노 노빌레 디 몬테풀치아노(Vino Nobile di Montepulciano), 브루넬로 디 몬탈치노(Brunello di Montalcino), 키안티(Chianti), 키안티 클라시코(Chianti Classico), 카르미냐노(Carmignano), 베르나차 산 지미냐노(Vernaccia San Gimignano) 등 6개의 D.O.C.G.급 와인을 생산

5. ② 증류주

6. 동일 회사에서 생산된 코냑(Cognac) 중 숙성년도가 가장 오래된 것은?
① V.S.O.P ② Napoleon ③ Extra Old ④ 3 Star

7. 음료에 대한 설명이 틀린 것은?(2012년 2회)
① 칼린스믹서(Collins Mixer)는 레몬주스와 설탕을 주원료로 만든 착향 탄산음료이다.
② 토닉워터(Tonic Water)는 키니네(Quinine)를 함유하고 있다.
③ 코코아(Cocoa)는 코코넛(Coconut) 열매를 가공하여 가루로 만든 것이다.
④ 콜라(Coke)는 콜라닌과 카페인을 함유하고 있다.

8. 네덜란드 맥주가 아닌 것은?
① 그롤쉬 ② 하이네켄
③ 암스텔 ④ 디벨스

9. 스카치위스키(Scotch Whisky)가 아닌 것은?
① 시바스 리갈(Chivas Regal) ② 글렌피딕(Glenfiddich)
③ 존 제임슨(John Jameson) ④ 커티 샥(Cutty Sark)

10. 모카(Mocha)와 관련한 설명 중 틀린 것은?
① 예멘의 항구 이름
② 에디오피아와 예멘에서 생산되는 커피
③ 초콜릿이 들어간 음료에 붙이는 이름
④ 자메이카산 블루마운틴 커피

11. 4월 20일(곡우) 이전에 수확하여 제조한 차로 차 잎이 작으며 연하고 맛이 부드러우며 감칠맛과 향이 뛰어난 한국의 녹차는?
① 작설차 ② 우전차
③ 곡우차 ④ 입하차

12. 다음 중 양조주가 아닌 것은?(2012년 1회)
① 맥주(Beer) ② 와인(Wine)
③ 브랜디(Brandy) ④ 풀케(Pulque)

풀이 해설

6. ④ → ① → ② → ③

7. ③ 초콜릿의 원료가 되는 카카오 페이스트를 압착하여 많은 카카오기름을 제거하고 분쇄한 것

8. ④ 알트(Alt)란 독일어로 "Old or Traditional"이란 뜻이며, Altbier란 상면발효방식의 고대 스타일의 맥주로 쓴맛. 구릿빛색의 아로마(Aroma) 향이 있는 에일 맥주로, 뒤셀도르프를 포함한 몇몇 북부 독일에서 생산. 4.5% 알코올을 가지는 평이한 맥주이지만 쓴맛이 강하다. Diebels(디벨스), Schlosser(쉴로서) 등이 유명

9. ③ 아이리시위스키로는 존 제임슨(John Jameson), 올드 부쉬밀(Old Bushmills)

10. 세계 3대 커피 : 예멘 모카(Mocha), 자메이카 블루 마운틴(Jamaica Blue Mountain), 하와이언 코나(Hawaiian Kona)

11. ① 작설차(雀舌茶)는 차나무의 어린 잎이 연자 색을 띠고 참새혀끝 만큼 자랐을 때의 차 잎으로 만든 차, ② 우전차(곡우전차) : 곡우(4월 20일경) 전의 어린잎으로 만든 최고급 차, 곡우차 : 곡우 무렵에 딴 찻잎으로 만든 차, 입하차 : 입하(5월 5일경) 무렵에 딴 찻잎으로 만든 차, 하차(여름차) : 여름에 딴 찻잎으로 만든 차, 추차(가을차) : 가을에 딴 찻잎으로 만든 차

12. ③ 증류주, ④ 펄케(Pulque)는 용설란으로 Agave(아가베) 수액을 발효시켜 데킬라의 원료, 아쿠아비트는 북유럽 스칸디나비아(노르웨이, 덴마크, 스웨덴) 지방의 특산주로 원료는 감자

13. Scotch Whisky에 꿀(Honey)을 넣어 만든 혼성주는?(2012년 3회)

① Cherry Heering ② Cointreau
③ Galliano ④ Drambuie

14. 발포성 포도주와 관계가 없는 것은 ?

① 뱅 무스(Vin Mousseux) ② 베르무트(Vermouth)
③ 동 페리뇽(Dom Perignon) ④ 샴페인(Champagne)

15. 맥주용 보리의 조건이 아닌 것은?(2010년 4회)

① 껍질이 얇아야 한다.
② 담황색을 띄고 윤택이 있어야 한다.
③ 전분 함유량이 적어야 한다.
④ 수분 함유량 13% 이하로 잘 건조되어야 한다.

16. 버번위스키 1pint의 용량으로 맨해튼 칵테일 몇 잔을 만들어 낼 수 있는가?(2005년2회)

① 약 5잔 ② 약 10잔
③ 약 15잔 ④ 약 20잔

17. Still Wine을 바르게 설명한 것은?(2004년 5회, 2006년 4회)

① 발포성 와인 ② 식사 전 와인
③ 비발포성 와인 ④ 식사 후 와인

18. 발효방법에 따른 차의 분류가 잘못 연결된 것은 ?(2009년 2회)

① 비발효차 - 녹차 ② 반발효차 - 우롱차
③ 발효차 - 말차 ④ 후발효차 - 흑차

19. 전통주와 관련한 설명으로 옳지 않은 것은 ?

① 모주 - 막걸리에 한약재를 넣고 끓인 술
② 감주 - 누룩으로 빚은 술의 일종으로 술과 식혜의 중간
③ 죽력고 - 청죽을 쪼개어 불에 구워 스며 나오는 진액인 죽력과 물을 소주에 넣고 중탕한 술
④ 합주 - 물 대신 좋은 술로 빚어 감미를 더한 주도가 낮은 술

풀이 해설

13. ① 버찌를 원료로 만든 덴마크산 빨간색의 리큐르, ② 오렌지 향을 가미한 주정 도수가 40℃인 프랑스산 무색 리큐르(Liqueur), ③ 오렌지와 바닐라를 사용하여 만든 노란색의 이탈리아산 리큐어

15. 맥주용 보리 조건은 입자의 형태가 고르고, 전분질은 많고, 단백질이 적고, 수분함량은 13% 이하이어야 하며, 곡피가 엷고, 발아력이 균일하고 왕성하며, 색깔이 균일하고, 곰팡이가 슬기 않고 이물질이 적을 것

16. 국산 양주 윈저나 캔 맥주 큰 것의 사이즈로 500㎖(= ½Quart = 16oz), 맨해튼 칵테일: 위스키 1½스, 스위트 베르무트 ¾온스, 앙고스트라 비터 1Dash

18. 불발효차는 녹차, 발효차는 홍차로 구분되며, 반발효차는 우롱차. 중국에서는 '6대차'라고 해서 불발효차인 녹차 · 황차 · 흑차와 발효차인 청차 · 백차 · 홍차로 나눈다. 그중 청차는 거의 반발효차에 해당되고, 황차 · 흑차 · 백차는 중국 고유의 차. 또 녹차는 증기를 사용하는 증제차와 볶아서 만든 볶음차로 나누어진다.

19. ④ '청주와 탁주를 합한 술'이란 뜻의 합주는 '탁주보다 희고 신맛이 적고 단맛과 매운맛이 강하고, 탁주와 약주의 중간 형태의 술'

20. 다음 중 Cognac 지방의 Brandy가 아닌 것은?

① Remy Martin ② Hennessy
③ Chabot ④ Hine

21. 독일와인에 대한 설명 중 틀린 것은 ?

① 아이스바인(Eiswein)은 대표적인 레드와인이다.
② Pradikatswein 등급은 포도의 수확상태에 따라서 여섯 등급으로 나눈다.
③ 레드와인보다 화이트와인의 제조가 월등히 많다.
④ 아우스레제(Auslese)는 완전히 익은 포도를 선별해서 만든다.

22. 양조주의 설명으로 옳은 것은?

① 단식증류기를 사용한다.
② 알코올 함량 높고 저장기간이 길다.
③ 전분이나 과당을 발효시켜 제조한다.
④ 주정에 초근목피를 첨가하여 만든다.

23. 다음 중 지역명과 대표적인 포도품종의 연결이 맞는 것은?

① 샴페인 - 세미용
② 부르고뉴(White) - 쇼비뇽 블랑
③ 보르도(Red) - 피노 누아
④ 샤또뇌프 뒤 빠쁘 - 그르나슈

24. 혼성주 특유의 향과 맛을 이루는 주재료로 가장 거리가 먼 것은?(2012년 2회)

① 과일 ② 꽃
③ 천연향료 ④ 곡물

25. 오렌지 껍질을 주원료로 만든 혼성주는?(2010년 3회)

① Anisette ② Campari ③ Triple Sec ④ Underberg

26. 술 자체의 맛을 의미하는 것으로 "단맛"이라는 의미의 프랑스어는? (2012년 1회)

① Trocken ② Blanc ③ Cru ④ Doux

풀이 해설

20. ③ 코냑 메이커의 명문인 까뮈 사 산하의 아르마냑

21. ① 아주 잘 익은 포도가 얼 때까지 기다렸다가 만든다. 일꾼들은 종종 새벽녘에 장갑을 낀 채 포도를 딴다. 언 포도가 압착되면서 달콤하고 산도가 높으며 농축된 즙이 얼음과 분리된다. 당도와 산도가 모두 높아서, 한 모금 마시면 마치 천상에 있는 듯한 기분을 느끼게 한다. 리슬링에서부터 쇼이레베, 바이스부르군더에 이르기까지 좋은 포도라면 품종에 상관없이 아이스바인의 원료로 이용(심지어 피노 누아로 만들기도 한다).

22. ①, ② 증류주, ④ 혼성주

23. ① 피노 누아, 피노 뫼니에, 샤르도네, ② 샤르도네, 피노 누아, ③ 카베르네 쇼비뇽, 메를로

25. ① 지중해 지방산의 미나리과 식물인 아니스(Anise)향을 착향시킨 무색 리큐어, ② 창시자의 이름을 딴 이탈리아산의 붉은 색으로 매우 쓴맛의 리큐르(Liqueur)이며, 주로 아페리티프(Apéritif : 식전 주)로 애음되고 소다수(Soda Water)나 오렌지주스(Orange Juice)와 잘 배합, ④ 운더베르그 40 여종의 Herb, Spice 등을 사용한 쓴맛의 위장 건강주로 독일 제품

26. ① 독일와인용어로 "단맛이 없는 드라이 타입"을 말하며, 불어로 Brut(브뤼), 스페인의 Seco(세꼬), ② White, ③ 포도농장, 포도원

27. 증류주에 대한 설명으로 옳은 것은?(2014년 1회)

① 과실이나 곡류 등을 발효시킨 후 열을 가하여 알코올을 분리해서 만든다.

② 과실의 향료를 혼합하여 향기와 감미를 첨가한다.

③ 종류로는 맥주, 와인, 약주 등이 있다.

④ 탄산성 음료를 의미한다.

28. 다음 중 발명자가 알려져 있는 것은 ?

① Vodka

② Calvados

③ Gin

④ Irish Whisky

29. 프랑스 수도원에서 약초로 만든 리큐르로 "리큐르의 여왕"이라 붙여진 것은?

① 압생트(Absinthe)

② 베네딕틴 디오엠(Benedictine D.O.M)

③ 두보네(Dubonnet)

④ 샤르트뢰즈(Chartreuse)

30. 문배주에 대한 설명으로 틀린 것은 ?

① 술의 향기가 문배나무의 과실에서 풍기는 향기와 같다하여 붙여진 이름이다.

② 원료는 밀, 좁쌀, 수수를 이용하여 만든 발효주이다.

③ 평안도 지방에서 전수되었다.

④ 누룩의 주원료는 밀이다.

31. 다음 중 비터(Bitters)의 설명으로 옳은 것은 ?

① 쓴맛이 강한 혼성주로 칵테일에는 소량을 첨가하여 향료 또는 고미제로 사용

② 야생체리로 착색한 무색의 투명한 술

③ 박하냄새가 나는 녹색의 색소

④ 초콜릿 맛이 나는 시럽

풀이 해설

27. ② 혼성주, ③ 양조주

28. ② 프랑스 바스노르망디 주(레지옹 : Region)의 칼바도스 데파르트망(Department)에서 생산한 사과를 원료로 하여 제조한 브랜디.

29. ① 향쑥 · 살구씨 · 회향 · 아니스 등을 주된 향료로 써서 만든 술, ② Benedictine(베네딕틴)은 수십 종의 약초를 사용한 약 42℃의 호박색 리큐르(Liqueur). 레이블에는 D.O.M (Deo Option Maximo : 최고의 신에게 바치는 술) 이라고 표기되어 있는데, 이 뜻은 "최고의 신에게 바치는 술"이라는 의미(Deo Optimo Maximo, To God Most Good, Most Frwat), ③ 약한 키니네 맛을 가지고 있는 적색의 프랑스산 아페리티프 와인

30. 고려시대의 술로 누룩, 좁쌀, 수수로 빚어 술이 익으면 소주고리에서 증류하여 받은 술로 6개월 내지 1년간 숙성시킨 알코올 도수 40도 정도의 민속주

31. ② Cherry Heering

풀이 해설

32. 음료용어로 "고객들이 브랜드명을 요구하는 특정한 술"

33. ㉰ Stem

34. Bottle Member System이란 고객이 마시다 남은 술을 보관해 주는 제도로서 회원제 운영이나 단골고객 확보에 있어 매우 유리

36. ② 버번위스키 1½oz, 라임주스½oz, 그레나딘시럽 ½tsp, 설탕 ½tsp ③ 버번위스키 1½oz, Cubed Sugar 1ea, 앙고스트라비터즈 1dash, 소다수 ½oz ④ 스카치위스키 1oz, 드람브이 ½oz

37. 식사 준비에 따르는 사전 준비를 미리 마무리 하여 내놓는 것(in a restaurant kitchen) the preparation of equipment and food before service begins

32. 고객이 바에서 진 베이스의 칵테일을 주문할 경우 Call Brand의 의미는?

① 고객이 직접 요청하는 특정브랜드
② 바텐더가 추천하는 특정브랜드
③ 업장에서 가장 인기 있는 특정브랜드
④ 해당 칵테일에 가장 많이 사용되는 특정브랜드

33. 칵테일글라스의 부위 명칭으로 틀린 것은?(2012년 2회, 2013년 1회)

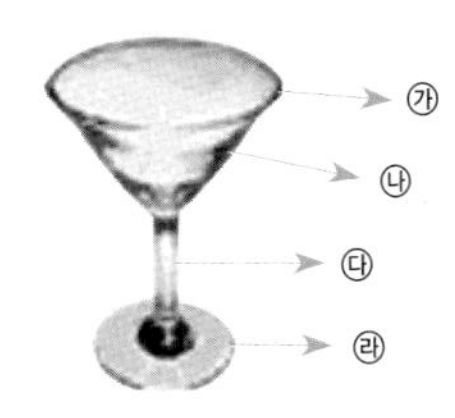

① 가 - Rim
② 나 - Face
③ 다 - Body
④ 라 - Bottom

34. Key Box나 Bottle Member제도에 대한 설명으로 옳은 것은?(2008년 5회)

① 음료의 판매회원이 촉진된다.
② 고정고객을 확보하기는 어렵다.
③ 후불이기 때문에 회수가 불분명하여 자금운영이 원활하지 못하다.
④ 주문시간이 많이 걸린다.

35. 주로 생맥주를 제공할 때 사용하며 손잡이가 달린 글라스는?(2008년 1회)

① Mug Glass　② Highball Glass
③ Collins Glass　④ Goblet

36. 다음 중 브랜디를 베이스로 한 칵테일은?

① Honeymoon　② New York
③ Old Fashioned　④ Rusty Nail

37. Mise en place의 의미는?

① 영업제반의 준비사항
② 주류의 수량관리
③ 적정 재고량
④ 대기자세

38. Under Cloth에 대한 설명으로 옳은 것은?
① 흰색을 사용하는 것이 원칙이다.
② 식탁의 마지막 장식이라 할 수 있다.
③ 식탁 위의 소음을 줄여 준다.
④ 서비스 플레이트나 식탁 위에 놓는다.

39. 업장에서 장기간 보관 시 세워서 보관하지 않고 뉘어서 보관해야 하는 것은?
① 포트와인 ② 브랜디 ③ 그라파 ④ 아이스와인

40. 소금을 Cocktail Glass 가장자리에 찍어서(Rimming) 만드는 칵테일은?(2007년 1회)
① Singapore Sling ② Side Car
③ Margarita ④ Snowball

41. 보드카가 기주로 쓰이지 않는 칵테일은?(2001년 4회)
① 맨해튼 ② 스크루드라이브
③ 키스 오브 파이어 ④ 치치

42. Gin Fizz를 서브할 때 사용하는 글라스로 적합한 것은?(2008년 1회)
① Cocktail Glass ② Champagne Glass
③ Liqueur Glass ④ Highball Glass

43. 칵테일 부재료 중 씨 부분을 사용하는 것은?
① Cinnamon ② Nutmeg ③ Celery ④ Mint

44. 다음 중 기구에 대한 설명이 잘못된 것은?
① 스토퍼(Stopper) : 남은 음료를 보관하기 위한 병마개
② 코르크 스크루(Cork Screw) : 와인 병마개를 딸 때 사용
③ 아이스 텅(Ice Tongs) : 톱니 모양으로 얼음 집는데 사용
④ 머들러(Muddler) : 얼음을 깨는 송곳

45. 얼음을 거르는 기구는?(2004년 5회, 2009년 1회)
① Jigger ② Cork Screw ③ Pourer ④ Strainer

풀이 해설

38. 언더 클로스는 보통 펠트(Felt : 털로 다져서 만든 천) 플란넬(Flannel : 면) 또는 얇은 스폰지로 만들어지며 그릇 놓는 소리를 막기 위하여 깐다 하여 사일런스 클로스(Silence Cloth) 또는 테이블 패드(Table Pad)

39. ③ 포도를 압착 후 나머지를 증류한 것으로 숙성하지 않아서 무색의 이탈리아 브랜디.

40. ④ 애드보카트(Advocaat)와 레모네이드를 혼합한 칵테일

41. ① Manhattan:Blended Whisky 1½oz, Sweet Vermouth ¾oz, Aromatic Bitters 1Dash(Cherry), ② Screw Driver: Vodka 2oz, Orange Juice Fill, ③ Kiss of Fire : Vodka 1oz, Sloe Gin ½oz, Dry Vermouth ½oz, Lemon Juice 1tsp, ④ Chi-Chi: Vodka 1oz, Pineapple Juice 2oz, Coconut Milk 1½oz(Pineapple/Cherry)

42. Fizz : ½oz의 레몬주스, 1tsp의 가루설탕, 1oz의 원하는 술을 Shake에 얼음과 함께 넣고 잘 흔들어서 Highball에 얼음을 넣고 걸러서 따른 다음 소다수로 잔을 채워준다.

44. ④ Muddler란 Long Drink에 곁들여 칵테일을 섞거나 안에 든 과일을 으깰 때에 쓰이는 막대기, Ice Pick : 얼음을 깨는 송곳

46. Pilsner Glass에 대한 설명으로 옳은 것은?
① 브랜디를 마실 때 사용한다.
② 맥주를 따르면 기포가 올라와 거품이 유지된다.
③ 와인의 향을 즐기는데 가장 적합하다.
④ 옆면이 둥글게 되어 있어 발레리나를 연상하게 하는 모양이다.

47. 마신 알코올량(㎖)을 나타내는 공식은?(2009년 4회)
① 알코올량(㎖) × 0.8
② 술의 농도 × 마시는 양(㎖) ÷ 100
③ 술의 농도(%) - 마시는 양(㎖)
④ 술의 농도(%) ÷ 마시는 양(㎖)

48. 프라페(Frappe)를 만들기 위해 준비하는 얼음은?(2011년 2회)
① Cube Ice ② Big Ice
③ Cracked Ice ④ Crushed Ice

49. 고객이 호텔의 음료상품을 이용하지 않고 음료를 가지고 오는 경우, 서비스하고 여기에 필요한 글라스, 얼음, 레몬 등을 제공하여 받는 대가를 무엇이라고 하는가?
① Rental Charge
② V.A.T(Value Added Tax)
③ Corkage Charge
④ Service Charge

50. 다음 중 칵테일 계량단위 범주에 해당되지 않는 것은 ?
① oz ② tsp
③ jigger ④ ton

51. What is the meaning of a walk-in guest ?
① A guest with no reservation
② Guest on charged instead of reservation
③ By walk-in guest
④ Guest that checks in through the front desk

풀이 해설

46. ① Brandy Glass는 Snifter Glass라고도 하며, 브랜디 잔은 여성의 가슴 모양을 본떠 만들어졌다고 하며, 마시는 양에 비하여 잔이 큰 것은 양손으로 감싸듯이 잡아 체온으로 브랜디의 온도를 높여 잔 안에 브랜디의 향을 가득 채워 마실 때마다 브랜디의 향을 음미하며 마실 수 있도록 한 것임

47. 마신 알코올량(cc) = 술의 농도(%) × 마시는 양(cc) ÷ 100
알코올 용량(cc) × 0.8=알코올 중량(g)

48. ① Cubed Ice는 다방면에 활용하며 Highball에 적합하고(정육면체 얼음), Shaved Ice는 빙수용 얼음(간 얼음), ③ Cracked Ice는 셰이커나 Stir용으로 사용(깨진 얼음), Block of Ice는 펀치 볼에 사용되는 1kg 이상으로 큰 얼음 덩어리를 말함, ④ 으깬 얼음

49. ③ Corkage는 사전적 의미로 "코르크 마개를 빼기, 고객이 가져온 술병에 대한 호텔의 마개 뽑아 주는 서비스료"의 뜻이며, 음료용어로 Corkage Charge는 "외부로부터 반입된 음료를 서브하고 그에 대한 서비스 대가를 받는 요금"

50. ④ 무게의 단위. 1톤은 영국에서는 2240파운드, 미국에서는 2000파운드

51. "walk-in guest"의 의미가 무엇인지를 묻는 질문으로 "사전에 예약을 하지 않고 당일에 직접 호텔에 와서 투숙하는 고객"

52. 다음은 레스토랑에서 종업원과 고객과의 대화이다. (　)에 가장 알맞은 것은?

> G : Waitress, may I have our check, please?
> W : (　　　　　)
> G : No, I want it as one bill.

① Do you want separate checks ?
② Don't mention it.
③ You are wanted on the phone.
④ Yes, I can

53. Which is the best wine with a beefsteak course at dinner?

① Red wine　② Dry wine
③ Blush wine　④ White wine

54. Which one is the cocktail containing beer and tomato juice?

① Rob roy　② Bloody mary
③ Red eye　④ Tom collins

55. Which of the following represents drinks like coffee and tea?

① Nutrition drinks　② Refreshing drinks
③ Preference drinks　④ Non-Carbonated drinks

56. Which one does not belong to aperitif?(2010년 2회)

① Sherry　② Campari
③ Kir　④ Brandy

57. 호텔에서 Check-in 또는 Check-out시 Customer가 할 수 있는 말로 적합하지 않은 것은 ?

① Would you fill out this registration form ?
② I have a reservation for tonight.
③ I'd like to check out today.
④ Can you hold my luggage until 4 pm ?

풀이 해설

52. "G : 계산서 주시겠습니까? W : G : 아니오. 한 장의 계산서를 원합니다."의 의미 ① 계산서를 따로 만들어 드릴까요. ② 천만에, ③ 너에게 전화가 왔다.

53. "저녁 비프스테이크와 가장 잘 맞는 와인이 어느 것인지를 묻는 질문"으로 Red Wine이 정답 ③ 로제와인

54. "맥주와 토마토주스가 포함된 칵테일은 어느 것인지"를 묻는 질문 ① 맨해튼 칵테일에서 스카치위스키 변형한 칵테일

56. 식전주에 속하지 않는 것은 어느 것인지를 묻는 질문(~ belong to ~에 속하다, ~의 부속이다)

57. ① 이 숙박 신고서를 기재해 주시겠습니까.

58. Which one is the cocktail name containing Dry Gin, Dry vermouth and orange juice?

① Gimlet ② Golden Cadillac

③ Bronx ④ Bacardi Cocktail

59. 다음 ( ) 안에 들어갈 단어로 가장 적합한 것은?(2002년 5회, 2006년 5회)

"Please ( ) yourself to the coffee before it gets cold."

① drink ② help ③ like ④ does

60. What is the name of this cocktail ?

"Vodka 30㎖ & orange juice 90㎖, build"pour vodka and orange juice into a chilled Highball glass with several ice cubes, and stir.

① Blue Hawaii ② Bloody Mary

③ Screw Driver ④ Manhattan

풀이 해설

58. ① 드라이 진 ¾oz, 라임 주스 ¼oz, ② 갈리아노 1oz, 카카오(화이트) 1oz, 우유 1oz, ④ 럼(화이트) 1¾oz, 라임주스 ¾oz, 그레나딘 시럽 1tsp

59. Help oneself to : ~을 마음대로 하세요. "식기 전에 커피를 드십시오."란 뜻, halp yourself to + = take without asking, eat or take enough(~ 챙겨 먹어라)

60. ① Light Rum 1oz, Blue Curacao 1oz, Coconut Rum 1oz, Pineapple Juice 2½oz, Build(Pineapple & Cherry), ② Vodka 1½oz, 우스터스 소스 1tsp, 타바스코소스 1dash, 소금, 후추, Tomato Fill, Build(Lemon or Celery), ④ 버번위스키 1½oz, 스위트 버무스 ¾oz, 앙고스트라비터즈 1dash, Stir(CTK)

2015년 제1회 정답

1	2	3	4	5	6	7	8	9	10	11	12	13	14	15	16	17	18	19	20
①	③	①	②	②	③	③	④	③	④	②	③	④	②	③	②	③	③	④	③
21	22	23	24	25	26	27	28	29	30	31	32	33	34	35	36	37	38	39	40
①	③	④	④	③	④	①	③	④	②	①	①	③	①	①	①	①	③	④	③
41	42	43	44	45	46	47	48	49	50	51	52	53	54	55	56	57	58	59	60
①	④	②	④	④	②	②	④	③	④	①	①	①	③	③	④	①	③	②	③

국가기술자격검정 필기시험문제

2015년도 기능사 일반검정 제 2 회

자격종목 및 등급(선택분야)	종목코드	시험시간	문제지형별	수검번호	성명
조주기능사	7916	1시간	B		

※ 시험문제지는 답안카드와 같이 반드시 제출하여야 한다.

1. 매년 보졸레 누보의 출시일은?(2009년 4회)

① 11월 1째주 목요일 ② 11월 3째주 목요일
③ 11월 1째주 금요일 ④ 11월 3째주 금요일

2. 위스키의 제조과정을 순서대로 나열한 것으로 가장 적합한 것은?(2012년 3회)

① 맥아 - 당화 - 발효 - 증류 - 숙성
② 맥아 - 당화 - 증류 - 저장 - 후숙
③ 맥아 - 발효 - 증류 - 당화 - 브랜딩
④ 맥아 - 증류 - 저장 - 숙성 - 발효

3. 샴페인의 발명자는?(2012년 1회)

① Bordeaux ② Champagne
③ St. Emilion ④ Dom Perignon

4. 포도주에 아티초코를 배합한 리큐르로 약간 진한 커피색을 띠는 것은?

① Chartreuse ② Cynar
③ Douonnet ④ Campari

5. 각 나라별 발포성 와인(Sparkling Wine)의 명칭이 잘못 연결된 것은?(2011년 2회)

① 프랑스 - Cremant ② 스페인 - Vin Mousseux
③ 독일 - Sekt ④ 이탈리아 - Spumsnte

풀이 해설

1. 1951년 11월 13일 보졸레 누보 축제가 처음 열렸으며, 1985년부터는 보졸레 지방의 생산업자들이 매년 11월 셋째 주 목요일 자정을 기해 일제히 제품을 출하하도록 정했다. 이러한 독특한 마케팅 방식에 힘입어 매년 이맘때가 되면 프랑스뿐 아니라 전 세계에서 그 해에 생산된 포도로 만든 포도주를 동시에 마시는 연례행사로 발전

2. Mashing(당화) - Fermentation(발효) - Distillation(증류) - Aging(숙성)

3. 베네딕틴 수도원의 Dom Perignon(돔 페리뇽)은 병속에 거품을 보존하는 방법을 발견한 사람

4. Cynar : 주정강화 와인에 엉겅퀴(아티쵸크)의 엑기스와 여러 가지 엑기스를 배합한 술로 1840년 로마에서 탄생하여 로마교황청에 납품한 제품

5. ② Cava(까바), Espumoso(에스뿌모쏘)이며, Vin Mousseux는 프랑스의 발포성 와인

풀이 해설

6. ② 증류주에 초근목피의 침전물을 혼합하여 만든다.

9. 살균방법에는 ㉠ 저온 장시간 살균법(LTLT) : 강성원우유, 건국닥터유,파스퇴르우유(63~65℃에서 30분간 살균하는 방법으로 프랑스의 세균학자인 파스퇴르가 포도주의 풍미를 손상시키지 않고 유해균만을 줄이기 위해 개발한 방법으로 그 후 우유에 적용시킨 가장 오래된 살균방법) ㉡ 고온 순간 살균법(HTST) : 건국 헬스플러스,덴마크우유,연세골드,삼육아마라스(72~75℃에서 15초간 살균하는 방법으로 저온 장시간 살균법의 결점 즉, 처리시간이 많이 걸리고 연속작업이 안 되는 것을 보완하여 개발된 방법) ㉢ 초고온 순간 살균법(UHT) : 건국, 서울, 남양, 매일, 빙그레(130~135℃에서 2초간 살균하는 방법으로 대량 생산과 살균효과를 극대화시킨 방법으로 현재 국내에서 가장 많이 이용하는 방법)

10. ① 에스프레소+우유거품, ② 에스프레소+데운 우유, ③ 에스프레소+생크림(콘: ~을 넣은, 추가한, 파나: 생크림)④ 에스프레소+우유+초콜릿시럽+휘핑크림

6. 혼성주(Compounded Liquor)에 대한 설명 중 틀린 것은?(2010년 2회, 2013년 1회)

① 칵테일 제조나 식후주로 사용된다.
② 발효주에 초근목피의 침전물을 혼합하여 만든다.
③ 색채, 향기, 감미, 알코올의 조화가 잘 된 술이다.
④ 혼성주는 고대 그리스 시대에 약용으로 사용되었다.

7. 주류의 주정 도수가 높은 것부터 낮은 순서대로 나열된 것으로 옳은 것은?(2012년 3회)

① Vermouth > Brandy > Fortified Wine > Kahlua
② Fortified Wine > Vermouth > Brandy > Beer
③ Fortified Wine > Brandy > Beer > Kahlua
④ Brandy > Sloe Gin > Fortified Wine > Beer

8. 프랑스의 와인제조에 대한 설명 중 틀린 것은?(2008년 3회)

① 프로방스에서는 주로 로제와인을 많이 생산한다.
② 포도당이 에틸알코올과 탄산가스로 변한다.
③ 포도 발효상태에서 브랜디를 첨가한다.
④ 포도껍질에 있는 천연 효모의 작용으로 발효가 된다.

9. 살균방법에 의한 우유의 분류가 아닌 것은?

① 초저온살균 우유　② 저온살균 우유
③ 고온살균 우유④ 초고온살균 우유

10. 에스프레소 우유 거품을 올린 것으로 다양한 모양의 디자인이 가능해 인기를 끌고 있는 커피는 ?

① 카푸치노　② 카페라테
③ 콘파냐　④ 카페모카

11. 곡물을 만들어 농번기에 주로 먹었던 막걸리는 어느 분류에 속하는가?(2002년 2회, 2010년 3회)

① 혼성주　② 증류주
③ 양조주　④ 화주

풀이 해설

12. 다음 중 혼성주에 속하는 것은?

① 그랜피딕 ② 꼬냑
③ 버드와이저 ④ 캄파리

13. 코냑(Cognac) 생산 회사가 아닌 것은?

① 마르텔 ② 헤네시
③ 까뮈 ④ 화이트 홀스

14. 맥주 제조에 필요한 중요한 원료가 아닌 것은?(2009년 3회)

① 맥아 ② 포도당 ③ 물 ④ 효모

15. 상면발효맥주가 아닌 것은?(2013년 4회)

① 에일 맥주(Ale Beer) ② 포터 맥주(Porter Beer)
③ 스타우트 맥주(Stout Beer) ④ 필스너 맥주(Pilsner Beer)

16. 차의 분류가 옳게 연결된 것은?(2009년 2회)

① 발효차 - 얼그레이 ② 불발효차 - 보이차
③ 반발효차 - 녹차 ④ 후발효차 - 자스민

17. 와인의 등급제도가 없는 나라는?

① 스위스 ② 영국
③ 헝가리 ④ 남아프리카공화국

18. 독일 와인 라벨 용어는?

① 로사토 ② 트로컨
③ 로쏘 ④ 비노

19. 보드카(Vodka)에 대한 설명 중 틀린 것은?(2012년 3회)

① 슬라브 민족의 국민주라고 할 수 있을 정도로 애음하는 술이다.
② 사탕수수를 주원료로 사용한다.
③ 무색(Colorless), 무미(Tasteless), 무취(Odorless)이다.
④ 자작나무의 활성탄과 모래를 통과시켜 여과한 술이다.

15. ④ 하면발효맥주 : Bock Beer, Dunkel, American Beer

16. 불발효차는 녹차, 발효차는 홍차로 구분되며, 반발효차는 우롱차. 중국에서는 '6대차'라고 해서 불발효차인 녹차 · 황차 · 흑차와, 발효차인 청차 · 백차 · 홍차로 나눈다. 그 중 청차는 거의 반발효차에 해당되고, 황차 · 흑차 · 백차는 중국 고유의 차. 또 녹차는 증기를 사용하는 증제차와 볶아서 만든 볶음차로 나누어진다.

18. ① 이탈리아 로제와인, ③ 이탈리아 레드와인, ④ 이탈리아 와인

19. ② 럼

풀이 해설

20. 다음의 설명에 해당하는 혼성주를 옳게 연결한 것은?(2013년 1회)

> ㉠ 멕시코산 커피를 주원료로 하여 Cocoa, Vanilla 향을 첨가해서 만든 혼성주이다.
> ㉡ 야생 오얏을 진에 첨가해서 만든 빨간색의 혼성주이다.
> ㉢ 이탈리아의 국민주로 제조법은 각종 식물의 뿌리, 씨, 향초 껍질 등 70여 가지의 재료로 만들어지며 제조기간은 45일 걸린다.

① ㉠ 샤르뜨뢰즈(Chartreuse), ㉡ 시나(Cynar), ㉢ 캄파리(Campari)
② ㉠ 파샤(Pasha), ㉡ 슬로우 진(Sloe Gin), ㉢ 캄파리(Campari)
③ ㉠ 칼루아(Kahlua), ㉡ 시나(Cynar), ㉢ 캄파리(Campari)
④ ㉠ 칼루아(Kahlua), ㉡ 슬로우 진(Sloe Gin), ㉢ 캄파리(Campari)

21. 증류주가 아닌 것은?
① Light Rum ② Malt Whisky
③ Brandy ④ Bitters

21. ④ Bitters는 프랑스어로는 아메르(Amer)라고 하며, 18세기 초부터 만들기 시작, 아페리티프(Aperiitif : 식사 전에 식욕을 돋우기 위해 마시는 술), 건위 강장제, 칵테일용 향미제로 이용

22. 다음 중 양조주에 해당하는 것은?
① 청주(淸酒) ② 럼주(Rum)
③ 소주(Soju) ④ 리큐르(Liqueur)

23. 커피의 3대 원종이 아닌 것은?
① 피베리 ② 아라비카
③ 리베리카 ④ 로부스타

23. ① 피베리(Peaberry)란 커피 생두 모양이 완두콩 모양으로 보인다고 해서 붙여진 이름인데 간혹 피빈(Peabean)이라고도 한다. 우리가 보통 접하는 생두는 그 모양이 한쪽은 평평하게 되어 있는데, 이는 "플랫 빈(Flat Bean)"이라고 한다. 커피 수확 시 피베리(Peaberry)는 전체의 2~10% 정도 발견. 보통 피베리(Peaberry)는 정상적인 생두보다 그 크기가 작고 모양 또한 달라서 한때는 결점두로 취급되어 골라내기도 했으나, 요즘은 커피 마니아들 사이에서 특별한 대접을 받음.

24. 비 알코올성음료(Non-alcoholic Beverage)의 설명으로 옳은 것은?
① 양조주, 증류주, 혼성주로 구분된다.
② 맥주, 위스키, 리큐르(Liqueur)로 구분된다.
③ 소프트드링크, 맥주, 브랜디로 구분된다.
④청량음료, 영양음료, 기호음료로 구분된다.

25. 스코트 랜드의 위스키 생산지 중에서 가장 많은 증류소가 있는 지역은?
① 하이랜드(Highland) ② 스페이사이드(Speyside)
③ 로우랜드(Lowland) ④ 아일레이(Islay)

26. 곡류를 발효 증류시킨 후 주니퍼베리, 고수풀, 안젤리카 등의 향료식물을 넣어 만든 증류주는?

① VODKA ② RUM ③ GIN ④ TEQUILA

27. 증류주에 대한 설명으로 가장 거리가 먼 것은?

① 대부분 알코올 도수가 20도 이상이다.
② 알코올 도수가 높아 잘 부패되지 않는다.
③ 장기 보관 시 변질되므로 대부분 유통기간이 있다.
④ 갈색의 증류주는 대부분 오크통에서 숙성시킨 것이다.

28. 다음 중 소주의 설명 중 틀린 것은?

① 제조법에 따라 증류식 소주, 희석식 소주로 나뉜다.
② 우리나라에 소주가 들어온 연대는 조선시대이다.
③ 주원료는 쌀, 찹쌀, 보리 등이다.
④ 삼해주는 조선 중엽 소주의 대명사로 알려질 만큼 성행했던 소주이다.

29. 영국에서 발명한 무색투명한 음료로서 키니네가 함유된 청량음료는?(2001년 3회, 2006년 3회, 2009년 2회)

① Cider ② Cola
③ Tonic Water ④ Soda Water

30. 다음 중 식전주로 알맞지 않은 것은?(2014년 1회)

① 셰리 와인 ② 샴페인 ③ 캄파리 ④ 칼루아

31. 다음 중 Tumbler Glass는 어느 것인가?(2004년 4회, 2007년 4회, 2011년 1회)

① Champagne Glass ② Cocktail Glass
③ Highball Glass ④ Brandy Glass

32. 다음 와인 종류 중 냉각하여 제공하지 않는 것은 ?

① 클라렛(Claret) ② 호크(Hock)
③ 샴페인(Champagne) ④ 로제(Rose)

풀이 해설

27. ③ 양조주

28. ② 고려

30. ④ 멕시코에서 생산되는 담갈색의 커피 리큐어로써 Coffee Beans, Cocoa, Beans, Vanilla 등으로 만든 술

31. 텀블러는 Highball Glass로 다리(Stem)가 없고 평평한 바닥을 지닌 글라스, Stemmed Glass는 다리가 있는 글라스를 말하며, Non-Stemmed Glass는 Highball Glass, Tumbler와 같이 다리가 없고 평평한 바닥을 지닌 글라스 즉, 실린더형(Cylindric Style)글라스

32. ① 미국에서 프랑스 보르도산 적포도주, ② 독일와인의 영국식 이름

풀이 해설

33. ② 브랜디 1½온스, 크렘 드 민트 화이트 ½온스 ③ Rimming with Salt Tequila 1 ½oz Triple Sec ½oz Lime Juice ½oz, ④ Dry Gin 1½oz Lemon Juice ½oz Powdered Sugar 1tsp Fill with Club Soda, On Top with Cherry, Flavored Brandy ½oz

35. 도멘(Domaines): 직접 포도를 재배하면서 와인을 제조하는 업자로서 예전에는 기술력이 부족하여 포도나 머스트 형태 혹은 일차 따라내기를 한 와인 등을 네고시앙에게 팔았지만, 요즈음은 규모가 커지면서 과학적인 양조지식을 갖춘 젊은 와인메이커가 최신 기술을 이용하여 포도를 재배하고 양조하여 자신의 이름으로 판매하는 곳이 많다. 네고시앙(Négociants): 전통적으로 도멘과 협동조합의 와인을 구입하여 숙성, 주병, 판매하는 역할을 하면서 세계시장으로 진출하여 대기업으로서 이름을 알린 업체. 요즈음은 도멘을 소유하면서 많은 포도밭도 가지고 있는 업체가 대부분이라서 구분은 애매

36. ① Stopper, ② Straw, ④ Pitcher

38. ①, ④ brandy, ② whisky

33. 칵테일을 만들 때, 흔들거나 섞지 않고 글라스에 직접 얼음과 재료를 넣어 바 스푼이나 머들러로 휘저어 만드는 칵테일은?(2012년 1회)

① 스크루 드라이버(Screw Driver)
② 스팅어(Stinger)
③ 마가리타(Margarita)
④ 싱가포르 실링(Singapore Sling)

34. Wine Master의 의미로 가장 적합한 것은?(2008년 4회)

① 와인을 제조 및 저장관리를 책임지는 사람
② 포도나무를 가꾸고 재배하는 사람
③ 와인을 판매 및 관리하는 사람
④ 와인을 구매하는 사람

35. 칵테일에 사용하는 얼음으로 적합하지 않은 것은?(2004년 1회)

① 컬러 얼음(Color Ice)
② 가루 얼음(Shaved Ice)
③ 기계얼음(Cube Ice)
④ 작은 얼음(Cracked Ice)

36. 조주용 기물 종류 중 푸어러(Pourer)의 설명으로 옳은 것은?

① 쓰고 남은 청량음료를 밀폐시키는 병마개
② 칵테일을 마시기 쉽게 하기 위한 빨대
③ 술병 입구에 끼워 쏟아지는 양을 일정하게 만드는 기구
④ 물을 담아 놓고 쓰는 손잡이가 달린 물병

37. 다음 중 가장 많은 재료를 넣어 만드는 칵테일은 ?

① Manhattan
② Apple Martini
③ Gibson
④ Long Island Iced Tea

38. 다음 중 Gin Base에 속하는 칵테일은 ?

① Stinger
② Old-fashioned
③ Dry Martini
④ Sidecar

39. 와인의 Tasting 방법으로 가장 옳은 것은?(2011년 2회)
① 와인을 오픈 한 후 공기와 접촉되는 시간을 최소화하여 바로 따른 후 마신다.
② 와인에 얼음을 넣어 냉각시킨 후 마신다.
③ 와인 잔을 흔든 뒤 아로마나 부케의 향을 맡는다.
④ 검은 종이를 테이블에 깔아 투명도 및 색을 확인한다.

40. 맥주 보관 방법 중 가장 적합한 것은?
① 냉장고에 5~10℃ 정도에 보관한다.
② 맥주 냉장 보관 시 0℃ 이하로 보관한다.
③ 장기간 보관하여도 무방하다.
④ 맥주는 햇볕이 있는 곳에 보관해도 좋다.

41. 주장(Bar) 관리의 의의로 가장 적합한 것은?
① 칵테일을 연구 발전시키는 일이다.
② 음료(Beverage)를 많이 판매하는데 목적이 있다.
③ 음료(Beverage) 재고조사 및 원가관리의 우선함과 영업이익을 추구하는데 목적이 있다.
④ 주장 내에서 Bottles 서비스만 한다.

42. Old Fashioned Glass를 가장 잘 설명한 것은?(2011년 2회)
① 옛날부터 사용한 Cocktail Glass이다.
② 일명 On the Rocks Glass라고도 하며, 스템(Stem)이 없는 Glass이다.
③ Juice를 Cocktail하여 마시는 Long Neck Glass이다.
④ 일명 Cognac Glass라고 하고 튤립형의 스템(Stem)이 있는 Glass이다.

43. 와인의 적정온도 유지의 원칙으로 옳지 않은 것은?(2012년 2회, 2013년 2회)
① 보관 장소는 햇볕이 들지 않고 서늘하며, 습기가 없는 것이 좋다.
② 연중 급격한 변화가 없는 곳이어야 한다.
③ 와인에 전해지는 충격이나 진동이 없는 곳이 좋다.
④ 코르크가 젖어 있도록 병을 눕혀서 보관하여야 한다.

풀이 해설

40. 맥주의 저장관리 첫째, 적정한 온도, 둘째, 정확한 압력(술통 속의 압력은 일정하게 유지하여야 하며 그 압력은 12~14Pound로서 맥주의 온도가 3℃ 정도 때의 압력을 가지고 있다고 인정한다. 만약 압력이 12Pound 보다 낮으면 천연가스가 노출되어 Flat 이 될 것임), 셋째, 순환(First in First out(선입선출)의 규칙을 준수

42. Stemmed Glass는 다리가 있는 글라스(Cocktail Glass, Wine Glass, Champagne Glass, Sour Glass, Goblet Glass, Brandy Glass)

43. ① 통풍이 잘 되는 서늘한 곳에서 적정온도는 10~15도 정도, 습도는 70% 정도

풀이 해설

44. ① 고객의 요구가 있으면 연회장 안이나 외부에 바를 준비하여 각종 음료를 제공, ② 객실 내에 설치되어 있고 스폰서에 의해 미리 지급이 되어 있기 때문에 무료로 마실 수 있는 바로써 스폰서 또는 Open Bar, ④ 제공되는 모든 음료의 계산이 미리 지급되어 있는 바

45. ① 드라이진1½oz, 레몬주스 ⅔oz, 설탕 2tsp, 소다수 Fill, Highball Glass, ② 드라이 진 1½oz, 라임주스 ½oz, 설탕시럽 1tsp, Cocktail Glass, ④ 드라이 진 1½oz, 드라이 베르무트 ½oz, Stir, Cocktail Glass

46. ② Ice Pick

49. 습도는 낮을수록 좋다.

50. ② 증류

44. 연회(Banquet) 석상에서 각 고객들이 마신(소비한) 만큼 계산을 별도로 하는 바(Bar)를 무엇이라고 하는가?(2001년 3회)

① Banquet Bar　　② Host-Bar
③ No-Host Bar　　④ Paid Bar

45. Saucer형 샴페인 글라스에 제공되며 Menthe(Green) 1oz, Cacao(White) 1oz, Light Milk(우유) 1oz를 셰이킹 하여 만드는 칵테일은?

① Gin Fizz　　② Gimlet
③ Grasshopper　　④ Gibson

46. 바 스푼(Bar Spoon)의 용도가 아닌 것은?

① 칵테일 조주 시 글라스 내용물을 섞을 때 사용한다.
② 얼음을 잘게 부술 때 사용한다.
③ 프로팅 칵테일(Floating Cocktail)을 만들 때 사용한다.
④ 믹싱 글라스를 이용하여 칵테일을 만들 때 휘젓는 용도로 사용한다.

47. 다음은 무엇에 대한 설명인가?

> 음료와 식료에 대한 원가관리의 기초가 되는 것으로서 단순히 필요한 물품만을 구입하는 업무만을 의미하는 것이 아니라, 바 경영을 계획, 통제, 관리하는 경영활동의 중요한 부분이다.

① 검수　　② 구매　　③ 저장　　④ 출고

48. 플레인 시럽과 관련이 있는 것은?

① Lemon　　② Butter
③ Cinnamon　　④ Sugar

49. 볶은 커피의 보관 시 알맞은 습도는?

① 3.5% 이하　　② 5~7%　　③ 10~12%　　④ 13% 이상

50. 조주기법(Cocktail Technique)에 관한 사항에 해당되지 않는 것은?

① Strring　　② Distilling
③ Straining　　④ Chilling

51. 다음 질문에 대답으로 적합한 것은?(2002년 2회)

Are the same kinds of glasses used for all wines ?

① Yes, they are. ② No, they don't
③ Yes, they do. ④ No, they are not.

52. Which drinks is prepared with Gin?(2003년 1회)

① Tom collins ② Rob Roy
③ B & B ④ Black Russian

53. 다음의 _____에 들어갈 알맞은 것은?(2001년 3회)

This bar _________ by a bar helper every morning.

① Cleans ② is Cleaned
③ is Cleaning ④ be Cleaned

54. 다음 대화 중 밑줄 친 부분에 들어갈 B의 질문으로 적합하지 않은 것은?

G1 : I'll have a Sunset Strip. What about you, Sally?
G2 : I don't drink at all. Do you serve soft drinks?
B : Certainly. Madam. ________________________________?
G2 : It sounds exciting. I'll have that.

① How about a Virgin Colada?
② What about a Shirley Temple?
③ How about a Black Russian?
④ What about a Lemonade?

55. What is the Liqueur on apricot pits base?(2007년 2회)

① Benedictine ② Chartreuse
③ Kalhua ④ Amaretto

56. 다음의 _____에 들어갈 단어로 알맞은 것은?

Which one do you like better whisky _________ brandy?

① as ② but ③ and ④ or

풀이 해설

51. "모든 와인에 같은 종류의 글라스를 사용하나요?"라는 질문에 대한 대답은 "아니오"

52. "진과 함께 준비된 것은 어떤 술인가요?"의 문제에서 Tom collins가 정답. ① Tom collins : Lemon Juice ½oz, Powdered Sugar 1tsp., Gin 2oz, Soda Water Fill(Lemon Slice/ Orange Slice/ Cherry로 장식), ②Rob Roy : Sweet Vermouth ¾oz, Scotch Whisky 1½oz(C.K.T : Stir), ③B&B: Benedictine ½oz, Brandy ½oz(Float:Cordial (Liqueur) Glass), ④Back Russian : Vodka 1½oz, Coffee Flavored Brandy ¾oz(Old Fashioned(Rock) Glass : Stir)

53. 수동태의 문장으로 "이 바는 매일 보조원에 의해 개점되고 있다."의 뜻으로 is cleaned가 적합함

55. apricot pits 살구 씨, ㉯ 브랜디와 약초를 섞어 만든 연녹색 또는 황색의 술, ㉱ 이탈리아산(産)의 아몬드 향취가 있는 리큐어(살구 핵을 물에 침지, 증류하여 아몬드 향과 비슷한 향을 만들어 향초 성분과 혼합하고 시럽을 첨가해서 만든 리큐르)

56. "위스키와 브랜디 중 커피 어느 쪽을 더 좋아하십니까? 의미에서 둘 중 하나를 선택하여야 하므로 ④가 적절

57. Which of the following is not compounded Liquor?(2012년 2회, 2013년 1회)

① Cutty Sark ② Curacao ③ Advocaat ④ Amaretto

58. 다음의 중 brand가 의미하는 것은?

What brand do you want?

① 브랜디 ② 상표

③ 칵테일의 일종④ 심심한 맛

59. Which one is wine that can be served before meal?

① Table wine ② Dessert wine

③ Aperitif wine ④ Port wine

60. 다음에서 설명하는 혼성주는?(2010년 5회)

The great proprietary liqueur of Scotland made of Scotch and heather honey.

① Anisette ② Sambuca

③ Drambuie ④ Peter Heering

풀이 해설

57. 혼성주가 아닌 것은 어느 것인지를 묻는 질문 ①이 적잘

58. "너 어떤 브랜드(상표)를 원하느냐?"로 정답은 ②

59. "식사 전에 제공되는 와인은 어느 것인지를 묻는 질문 ③ 식전와인

60. "헤더꿀과 스카치위스키로 만든 스코틀랜드의 리큐르를 묻는 질문으로 드람뷰이(위스키와 허브로 만드는 스코틀랜드 술), ㉮ 아니스(anise)로 맛들인 리큐어, ㉯ Elderberry 와 감초 등을 Spirits에 넣었다가 제거하고 증류시킨 이탈리아의 특산품(An Italian liqueur made from elderberries and flavoured with licorice. Traditionally served with 3 coffee beans that represent health, wealth and fortune.) ㉱ 덴마크 코펜하겐에서 생산되는 체리를 원료로 한 덴마크산 리큐르

2015년 제2회 정답

1	2	3	4	5	6	7	8	9	10	11	12	13	14	15	16	17	18	19	20
②	①	④	②	②	②	④	③	①	①	③	④	④	②	④	①	④	②	②	④
21	22	23	24	25	26	27	28	29	30	31	32	33	34	35	36	37	38	39	40
④	①	①	④	②	③	③	②	③	④	③	①	①	①	①	③	④	③	③	①
41	42	43	44	45	46	47	48	49	50	51	52	53	54	55	56	57	58	59	60
③	②	①	①	③	②	②	④	①	②	④	①	②	④	④	④	①	②	③	③

국가기술자격검정 필기시험문제

2015년도 기능사 일반검정 제 4 회

자격종목 및 등급(선택분야)	종목코드	시험시간	문제지형별	수검번호	성명
조주기능사	7916	1시간	B		

※ 시험문제지는 답안카드와 같이 반드시 제출하여야 한다.

1. 음료에 대한 설명 중 틀린 것은?
① 소다수는 물에 이산화탄소를 가미한 것이다.
② 칼린스 믹스는 소다수에 생강 향을 혼합한 것이다.
③ 사이다는 소다수에 구연산, 주석산, 레몬즙 등을 혼합한 것이다.
④ 토닉워터는 소다수에 레몬, 키니네 껍질 등의 농축액을 혼합한 것이다.

2. 우유가 사용되지 않은 커피는?
① 카푸치노(Cappuccino)
② 에스프레소(Espresso)
③ 카페 마키아토(Cafe Macchiato)
④카페라떼(Cafe Latte)

3. 아티초코를 원료로 사용한 혼성주는?
① 운더베르그(Underberg)
② 시나(Cynar)
③ 아마르 피콘(Amer Picon)
④ 사브라(Sabra)

4. 당밀에 풍미를 가한 석류시럽(Syrup)은?
① Raspberry Syrup ② Grenadine Syrup
③ Blackberry Syrup ④ Maple Syrup

풀이 해설

1. ② 소다수(Soda Water)+레몬주스(Lemon Juice)+슈거 시럽(Sugar Syrup)

3. ① 40 여종의 Herb, Spice 등을 사용한 쓴맛의 위장 건강주로 독일 제품, ② Cynar : 주정강화 와인에 엉겅퀴(아티쵸크)의 엑기스와 여러 가지 엑기스를 배합한 술로 1840년 로마에서 탄생하여 로마교황청에 납품한 제품, ③ 독어로 Amer(아메르)란 "쓴맛, 씁쓸한"의 뜻이며, Amer Picon(아메르 피곤)은 쓴맛과 오렌지 향을 가지고 있는 진한 갈색의 프랑스산의 술로 알코올 도수는 27도, ④ 초콜릿 맛을 느끼게 하는 이스라엘산의 오렌지 리큐어

풀이 해설

5. 럼(Rum)의 분류 중 틀린 것은?
① Light Rum ② Soft Rum ③ Heavy Rum ④ Medium Rum

6. 페노릭 성분은 와인의 맛(쓴맛)과 색깔 냄

6. Dry Wine의 당분이 거의 남아 있지 않은 상태가 되는 주된 이유는?(2007년 4회, 2009년 1회)
① 발효 중에 생성되는 호박산, 젖산 등의 산 성분 때문
② 포도 속의 천연 포도당을 거의 완전히 발효시키기 때문
③ 페노릭 성분의 함량이 많기 때문
④ 설탕을 넣는 가당 공정을 거치지 않기 때문

7. Grappa(그라파) : 포도를 압착 후 나머지를 증류한 것으로 숙성하지 않아서 무색이다(포도 찌꺼기를 가지고 만듦).

7. 다음 중 양조주가 아닌 것은?
① 그라파 ② 샴페인 ③ 막걸리 ④ 하이네켄

8. 드라이 진(Dry Gin) 1½oz 라임 주스(Lime Juice) ½oz 소다수(Soda Water) Fill

8. 다음 중 Gin rickey에 포함되는 재료는?(2001년 1회)
① 소다수(Soda Water) ② 진저엘(Ginger Ale)
③ 콜라(Cola) ④ 사이다(Cider)

9. Mashing(당화) - Fermentation(발효) - Distillation(증류) - Aging(숙성)

9. 위스키(Whisky)를 만드는 과정이 옳게 배열된 것은?(2001년 1회, 2003년 2회)
① mashing - fermentation - distillation - aging
② fermentation - mashing - distillation - aging
③ aging - fermentation - distillation - mashing
④ distillation - fermentation - mashing - aging

10. ④ 앤드류 어셔(Andrew Usher)는 에든버러에서 로젠리벳이라는 몰트위스키 메이커의 대리점을 운영하던 1860년대 몰트위스키와 그레인위스키를 혼합해 블랜디드 위스키를 만들어 냈다.

10. Grain Whisky에 대한 설명으로 옳은 것은?(2007년 5회, 2009년 5회)
① Silent Spirit라고도 한다.
② 발아시킨 보리를 원료로 해서 만든다.
③ 향이 강하다.
④ Andrew Usher에 의해 개발되었다.

11. ㉣ 초콜릿 액을 농축시켜서 만든 가루. 음료수에 향미료로서 첨가하는데, 초콜릿 액은 카카오의 열매인 코코아 빈에서 추출된다.

11. 비 알코올성 음료에 대한 설명으로 틀린 것은?(2012년 1회)
① Decaffeinated coffee는 caffeine을 제거한 커피이다.
② 아라비카종은 이디오피아가 원산지인 향미가 우수한 커피이다.

③ 에스프레소 커피는 고압의 수증기로 추출한 커피이다.
④ Cocoa는 카카오 열매의 과육을 말려 가공한 것이다.

12. 소주에 관한 설명으로 가장 거리가 먼 것은?
① 양조주로 분류된다.
② 증류식과 희석식이 있다.
③ 고려시대에 중국으로부터 전래되었다.
④ 원료로는 백미, 잡곡류, 사탕수수, 고구마, 타피오카 등이 쓰인다.

13. 로제와인(Rose Wine)에 대한 설명으로 틀린 것은?(2008년 2회, 2011년 4회)
① 대체로 붉은 포도로 만든다.
② 제조 시 포도껍질을 같이 넣고 발효시키다.
③ 오래 숙성시키지 않고 마시는 것이 좋다.
④ 일반적으로 상온(17~18℃)정도로 해서 마신다.

14. Red Bordeaux Wine의 Service 온도로 가장 적합한 것은?
① 3~5℃ ② 6~7℃
③ 7~11℃ ④ 16~18℃

15. Gin에 대한 설명으로 틀린 것은?(2009년 4회)
① 진의 원료는 대맥, 호밀, 호밀, 옥수수 등 곡물을 주원료로 한다.
② 무색, 투명한 증류주이다.
③ 활성탄 여과법으로 맛을 낸다.
④ Juniper berry를 사용하여 작향시킨다.

16. 다음 중 주 재료가 나머지 셋과 다른 것은?
① Grand Marnier ② Drambuie
③ Triple Sec ④ Cointreau

17. 곡류를 원료로 만드는 술의 제조 시 당화과정에 필요한 것은?(2012년 4회)
① Ethyl Alcohol ② CO_2
③ Yeast ④ Diastase

풀이 해설

13. ④ Red Wine

15. ③ Vodka

16. ② Drambuie : 만족을 주는 술이라는 의미, 위스키에 꿀을 가미

17. ④ 디아스타제는 녹말당화효소로 수천 개의 포도당 분자로 이루어진 녹말 분자를 가수 분해 하는 효소를 통틀어 이르는 말. 녹말 분자의 결합을 분해하는 방식에 따라 알파(α)와 베타(β)의 두 종류가 있다. 고등 동물의 침 속이나 미생물, 식물 따위에 널리 들어 있으며, 인공으로 제조하여 식료품, 발효 공업, 소화제 따위로 쓴다.

풀이 해설

18. 와인의 품질을 결정하는 요소가 아닌 것은?(2012년 5회)

① 환경요소(Terroir) ② 양조기술
③ 포도품종 ④ 제조국의 소득수준

19. 까브(Cave)의 의미는?

① 화이트 ② 지하 저장고
③ 포도원 ④ 오래된 포도나무

19. ③ Clos

20. 다음 중 버번위스키가 아닌 것은?

① Jim Beam ② Jack Daniel
③ Wild Turkey ④ John Jameson

20. ④ Irish Whisky

21. 쌀, 보리, 조, 수수, 콩 등 5가지 곡식을 물에 불린 후 시루에 쪄 고두밥을 만들고 누룩을 섞고 발효시켜 전술을 빚는 것은?(2010년 4회)

① 백세주 ② 과하주 ③ 안동소주 ④ 연엽주

21. ④ 쌀 1말을 백세하여 하룻밤 물에 담갔다가 물 2병을 끓여 식혀서 밥에 섞고, 누룩은 가루 내어 7홉을 준비하고 독에 연잎을 펴고 그 위에 밥을 넣고 위에 누룩을 뿌리기를 켜켜로 떡 앉히듯 하며 단단히 봉하여 볕이 들지 않는 찬 곳에 두어 익힌 술

22. 위스키의 종류 중 증류방법에 의한 분류는?(2001년 2회)

① Malt Whisky ② Grain Whisky
③ Blended Whisky ④ Patent Whisky

22. 위스키의 증류방법에는 첫째, 단식 증류법(Pot Still) : 구식이고 단식, 2회 이상 증류, 중후한 맛, 소량 알코올 생산, ① 장점 - 시설비가 적게 든다, 맛과 향이 적게 파손(원료의 맛과 향기가 강하고 진하다), ② 단점 - 대량생산 불가능, 재증류의 번거로움, 고농도 원액으로 증류가 불가능. 둘째, 연속 증류법(Patent Still or Continuous Still) : 신식, 연속식, 생산적이고 능률적, 단 1회로 증류, 경쾌한 맛, 대량 알코올, 원리는 다른 비등점, 증기의 비중을 이용, 분단적 증기를 모아 각각 응축, ① 장점 - 대량생산, 생산원가 적게 든다, 연속작업 가능 ② 단점 - 주요 성분 상실위험, 시설비 부담

23. 음료류의 식품유형에 대한 설명으로 틀린 것은?(2007년 5회, 2012년 1회)

① 탄산음료 : 먹는 물에 식품 또는 식품 첨가물(착향료 제외) 등을 가한 후 탄산가스를 주입한 것을 말한다.
② 착향탄산음료 : 탄산음료에 식품첨가물(착향료)을 주입한 것을 말한다.
③ 과실음료 : 농축과실즙(또는 과실 분), 과실주스 등을 원료로 하여 가공한 것(과실즙 10% 이상)을 말한다.
④ 유산균음료 : 유가공품 또는 식물성 원료를 효모로 발효시켜 가공(살균을 포함)한 것을 말한다.

23. ④ 우유나 탈지유에 유산균을 섞어 유산 발효를 시켜서 만든 음료(유가공품 또는 식물성 원료를 유산균으로 발효시켜 가공(살균을 포함)한 것을 말한다.

24. 나라별 와인을 지칭하는 용어가 바르게 연결된 것은?

① 독일 - Wine ② 미국 - Vin
③ 이태리 - Vino ④ 프랑스 - Wein

24. 프랑스는 뱅(Vin), 독일은 바인(Wein), 이탈리아와 스페인에서는 비노(Vino), 포르투갈은 비뉴(Vinho)

25. 차에 들어 있는 성분 중 타닌(Tannic Acid)의 4대 약리작용이 아닌 것은?

① 해독작용 ② 살균작용
③ 이뇨작용 ④ 소염작용

26. 우리나라 민속주에 대한 설명으로 틀린 것은?(2012년 4회)

① 탁주류, 약주류, 소주류 등 다양한 민속주가 생성된다.
② 쌀 등 곡물을 주원료로 사용하는 민속주가 많다.
③ 삼국시대부터 증류주가 제조되었다.
④ 발효제는 누룩만을 사용하여 제조하고 있다.

27. 일반적으로 Dessert Wine으로 적합하지 않은 것은?

① Beerenauslese ② Barolo
③ Sauternes ④ Ice Wine

28. 다음의 제조방법에 해당되는 것은?

> 삼각형, 받침대 모양의 틀에 와인을 꽂고 약 4개월 동안 침전물을 병 입구로 모은 후, 순간냉동으로 병목을 얼려서 코르크 마개를 열면 순간적으로 자체 압력에 의해 응고되었던 침전물이 병 밖으로 빠져 나온다. 침전물의 방출로 인한 양적 손실은 도자쥬(Dosage)로 채워진다.

① 레드와인(Red Wine)
② 로제와인(Rose Wine)
③ 샴페인(Champagne)
④ 화이트와인(White Wine)

29. 혼성주에 대한 설명으로 틀린 것은?

① 중세의 연금술사들이 증류주를 만드는 기법을 터득하는 과정에서 우연히 탄생되었다.
② 증류주에 당분과 과즙, 꽃, 약초 등 초근목피의 침전물로 향미를 더했다.
③ 프랑스에서 알코올 30% 이상, 당분 30% 이상을 함유하고 향신료가 첨가된 술을 리큐르라 칭한다.
④ 코디알(Cordial)이라고도 부른다.

풀이 해설

25. 4대 약리작용 : 해독작용, 수렴작용, 살균작용, 소염작용

27. 이탈리아를 대표하는 4대 명품 레드와인 바롤로(Barolo), 바르바레스코(Barbaresco), 키안티 클라시코(Chianti Classico)와 브루넬로 디 몬탈치노(Brunello di Motalcino)

30. 다음 중 보르도(Bordeaux)지역에 속하며, 고급와인이 많이 생산되는 곳은?

① 콜마(Colmar) ② 샤블리(Chablis)
③ 보졸레(Beaujolais) ④ 뽀므롤(Pomerol)

31. 싱가폴 실링(Singapore Sling) 칵테일의 재료로 가장 거리가 먼 것은?(2005 1회)

① 드라이 진(Dry Gin)
② 체리브랜디(Cherry Flavored Brandy)
③ 레몬주스(Lemon Juice)
④ 토닉워터(Tonic Water)

32. 다음 중 High Ball Glass를 사용하는 칵테일은?(2013 2회)

① 마가리타(Margarita) ② 키르 로열(Kir Royal)
③ 씨 브리즈(Sea Breeze) ④ 블루 하와이(Blue Hawaii)

33. Bartender가 영업 전 반드시 해야 할 준비사항이 아닌 것은?

① 칵테일용 과일 장식 준비 ② 냉장고 온도 체크
③ 고객 영업 ④ 얼음 준비

34. Key Box나 Bottle Member제도에 대한 설명으로 옳은 것은?(2012 5회)

① 음료의 판매회전이 촉진된다.
② 고정고객을 확보하기는 어렵다.
③ 후불이기 때문에 회수가 불분명하여 자금운영이 원활하지 못하다.
④ 주문시간이 많이 걸린다.

35. 잔 주위에 설탕이나 소금 등을 묻혀서 만드는 방법은?(2002 5회)

① Shaking ② Building
③ Floating ④ Frosting

36. Angostura Bitter가 1dash정도로 혼합하는 것은?(2009 4회)

① Daquiri ② Grasshopper
③ Pink Lady ④ Manhattan

풀이 해설

30. ① 알자스지방 ②, ③ 부르고뉴지방

31. Singapore Sling : Lemon Juice ⅓oz, Powdered Sugar 2tsp, Dry Gin 1oz, Cherry Brandy ⅓oz, Soda Water Fill ; Collins(Sliced Orange & Cherry ,10oz)

32. ㉮ 1949년에 개최된 전미 칵테일 콘테스트 입선작으로 존 듀레서씨가 고안한 칵테일. 불행하게 죽은 그의 연인 '마르가리타'의 이름을 붙여 출품하였다고 함. 코앙도르를 블루 큐라소로 변화시키면 블루 마르가리타라는 이름의 칵테일이 된다. 칵테일 글라스에 레몬이나 라임으로 가장자리를 적신 후 소금을 묻혀 스노우 스타일로 장식. 얼음과 함께 테킬라 2/4, 코앙트로 1/4, 라임 주스 1/4를 셰이커에 넣고 흔든 다음 준비해 둔 글라스에 따른다. ㉯ 와인글라스에 차갑게 식힌 화이트 와인 4온스, 크렘 드 카시스 크림 ⅓온스를 부은 다음 가볍게 젓는다. 화이트 와인의 맛을 살리기 위해 크렘 드 카시스는 많이 넣지 않는다. 와인 대신에 샴페인을 사용하면 '키르 로열(Kir Royal) ㉰ '바닷바람'이라는 뜻을 가진 이 칵테일이 1920년대 후반 처음 만들어졌을 당시의 오리지널 레시피는, 지금과 달리 진(Gin)을 베이스로 크랜베리 주스와 자몽 주스 대신 석류 시럽을 혼합하여 만듦. 1980년대 미국에서 대유행한 이 칵테일은 알코올 도수가 낮은 드링크로, 그 이름이 주는 신선한 느낌과 더불어 많은 사람들에게 인기를 얻었다. 기법이 간단해 집에서도 손쉽게 만들 수 있는 칵테일, ㉱ 럼을 베이스로 사용한 조금 달콤한 맛의 칵테일

34. Key Box or Bottle Member System이란 고객이 마시다 남은 술을 보관해 주는 제도로서 회원제 운영이나 단골고객 확보에 유리

35. Frosting 하는 칵테일에는 Salt → Margarita, Sugar → Kiss of Fire

36. Daiquiri : 화이트 럼 1½온스, 라임 주스 ½온스, 설탕 2티스푼, Grasshopper : 크렘 드 망트(그린) 1온스, 크렘 드 카카오(화이트) 1온스, 생크림 1온스, Pink Lady : 드라이 진 1온스, 그레나딘 시럽 ⅓온스, 생크림 ½온스, 계란 흰자 1개, Manhattan : 아메리칸 위스키 1½온스, 스위트 베르무트 ⅔온스, 앙고스투라 비터스 1대시

37. 재고관리 상 쓰이는 용어인 FIFO의 뜻은?(2002 1회)

① 정기구입 ② 선입선출 ③ 임의 추출 ④ 후입선출

38. 서브 시 칵테일글라스를 잡는 부위로 가장 적합한 것은?(2013 1회)

① Rim ② Stem ③ Body ④ Bottom

39. 와인의 보관방법으로 적합하지 않은 것은?(2009 4회)

① 진동이 없는 곳에 보관한다.
② 직사광선을 피하여 보관한다.
③ 와인을 눕혀서 보관한다.
④ 습기가 없는 곳에 보관한다.

40. 레몬의 껍질을 가늘고 길게 나선형으로 장식하는 것과 관계있는 것은?

① Slice ② Wedge ③ Horse's Neck ④ Peel

41. 다음 중 고객에게 서브되는 온도가 18℃ 정도 되는 것이 가장 적당한 것은?

① Whisky ② White Wine ③ Red Wine ④ Champagne

42. 와인 서빙에 필요치 않은 것은?(2012 4회)

① Decanter ② Cork Screw
③ Stir rod ④ Pincers

43. Corkage Charge의 의미는?(2008 1회)

① 적극적인 고객유치를 위한 판촉비용
② 고객이 Battle 주문 시 따라 나오는 Soft Drink의 요금
③ 고객이 다른 곳에서 구입한 주류를 바(Bar)에 가져와서 마실 때 부과되는 요금
④ 고객이 술을 보관할 때 지불하는 보관 요금

44. 칵테일 기법 중 믹싱 글라스에 얼음과 술을 넣고 바 스푼으로 잘 저어서 잔에 따르는 방법은?

① 직접 넣기(Building) ② 휘젓기(Stirring)
③ 흔들기(Shaking) ④ 띄우기(Float&Layer)

풀이 해설

37. FIFO(선입선출)는 저장관리의 방법 중 하나로 먼저 입고된 것을 먼저 사용하는 것
㉣ last-in first-out(LIFO)

43. Corkage Charge는 호텔의 레스토랑이나 연회장에서 그곳의 술을 사서마시지 않고, 고객이 외부로부터 술을 가져와 마실 경우 그 서비스의 대가로 지불해야 하는 요금 → Cork Charge, Corkage가 옳은 표현, BYBO(Bring your own bottle), 즉 외부에서 가지고 온 와인을 마실 때 공간을 대여하고 코르크 개봉을 해 주는 비용으로 지불하는 금액

풀이 해설

45. 다음 중 칵테일 장식용(Garnish)으로 보통 사용되지 않는 것은?(2003 5회)
① Oliv ② Onion ③ Raspberry Syrup ④ Cherry

46. 칵테일의 기본 5대 요소와 가장 거리가 먼 것은?(2003 5회)
① Decoration(장식) ② Method(방법)
③ Glass(잔) ④ Flavor(향)

47. 다음 중 소믈리에(Sommelier)의 역할로 틀린 것은?
① 손님의 취향과 음식과의 조화, 예산 등에 따라 와인을 추천한다.
② 주문한 와인은 먼저 여성에게 우선적으로 와인 병의 상표를 보여주며 주문한 와인임을 확인시켜 준다.
③ 시음 후 여성부터 차례로 와인을 따르고 마지막에 그 날의 호스트에게 와인을 따라준다.
④ 코르크 마개를 열고 주빈에게 코르크마개를 보여주면서 시큼하고 이상한 냄새가 나지 않는지, 코르크가 잘 젖어 있는지를 확인시킨다.

48. 다음 중 그레나딘(Grenadine)이 필요한 칵테일은?(2003 5회)
① 위스키 사워(Whisky Sour) ② 바카디(Bacardi)
③ 카루소(Caruso) ④ 마가리타(Margarita)

49. 맥주를 취급, 관리, 보관하는 방법으로 틀린 것은?
① 장기간 보관하여 숙성시킨다.
② 심한 온도 변화를 주지 않는다.
③ 그늘진 곳에 보관한다.
④ 맥주가 얼지 안ㅎ도록 한다.

50. 칵테일 제조에 사용되는 얼음(Ice) 종류의 설명이 틀린 것은?
① 쉐이브드 아이스(Shaved Ice : 곱게 빻은 가루 얼음
② 크랙드 아이스(Cracked Ice : 큰 얼음을 아이스 팩(Ice Pick)으로 깨어서 만든 각얼음
③ 큐브드 아이스(Cubed Ice) : 정육면체의 조각 얼음 또는 육각형 얼음
④ 럼프 아이스(Lump Ice) : 각얼음을 분쇄하여 만든 작은 콩알 얼음

---

46. 칵테일은 맛(Taste), 향(Flavor), 색(Color), 장식(Decoration), 잔(Glass)의 기본 5대 요소로 이루어져 있음

47. "복잡하고 향기로운 56가지의 허브, 뿌리, 과일을 혼합하여 만들어진 이것은 1878년 소개된 이래 독일에서 가장 인기가 있는 제품"으로 애거마이스터를 설명 → 마스트 예거마이스터사는 1878년 빌헬름 마스트(Wilhelm Mast)가 설립했다. 1934년 빌헬름의 아들 쿨트 마스트(Cult Mast)가 허브, 과일, 뿌리 등 56가지의 재료로 만든 리큐어를 개발하여 1935년에 '예거마이스터'란 이름으로 출시했다. 오래 된 천식, 위장병 등을 치료할 약용 리큐어로 개발되어 비터스(Bitters)와 비슷하지만 쓴 맛의 비터스와는 달리 달콤한 맛을 가졌다. 독일에서는 아직도 이 술을 가정 상비약으로 구비해 놓은 집들이 많다.

48. ㉮ Whisky Sour : Blended Whisky 2oz, Powered Sugar ½tsp. Lemon Juice ½oz(Lemon 반 조각과 Cherry로 장식), ㉯ Bacardi : Rum 1½oz, Lime Juice ½oz, Grenadine Syrup ½tsp, ㉰ Caruso(카루소) : Gin 1½oz, Dry Vermouth 1oz, Creme de Menthe(green) ½oz, ㉱ Margarita : Tequila 1½oz, Triple Sec ½oz, Lemon Juice 1oz(Salt을 묻힌다)

51. "먼저 하세요"라고 양보할 때 쓰는 영어 표현은?

① Before you, please
② Follow me, Please
③ After you!
④ Let's go.

52. 아래의 설명에 해당하는 것은?(2008 5회)

This complex, aromatic concoction containing some 56 herbs, roots, and fruits has been popular in Germany since its introduction in 1878.

① Kummel ② Sloe Gin
③ Maraschinoo ④ Jagermeister

53. Which is not Scotch Whisky?

① Bourbon ② Ballantine
③ Cutty Sark ④ V.A.T 69

54. 다음 ( )의 안에 적당한 단어는?

I'll have a Scotch (㉠) the rocks and Bloody Mary (㉡) me wife.

① ㉠ - on, ㉡ - for ② ㉠ - in, ㉡ - to
③ ㉠ - for, ㉡ - at ④ ㉠ - of, ㉡ - in

55. 다음 중 밑줄 친 Change가 나머지 셋과 다른 의미로 쓰인 것은?(2004 2회, 2009 5회, 2013 1회)

① Do you have change for a dollar?
② Keep the change.
③ I need some change for the bus.
④ Let's try new restaurant for a change.

56. Which one is made with vodka, lime juice, triple sec and cranberry juice?

① Kamikaze ② Godmother
③ Seabreeze ④ Cosmopolitan

풀이 해설

52. "복잡하고 향기로운 56가지의 허브, 뿌리, 과일을 혼합하여 만들어진 이것은 1878년 소개된 이래 독일에서 가장 인기가 있는 제품"으로 애거마이스터를 설명 → 마스트 예거마이스터사는 1878년 빌헬름 마스트(Wilhelm Mast)가 설립했다. 1934년 빌헬름의 아들 쿨트 마스트(Cult Mast)가 허브, 과일, 뿌리 등 56가지의 재료로 만든 리큐어를 개발하여 1935년에 '예거마이스터'란 이름으로 출시했다. 오래 된 천식, 위장병 등을 치료할 약용 리큐어로 개발되어 비터스(Bitters)와 비슷하지만 쓴 맛의 비터스와는 달리 달콤한 맛을 가졌다. 독일에서는 아직도 이 술을 가정 상비약으로 구비해 놓은 집들이 많다.

53. 스카치위스키가 아닌 것을 찾는 문제로 ① 아메리카 위스키

54. 내 아내를 위해 블러드 메리 칵테일과 스카치 언더 락 한잔 주세요.

55. ① 1달러를 잔돈으로 바꿀 수 있을까요. ② 잔돈(거스름돈)을 가지세요. ③ 버스 탈 잔돈이 필요합니다. ④ 기분 전환으로 새로운 레스토랑으로 가보세. ~for a change : 기분전환으로, 변화를 위하여

56. ① 보드카 1½, 화이트 퀴라소 ½온스, 라임 주스 ½온스, ② scotch whisky 1온스, amaretto 1온스, ③ 보드카 1oz, 크렌베리 주스 2oz, 자몽주스 1/2oz(Stir), ④ 보드카 1온스, 트리플섹 ½온스, 라임 주스 ½온스, 크란베리 주스 ½온스

57. 다음에서 설명하는 것은?

> A kind of drink made of Gin, brandy and so on sweetened with fruit juice, especially lime.

① Ade　② Squash　③ Sling　④ Julep

58. "이것으로 주세요." 또는 "이것으로 할게요."라는 의미의 표현으로 가장 적합한 것은?(2008년 5회)

① I'll have this one

② Give me one more.

③ I would like to drink something.

④ I already had one.

59. 다음의 (　)에 들어갈 알맞은 말은?(2005년 2회)

> I am afraid you have the (　　) number.(전화 잘못 거셨습니다.)

① correct　② wrong　③ missed　④ busy

60. 다음 중 Ice bucket에 해당되는 것은?

① Ice Pail　② Ice tong　③ Ice pick　④ Ice pack

풀이 해설

57. ① 물과 설탕, 레몬류의 과일즙을 섞은 음료, ② 레몬·오렌지 등 과일을 짜서 과육과 함께 주스로 만들어 소다수를 넣고 희석하여 당분을 가미한 음료, ③ 진·브랜디·위스키 등에 과즙·설탕물·향료 등을 가미한 음료, ④ 위스키나 브랜디에 설탕이나 박하 따위를 넣은 청량음료

58. ② 하나 더 주세요. ③ 약간의 술을 마시고 싶다. ④ 나 벌써 가지고 있어

59. You have got the wrong number : 전화를 잘못 거셨습니다.

60. ① = Ice Bucket, ② : 얼음을 집기 쉽도록 끝이 톱니 모양으로 된 집게, ③ : 얼음을 잘게 부술 때 사용하는 도구

2015년 제4회 정답

1	2	3	4	5	6	7	8	9	10	11	12	13	14	15	16	17	18	19	20
②	②	②	②	②	②	①	①	①	①	④	①	④	④	③	②	④	④	②	④
21	22	23	24	25	26	27	28	29	30	31	32	33	34	35	36	37	38	39	40
③	④	④	③	③	③	②	③	③	④	④	③	③	①	④	④	②	②	④	③
41	42	43	44	45	46	47	48	49	50	51	52	53	54	55	56	57	58	59	60
③	③	③	②	③	②	②	②	①	④	③	④	①	①	④	④	③	①	②	①

국가기술자격검정 필기시험문제

2015년도 기능사 일반검정 제 5 회

자격종목 및 등급(선택분야)	종목코드	시험시간	문제지형별	수검번호	성명
조주기능사	7916	1시간	B		

※ 시험문제지는 답안카드와 같이 반드시 제출하여야 한다.

1. 다음 중 셰리를 숙성하기에 가장 적합한 곳은?(2013년 2회)

① 솔레라(Solera) ② 보데가(Bodega)
③ 까브(Cave) ④ 플로(Flor)

2. Bourbon Whisky "80 proof"는 우리나라 알코올 도수로 몇 도인가?(2004년 2회)

① 20도 ② 30도 ③ 40도 ④ 50도

3. 재배하기가 무척 까다롭지만 궁합이 맞는 토양을 만나면 훌륭한 와인을 만들어 내기도 하며 Romanee-Conti를 만드는데 사용된 프랑스 부르고뉴 지방의 대표적인 품종으로 옳은 것은?

① Cabernet Sauvignon ② Pinot Noir
③ Sangiovese ④ Syrah

4. 두송자를 첨가하여 풍미를 나타내는 술은?

① Gin ② Rum ③ Vodka ④ Tequila

5. 맨하튼(Manhattan), 올드 패션(Old Fashion)칵테일에 쓰이며, 뛰어난 풍미와 향미가 있는 고미제로서 널리 사용되는 것은?(2003년 1회)

① 클로버(Clove)
② 시나몬(Cinnamon)
③ 앙고스트라 비터(Angostura Bitter)
④ 오렌지 비터(Orange Bitter)

풀이 해설

1. ① 스페인에서 셰리 · 브랜디가 익는 동안 넣어두는 3-6단으로 쌓아올린 술통.② bodega(스페인어로 양조장 또는 와인 저장소)=cave(불어로 와인 저장소)=wine cellar(영어로 와인 저장소), ④ 발효가 일어나는 동안 포도주 표면을 덮는 효소. 박테리아 또는 미생물의 덮개.

5. Manhattan Cocktail : Bourbon Whisky 1oz, Sweet Vermouth ½oz, Angostura Bitter 1dash(Red Cherry, Stir), Old Fashioned : Bourbon Whisky 1½oz, Cube Sugar 1개, Angostura Bitter 2dash, Soda Water 약간 (Build, Orange Slice + Red Cherry) ※ 순서 : (설탕 + 비터 + 소다수) → 얼음 → 위스키 → 장식

풀이 해설

6. ① 샤르트르(40℃) : 원료제법은 알려져 있지 않으며, 프랑스 쌰르트르 수도원의 제품, ② 드람부이(40~45℃) : 스카치위스키, 약초, 벌꿀 사용으로 스코틀랜드의 갈색 스카치에 60여종의 식물의 향기와 꿀을 배합한 영국산, ③ 꼬앙뜨로(30~40℃) : 오렌지가 원료인 프랑스산 리큐르로서 디저트 용, ④ 베네딕틴(43℃) : 27종의 향초와 약초를 사용, 프랑스 베네딕틴 사원에서 비법으로 만듦, 달고 중후한 맛

7. ③ 감자를 재료로 증류한 스웨덴의 민속주로 명칭은 라틴어로 '생명수'라는 뜻인 '아콰비타이(aqua vitae)'에서 유래하였다. 스웨덴의 전통술이지만 노르웨이·덴마크 등 다른 스칸디나비아반도 국가에서도 즐겨 마신다. 15세기 무렵에는 포도주를 다시 증류시켜 만들었는데 의약품으로 사용. 감자를 주원료로 사용한 것은 18세기부터. 색깔이 없고 투명. 익힌 감자에 맥아를 넣고 발효시켜 증류한 것으로부터 95%의 알코올을 추출하여 물을 타서 희석시켜 만든다. 캐러웨이·고수·박하·오렌지 껍질 등 향을 내는 재료를 넣는다. 보통 매우 차게 하여 스트레이트로 마신다.

11. ② Gin 제조회사

12. ②, ③ 기호음료, ④ 미량의 광물질을 포함한 음료수로 세계 3대 광천수는 첫째, 비키(Vicky)워터 : 프랑스 중부의 아리(Allier)에 지방의 Vicky市에서 용출되는 광천으로 로마시대부터 이용되어 왔다. 비키는 중탄산소다, 중탄산석회, 황산소다, 이온(Ion) 등이 함유, 둘째, 에비앙(Evian)워터 : 프랑스와 스위스 국경지대인 『래만』호반이 있는 에비앙시 근처에서 나는 천연광천수로 탄산가스가 없는 양질의 것으로 세계적 청량음료, 셋째, 셀쳐(Seltzer)워터 : 1820년경 독일의 위스바데 지방에서 용출되는 천연광천수로서 위장병 등에 약효가 좋다고 함

6. 스카치위스키를 기주로 하여 만들어진 리큐르는?(2004년 5회)

① 샤트루즈 ② 드람부이
③ 꼬앙뜨로 ④ 베네딕틴

7. 멕시코에서 처음 생산된 증류주는?

① 럼(Rum) ② 진(Gin)
③ 아쿠아비트(Aquavit) ④ 데킬라(Tequila)

8. 스카치위스키(Scotch Whisky)와 가장 거리가 먼 것은?

① Malt
② Peat
③ Used Sherry Cask
④ Used Limousin Oak Cask

9. 커피(Coffee)의 제조방법 중 틀린 것은?

① 드립식(Drip filter)
② 퍼콜레이터식(percolator)
③ 에스프레소식(espresso)
④ 디켄터식(decanter)

10. 다음 리큐르(Liqueur) 중 그 용도가 다른 하나는?

① 드람부이(Drambuie) ② 갈리아노(Galliano)
③ 시나(Cynar) ④ 꼬앙트루(Cointreau)

11. 보드카(Vodka)의 생산 회사가 아닌 것은?

① 스톨리치나야(Stolichnaya)
② 비피터(Beefeater)
③ 핀란디아(Finlandia)
④ 스미노프(Smirnoff)

12. 다음 중 영양음료는?

① 토마토 주스 ② 카푸치노
③ 녹차 ④ 광천수

13. 다음에서 설명되는 약용주는?

충남 서북부 해안지방의 전통 민속주로 고려 개국공신 복지겸이 백약이 무효인 병을 앓고 있을 때 백일기도 끝에 터득한 비법에 따라 찹쌀, 아미산의 진달래, 안샘물로 빚은 술을 마심으로 질병을 고쳤다는 신비의 전설과 함께 전해 내려온다.

① 두견주 ② 송순주 ③ 문배주 ④ 백세주

14. 샴페인 제조 시 블랜딩 방법이 아닌 것은?

① 여러 포도품종

② 다른 포도밭 포도

③ 다른 수확연도의 와인

④ 10% 이내의 샴페인 외 다른 지역 포도

15. 감미와인(Sweet Wine)을 만드는 방법이 아닌 것은?

① 귀부포도(Noble rot Grape)를 사용하는 방법

② 발효도중 알코올을 강화하는 방법

③ 발효 시 설탕을 첨가하는 방법(Chaptalization)

④ 햇볕에 말린 포도를 사용하는 방법

16. 다음 중 비 알코올성 음료의 분류가 아닌 것은?(2005년 2회)

① 기호음료 ② 청량음료

③ 영양음료 ④ 유성음료

17. 레드와인 용 포도품종이 아닌 것은?

① 시라(Syrah)

② 네비올로(Nebbiolo)

③ 그르나슈(Grenache)

④ 세미용(Semillion)

18. 제조 시 향초류(Herb)가 사용되지 않는 술은?

① Absinthe ② Creme de Cacao

③ Benedictine D.O.M ④ Chartreuse

풀이 해설

13. ③ 평안도 지방의 향토 술로 알코올 농도가 40도 정도의 술, 계명주 : 고구려의 도읍지인 서경(평양)을 중심으로 제조법이 널리 알려진 술로서 붉은 빛이 나도록 하는 수수를 주원료로 사용했다. 이 술은 밤에 술을 담가 다음날 새벽에 닭이 울 때 먹는 술이라 하여 한자의 뜻으로 이름 붙여졌다 한다. ④ 쌀과 누룩으로 빚은 백세주는 구기자, 오미자, 인삼 등 열두 가지 한약재를 넣어 함께 발효시킨 술

15. ③ 알코올 도수를 높이는 데만 제한적으로 사용

16. 비 알코올성 음료는 청량음료, 영양음료, 기호음료로 구분할 수 있으며, 유성 음료는 영양음료 내에 포함됨

17. ④ 화이트와인 포도품종

18. 종자류 : Amaretto(28℃), Amanda(15℃), Cream de Cacao(25℃~30℃), Baileys(17℃), Kahlua(26℃), Irish Velvet(19℃), Tia Maria(31~32℃), Marasca

풀이 해설

19. ③ 미국

20. Port Wine은 포르투갈 와인, 스페인산은 Sherry Wine, Claret은 프랑스 보르도산 적포도주

23. ① 백포도주, ② Rose Wine

25. ① 프랑스, ② 독일, ④ 미국

26. ① 곡우에서 입하사이에 차나무의 새싹을 따 만든 한국의 전통차이다. 찻잎의 크기와 모양에 따른 차의 분류방법으로 찻잎 색깔이 자색(紫色)을 띠고 끝 모양이 참새(雀) 혀(舌)와 닮았다. 작설차는 조선시대 고다(苦茶) 또는 산차(散茶)라고도 함, ㉯, ㉰, ㉱는 홍차, 즉 다르질링(다질링), 기문차, 우바 3가지 차는 세계 3대 홍차, 발효차, 작설차는 녹차

19. 독일 맥주가 아닌 것은?

① 뢰벤브로이　② 벡스
③ 밀러　④ 크롬바허

20. 클라렛(Claret)이란?(2003년 1회)

① 독일산의 유명한 백포도주(White Wine)
② 프랑스 보르도 지방의 적포도주(Red Wine)
③ 스페인 헤레즈 지방의 포트와인(Port Wine)
④ 이탈리아산 스위트 버무스(Sweet Vermouth)

21. 맥주를 따를 때 글라스 위쪽에 생성된 거품의 작용과 가장 거리가 먼 것은?

① 탄산가스의 발산을 막아준다.
② 산화작용을 억제시킨다.
③ 맥주의 신선도를 유지시킨다.
④ 맥주의 용량을 줄일 수 있다.

22. 커피의 맛과 향을 결정하는 중요 가공요소가 아닌 것은?(2008년 5회)

① roasting　② blending　③ grinding　④ weathering

23. 적포도주를 착즙해 주스만 발효시켜 만드는 와인은?

① Blanc de Blanc　② Blush Wine
③ Port Wine　④ Red Vermouth

24. 소주의 원료로 틀린 것은?(2011년 4회)

① 쌀　② 보리　③ 밀　④ 맥아

25. 나라별 와인산지가 바르게 연결된 것은?

① 미국-루아르　② 프랑스-모젤
③ 이탈리아-키안티　④ 독일-나파벨리

26. 제조방법상 발효방법이 다른 차(Tea)는?(2012년 5회)

① 한국의 작설차② 인도의 다르질링(Darjeeling)
③ 중국의 기문차④ 스리랑카의 우바(Uva)

27. 스카치위스키의 법적정의로서 틀린 것은?

① 위스키의 숙성기간은 최소 3년 이상이어야 한다.

② 물외에 색을 내기 위한 어떤 물질도 첨가할 수 없다.

③ 병입 후 알코올 도수가 최소 40도 이상이어야 한다.

④ 증류된 원액을 숙성시켜야 하는 오크통은 700리터가 넘지 않아야 한다.

28. 우리나라의 증류식 소주에 해당되지 않는 것은?(2012년 5회)

① 안동소주 ② 제주 한주

③ 경기 문배주 ④ 금산 삼송주

29. 다음 중 After Drink로 가장 거리가 먼 것은?(2005년 1회, 2013년 5회)

① Rusty Nail ② Cream Sherry

③ Campari ④ Alexander

30. 다음 중 무색, 무미, 무취의 탄산음료는?

① 칼린스 믹스(Collins Mix)

② 콜라(Cola)

③ 소다수(Soda Water)

④ 에비앙(Evian Water)

31. Liqueur Glass의 다른 명칭은?(2010년 1회, 2012년 2회)

① Shot Glass ② Cordial Glass

③ Sour Glass ④ Goblet

32. 다음의 설명에 해당하는 바의 유형으로 가장 적합한 것은?

> - 국내에서는 위스키 바라고도 부른다. 맥주보다는 위스키나 코냑과 같은 하드리큐르(Hard Liquor) 판매를 위주로 판매하기 때문이다.
> - 칵테일도 마티니, 맨해튼, 올드패션드 등 전통적인 레시피에 좀 더 무게를 두고 있다.
> - 우리나라에서는 피아노 한 대로 라이브 음악을 연주하는 형태를 선호한다.

① 째즈 바 ② 클래식 바

③ 시가 바 ④ 비어 바

풀이 해설

28. ③ 평안도 지방의 향토 술로 알코올 농도가 40도 정도의 술, 계명주 : 고구려의 도읍지인 서경(평양)을 중심으로 제조법이 널리 알려진 술로서 붉은 빛이 나도록 하는 수수를 주원료로 사용했다. 이 술은 밤에 술을 담가 다음날 새벽에 닭이 울 때 먹는 술이라 하여 한자의 뜻으로 이름 붙여졌다 한다. ④ 멥쌀, 인삼, 쑥 및 인삼누룩을 원료로 하여 1단 담금으로 발효시켜 여과한 알코올 분 16도의 약주로 누룩 제조방법이 밀가루와 인삼을 반죽 · 성형하는 것이 특징

29. After Drink는 Port Wine, Brandy 등이 적당함, Aperitif(식전 주)는 Dry Sherry, Vermouth, Campari, Dry Gin 등

30. ③ 탄산가스와 무기염류를 함유한 음료

31. Highball Glass=Chimney Glass, Tall Glass, Liqueur Glass= Cordial Glass, Cocktail Glass = Martini Glass, Old Fashioned Glass= Rock Glass, On the Rocks, Whisky Glass =Shot Glass, Champagne Glass = Saucer(소서형), Flute(플루트형)

33. 프로스팅(Frosting)기법을 사용하지 않는 칵테일은?

① Margarita ② Kiss of Fire
③ Harvey Wallbanger ④ Irish Coffee

34. Moscow Mule 칵테일을 만드는 데 필요한 재료가 아닌 것은?

① Rum ② Vodka ③ Lime Juice ④ Ginger ale

35. 다음 중 셰이커(shaker)를 사용하여야 하는 칵테일은?(2005년 2회, 2012년 4회)

① 브랜디 알렉산더(Brandy Alexander)
② 드라이 마티니(Dry Martini)
③ 올드 패션드(Old Fashioned)
④ 크렘드 망뜨 프라페(Creme de menthe frappe)

36. 다음 칵테일 중 Mixing Glass를 사용하지 않는 것은?(2012년 2회)

① Martini ② Gin Fizz
③ Manhattan ④ Rob Roy

37. 믹싱 글라스(Mixing Glass)의 설명 중 옳은 것은?(2010년 4회)

① 칵테일 조주 시 음료 혼합물을 섞을 수 있는 기물이다.
② 셰이커(Shaker)의 또 다른 명칭이다.
③ 칵테일에 혼합되어지는 과일이나 약초를 머들링(Muddling)하기 위한 기물이다.
④ 보스턴 쉐이커를 구성하는 기물로서 주로 안전한 플라스틱 재질을 사용한다.

38. 블러디 메리(Bloody Mary)에 주로 사용되는 주스는?

① 토마토 주스 ② 오렌지 주스
③ 파인애플 주스④ 라임 주스

39. Standard Recipe란?(2008년 4회)

① 표준 판매가 ② 표준 제조표
③ 표준 조직표 ④ 표준 구매가

풀이 해설

33. ③ Harvey Wallbanger : Vodka 1oz, Orange Juice Fill, Galliano ½oz(Build, Galliano를 뿌려줌, Collins)

34. 보드카 1~1½온스, 라임 주스 ½온스, 진저비어 또는 진저에일 적당량(레몬 또는 라임

35. ① Shake(Brandy ½oz, C.D Cacao(B) ½oz, Fresh Cream ½oz, Sugar 1tsp; Nutmeg), ② Stir(Dry Gin 2oz, Dry Vermouth ⅓oz; Olive), ③ Old Fashioned : Build(Bourbon Whisky 1½oz, Cube Sugar 1개, Angostura Bitter 2dash, Soda Water 약간; Orange Slice+Red Cherry, 순서 : (설탕+비터+소다수) → 얼음 → 위스키 → 장식), ④ Creme de Menthe Frappe : Fill cocktail glass up to brim with shaved ice. Add Creme de Menthe(Green). Serve with two short straws

36. ② 드라이 진(Dry Gin) 1½oz, 레몬주스(Lemon Juice) ½oz, 설탕시럽(Sugar Syrup) 1tsp, 소다수(Soda Water) Fill (Shake+Build)

38. Vodka 1½oz, 우스터스 소스 1tsp, 타바스코소스 1dash, 소금, 후추, Tomato Juice Fill, Build(Lemon or Celery)

39. 주로 Mixed Drink에 해당되는 것으로 어느 항목을 만드는데 소요되는 모든 혼합물 성분의 양과 원가, 만드는 방법, 사용하는 글라스 등을 기술한 표준제조표

40. 다음 중 Sugar Frost로 만드는 칵테일은?(2008년 1회, 2009년 4회)

① Rob Roy ② Kiss of Fire
③ Margarita ④ Angel's Tip

41. 레스토랑에서 사용하는 용어인 "abbreviation"의 의미는?(2008년 1회)

① 헤드웨이터가 몇명의 웨이터들에게 담당구역을 배정하여 고객에 대한 서비스를 제공하는 제도
② 주방에서 음식을 미리 접시에 담아 제공하는 서비스
③ 레스토랑에서 고객이 찾고자 하는 고객을 대신 찾아주는 서비스
④ 원활한 서비스를 위해 사용하는 직원 간에 미리 약속된 메뉴의 약어

42. Whisky나 Vermouth 등을 On the Rocks로 제공할 때 준비하는 글라스는?(2009년 2회)

① Highball Glass
② Old Fashioned Glass
③ Cocktail Glass
④ Liqueur Glass

43. 조주 서비스에서 chaser의 의미는?(2010년 1회)

① 음료를 체온보다 높여 약 62 ~ 67℃로 해서 서빙하는 것
② 따로 조주하지 않고 생으로 마시는 것
③ 서로 다른 두 가지 술을 반씩 따라 담는 것
④ 독한 술이나 칵테일을 내놓을 때 다른 글라스에 물 등을 담아 내놓는 것

44. 다음 중 바 기물과 가장 거리가 먼 것은?(2005년 1회, 2007년 5회)

① ice cube maker ② muddler
③ beer cooler ④ deep freezer

45. 얼음의 명칭 중 단위당 부피가 가장 큰 것은?

① Cracked Ice ② Cubed Ice
③ Lumped Ice ④ Crushed Ice

풀이 해설

40. Snow Style의 칵테일 : Kiss of Fire (Sugar), Magarita(Salt)

41. ① Station Waiter System, ② Plate Service, ③ Page Service

42. 텀블러의 원형이라는 고풍스런 글라스로 Old Fashioned Glass

43. Chaser란 ① 독한 술을 마신 후 입가심으로 마시는 물이나 탄산수를 말한다. ② 약한 술 뒤에 마시는 독한 술 또는 그 반대의 의미이다.

45. ① 잔 얼음, 부숴 깬 얼음, 분쇄얼음. 즉, 큰 얼음덩이를 Ice Pick로 깨서 만든 얼음, ② 네모반듯하게 기계로 알려진 얼음, ③ Block of Ice : 1㎏ 이상의 큰 얼음덩어리, 파티 때 펀치 볼에 사용, ④ 잘게 깬 알갱이 모양의 얼음

풀이 해설

46. ① 부엌과 식탁사이에 음식과 기타 식사에 필요한 물건을 운반할 때 쓰는 바퀴가 달린 운반기구, ② 주 요리 접시(Entree Plate)와 같은 크기의 접시로서 일종의 장식 접시, ③ Bread & Butter

47. ② 주방기물

48. 브랜디 1온스, 레몬주스 ½온스, 코앙트로(Cointreau : 오렌지 맛의 달콤한 리큐어=큐라소) ½온스

50. ④ 1½oz

51. ① 커피 상부의 다소 붉은빛을 띠는 거품, the light-colored, orangish head(foam) on a cup of espresso. ② 커피의 관능평가

46. 테이블의 분위기를 돋보이게 하거나 고객의 편의를 위해 중앙에 놓는 집기들의 배열을 무엇이라 하는가?(2012년 4회)

① Service wagon ② Show plate
③ B & B plate ④ Center piece

47. 주장(Bar)에서 사용하는 기물이 아닌 것은?(2011년 4회)

① Champagne Cooler ② Soup Spoon
③ Lemon Squeezer ④ Decanter

48. Sidecar 칵테일을 만들 때 재료로 적당하지 않은 것은?(2012년 2회)

① 테킬라 ② 브랜디
③ 화이트큐라소 ④ 레몬주스

49. 조주보조원이라 일컬으며 칵테일 재료의 준비와 청결유지를 위한 청소담당 및 업장 보조를 하는 사람을 의미하는 것은?

① 바 헬퍼(Bar helper)
② 바텐더(Bartender)
③ 헤드 바텐더(Head Bartender)
④ 바 매니저(Bar Manager)

50. 칵테일 기구인 지거(Jigger)를 잘못 설명한 것은?

① 일명 Measure Cup이라고 한다.
② 지거는 크고 작은 두 개의 삼각형 컵이 양쪽으로 붙어 있다.
③ 작은 쪽 컵은 1oz 이다.
④ 큰 쪽의 컵은 대부분 2oz이다.

51. 다음 ( ) 안에 공통적으로 적합한 단어는?(2010년 4회)

( ), which looks like fine sea spray, is the Holy Grail of espresso, the beautifully tangible sign that everything has gone right.
( ) is a golden foam made up of oil and colloids, which floats atop the surface of a perfectly brewed cup of espresso

① Crema ② Cupping ③ Cappuccino ④ Caffe Latte

52. 다음에서 설명하는 것은?

What is used to present the check, return the change or the credit card, and remind the customer to leave the tip.

① Serving trays ② Bill trays
③ Corkscrews ④ Can openers

53. 다음의 ( )안에 들어갈 적합한 것은?

( ) whisky is a whisky which is distilled and produced at just one particular distilled and produced at just one particular distillert. ( )s are made entirely from one type of malted grain, traditionally barley, which is cultivated in the region of the distillery.

① grain ② blended
③ single malt ④ bourbon

54. 다음 내용 중 옳은 것은?

① Cognac is produced only in the Cognac region of France.
② All brandy is Cognac.
③ Not all Cognac is brandy.
④ All French brandy is Cognac.

55. 손님에게 사용할 때 가장 공손한 표현이 되도록 다음의 _____안에 들어갈 알맞은 표현은?

_______________ to have a drink?

① Would you like ② Won't you like
③ Will you like ④ Do you like

56. What does 'black coffee' mean?

① Rich in coffee
② Strong coffee
③ Coffee without cream and sugar
④ Clear strong coffee

풀이 해설

55. like가 타동사이므로 모든 명사 상당어구를 목적어로 취할 수 있는 데, would you like 에서는 관용적으로 동명사를 취하지 않고 to부정사를 목적어로 취하기 때문에 would you like to ~, like이 단독으로 쓰이는 경우에는 to부정사와 동명사를 대등하게 목적어, I like to go fishing. = I like going fishing.

56. 크림이나 밀크가 가미되지 않은 블랙커피(Black Coffee) : Cafe Noir (카페 누아르)

풀이 해설

57. ① Side car : Brandy ½oz, White Curacao ¼oz, Lemon Juice ¼oz(C.K.T), ② Zoom Cocktail : Brandy ½oz, Honey ¼oz, Cream ¼oz(C.K.T), ③ 브랜디 ⅓, 럼 ⅓, 코앙투르 ⅓, 레몬주스 ½tsp(C.K.T), ④ 드라이진 3/5, 스위트 베르무트 1/5, 파인애플주스 1/5, 그레나딘시럽2tsp, 계란 1ea

58. chartreuse(리큐르의 여왕)는 프랑스의 그르노블(Grenoble)에 있는 Carthusian(카르투지오)수도원에서 수도사들에 의해 만들어진 허브리큐르. 전설에 따르면 16세기에 죽은 사람도 살리며 현자의 돌을 만들 때 사용되는 생명의 물(aqua vitae : the waters of life)을 만들기 위해서 시도하다가 탄생하였다고 한다. 130여 가지의 약초가 사용되는 이 술은 어떤 약초가 어떤 비율로 들어가는지에 대한 이 술에 대한 비법은 400년 동안 비법으로 내려왔으며 현재도 단 3명의 수도사만 알고 있다고 한다.

59. 회의를 내일아침까지 연기 하였습니다.의 의미로 put off, delay, adjourn, defer

60. 술을 권할 때 : I'm going to throw up. = I feel like throwing up.(진료) = I feel like vomiting.(승무원에게 문의나 부탁 : 토할 것 같습니다.)

57. Please, select the cocktail based on gin in the following.

① Side car ② Zoom cocktail
③ Between the sheets ④ Million Dollar

58. ( ) 안에 알맞은 리큐르는?(2011년 2회, 2013년 4회)

> ( ) is called the queen of liqueur. This is one of the French traditional liqueur and is made from several years aging after distilling of various herds added to spirit

① Chartreuse ② Benedictine
③ Kummel ④ Cointreau

59. 다음의 문장에서 밑줄 친 Postponed와 가장 가까운 뜻은?

> The meeting was postponed until tomorrow morning

① cancelled ② finished
③ put off ④ taken off

60. 'I feel like throwing up.' 의 의미는?

① 토할 것 같다. ② 기분이 너무 좋다.
③ 공을 던지고 싶다. ④ 술을 더 마시고 싶다.

2015년 제5회 정답

1	2	3	4	5	6	7	8	9	10	11	12	13	14	15	16	17	18	19	20
②	③	②	①	③	②	④	④	④	③	②	①	①	④	③	④	④	②	③	②
21	22	23	24	25	26	27	28	29	30	31	32	33	34	35	36	37	38	39	40
④	④	②	④	③	①	②	④	③	③	②	②	③	①	①	②	①	①	②	②
41	42	43	44	45	46	47	48	49	50	51	52	53	54	55	56	57	58	59	60
④	②	④	④	③	④	②	①	①	④	①	②	③	①	①	③	④	①	③	①

03 2016년도 기출문제

국가기술자격검정 필기시험문제

2016년도 기능사 일반검정 제 1 회

자격종목 및 등급(선택분야)	종목코드	시험시간	문제지형별	수검번호	성명
조주기능사	7916	1시간	A		

※ 시험문제지는 답안카드와 같이 반드시 제출하여야 한다.

1. 커피의 3대 원종이 아닌 것은?

① 로부스타종　② 아라비카종
③ 인디카종　④ 리베리카종

2. 이태리가 자랑하는 3대 리큐르(liqueur) 중 하나로 살구씨를 기본으로 여러 가지 재료를 넣어 만든 아몬드 향의 리큐르로 옳은 것은?

① 아드보카트(Advocaat)
② 베네딕틴(Benedictine)
③ 아마레또(Amaretto)
④ 그랜드 마니에르(Grand Marnier)

3. Malt Whisky를 바르게 설명한 것은?

① 대량의 양조주를 연속식으로 증류해서 만든 위스키
② 단식 증류기를 사용하여 2회의 증류과정을 거쳐 만든 위스키
③ 피트탄(peat, 석탄)으로 건조한 맥아의 당액을 발효해서 증류한 피트향과 통의 향이 배인 독특한 맛의 위스키
④ 옥수수를 원료로 대맥의 맥아를 사용하여 당화시켜 개량솥으로 증류한 고농도 알코올의 위스키

풀이 해설

1. 커피의 3대 원종 : 아라비카, 로부스타, 리베리카

2. ① 브랜디에 계란, 당분이 들어간 독일 리큐어, ② 프랑스 노르망디 베네딕틴 수도원에서 만들어진 허브 리큐어, ③ 이탈리아 아몬드향 리큐어, ④ 코냑에 Bitter 오렌지와 당분을 첨가한 프랑스 리큐어

3. 맥아를 원료로 만든 위스키를 찾으면 됨

4. Ginger ale에 대한 설명 중 틀린 것은?
① 생강의 향을 함유한 소다수이다.
② 알코올 성분이 포함된 영양음료이다.
③ 식욕증진이나 소화제로 효과가 있다.
④ Gin이나 Brandy와 조주하여 마시기도 한다.

5. 우유의 살균방법에 대한 설명으로 가장 거리가 먼 것은?
① 저온 살균법 : 50℃에서 30분 살균
② 고온 단시간 살균법 : 72℃에서 15초 살균
③ 초고온 살균법 : 135~150℃에서 0.5~5초 살균
④ 멸균법 : 150℃에서 2.5~3초 동안 가열 처리

6. 다음 중에서 이탈리아 와인 키안티 클라시코(Chianti classico)와 가장 거리가 먼 것은?
① Gallo nero ② Piasco
③ Raffia ④ Barbaresco

7. 옥수수를 51% 이상 사용하고 연속식 증류기로 알코올 농도 40% 이상 80% 미만으로 증류하는 위스키는?
① Scotch Whisky
② Bourbon Whiskey
③ Irish Whiskey
④ Canadian Whisky

8. 사과로 만들어진 양조주는?
① Camus Napoleon
② Cider
③ Kirschwasser
④ Anisette

9. 스트레이트 업(Straight Up)의 의미로 가장 적합한 것은?
① 술이나 재료의 비중을 이용하여 섞이지 않게 마시는 것
② 얼음을 넣지 않은 상태로 마시는 것

풀이 해설

5. 우유의 살균방법에는 저온 장시간 살균법(62~65도, 30분), 고온 단기간 살균법(72~76도, 16초), 초고온 살균법(130~140도, 0.6~4초)
6. ① 이탈리아어로 Gallo Nero(갈로 네로) : 옛날 중세 도시국가였던 시대에 이탈리아 토스카나지역도 역시 조그마한 도시국가들로 이루어져 있었는데, 피렌체와 시에나는 이웃사촌임에도 불구하고 영토를 두고 매일매일 전쟁을 하였다. 하루는 너무나도 지친 군병들을 본 피렌체 영주가 "이러다간 군병들이 다 쓰러져 영토는 불구하고 백성들까지 잃어버리겠군."라고 생각하여 "영토경계선을 확립하는 것이 어떨까?"라고 시에나 군주에게 제의를 하였다. 시에나도 마침 같은 사정이었던지라 시에나 군주는 동의를 하였다. 두 군주는 그럼 어떠한 방법으로 경계선을 나눌까 고심한 뒤 한 가지 방법을 생각해 내었는데, 그 방법은... 아침 일찍 닭이 울면 피렌체성 문과 시에나성 문에서 기사가 출발하여 두 기사가 만나는 지점이 바로 피렌체와 시에나의 경계선. 날짜도 정하고 기사도 정한 두 군주들, 그래도 영토를 두고 하는 달리기인데 긴장이 안돼겠어요? 시에나 군주는 도시에서 가장 튼튼하고 목소리가 큰 닭을 골라 다음날 아침 일찍 일어나라고 모이를 잔뜩 주었으나, 피렌체 군주는 작고 탄탄한 검은 닭을 골랐지만 저녁을 주지 않았다. 다음날 아침, 배부르게 저녁을 먹은 시에나의 닭은 늦게 일어나 "꼬꼬데!" 기사가 늦게 출발하여 달린 길이도 짧았고요, 반대로 저녁을 먹지 않은 피렌체의 검은 닭은 배가 고파 일찍 일어나 "꼬꼬데, 꼬꼬데!!!!" 설치는 바람에 기사가 일찍 출발하여 많은 길을 달렸다고 합니다. 그래서 피렌체가 시에나보다 많은 땅을 가지게 되었다고 하네요. 그리고 피렌체와 시에나의 기사가 달렸던 그 땅에서는 포도 수확을 하였는데, 그 포도로 만든 와인이 바로 Gallo Nero(갈로 네로)라고 함, ② 키안티와인을 담는 병으로 주둥이가 긴 호리병 모양, ③ 야자나무 잎으로 만든 바구니
7. 옥수수를 주로 사용하는 것은 버번위스키
8. ③ 채리를 원료로 만든 브랜디, ④ 이탈리아에서 Anise를 원료로 만든 리큐어

③ 얼음만 넣고 그 위에 술을 따른 상태로 마시는 것
④ 글라스 위에 장식하여 마시는 것

10. 약초, 향초류의 혼성주는?

① 트리플 섹 ② 크림 드 카시스
③ 깔루아 ④ 쿰멜

11. 헤네시의 등급 규격으로 틀린 것은?

① EXTRA : 15~25년 ② V.O : 15년
③ X.O : 45년 이상 ④ V.S.O.P : 20~30년

12. 다음은 어떤 포도품종에 관하여 설명한 것인가?

> 작은 포도알, 깊은 적갈색, 두꺼운 껍질, 많은 씨앗이 특징이며 씨앗은 타닌 함량을 풍부하게 하고, 두꺼운 껍질은 색깔을 깊이 있게 나타낸다. 블랙커런트, 체리, 자두 향을 지니고 있으며, 대표적인 생산지역은 프랑스 보르도 지방이다.

① 메를로(Merlot)
② 피노 누아(Pinot Noir)
③ 카베르네 소비뇽(Cabernet Sauvignon)
④ 샤르도네(Chardonnay)

13. 담색 또는 무색으로 칵테일의 기본주로 사용되는 Rum은?

① Heavy Rum ② Medium Rum
③ Light Rum ④ Jamaica Rum

14. 전통 민속주의 양조기구 및 기물이 아닌 것은?

① 오크통 ② 누룩고리
③ 채반 ④ 술자루

15. 세계의 유명한 광천수 중 프랑스 지역의 제품이 아닌 것은?

① 비시 생수(Vichy Water) ② 에비앙 생수(Evian Water)
③ 셀처 생수(Seltzer Water) ④ 페리에 생수(Perrier Water)

풀이 해설

9. ① Float, ③ On the Rocks, ④ Garnish

10. ① 오렌지 껍질, ② 까치밥나무 열매(Cassis)

11. ① 50~75년

12. 프랑스 보르도지역에서 재배되는 레드와인의 대표적인 품종은 카베르네 소비뇽과 메를로, 그 중 카베르네 소비뇽의 알이 작다. 피노 누아는 부르고뉴지역의 대표적인 품종, 샤르도네는 화이트와인 포도품종

13. 무색 럼은 White Rum, Light Rum

14. ① 서양에서 술을 저장할 때 사용

15. ③ 독일의 대표적인 광천수

풀이 해설

16. 스카치위스키와 아이리시위스키는 원료, 증류, 횟수 등이 다름

17. 4대 위스키 : 스카치, 아이리시, 아메리칸, 캐나디언

18. ④ 아메리칸, 캐나디언위스키

19. ① Kahlua, bailey's, Grand marnier(비중을 이용하여 Float기법)

21. 고려 말 몽고로부터 전래되었음

23. 솔레라시스템을 이용하는 주정강화와인은 셰리와인

16. Irish Whiskey에 대한 설명으로 틀린 것은?

① 깊고 진한 맛과 향을 지닌 몰트위스키도 포함된다.
② 피트훈연을 하지 않아 향이 깨끗하고 맛이 부드럽다.
③ 스카치위스키와 제조과정이 동일하다.
④ John Jameson, Old Bushmills가 대표적이다.

17. 세계 4대 위스키(Whisky)가 아닌 것은?

① 스카치(Scotch) ② 아이리시(Irish)
③ 아메리칸(American) ④ 스패니시(Spanish)

18. 다음 중 연속식 증류주에 해당하는 것은?

① Pot still Whisky ② Malt Whisky
③ Cognac ④ Patent still Whisky

19. Benedictine의 설명 중 틀린 것은?

① B-52 칵테일을 조주할 때 사용한다.
② 병에 적힌 D.O.M은 '최선 최대의 신에게'라는 뜻이다.
③ 프랑스 수도원 제품이며 품질이 우수하다.
④ 허니문(Honeymoon)칵테일을 조주할 때 사용한다.

20. 다음 중 이탈리아 와인 등급 표시로 맞는 것은?

① A.O.P. ② D.O. ③ D.O.C.G ④ QbA

21. 소주가 한반도에 전해진 시기는 언제인가?

① 통일신라 ② 고려
③ 조선 초기 ④ 조선중기

22. 프랑스와인의 원산지 통제 증명법으로 가장 엄격한 기준은?

① DOC ② AOC ③ VDQS ④ QMP

23. 솔레라 시스템을 사용하여 만드는 스페인의 대표적인 주정강화 와인은?

① 포트 와인 ② 쉐리 와인
③ 보졸레 와인 ④ 보르도 와인

24. 리큐르(liqueur)중 베일리스가 생산되는 곳은?

① 스코틀랜드 ② 아일랜드
③ 잉글랜드 ④ 뉴질랜드

25. 다음 중 스타일이 다른 맛의 와인이 만들어 지는 것은?

① late harvest ② noble rot
③ ice wine ④ vin mousseux

26. 스파클링 와인에 해당 되지 않는 것은?

① Champagne ② Cremant
③ Vin doux naturel ④ Spumante

27. 주류와 그에 대한 설명으로 옳은 것은?

① absinthe - 노르망디 지방의 프랑스산 사과 브랜디
② campari - 주정에 향쑥을 넣어 만드는 프랑스산 리큐르
③ calvados - 이탈리아 밀라노에서 생산되는 와인
④ chartreuse - 승원(수도원)이라는 뜻을 가진 리큐르

28. 브랜디의 제조공정에서 증류한 브랜디를 열탕 소독한 White oak Barrel에 담기 전에 무엇을 채워 유해한 색소나 이물질을 제거 하는가?

① Beer ② Gin
③ Red Wine ④ White Wine

29. 양조주의 제조방법 중 포도주, 사과주등 주로 과실주를 만드는 방법으로 만들어진 것은?

① 복발효주 ② 단발효주
③ 연속발효주 ④ 병행발효주

30. 다음 중 알코올성 커피는?

① 카페 로얄(Cafe Royale)
② 비엔나 커피(Vienna Coffee)
③ 데미타세 커피(Demi-Tasse Coffee)
④ 카페오레(Cafe au Lait)

풀이 해설

24. 아이리시 위스키에 크림을 첨가한 리큐어로 아일랜드

25. ④ 프랑스의 샹파뉴지역 이외에서 생산되는 스파클링 와인

26. ①, ② 프랑스의 스파클링와인 ③ 프랑스의 주정강화와인, ④ 이탈리아

27. ① 주정에 향쑥(wormwood)을 넣어 만든 프랑스산 리큐어, ② 이탈리아에서 만든 붉은색 Bitter, ③ 프랑스 노르망디 지방에서 사과를 원료로 만든 브랜디

28. 브랜디는 와인을 증류하여 만드는 술이므로 White Wine으로 오크통을 채워 이물질을 제거함

29. 양조주의 원료로는 전분이나 당분이 사용되는데, 전분을 당화시켜 발효하는 방법을 복발효, 당화와 발효가 동싱에 일어나는 방법을 병행복발효, 당분을 발효시켜 만든 술은 단발효주

30. 알코올성커피 : Cafe royale, Irish coffee

풀이 해설

31. 영업 형태에 따라 분류한 bar의 종류 중 일반적으로 활기차고 즐거우며 조금은 어둡지만 따뜻하고 조용한 분위기와 가장 거리가 먼 것은?

① Western bar
② Classic bar
③ Modern bar
④ Room bar

32. Soft Drink는 알코올이 들어 있지 않은 청량음료, Decanter는 음료를 담을 수 있는 용기나 그릇을 말함

32. 소프트 드링크(soft drink) 디캔터(decanter)의 올바른 사용법은?

① 각종 청량음료(soft drink)를 별도로 담아 나간다.
② 술과 같이 혼합하여 나간다.
③ 얼음과 같이 넣어 나간다.
④ 술과 얼음을 같이 넣어 나간다.

33. 우리나라에서 개별소비세가 부과되지 않는 영업장은?

① 단란주점 ② 요정
③ 카바레 ④ 나이트클럽

34. 칵테일 잔의 밑받침 Base, 음료가 담기는 부분 Bowl, Base & Bowl 사이 손잡이 Stem, Cap은 Shaker의 뚜껑

34. 칵테일글라스의 3대 명칭이 아닌 것은?

① bowl ② cap
③ stem ④ base

35. 칵테일 서비스 진행 절차로 가장 적합한 것은?

① 아이스 페일을 이용해서 고객의 요구대로 글라스에 얼음을 넣는다.
② 먼저 커팅보드 위에 장식물과 함께 글라스를 놓는다.
③ 칵테일 용 냅킨을 고객의 글라스 오른쪽에 놓고 젓는 막대를 그 위에 놓는다.
④ 병술을 사용할 때는 스토퍼를 이용해서 조심스럽게 따른다.

36. 증류주를 오크통에 숙성시키면 시간이 지나면서 색, 향, 맛이 변한다. 오크통에 숙성시키면서 변화는 향을 부케(Bouquet)

36. 오크통에서 증류주를 보관할 때의 설명으로 틀린 것은?

① 원액의 개성을 결정해 준다.
② 천사의 몫(Angel's share) 현상이 나타난다.
③ 색상이 호박색으로 변한다.
④ 변화 없이 증류한 상태 그대로 보관된다.

37. Blending 기법에 사용하는 얼음으로 가장 적당한 것은?

① lumped ice ② crushed ice
③ cubed ice ④ shaved ice

38. 비터류(bitters)가 사용되지 않는 칵테일은?

① Manhattan ② Cosmopolitan
③ Old Fashioned ④ Negroni

39. Bock beer에 대한 설명으로 옳은 것은?

① 알코올 도수가 높은 흑맥주
② 알코올 도수가 낮은 담색 맥주
③ 이탈리아산 고급 흑맥주
④ 제조 12시간 이내의 생맥주

40. 탄산음료나 샴페인을 사용하고 남은 일부를 보관할 때 사용하는 기구로 가장 적합한 것은?

① 코스터 ② 스토퍼
③ 폴러 ④ 코르크

41. 맥주의 보관에 대한 내용으로 옳지 않은 것은?

① 장기 보관할수록 맛이 좋아진다.
② 맥주가 얼지 않도록 보관한다.
③ 직사광선을 피한다.
④ 적정온도(4 ~10℃)에 보관한다.

42. 칼바도스(Calvados)는 보관온도 상 다음 품목 중 어떤 것과 같이 두어도 좋은가?

① 백포도중 ② 샴페인
③ 생맥주 ④ 코냑

43. 칵테일 Kir Royal의 레시피(receipe)로 옳은 것은?

① Champagne + Cacao ② Champagne + Kahlua
③ Wine + Cointreau ④ Champagne + Creme de Cassis

풀이 해설

37. 블랜더에 큰 얼음을 넣고 사용하면 날이 상할 수 있기 때문에 잘게 부슨 얼음(Crushed Ice)을 사용

38. ①, ③은 Angostura bitter, ④는 이탈리아 비터즈인 Campari 사용

39. 독일산 알코올 도수가 높은 강한 맥주

40. ① 잔 받침, ③ 음료를 따를 때 사용, ④ 와인 병마개

41. 맥주는 양조주이므로 보관 시 변질의 위험이 있으며, 유통기간은 1년

42. 칼바도스는 프랑스 노르망디 지방의 사과 브랜디

43. Kir Royal; Champagne+Creme de Cassis, Kir ; White Wine+Creme de Cassis

풀이 해설

44. 글라스의 파손 여부 체크

45. ① 체리, ② 오렌지&체리, ③ 파인애플&체리

46. 디켄터를 제공

47. ※ 판매가격 계산공식 : 판매가격×원가율(20/100)=원가
※ 750㎖÷30㎖ = 25잔
※ 원가:100,000÷25 = 4,000원
※ 판매가격 = 4,000×100/20 = 20,000원

49. Stir는 Mixing Glass, Strainer, Barspoon

50. ① 1/8oz ② 1oz ④ 1/2oz

44. 바텐더가 bar에서 glass를 사용할 때 가장 먼저 체크하여야 할 사항은?

① glass의 가장자리 파손 여부
② glass의 청결 여부
③ glass의 재고 여부
④ glass의 온도 여부

45. Red cherry가 사용되지 않는 칵테일은?

① Manhattan ② Old Fashioned
③ Mai-Tai ④ Moscow Mule

46. 고객이 위스키 스트레이트를 주문하고, 얼음과 함께 콜라나 소다수, 물 등을 원하는 경우 이를 제공하는 글라스는?

① wine decanter ② cocktail decanter
③ Collins glass ④ cocktail glass

47. 스카치 750㎖ 1병의 원가가 100000원 이고 평균원가율을 20%로 책정했다면 스카치 1잔의 판매가격은?

① 10,000원 ② 15,000원
③ 20,000원 ④ 25,000원

48. 일반적인 칵테일의 특징으로 가장 거리가 먼 것은?

① 부드러운 맛
② 분위기의 증진
③ 색, 맛, 향의 조화
④ 항산화, 소화증진 효소 함유

49. 휘젓기(stirring) 기법을 할 때 사용하는 칵테일 기구로 가장 적합한 것은?

① hand shaker ② mixing glass
③ squeezer ④ jigger

50. 용량 표시가 옳은 것은?

① 1 tea spoon = 1/32 oz ② 1 pony = 1/2 oz
③ 1 pint = 1/2 quart ④ 1 table spoon = 1/32 oz

풀이 해설

51. "당신은 손님들에게 친절해야 한다."의 표현으로 가장 적합한 것은?

① You should be kind to guest.

② You should kind guest.

③ You'll should be to kind to guest.

④ You should do kind guest.

52. Three factors govern the appreciation of wine. Which of the following does not belong to them?

① Color ② Aroma ③ Taste ④ Touch

52. "와인평가는 3가지 요소로 결정되는데, 속하지 않는 것을 찾는 문제로 ※ 와인 평가 3요소 : Color, Aroma, Taste

53. '한잔 더 주세요.'의 가장 정확한 영어 표현은?

① I'd like other drink.

② I'd like to have another drink.

③ I want one more wine.

④ I'd like to have the other drink.

54. Which of the following is the right beverage in the blank?

B : Here you are. Drink it While it's hot.
G : Um... nice. What pretty drink are you mixing there?
B : Well, it's for the lady in that corner.
It is a "_____", and it is made from several liqueurs.
G : Looks like a rainbow. How do you do that?
B : Well, you pour it in carefully. Each liquid has a different weight, so they sit on the top of each other without mixing.

① Pousse cafe ② Cassis Frappe

③ June Bug ④ Rum Shrub

54. 술의 무게 차를 이용해서 서로 섞이지 않게 만드는 기법을 Floating기법으로 Rainbow, Pousse cafe, B-52, Angel's kiss

55. 바텐더가 손님에게 처음 주문을 받을 때 사용할 수 있는 표현으로 가장 적합한 것은?

① What do you recommend?

② Would you care for a drink?

③ What would you like with that?

④ Do you have a reservation?

55. Would you care foe ~는 ~하시겠습니까?

풀이 해설

56. Which one is the right answer in the blank?

B : Good evening, sir. What Would you like?
G : What kind of (   ) have you got?
B : We've got our own brand, sir. Or I can give you an rye, a bourbon or a malt
G : I'll have a malt. A double, please
B : Certainly, sir. Would you like any water or ice with it?
G : No water, thank you, That spoils it. I'll have just one lump of ice.
B : one lump, sir. Certainly.

① Wine
② Gin
③ Whiskey
④ Rum

57. 'Are you free this evening?'의 의미로 가장 적합한 것은?
① 이것은 무료입니까?
② 오늘밤에 시간 있으십니까?
③ 오늘밤에 만나시겠습니까?
④ 오늘밤에 개점합니까?

58. "나는 참석하지 않은 이유로 회의에서 무슨 일이 일이 있었는지 알지 못한다."로 적당한 답은 Attend

58. (   ) 안에 들어갈 알맞은 것은?

I don't know what happened at the meeting because I wasn't able to (   ).

① decline
② apply
③ depart
④ attend

59. Calvados는 사과로 만든 브랜디, Cognac, Armagnac은 프랑스에서 포도를 이용해 만든 브랜디이고, Grappa는 이탈리아에서 만든 브랜디

59. Which one is not made from grapes?
① Cognac
② Calvados
③ Armagnac
④ Grappa

60. 다음 ( ) 안에 알맞은 것은?

( ) must have juniper berry flavor and can be made either by distillation or re-distillation.

① Whisky ② Rum
③ Tequila ④ Gin

풀이 해설

60. Juniper Berry를 재료로 사용하는 술 Gi

2016년 제1회 정답

1	2	3	4	5	6	7	8	9	10	11	12	13	14	15	16	17	18	19	20
③	③	③	②	①	④	②	②	②	④	①	③	③	①	③	③	④	④	①	③
21	22	23	24	25	26	27	28	29	30	31	32	33	34	35	36	37	38	39	40
②	②	②	②	④	③	④	④	②	①	①	①	①	②	③	④	②	②	①	②
41	42	43	44	45	46	47	48	49	50	51	52	53	54	55	56	57	58	59	60
①	④	④	①	④	②	③	④	②	③	①	④	②	①	②	③	②	④	②	④

국가기술자격검정 필기시험문제

2016년도 기능사 일반검정 제 2 회

자격종목 및 등급(선택분야)	종목코드	시험시간	문제지형별	수검번호	성명
조주기능사	7916	1시간	A		

※ 시험문제지는 답안카드와 같이 반드시 제출하여야 한다.

풀이 해설

1. ③ 프랑스에서 오렌지껍질로 만든 리큐어

2. ③ 로제 와인, 레드(Tinto), 화이트(Blanco)

3. ① 이탈리아, ② 독일, ③ 프랑스 샹파뉴지역 외에 스파클링 와인, ④ 독일어로 "드라이하다."

4. 포도의 품질을 위해 일부 포도송이를 솎아내는 작업을 말한다.

5. 샤블리는 부르고뉴지역

6. 프랑스 노르망디(Normandie)지방에서 생산된 사과 브랜디를 말한다.

1. 혼성주에 해당하는 것은?

① Armagnac ② Corn Whisky
③ Cointreau ④ Jamaican Rum

2. 각 국가별로 부르는 적포도주로 틀린 것은?

① 프랑스 - Vin Rouge ② 이태리 - Vino Rosso
③ 스페인 - Vino Rosado ④ 독일 - Rotwein

3. Sparkling Wine이 아닌 것은?

① Asti spumante ② Sekt
③ Vin mousseux ④ Troken

4. 포도 품종의 그린 수확(Green Harvest)에 대한 설명으로 옳은 것은?

① 수확량을 제한하기 위한 수확
② 청포도 품종 수확
③ 완숙한 최고의 포도 수확
④ 포도원의 잡초제거

5. 보르도 지역의 와인이 아닌 것은?

① 샤블리 ② 메독 ③ 마고 ④ 그라브

6. 프랑스에서 생산되는 칼바도스(Calvados)는 어느 종류에 속하는가?

① Brandy ② Gin ③ Wine ④ Whiskey

7. 원료인 포도주에 브랜디나 당분을 섞고, 향료나 약초를 넣어 향미를 내어 만들며 이탈리아산이 유명한 것은?

① Manzanilla ② Vermouth
③ Stout ④ Hock

8. 다음 중 Aperitif Wine으로 가장 적합한 것은?

① Dry Sherry Wine ② White Wine
③ Red Wine ④ Port Wine

9. 혼성주의 종류에 대한 설명이 틀린 것은?

① 아드보카트(Advocaat)는 브랜디에 계란노른자와 설탕을 혼합하여 만들었다.
② 드람브이(Drambuie)는 "사람을 만족시키는 음료"라는 뜻을 가지고 있다.
③ 아르마냑(Armagnac)은 체리향을 혼합하여 만든 술 이다.
④ 깔루아(Kahlua)는 증류주에 커피를 혼합하여 만든 술이다.

10. 혼성주 제조방법인 침출법에 대한 설명으로 틀린 것은?

① 맛과 향이 알코올에 쉽게 용해되는 원료일 때 사용 한다.
② 과실 및 향료를 기주에 담가 맛과 향이 우러나게 하는 방법이다.
③ 원료를 넣고 밀봉한 후 수개월에서 수년간 장기 숙성시킨다.
④ 맛과 향이 추출되면 여과한 후 블렌딩하여 병 입한다.

11. 보졸레 누보 양조과정의 특징이 아닌 것은?

① 기계수확을 한다.
② 열매를 분리하지 않고 송이채 밀폐된 탱크에 집어넣는다.
③ 발효 중 CO_2의 영향을 받아 산도가 낮은 와인이 만들어진다.
④ 오랜 숙성 기간 없이 출하한다.

12. 맥주의 원료로 알맞지 않은 것은?

① 물 ② 피트
③ 보리 ④ 호프

풀이 해설

7. ① 스페인산 셰리주, ③ 상면발효방식으로 생산되는 영국식 맥주, ④ 독일 라인 지방산의 백포도주

8. 식전주로는 드라이 셰리와인, 드라이 마티니, 캄파리 등

9. ③ 프랑스 보르도(Bordeaux) 지방의 남쪽 피레네산맥에 가까운 아르마냑 지역에서 생산되는 브랜디의 일종으로 프랑스의 유명한 브랜디 코냑과 아르마냑을 들 수 있음.

11. 프랑스 부르고뉴주의 보졸레 지방에서 매년 그해 9월 초에 수확한 포도를 4~6주 숙성시킨 뒤, 11월 셋째 주 목요일부터 출시하는 포도주(와인)의 상품명이다. 원료는 이 지역에서 재배하는 포도인 '가메(Gamey)'로, 온화하고 따뜻한 기후와 화강암·석회질 등으로 이루어진 토양으로 인해 약간 산성을 띠면서도 과일 향이 풍부. 보졸레누보가 널리 알려지기 시작한 것은 1951년 11월 13일 처음으로 보졸레누보 축제를 개최하면서부터이다. 보졸레 지역에서는 그해에 갓 생산된 포도주를 포도주통에서 바로 부어 마시는 전통이 있었는데, 1951년 이러한 전통을 지역 축제로 승화시키면서 프랑스 전역의 축제로 확대되었고, 1970년대 이후에는 세계적인 포도주 축제로 자리잡았다.

12. Peat : 석탄

풀이 해설

13. ① 쑥과 허브가 들어간 술, ② 오렌지 껍질을 물에 넣어 증류한 액체와 알코올에 오렌지 껍질을 침지한 액체를 섞은 후 브랜디를 첨가하여 숙성시켜 만들며 연한 오렌지 색은 저장용 통으로부터 우러나온 것, ④ 스카치위스키에 꿀과 허브

14. 발효 중 표면에 떠오르는 상면 효모를 사용해 18~25℃의 고온에서 발효시킨 맥주로, 라거보다 알코올 도수가 높고 색깔과 맛, 향이 라거보다 진한 편. 에일맥주는 유럽 지역을 중심으로 세계 맥주의 30% 정도를 차지하고 있으며 대표적으로 영국의 포터, 아일랜드의 기네스와 스타우트, 벨기에의 호가든, 독일의 바이스비어 · 쾰쉬 등

17. ①, ③, ④는 포도를 원료로 한 브랜디

18. 토마토주스는 영양음료

13. 원산지가 프랑스인 술은?

① Adsinthe ② Curacao
③ Kahlua ④ Drambuie

14. 상면발효 맥주로 옳은 것은?

① bock beer ② budweiser beer
③ porter beer ④ asahi beer

15. Hop에 대한 설명 중 틀린 것은?

① 자웅이주의 숙근 식물로서 수정이 안 된 암 꽃을 사용한다.
② 맥주의 쓴맛과 향을 부여한다.
③ 거품의 지속성과 향균성을 부여한다.
④ 맥아즙 속의 당분을 분해하여 알코올과 탄산가스를 만드는 작용을 한다.

16. 다음에서 설명하는 것은?

- 북유럽 스칸디나비아 지방의 특산주로 어원은 '생명의 물'이라는 라틴어에서 온 말이다.
- 제조과정은 먼저 감자를 익혀서 으깬 감자와 맥아를 당화, 발효시켜 증류시킨다.
- 연속증류기로 95%의 고농도 알코올을 얻은 다음 물로 희석하고 회향초씨나, 박하, 오렌지껍질 등 여러 가지 종류의 허브로 향기를 착향시킨 술이다.

① Vodka ② Rum
③ Aquavit ④ Brand

17. 프랑스에서 사과를 원료로 만든 증류주인 Apple Brandy는?

① Cognac ② Calvados
③ Armagnac ④ Camus

18. 다음 중 과실음료가 아닌 것은?

① 토마토주스 ② 천연과즙주스
③ 희석과즙음료 ④ 과립과즙음료

19. 우리나라 전통주 중에서 약주가 아닌 것은?

① 두견주　② 한산 소국주
③ 칠선주　④ 문배주

20. 다음 중 스카치위스키(scotch whisky)가 아닌 것은?

① Crown Royal　② White Horse
③ Johnnie Walker　④ Chivas Regal

21. 차를 만드는 방법에 따른 분류와 대표적인 차의 연결이 틀린 것은?

① 불발효차 - 보성녹차　② 반발효차 - 오룡차
③ 발효차 - 다즐링차　④ 후발효차 - 쟈스민차

22. 소다수에 대한 설명으로 틀린 것은?

① 인공적으로 이산화탄소를 첨가한다.
② 약간의 신맛과 단맛이 나며 청량감이 있다.
③ 식욕을 돋우는 효과가 있다.
④ 성분은 수분과 이산화탄소로 칼로리는 없다.

23. 다음에서 설명되는 우리나라 고유의 술은?

> 엄격한 법도에 의해 술은 담든다는 전통주로 신라시대부터 전해오는 유상곡수(流觴曲水)라 하여 주로 상류계급에서 즐기던 것으로 중국 남방술인 사오싱주보다 빛깔은 조금 희고 그 순수한 맛이 가히 일품이다.

① 두견주　② 인삼주
③ 감홍로주　④ 경주교동법주

24. 레몬주스, 슈거 시럽, 소다수를 혼합한 것으로 대용할 수 있는 것은?

① 진저엘　② 토닉워터
③ 칼린스 믹스　④ 사이다

25. 다음 중 테킬라(Tequila)가 아닌 것은?

① Cuervo　② El Toro
③ Sambuca　④ Sauza

풀이 해설

19. ④ 문배주는 다른 첨가물 없이 조, 수수와 누룩으로 빚는 순곡 증류주. 알코올 함량은 약 40%로 북쪽 지방의 술

20. ① 캐나디언 위스키

21. ④ 반발효차

23. 1986년 11월 1일 중요무형문화재 제86-3호로 지정. 기능보유자는 배영신(裵永信)이다. 신라의 비주(秘酒)라 일컬어지는 술로, 조선 숙종 때 궁중음식을 관장하던 사옹원(司饔院)에서 참봉을 지낸 최국선이 처음 빚었다고 한다. 알코올도수 19도가 넘어 국세청의 곡주 허용 규정도수인 11~16도를 초과하다가, 1990년 15도로 낮추는 비법을 창안하여 제조허가를 받게 되었다. 법주의 주원료는 토종 찹쌀, 물, 밀로 만든 누룩인데, 물은 사계절 내내 수량과 수온이 거의 일정하고 맛 좋은 집안의 재래식 우물물을 끓여서 사용. 먼저 찹쌀로 죽을 쑤고 여기에 누룩을 섞어 오랫동안 발효시켜 밑술을 만든다. 이 밑술에 찹쌀 고두밥과 물을 혼합해 본술을 담근 뒤 50일 동안 독을 바꿔가며 제2차 발효과정을 거쳐 술을 담는 방법으로 100일 이상을 둔다. 최초 기능보유자 배영신은 최국선의 8대손과 결혼하여 40여 년 동안 법주를 빚어왔다. 3백여 년 동안 제조기법이 철저히 맏며느리에게만 전수되는 집안 내력대로, 현재는 장남 최경(崔梗)이 기능보유자로 지정되어 있다.

25. ③ 이탈리아에서 생산되는 아니스로 만든 리큐어

26. 다음 중 아메리칸 위스키(American Whiskey)가 아닌 것은?

① Jim Beam ② Wild Turkey
③ John Jameson ④ Jack Daniel

27. 다음 중 그 종류가 다른 하나는?

① Vienna coffee ② Cappuccino coffee
③ Espresso coffee ④ Irish coffee

28. 스카치위스키의 5가지 법적 분류에 해당되지 않는 것은?

① 싱글 몰트 스카치위스키
② 블렌디드 스카치위스키
③ 블렌디드 그레인 스카치위스키
④ 라이 위스키

29. 다음 중 증류주에 속하는 것은?

① Vermouth ② Champagne
③ Sherry Wine ④ Light Rum

30. 음료의 역사에 대한 설명으로 틀린 것은?

① 기원전 6000년경 바빌로니아 사람들은 레몬과즙을 마셨다.
② 스페인 발렌시아 부근의 동굴에서는 탄산가스를 발견해 마시는 벽화가 있다.
③ 바빌로니아 사람들은 밀 빵이 물에 젖어 발효된 맥주를 발견해 음료로 즐겼다.
④ 중앙아시아 지역에서는 야생의 포도가 쌓여 자연 발효된 포도주를 음료로 즐겼다.

31. 주장(Bar)에서 주문받는 방법으로 가장 거리가 먼 것은?

① 손님의 연령이나 성별을 고려한 음료수를 추천하는 것은 좋은 방법이다.
② 추가주문은 고객이 한잔을 다 마시고 나면 최대한 빠른 시간에 여쭤본다.

풀이 해설

26. ③ 아이리시 위스키

27. ④ Irish Whisky 1oz가 들어간다.

28. 라이 위스키 51% 이상의 호밀(rye)을 원료로 하여 만든 증류주로 어메리칸 위스키

29. ① 혼성주, ② 스파클링 와인, ③ 주정강화 와인

30. 1772년 영국의 화학자 조셉프리스틀리가 효모 발효조에서 탄산가스를 발견하고 이것을 이용해 탄산수 제조에 성공, 샴페인이 처음 만들어진 것 역시 17세기 말 어느 수도원에서였다. 에페르네 근처의 작은 마을 오빌레(Hautvillers)의 수도원에 부임한 수도사 돔 페리뇽이 오늘날의 샴페인을 발견

③ 위스키와 같은 알코올 도수가 높은 술을 주문받을 때에는 안주류도 함께 여쭤본다.
④ 2명 이상의 외국인 고객의 경우 반드시 영수증을 하나로 할지, 개인별로 따로 할지 여쭤본다.

32. 샴페인 1병을 주문한 고객에게 샴페인을 따라주는 방법으로 옳지 않은 것은?
① 샴페인은 글라스에 서브할 때 2번에 나눠서 따른다.
② 샴페인의 기포를 눈으로 충분히 즐길 수 있게 따른다.
③ 샴페인은 글라스의 최대 절반정도까지만 따른다.
④ 샴페인을 따를 때에는 최대한 거품이 나지 않게 조심해서 따른다.

33. 에스프레소 추출 시 너무 진한 크레마(Dark Crema)가 추출되었을 때 그 원인이 아닌 것은?
① 물의 온도가 95°C보다 높은 경우
② 펌프압력이 기준압력보다 낮은 경우
③ 포터필터의 구멍이 너무 큰 경우
④ 물 공급이 제대로 안 되는 경우

34. 칵테일을 만드는데 필요한 기물이 아닌 것은?
① Corkscrew ② Mixing glass
③ Shaker ④ Bar spoon

35. 다음 중 주장 종사원(waiter/waitress)의 주요 임무는?
① 고객이 사용한 기물과 빈 잔을 세척한다.
② 칵테일의 부재료를 준비한다.
③ 창고에서 주장(bar)에서 필요한 물품을 보급한다.
④ 고객에게 주문을 받고 주문받는 음료를 제공한다.

36. 바람직한 바텐더(Bartender) 직무가 아닌 것은?
① 바(Bar)내에 필요한 물품 재고를 항상 파악한다.
② 일일 판매할 주류가 적당한지 확인한다.
③ 바(Bar)의 환경 및 기물 등의 청결을 유지, 관리한다.
④ 칵테일 조주 시 지거(Jigger)를 사용하지 않는다.

풀이 해설

33. ③ 흐린 크레마, 포터 필터가 막힌 경우는 진한 크레마 추출

34. Corkscrew는 코르크 마개를 뽑는 기구를 말한다.

풀이 해설

37. Glass 관리방법 중 틀린 것은?

① 알맞은 Rack에 담아서 세척기를 이용하여 세척한다.
② 닦기 전에 금이 가거나 깨진 것이 없는지 먼저 확인한다.
③ Glass의 Steam 부분을 시작으로 돌려서 닦는다.
④ 물에 레몬이나 에스프레소 1잔 넣으면 Glass의 잡냄새가 제거된다.

38. Extra Dry Martini는 Dry Vermouth를 어느 정도 넣어야 하는가?

① 1/4 oz ② 1/3 oz
③ 1 oz ④ 2 oz

39. Gibson에 대한 설명으로 틀린 것은?

① 알코올 도수는 약 36도에 해당한다.
② 베이스는 gin이다.
③ 칵테일 어니언(onion)으로 장식한다.
④ 기법은 shaking이다.

39. 깁슨은 Stir 방법을 사용한다.

40. 칵테일 상품의 특성과 가장 거리가 먼 것은?

① 대량생산이 가능하다. ② 인적 의존도가 높다.
③ 유통 과정이 없다. ④ 반품과 재고가 없다.

40. 칵테일 상품은 주문과 동시에 제조를 하기 때문에 대량생산이 불가능하다.

41. 바의 한 달 전체매출액이 천만원이고 종사원에게 지불된 모든 급료가 삼백만원이라면 이 바의 인건비 비율은?

① 10% ② 20%
③ 30% ④ 40%

42. 내열성이 강한 유리잔에 제공되는 칵테일은?

① Grasshopper ② Tequila Sunrise
③ New York ④ Irish Coffee

42. Irish Coffee Glass는 뜨거운 커피를 사용하므로 내열성이 강함

43. 다음 중에서 Cherry로 장식하지 않는 칵테일은?

① Angel's kiss ② Manhattan
③ Rod Roy ④ Martini

43. ④의 장식은 Green Olive

44. 칵테일에 사용되는 garnish에 대한 설명으로 가장 적절한 것은?
① 과일만 사용이 가능하다.
② 꽃이 화려하고 향기가 많이 나는 것이 좋다.
③ 꽃가루가 많은 꽃은 더욱 운치가 있어서 잘 어울린다.
④ 과일이나 허브향이 나는 잎이나 줄기가 적합하다.

45. 다음 중 가장 영양분이 많은 칵테일은?
① Brandy Eggnog ② Ginson
③ Bacardi ④ Olympic

46. 다음 중 1oz 당 칼로리가 가장 높은 것은?(단, 각 주류의 도수는 일반적인 경우를 따른다.)
① Red Wine ② Champagne
③ Liqueur ④ White Wine

47. 네그로니(Negroni)칵테일의 조주 시 재료로 가장 적합한 것은?
① Rum ¾oz, Sweet Vermouth ¾oz, Campari ¾oz, Twist of lemon peel
② Dry Gin ¾oz, Sweet Vermouth ¾oz, Campari ¾oz, Twish of lemon peel
③ Dry Gin ¾oz, Dry Vermouth ¾oz, Granadine Syrup ¾oz, Twish of lemon peel
④ Tequila ¾oz, Sweet Vermouth ¾oz, Campari ¾oz, Twish of lemon peel

48. 다음 중 장식이 필요 없는 칵테일은?
① 김렛(Gimlet)
② 시브리즈(Seabreeze)
③ 올드 패션(Old Fashioned)
④ 싱가폴 슬링(Singapore Sling)

49. 칵테일 레시피(Recipe)를 보고 알 수 없는 것은?
① 칵테일의 색깔② 칵테일의 판매량
③ 칵테일의 분량④ 칵테일의 성분

풀이 해설

44. 칵테일의 장식은 맛이나 색깔과 조화를 이루는 것이 좋으므로 과일이나 허브 향이 나는 입이나 줄기를 사용할 경우 맛이 변할 수 있으므로 적당하지 않음

45. 브랜디를 베이스로 한 에그노그 스타일의 칵테일은 롱 드링크로 계란과 우유를 사용하기 때문에 영양가가 높다.

46. ①, ②, ④는 와인으로 리큐어보다는 알코올과 칼로리는 도수는 낮지만, 리큐어는 달고 과일 향이 나기도 하는 독한 술로서 보통 식후에 아주 작은 잔으로 마심

47. 네그로니 칵테일은 진과 캄파리, 스위트 멀무스로 만든 칵테일로 네그로니라는 이름은 아페리티프 칵테일을 좋아한 이탈리아의 카미로 네그로니 백작의 이름에서 왔다. 백작은 프로랑스에 있는 카소니 레스토랑의 단골손님으로, 가게에 올 때마다 아페리티프로 이 칵테일을 주문. 1962년에 발표한 이래, 세계적으로 유명해진 칵테일.

48. ② A Wedge of Lime or Lemon, ③, ④ A Slice of Orange and Cherry로 장식 김렛은 장식이 없음

50. Gibson을 조주할 때 garnish는 무엇으로 하는가?

① Olive ② Cherry
③ Onion ④ Lime

51. "우리 호텔을 떠나십니까?"의 표현으로 옳은 것은?

① Do you start our hotel?
② Are you leave to our hotel?
③ Are you leaving our hotel?
④ Do you go our hotel?

52. 다음( )안에 가장 적합한 것은?

W: Good evening, Mr. Carr. How are you this evening?
G: Fine. And you, Mr. Kim?
W: Very well, thank you. What would you like to try tonight?
G: ( )
W: A whisky, no ice, no water. Am I correct?
G: Fantastic!

① Just one for my health, please.
② One for the road.
③ I'll stick to my usual.
④ Another one please.

53. 다음 ( )안에 알맞은 단어와 아래의 상황 후 Jenny가 Kate에게 할 말의 연결로 가장 적합 한 것은?

Jenny comes back with a magnum and glasses carried by a barman. she sets the glasses while he barman opens the bottle.
There is a loud "( )" and the cork hits kate who jumps up with a cry.
The champagne spills all over the carpet.

① peep -Good luck to you.
② ouch -I am sorry to hear that.
③ tut - How awful!
④ pop -I am very sorry. I do hope you are not hurt.

풀이 해설

50. 글래스의 바닥에 가라앉아 있는 펄 오니온이 우아한 인상을 주는 칵테일. 이름은 이 칵테일을 애음한 뉴욕의 화가인 찰스 D. 깁슨에서 유래. 일본이나 유럽에서 마티니를 좋아하듯이, 미국의 술집에서 가장 그 이름을 자주 듣는 것이 이 깁슨. 과거에는 마티니와는 진의 종류를 달리했다고 하는데, 지금은 올리브와 펄 오니온의 차이.

52. ① 건강을 위해서, ② 파티 등에서 마지막 한잔, ③ 늘 먹던 걸로 주세요, ④ 한잔 더, 문맥 상 ③이 가장 적합함

53. magnum은 포도주 등을 담는 1.5리터짜리 병을 말한다. pop는 펑하고 터지는 소리, The champagne spills all over the carpet.(샴페인이 카펫 위 사방으로 쏟아졌다)

54. 다음 밑줄에 들어갈 가장 적합한 것은?

I'm sorry to have _ you waiting.

① kept ② made
③ put ④ had

55. Which one is not aperitif cocktail?

① Dry Martini ② Kir
③ Campari Orange ④ Grasshopper

56. 다음 ( )안에 알맞은 것은?

( ) is distilled spirits from the fermented juice of sugarcane or other sugarcane by-products.

① Whisky ② Vodka
③ Gin ④ Rum

57. There are basic directions of wine service. select the one which is not belong to them in the following?

① Filling four-fifth of red wine into the glass.
② Serving the red wine with room temperature.
③ Serving the white wine with condition of 8~12°C.
④ Showing the guest the label of wine before service.

58. Which one is not distilled beverage in the following?

① Gin ② Calvados
③ Tequila ④ Cointreau

59. 다음 문장에서 의미하는 것은?

This is produced in Italy and made with apricot and almond.

① Amaretto ② Absinthe
③ Anisette ④ Angelica

풀이 해설

54. "오래 기다리게 해서 죄송합니다."의 의미로 "I'm sorry to have kept you waiting. Sorry to keep you waiting.

55. 식전주 칵테일로 적당하지 않은 것을 찾는 문제로 ④의 레시피는 Crème De Menthe (Green) 1oz, Crème De Cacao (White) 1oz, Light Milk 1oz(Champagne Glass: Shake)로 부드러운 칵테일이므로 식전주로는 어울리지 않는다.

56. 사탕수수의 부산물이나 사탕수수의 발효 주스를 증류하여 만든 술이 무엇인지를 묻는 문제로 Rum이 해당된다.

57. 와인서비스의 기본방향 중 잘못된 것을 고르는 문제로 ① 와인은 글라스에 2/5 정도 따라 제공한다.

58. 다음 중 증류주가 아닌 것을 찾는 문제로 ④는 오렌지 향을 가미한 주정 도수가 40℃인 프랑스산 무색 리큐어로 혼성주이다.

59. 살구와 아몬드가 들어간 이탈리아산 혼성주를 묻는 질문으로 ①은 Almond를 직접 넣는 것이 아니라 살구씨를 물에 담가 증류시키고 Almond(아몬드)와 비슷한 향의 Essence를 만들어 Spirits에 혼합하고 숙성해서 Syrup을 첨가한 이탈리아의 혼성주이다. ②는 향쑥 · 살구씨 · 회향 · 아니스 등을 주된 향료로 써서 만든 술로 프랑스, ③ 지중해 지방산 미나리과 식물인 아니스(Anise)향을 착향시킨 무색 리큐어(liqueur), ④ 중남미에서 생산되는 앙고스트라 나무껍질의 쓴맛이 나는 액으로 만든 일종의 향료. 많은 약초 향료를 배합한 술로서 뛰어난 풍미와 향기가 Bitters로 유명

60. 다음 밑줄 친 곳에 가장 적합한 것은?

A : Good evening, sir.
B : Could you show me the wine last?
A : Here you are, sir. This week is the promotion week of ______.
B : O.K. I'll try it.

① Stout ② Calvados
③ Glenfiddich ④ Beaujolais Nouveau

풀이 해설

60. 와인리스트를 보여주시겠습니까? 이번 주가 ( )의 추천 주로 와인을 찾는 문제로 보졸레누보(프랑스 부르고뉴주의 보졸레 지방에서 매년 그해 9월 초에 수확한 포도를 4~6주 숙성시킨 뒤, 11월 셋째 주 목요일부터 출시하는 포도주(와인)의 상품명. 원료는 이 지역에서 재배하는 포도인 '가메(Gamey)'로, 온화하고 따뜻한 기후와 화강암·석회질 등으로 이루어진 토양으로 인해 약간 산성을 띠면서도 과일 향이 풍부)가 정답, ① 맥주, ② 사과 브랜디, ③ 위스키

2016년 제2회 정답																			
1	2	3	4	5	6	7	8	9	10	11	12	13	14	15	16	17	18	19	20
③	③	④	①	①	①	②	①	③	①	①	②	①	③	④	③	②	①	④	①
21	22	23	24	25	26	27	28	29	30	31	32	33	34	35	36	37	38	39	40
④	②	④	③	③	③	④	④	④	②	②	④	③	①	④	④	③	①	④	①
41	42	43	44	45	46	47	48	49	50	51	52	53	54	55	56	57	58	59	60
③	④	④	④	①	③	②	①	②	③	③	③	④	①	④	④	①	④	①	④

정리노트

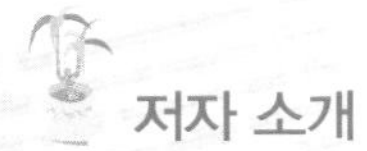

저자 소개

허용덕

- 현) 상지대학교 호텔컨벤션경영학과 교수, 미래라이프대학 식음료외식산업학과 학과장
  세종대학교 호텔관광경영학 박사
- 전) (주)코리아나 서울호텔 근무
- 현) 한국호텔리조트학회, 한국호텔관광학회 한국관광레저학회 이사 및 편집위원
  호텔업 등급결정 평가요원
  강원 문화관광해설사육성사업 단장
  강원관광서비스경진대회 심사위원
  직업능력개발훈련교사
  조리협회 이사 및 대한민국 국제요리경연대회 심사위원
  호텔 관리사, 외식경영관리사, 서비스매니저 1급, 서비스전문 강사 1급 자격 취득
  Quality Technique Manager, Quality Statistics Analyst, 여행상품상담사 1급
  WSET LEVEL 2 AWARD IN WINES AND SPIRITS

[저서 & 논문]

와인 & 커피용어해설, 최신 호텔회계, 관광용어의 이해, 바리스타자격시험예상문제집 등 다수
문화관광해설사의 내적동기가 자기효능감, 조직몰입 및 고객지향성과의 관계
디저트 카페 이용객의 경험가치가 고객충성도, 재구매의도 및 추천의도와의 관계에서 지역별 차이분석
강원문화관광해설사의 스토리텔링 경연대회 참가 동기, 경력개발, 자기효능감 및 직무만족과의 관계 등 다수

고윤희

- 경희대학교 석사, 영남대학교 외식산업학 전공 박사과정
- 사) 한국카빙데코레이션협회 푸드카빙명장 및 기술전담 교수
- 김기진카빙데코레이션학원 부원장
- 사) 한국카빙데코레이션협회 Expert심사위원 및 상임이사
- 한국국제요리경연대회, WACS코리아 푸드 트렌드 페어, 서울국제푸드 앤 테이블웨어 <카빙경연대회> 총괄심사위원장
- 계명문화대학교, 수성대학교, 우석대학교 외래교수
- CJ헬로비전 '명물인생', SBS 백종원 '맛남의 광장', SBS '네모세모', OBS '이것이 인생', MBC '살맛나는 세상' 등 방송출연
- 숙명여자대학교 한국음식연구원 푸드스타일리스트 Level Ⅰ, Ⅱ 과정수료 및 자격증취득
- 푸드카빙데코레이션 2급, 1급, 마스터, 과일플레이팅 2급, 1급, 마스터
- 조주기능사, 양식조리기능사, 제과제빵기능사, 커피바리스타, 외식경영관리사, 푸드스타일리스트 등

[저서 & 논문]

푸드카빙데코레이션 교육생의 인구통계학적 특성에 따른 우울과 자아존중감의 변화와 차이에 관한 탐색적 연구 등 다수
2020 수박카빙 마스터, 2020 수박카빙 & 푸드카빙 드로잉북, 푸드카빙데코레이션 마스터 등

최용석

- 현) 경주대학교 외식·조리학부 교수
- University of Nevada, Las Vegas, Hotel Administration 졸업
- 경기대학교 외식조리관리학과 석사, 박사
- (사)한국능력교육개발원 커피바리스타 자격심사위원
- (사)한국외식경영학회, (사)한국외식산업경영학회 이사, (사)대한관광경영학회 사무국장
- 경상북도 으뜸음식점 선정 및 심사위원
- 영남대, 전남대, 대구가톨릭대 최고경영자과정 출강
- 전) 일본 OGM외식경영컨설팅 기획팀 팀장
  (주)놀부 전략기획팀 팀장
  미국 Excalibur Casino & Hotel 근무

홍영택
- 경기대학교 관광경영학과 관광경영전공 경영학석사
- 경기대학교 관광경영학과 관광경영전공 관광학박사
- 현) 서정대학 호텔경영학과 학과장
- 경력) 조선호텔 식음료부 사원, 롯데호텔 식음팀 팀장(부장)
- 연구경력 - 전) 경북대학교 호텔경영과 겸임, 한성대학교 경영대학원 외래교수, 가톨릭대학교 경영대학원 외래교수
- 사단법인 한국바텐더협회 회장 역임
- 산업인력관리공단 조주사실기 심사위원 역임
- 현) 관광경영학회 이사, 서비스경영학회 이사
  한국 호텔 리조트 카지노 산악회 이사, 한국 여행학회 이사

[저서 & 논문]
실무칵테일백과, 관광관련 실무법규, 식음료 서비스관리론 외 다수
호텔서비스품질이 고객만족과 자발적 행위에 관한 연구 외 다수

김광우
- 현) 국제대학교 관광행정학부 교수
- 경기대학교 일반대학원 외식조리관리학과 박사
- 전) 임피리얼팰리스 호텔 식음료부 팀장
  호텔 리츠칼튼 서울 식음료부 매니저
  그랜드 하얏트호텔 서울 식음료부
- 한국산업인력관리공단 조주기능사(실기) 감독위원
- 한국외식음료협회 와인소믈리에 자격 심사위원
- 한국외식음료협회 커피바리스타 자격 심사위원
- 한국 국제 음료경영대회 칵테일부문 심사위원
- 현) 사단법인 한국외식경영학회 이사

[저서 & 논문]
The Bartender's Basic, 호텔조리 실무영어 외 다수
호텔기업의 사회적 책임(CSR)활동이 종사원의 이직의도에 미치는 영향
호텔기업의 아웃소싱 도입에 따른 호텔리어의 인식에 관한 연구 외 다수

음료와 칵테일

초판 1쇄 발행 2014년 3월 15일
5판 1쇄 발행 2022년 8월 10일

저 자 허용덕 · 고윤희 · 최용석 · 홍영택 · 김광우
펴낸이 임순재
펴낸곳 (주)한올출판사
등 록 제11-403호
주 소 서울시 마포구 모래내로 83(성산동 한올빌딩 3층)
전 화 (02) 376-4298(대표)
팩 스 (02) 302-8073
홈페이지 www.hanol.co.kr
e-메일 hanol@hanol.co.kr
ISBN 979-11-6647-250-3